罗兴国 主编

湖南体育史资料

湖湘文库编辑出版委员会
湖南人民出版社

湖湘文库
乙编

出版说明

湖湘文化源远流长，博大精深，是中华文化中独具地域特色的重要一脉。特别是近代以来，一批又一批三湘英杰，以其文韬武略，叱咤风云，谱写了辉煌灿烂的历史篇章，使湖湘文化更为绚丽多彩，影响深远。为弘扬湖湘文化、砥砺湖湘后人，中共湖南省委、湖南省人民政府决定编纂出版《湖湘文库》大型丛书。

《湖湘文库》编辑出版以“整理、传承、研究、创新”为基本方针，分甲、乙两编，其内容涵盖古今，编纂工作繁难复杂，兹将有关事宜略述如次：

一、甲编为湖湘文献，系前人著述。主要为湘籍人士著作和湖南地区的出土文献，同时酌收历代寓湘人物在湘作品，以及晚清至民国时期的部分报刊。

二、乙编为湖湘研究，系今人撰编。包括研究、介绍湖湘人物、历史、风物的学术著作和资料汇编等。

三、乙编中的通史、专题史，下限断至1949年。

四、甲编文献以点校后排印、据原本影印及数据光盘三种方式出版。

五、除少数图书以外，一律采用简体汉字横排。

六、每种图书均由今人撰写前言一篇。甲编图书前言，主要简述原作者生平、该书主要内容、学术文化价值及版本源流、所用底本、参校本等。乙编图书前言，则重在阐释该研究课题的研究视角和主要学术观点等。

七、对文献的整理，只据底本与参校本、参校资料等进行校勘标点，对底本文字的讹、夺、衍、倒作正、补、删、乙，有需要说明的问题，则作出校记，一般不作注释。

八、甲编民国文献中的用语、数字、标点等，除特殊情况外，一般不作改动。乙编图书中的标点、数字用法、参考文献著录规则等均按现行出版有关规定使用和处理。

《湖湘文库》卷帙浩繁，难免出现缺失疏漏，热望社会各界批评指正。

《湖湘文库》编辑出版委员会

前言

湖南体育在湖南数千年的发展中，已成为湖湘文化的重要组成部分。古代产生流传的武艺、气功养生、龙舟竞渡、舞龙舞狮、登山远足、棋戏（包括六博、围棋、象棋等）、风筝等活动，经久不衰。1973年长沙马王堆出土的西汉帛画《导引图》，是迄今我国发现的最早的健身图谱，反映了当时湖南体育活动的状况。以纪念屈原为重要文化内涵的龙舟竞渡，历经千年，不仅流行于湖湘大地，而且传播于海内外，成为有重要影响的中国民族传统体育项目。

近代，湖南人在积极接受外来科学文化的同时，也热情欢迎西方体育运动项目与技术，并认真学习，广泛开展。自19世纪末传入兵式体操、20世纪20年代传入欧美田径和球类运动后，这些体育项目在三湘四水迅速传播，湖南的体育运动技术水平不断提高。至1949年，湖南共举行了17届全省运动会，组团参加了6届华中运动会和5届全国运动会，有3人参加了远东运动会。女子田径选手李森在1936年参加了在德国柏林举行的第十一届奥运会，是湖南参加奥运会的第一人。

湖南当时研究和宣传体育也蔚然成风。青年毛泽东于1917年4月1日在《新青年》第3卷第2号上发表了《体育之研究》的文章，这应是湖南最早全面系统研究体育的论文。1918年，以体育教师黄醒（胜白）为首，创办了长沙《体育周报》刊物，前后出刊60期。该刊发表各类体育文章，提出体育革命的口号，研究体育学术，普及国民体育知识，反映湖南乃至全国体育运动开展的概貌和水平，报道湖南各地开展的体育赛事和活动，为湖南及中国体育运动的广泛开展作出了贡献。

湖南体育有着久远的历史，也有着丰富的内涵，但到目前为止，尚无一本完整系统记载湖南体育历史的书，使湖湘文化的研究和资料整理缺少一个重要方面。因此，《湖湘文库》编辑出版委员会决定编辑出版《湖南体育史资料》一书。编辑该书的目的，首先在于比较系统地记载和保存湖南古代、近代的体育历史资料，填补湖湘文化的空白，为人们了解和研究湖南体育史提供可靠依据。其次在于教育和启迪后人。书中所反映的前人为发展湖南体育事业，培养人们强身健体，展现湖南人敢为人先、团结奋斗、顽强拼搏的体育精神，是我们今天促进社会和谐进步、实现富民强省的宝贵资源。

《湖南体育史资料》是由湖南省体育局按照实事求是、尊重历史的原则组织编辑的。内容包括：一、历史文献；二、综合研究；三、民间传统体育项目；四、少数民族体育项目；五、学校体育；六、近代竞技体育与体育竞赛；七、记述与回忆；八、体育场地与器材；九、体育考古。另外加上附录（湖南体育人物简介及1897至1949年体育大事录）。历史文献是1949年新中国成立前关于记载湖南体育方面的文章，包括当时湘籍人士对体育问题的评论或开展的讨论，体育竞赛与体育组织管理的章程，湖南体育状况的报告及各地举行赛事的通讯报道等，其中相当一部分材料是根据《体育周报》刊印的，其编排顺序以当年刊发时间（刊次）为准。其他资料则是当今研究、介绍、记述、回忆湖南古代、近代体育各个方面的文章，来源于国家和湖南省编辑出版的体育专著及文集、史料杂志等，如《体育文史》《中华民族传统体育志》《中国近代体育文选》《中国体育史论文选》《湖南体育史料》等。

在编辑整理过程中，对当今的研究、介绍、记述、回忆文章，进行了文字修订，对文章中的注释作了适当规范和精简，对少数文章的内容进行了适当压缩和调整。

本书以罗兴国为主收集编辑整理，湖南省体育局政策法规宣传处的同志及伍本正、汤万松等协助整理本书资料工作。湖南师范大学刘苏华博士提供并整理了历史文献资料中《体育周报》的绝大部分，特表示感谢！由于年代久远，时间仓促，资料残缺不齐，收集不完备，因此多有疏漏，请读者批评指正。

罗兴国

2010 年 6 月

目录

一　历史文献

二　综合研究

三　民间传统体育项目

四　少数民族体育项目

五　学校体育

六　近代竞技体育与体育竞赛

七 记述与回忆

八 体育场地与器材

九 体育考古

附录

一　历史文献

湖南蒙养院教课说略

（1905年4月）

教育发初之程度曰蒙养院，即外国所谓幼稚园，家庭教育不足以此补之，是顶门上一层工夫。满三岁以上未届学龄之儿女（即四岁至六七岁时）皆应入园同学，所教主旨列目如下。

……（略）

六、乐歌。乐歌为体育之一端，与体操并重。体操以体力发见精神，充贯血气强身之本，而神定气果，心因以壮，志因以立焉。乐歌以音响节奏发育精神，以歌词令其舞蹈，肖象运动筋脉，以歌意发其一唱三叹之感情，盖关系于国民忠爱思想者，如影随形，此化育之宗也，安可忽之？

各歌皆取发育小儿身心，教育机关云唱歌者，培养美感，高洁心情，涵养情性也。有单音唱歌，轮环唱歌，复音唱歌之分，轮环复音稍难，幼稚园中惟教单音。

乐歌一道为用最大，凡立学堂不设乐歌，是为有教无育，是为不淑之教。盖不止幼稚园为然也。

体育功夫。体操发达其表，乐歌发达其里；强健四肢莫善体操，乃全乐歌之妙在于舞蹈，以状所歌之事与词，而用音响节奏以发扬之。学童得此天养，其粗躁之气卑鄙之心久自消除。

……（略）

七、游戏。保姆领袖之，或在课堂，或在室外，以有趣之动作寓自然之规则，盖活泼其生趣而又暗调和其性情也。

游戏一作游嬉，所教种类不一，游嬉皆有具，士农工商各有引导，使各得其性之所近。孔子为儿嬉戏，常陈俎豆，及成人遂有志于礼乐。教法之善，极有关于德体二育。

以上为体育之始基。

幼稚园之宗旨，所以养成异日受教之根柢。

幼稚园恩物之类为德人苦汝皮氏所造，其设园之规模则为德人扶礼培氏所创，未入学堂之先而欲儿童思想齐一，幼稚园为最要。

幼稚园设立之始意，所以将贫贱家儿童养成美材，富贵家父母当不虑其子弟同处染坏气习。有此感情，将来小学堂不分贫富贵贱，可施共同教育，此为小学堂行同等教育补救之法，故幼稚园教育所关甚巨。

根据《大陆》1905年4月25日第三年七号刊印

体育之研究①

（1917年4月）

毛泽东

国力恭［茶］弱，武风不振，民族之体质日趋轻细，此甚可

① 该文署名“二十八画生”，即毛泽东三字繁体共二十八画。1958年3月人民体育出版社曾以同一署名将此文印成单行本，内部发行。1979年8月，《新体育》第八期再次发表，同年12月，人民体育出版社又出单行本，署名均改为毛泽东，同时作了校勘，加了新式标点和注释，并附有白话释文。此次收入本书以湖南人民出版社2008年11月第二版《毛泽东早期文稿》为准，编者注释不再保留，原来的校对符号“〈 〉”改为“［ ］”。

忧之现象也。提倡之者不得其本，久而无效，长是不改，弱且加甚。夫命中致远，外部之事，结果之事也；体力充实，内部之事，原因之事也。体不坚实，则见兵而畏之，何有于命中，何有于致远？坚实在于锻炼，锻炼在于自觉。今之提倡者非不设种种之方法，然而无效者，外力不足以动其心，不知何为体育之真义。体育果有如何之价值，效果云何，著手何处，皆茫乎如在雾中，其无效亦宜。欲图体育之有效，非动其主观，促其对于体育之自觉不可。苟自觉矣，则体育之条目可不言而自知，命中政［致］远之效亦当不求而自至矣。不佞深感体育之要，伤提倡者之不得其当，知海内同志同此病而相怜者必多，不自惭赧，贡其愚见，以资商榷。所言并非皆已实行，尚多空言理想之处，不敢为欺。倘辱不遗，赐之教诲，所虚心百拜者也。

第一　释体育

自有生民以来，智识有愚暗，无不知自卫其生者。是故西山之薇，饥极必食，井上之李，不容不咽。巢木以为居，皮兽以为衣，盖发乎天能，不知所以然也，然而未精也。有圣人者出，于是乎有礼，饮食起居皆有节度。故“子之燕居，申申如也，夭夭如也”；“食饐而餲，鱼馁而肉败，不食”；“射于矍相之圃，盖观者如墙堵焉”。人体之组成与群动无不同，而群动不能及人之寿，所以制其生者无节度也。人则以节度制其生，愈降于后而愈明，于是乎有体育。体育者，养生之道也。东西之所明者不一：庄子效法于庖丁，仲尼取资于射御；现今文明诸国，德为最盛，其斗剑之风播于全国；日本则有武士道，近且因吾国之绪余，造成柔术，毓毓乎可观已。而考其内容，皆先精究生理，详于官体之构造，脉络之运行，何方发达为早，何部较有偏缺，其体育即准此为程序，抑其过而救其所不及。故其结论，在使身体平均发达。由此言之，体育者，人类自养其生之道，使身体平均发达，而有规则次序之可言者也。

第二 体育在吾人之位置

体育一道，配德育与智育，而德智皆寄于体，无体是无德智也。顾知之者或寡矣，或以为重在智识，或曰道德也。夫知识则诚可贵矣，人之所以异于动物者此耳。顾徒知识之何载乎？道德亦诚可贵矣，所以立群道平人己者此耳。顾徒道德之何寓乎？体者，为知识之载而为道德之寓者也，其载知识也如车，其寓道德也如舍。体者，载知识之车而寓道德之舍也。儿童及年入小学，小学之时，宜专注重于身体之发育，而知识之增进、道德之养成次之；宜以养护为主，而以教授训练为辅。今盖多不知之，故儿童缘读书而得疾病或至夭殇者有之矣。中学及中学以上宜三育并重，今人则多偏于智。中学之年，身体之发育尚未完成，乃今培之者少而倾之者多，发育不将有中止之势乎？吾国学制，课程密如牛毛，虽成年之人，顽强之身，犹莫能举，况未成年者乎？况弱者乎？观其意，教者若特设此繁重之课以困学生，蹂躏其身而残贼其生，有不受者则罚之。智力过人者，则令加读某种某种之书，甘言以之，厚赏以诱之。嗟乎，此所谓贼夫人之子欤！学者亦若恶此生之永年，必欲摧折之，以身为殉而不悔。何其梦梦如是也！人独患无身耳，他复何患？求所以善其身者，他事亦随之矣。善其身无过于体育。体育于吾人实占第一之位置，体强壮而后学问道德之进修勇而收效远。于吾人研究之中，宜视为重要之部。“学有本末，事有终始，知所先后，则近道矣。”此之谓也。

第三　前此体育之弊及吾人自处之道

三育并重，然昔之为学者详德智而略于体。及其弊也，偻身俯首，纤纤素手，登山则气迫，步［涉］水则足痉。故有颜子而短命，有贾生而早夭，王勃、卢照邻，或幼伤，或坐废。此皆有甚高之德与智也，一旦身不存，德智则从之而隳矣。惟北方之强，任金革死而不厌；燕赵多悲歌慷慨之士；烈士武臣，多出凉州。清之初世，颜习斋、李刚主文而兼武。习斋远跋千里之外，学击剑之术于塞北，与勇士角而胜焉。故其言曰："文武缺一岂道乎？"顾炎武，南人也，好居于北，不喜乘船而喜乘马。此数古人者，皆可师者也。

学校既起，采各国之成法，风习稍稍改矣。然办学之人犹未脱陈旧一流，囿于所习，不能骤变，或少注意及之，亦惟是外面铺张，不揣其本而齐其末。故愚观现今之体育，率多有形式而无实质。非不有体操课程也，非不有体操教员也，然而受体操之益者少，非徒无益，又有害焉。教者发令，学者强应，身顺而心违，精神受无量之痛苦，精神苦而身亦苦矣，盖一体操之终，未有不貌瘁神伤者也。饮食不求洁，无机之物、微生之菌入于体中，化为疾病；室内光线不足，则目力受害不小；桌椅长短不合，削趾适屦，则躯干受亏；其余类此者尚多，不能尽也。

然则为吾侪学者之计如之何？学校之设备，教师之教训，乃外的客观的也，吾人盖尚有内的主观的。夫内断于心，百体从令，祸福无不自己求之者，我欲仁斯仁至，况于体育乎。苟自之不振，虽使外的客观的尽善尽美，亦犹之乎不能受益也。故讲体育必自自动始。

第四 体育之效

人者，动物也，则动尚矣。人者，有理性的动物也，则动必有道。然何贵乎此动邪？何贵乎此有道之动邪？动以营生也，此浅言之也；动以卫国也，此大言之也，皆非本义。动也者，盖养乎吾生，乐乎吾心而已。朱子主敬，陆子主静。静，静也；敬，非动也，亦静而已。老子曰“无动为大”，释氏务求寂静。静坐之法，为朱陆之徒者咸尊之。近有因是子者，言静坐法，自诩其法之神，而鄙运动者之自损其体。是或一道，然予未敢效之也。愚拙之见，天地盖惟有动而已。

动之属于人类而有规则之可言者，曰体育。前既言之，体育之效则强筋骨也。愚昔尝闻，人之官骸肌络及时而定，不复再可改易，大抵二十五岁以后即一成无变，今乃知其不然。人之身盖日日变易者：新陈代谢之作用不绝行于各部组织之间，目不明可以明，耳不聪可以聪，虽六七十之人犹有改易官骸之效，事盖有必至者。又闻弱者难以转而为强，今亦知其非是。盖生而强者滥用其强，不戒于种种嗜欲，以渐戕［戕］贼其身，自谓天生好身手，得此已足，尚待锻炼？故至强者或终转为至弱。至于弱者，则恒自闵其身之不全，而惧其生之不永，兢业自持：于消极方面则深戒嗜欲，不敢使有损失；于积极方面则勤自锻炼，增益其所不能。久之遂变而为强矣。故生而强者不必自喜也，生而弱者不必自悲也。吾生而弱乎，或者天之诱我以至于强，未可知也。东西著称之体育家，若美之罗斯福，德之孙棠，日本之嘉纳，皆以至弱之身，而得至强之效。又尝闻之：精神身体不能并完，用思想之人每歉于体，而体魄蛮健者多缺于思。其说亦谬。此盖指薄志弱行之人，非所以概乎君子也。孔子七十二而死，未闻其身体不健；释迦往来传道，死年亦高；邪苏不幸以冤死；至于摩诃末，左持经典，右执利剑，征压一世，此皆古之所谓圣人，而最大之思想家也。今之伍秩庸先生七十有余岁矣，自谓可至百余岁，彼亦用思想之人也；王湘绮死年七十余，而康健镬［矍］铄。为是说者其何以解邪？总之，勤体育则强筋骨，强筋骨则体质可变，弱可转强，身心可以并完。此盖非天命而全乎人力也。

非第强筋骨也，又足以增知识。近人有言曰：文明其精神，野蛮其体魄。此言是也。欲文明其精神，先自野蛮其体魄；苟野蛮其体魄矣，则文明之精神随之。夫知识之事，认识世间之事物而判断其理也，于此有须于体者焉。直观则赖乎耳目，思索则赖乎脑筋，耳目脑筋之谓体，体全而知识之事以全，故可谓间接从体育以得知识。今世百科之学，无论学校独修，总须力能胜任。力能胜任者，体之强者也；不能胜任者，其弱者也。强弱分，而所任之区域以殊矣。

非第增知识也，又足以调感情。感情之于人，其力极大。古人以理性制之，故曰“主人翁常惺惺否”，又曰“以理制心”。然理性出于心，心存乎体。常观罢弱之人往往为感情所役，而无力以自拔；五官不全及肢体有缺者多困于一偏之情，而理性不足以救之。故身体健全，感情斯正，可谓不易之理。以例言之：吾人遇某种不快之事，受其刺［刺］激，心神震荡，难于制止，苟加以严急之运动，立可汰去陈旧之观念，而复使脑筋清明，效盖可立而待也。

非第调感情也，又足以强意志。体育之大效盖尤在此矣。夫体育之主旨，武勇也。武勇之目，若猛烈，若不畏，若敢为，若耐久，皆意志之事。取例明之，如冷水浴足以练习猛烈与不畏，又足以练习敢为。凡各种之运动持续不改，皆有练习耐久之益，若长讵［距］离之赛跑，于耐久之练习尤著。夫力拔山气盖世，猛烈而已；不斩楼兰誓不还，不畏而已；化家为国，敢为而已；八年于外，三过其门而不入，耐久而已。要皆可于日常体育之小基之。意志也者，固人生事业之先驱也。

肢体纤小者举止轻浮，肤理缓弛者心意柔钝，身体之影响于心理也如是。体育之效，至于强筋骨，因而增知识，因而调感情，因而强意志。筋骨者，吾人之身；知识，感情，意志者，吾人之心。身心皆适，是谓俱泰。故夫体育非他，养乎吾生、乐乎吾心而已。

第五　不好运动之原因

运动为体育之最要者。今之学者多不好运动，其原因盖有四焉：一则无自觉心也。一事之见于行为也，必先动其喜为此事之情，尤必先有对于此事明白周详知其所以然之智。明白周详知所以然者，即自觉心也。人多不知运动对于自己有如何之关系，或知其大略，亦未至于亲切严密之度，无以发其智，因无以动其情。夫能研究各种科学孜孜不倦者，以其关系于己者切也，今日不为，他日将无以谋生，而运动则无此自觉。此其咎由于自己不能深省者半，而教师不知所以开之亦占其半也。一则积习难返也。我国历来重文，羞齿短后，动有“好汉不当兵”之语。虽知运动当行之理与各国运动致强之效，然旧观念之力尚强，其于新观念之运动盖犹在迎拒参半之列，故不好运动，亦无怪其然。一则提倡不力也。此又有两种：其一，今之所称教育家多不谙体育。自己不知体育，徒耳其名，亦从而体育之，所以出之也不诚，所以行之也无术，遂减学者研究之心。夫荡子而言自立，沉湎而言节饮，固无人信之矣。其次，教体操者多无学识，语言鄙俚，闻者塞耳，所知惟此一技，又未必精，日日相见者，惟此机械之动作而已。夫徒有形式而无精意以贯注之者，其事不可一日存，而今之体操实如是。一则学者以运动为可羞也。以愚所考察，此实为不运动之大原因矣。夫衣裳襜襜、行止于于、瞻视舒徐而夷犹者，美好之态，而社会之所尚也。忽尔张臂露足，伸肢屈体，此何为者邪？宁非大可怪者邪？故有深知身体不可不运动，且甚思实行，竟不能实行者；有群行群止能运动，单独行动则不能者；有燕居私室能运动，稠人广众则不能者。一言蔽之，害羞之一念为之耳。四者皆不好运动之原因。第一与第四属于主观，改之在己；第二与第三属于客观，改之在人。君子求己，在人者听之可矣。

第六　运动之方法贵少

愚自伤体弱，因欲研究卫生之术。顾古人言者亦不少矣，近今学校有体操，坊间有书册，冥心务泛，终难得益。盖此事不重言谈，重在实行，苟能实行，得一道半法已足。曾文正行临睡洗脚、食后千步之法，得益不少。有老者年八十犹康健，问之，曰：“吾惟不饱食耳。”今之体操，诸法樊陈，更仆尽之，宁止数十百种？巢林止于一枝，饮河止于满腹，吾人惟此身耳，惟此官骸藏脏络耳，虽百其法，不外欲使血脉流通。夫法之致其效者一，一法之效然，百法之效亦然，则余之九十九法可废也。目不两视而明，耳不两听而聪，筋骨之锻炼而百其方法，是扰之也，欲其有效，未见其能有效矣。夫应诸方之用，与锻一己之身者不同。浪桥所以适于航海，持竿所以适于逾高，游戏宜乎小学，兵式宜乎中学以上，此应诸方之用者也。运动筋骸使血脉流通，此锻一己之身者也。应诸方之用者其法宜多，锻一己之身者其法宜少。近之学者多误此意，故其失有二：一则好运动者以多为善，几欲一人之身，百般俱备，其至无一益身者；一则不好运动者见人之技艺多，吾所知者少，则绝弃之而不为。其宜多者不必善，务广而荒，又何贵乎？少者不必不善，虽一手一足之屈伸，苟以为常，亦有益焉。明乎此，而后体育始有进步可言矣。

第七　运动应注意之项

凡事皆宜有恒，运动亦然。有两人于此，其于运动也，一人时作时辍，一人到底不懈，则效不效必有分矣。运动而有恒，第一能生兴味。凡静者不能自动，必有所以动之者，动之无过于兴味。凡科学皆宜引起多方之兴味，而于运动尤然。人静处则甚逸，发动则甚劳，人恒好逸而恶劳，使无物焉以促之，则不足以移其势而变其好恶之心。而此兴味之起，由于日日运动不辍。最好于才起临睡行两次运动，裸体最善，次则薄衣，多衣甚碍事。日以为常，使此运动之观念相连而不绝，今日之运动承乎昨日之运动，而又引起明日之运动。每次不必久，三十分钟已足。如此自生一种之兴味焉。第二能生快乐。运动既久，成效大著，发生自己价值之念。以之为学则胜任愉快，以之修德则日起有功，心中无限快乐，亦缘有恒而得也。快乐与兴味有辨：兴味者运动之始，快乐者运动之终；兴味生于进行，快乐生于结果。二者自异。

有恒矣，而不用心，亦难有效。走马观花，虽日日观，犹无观也。心在鸣［鸿］鹄，虽与俱学，勿若之矣。故运动有注全力之道焉。运动之时，心在运动，闲思杂虑，一切屏去，运心于血脉如何流通，筋肉如何张弛，关节如何反复，呼吸如何出入，而运作按节，屈伸进退，皆一一踏实。朱子论主一无适，谓吃饭则想著吃饭，穿衣则想著穿衣。注全力于运动之时者，亦若是则已耳。

文明柔顺，君子之容，虽然，非所以语于运动也。运动宜蛮拙。骑突枪鸣，十荡十决，喑呜颓山岳，叱咤变风云，力拔项王之山，勇贯由基之札，其道盖存乎蛮拙，而无与于纤巧之事。运动之进取宜蛮，蛮则气力雄，筋骨劲。运动之方法宜拙，拙则资守实，练习易。二者在初行运动之人为尤要。

运运［动］所宜注意者三：有恒，一也；注全力，二也；蛮拙，三也。他所当注意者尚多，举其要者如此。

第八　运动一得之商榷

愚既粗涉各种运动，以其皆系外铄而无当于一己之心得，乃提挈各种运动之长，自成一种运动，得此运动之益颇为不少。凡分六段：手部也，足部也，躯干部也，头部也，打击运动也，调和运动也。段之中有节，凡二十有七节。以其为六段，因名之曰“六段运动”。兹述于后，世之君子，幸教正焉。

一、手部运动，坐势。

1. 握拳向前屈伸，左右参，三次（左右参者，左动右息，右动左息，相参互也）。

2. 握拳屈肘前侧后半圆形运动，左右参，三次。

3. 握拳向前面下方屈伸，右左并，三次（左右并者，并动不相参互）。

4. 手仰向外拿，左右参，三次。

5. 手覆向外拿，左右参，三次。

6. 伸指屈肘前刺［刺］，左右参，三次。

二、足部运动，坐势。

1. 手握拳左右垂。足就原位一前屈，一后斜伸，左右参，三次。

2. 手握拳前平。足一侧伸，一前屈。伸者可易位，屈者惟趾立，臀跟相接，左右参，三次。

3. 手握拳左右垂。足一支一揭，左右参，三次。

4. 手握拳左右垂。足一支一前踢，左右参，三次。

5. 手握拳左右垂。足一前屈，一后伸。屈者在原位，伸者易位，两足略在直线上，左右参，三次。

6. 手释拳。全身一起一蹲，蹲时臀跟略接，三次。

三、躯干部运动，立势。

1. 身向前后屈，三次（手握拳，下同）。

2. 手一上伸，一下垂。绷张左右胸肋，左右各一次。

3. 手一侧垂，一前斜垂。绷张左右背肋，左右各一次。

4. 足丁字势。手左右横荡，扭捩腰胁，左右各一次。

四、头部运动，坐势。

1. 头前后屈，三次。

2. 头左右转，三次。

3. 用手按摩额部、颊部、鼻部、唇部、喉部、耳部、后颈部。

4. 自由运动。头大体位置不动，用意使皮肤及下颚运动，五次。

五、打击运动，不定势（打击运动者，以拳遍击身体各处，使血液奔注，筋肉坚实，为此运动之主）。

1. 手部。右手击左手，左手击右手。

（1）前膊。上面、下面、左面、右面。

（2）后膊。上面、下面、左面、右面。

2. 肩部。

3. 胸部。

4. 胁部。

5. 背部。

6. 腹部。

7. 臀部。

8. 腿部。上腿、下腿。

六、调和运动，不定势。

1. 跳舞，十余次。

2. 深呼吸，三次。

根据《新青年》1917年4月1日第3卷第2号刊印

新年长沙体育上之新生气

（1919年）

牛　子

元旦之夜间运动会　此会系第一高等小学校主办。开会之初，该校校长狄君报告有云，此会之目的有三：（一）庆祝新年以朝气破暮气；（二）欢迎联合会议会员及来宾；（三）补行健身室落成纪念，以运动之精神表示感谢，为健身室购料、捐款、设计诸君之盛意。至若体操教授上之主张，则规律与自然并重云。运动次序：一一排教术，二吊棒吊绳，三传递木棒，四跳箱，五新练拳，六肋木，七袭击，八自由拳术，九徒手操，十疾行跳高，十一横梯，十二童子军旗语，十三悬身跳高，十四横木，十五凳棍，十六智夺木棒，十七窗梯，十八双扛，十九吊环，二十平台，二十一手秋千及跳高，二十二垫上运动，二十三教职员篮球，二十四学生篮球，二十五队球。

新年自有新气象。技术之优何可甚言？开会前之响器队奏乐，中之丝弦队奏乐，开会时之西乐队奏乐，尤为长沙运动会中开一新纪元。将来各校继起仿行，使社会上一般谋新年娱乐者，不看戏园子中之应量戏，而看夜间运动会，社会得以改进。记者于此卜而祝之矣。

根据《体育周报》（长沙）1919 年第 5 期刊印

新年长沙体育上之新生气（二）

（1919 年）

苏

青年会体育部之游戏研究会　此会系由青年会体育部干事夏义可、徐荣甲、周云轩诸君等所组织。原拟通告城厢内外各学校，请各体育教师加入，共同研究。嗣以青年会事务正繁时期，又异常短促，特简单办理。由该会体育干事、体育部重要分子，开会研究游戏教材方法之内容，及关于游戏之种种事实与理论，其期限自本月九号（星期四）起至十五号（星期三）止。闻已连日研究，多所发明，其结果之良美，可为预卜将来出而公世，必为湘体育界增色不少也。

根据《体育周报》（长沙）1919 年第 6 期刊印

新年长沙体育上之新生气（三）

（1919 年）

牛

长沙城区国民学校校长彭泽沛君发起国民学校体操游戏研究会，昨会商城区学董狄昂人君，拟假县立第一高等小学校健身室为研究场所，特约青年会体育干事夏义可君暨蒋鹤荪、徐荣甲、王运恂、陆祺霈诸君为特别会会员，负指导之责。凡任国民学校之教职员皆可入会，共同讨论并实地演习诸种方法云。

根据《体育周报》（长沙）1919 年第 7 期刊印

耒阳体育上之新发展

（1919 年）

苏

本社前接耒阳某君来函，据称该县教育会会长谢松筠君学识宏富，全县翕然于静坐术，造诣极深。前联合多人在该县组织中外卫生学会，以研究中人静坐修养之法，及外人操练体育之法为主旨。已奉该县知事指令备案，规模宏大，内容亦极完善。该会会员以教育界人士占多数，教会中人加入该会者亦不乏人。并拟与基督徒哈拿氏创办卫生杂志，以纪载该会所研究、所发明之种种学说及事实云云，具见谢君之毅力热忱，洵属难能可贵。使湘省各县均能有如谢君其人者，相继仿行，则吾湘体育发达未始不可与苏浙抗衡也。

根据《体育周报》（长沙）1919 年第 6 期刊印

为什么提倡静的体育?

（1919 年）

黄　醒

我办《体育周报》已经出了九期，正应了长沙土语那句“戴臼窝子跳加官，费力不好看”的话。何以故呢？因为有许多爱我的先生们，拿阅世最深所得的经验话，指导我，劝诫我，叫我容受他人的意思，叫我不要露锋芒。说来惭愧。当时我因感谢爱我的善意，只得（掩）〔偃〕旗息鼓，悄悄的说几回模棱话，忸忸怩怩的掉几句肉麻文，胡乱排印着发行了。五六期出版时，就有人评论，说《体育周报》没宗旨。我听了很觉汗颜，只是不敢答辩。近日有个朋友写信给我。他质问我为什么提倡静的体育？他说现在讲体育，都是要讲运动。中国人素常是好静不好动的。你再提倡静，莫说人不信，就是个个人信你的，照你所说的去做，将来不变成了一个清净无为、阿弥陀佛的国吗？……你办《体育周报》难道是怕国亡得不快吗？我看了这信，却不能再含糊了。这次单将我对着静的意思，表白表白。若说我对于动的感想，以及设施的见解，有机会再写出来请大家指教。

要说为什么提倡静的体育？第一着，先要辨明为什么提倡体育？为什么要健强的身体？更要辨明适应进化之人的生活靠什么？要说只要具有健康强有力的形骸就够了。只要会跳、会跑、会抛、会攀就算完成了生活能力，恐怕略有知识的人都不肯相信。请看那虎、那猴子、那牛、那猫、那狗。为什么叫人关在棚里？锁上铁链？驱着耕田？饲养在家中防鼠、防贼？为什么他们不进化？为什么他们不能宰制生物世界？再请看我国的农夫、工匠以及现在最多的强盗、土匪，能说他体格不健吗？能说他技术不好吗？何以尚耕植不进步，工艺极幼稚或是惯门扰乱社会的秩序呢？可见得人的生活是另外有件特别发达的东西管着这东西？从前中国学说指着心，现在从科学上证起来却是脑。本来讲体育是为的助脑成功。我们提倡静的体育，第一个主要目的便是使脑筋清醒。现在提倡充分的运动锻炼的理由。说使用大筋肉可以储蓄脑力，固是不错。但我用我这竹管中的眼光看起来，觉着长运动的体育家，有十分之六七是头脑简单的。至于那些受过特殊训练丧失个性的，现在充满国中，更不必说了。所以，我觉着与其因储蓄脑力而使脑筋流于简单，不如清醒他那使用太复杂、太昏迷的头脑这方法的安全。

我提倡静的体育不是叫人完全不要运动，专从事这静的功夫。我是叫人不为盲从的动、不为轻躁暴乱的动是要为现在适应进化上准备着、储蓄着一种极大的动力，然后发出来，向正轨上进行以达到目的，至于这形骸当然是要操作劳动的，不过要使他受头脑的支配，作种种进化上经济的功夫，不可专图肉体的娱乐，浪费能力罢了。若说一个人习静，便生出出世的观念，大家习静，便成了清净无为的社会。这问题在从前闭关自守、讲神权的时代本来是不免的。现在科学昌明，全世界大交通了。一个人不为社会服务，必不能存在的那些神秘的道理，经科学一证，必变成普通常识了。那些仙佛的地盘子已经守不牢了，清净无为必也不成问题。虽说有一部分人偷闲懒散，借口修行，无非是能力不充足、不敢多事罢了。现在中国各方面作事的、说话的，正因能力不充足的太多，所以才有这非驴非马、麻木不仁、糊糊涂涂的现象。设若这些人头脑一旦清醒了，都有自觉心，各自想充足他那能力的法子，岂不甚好。纵然不想进步，便是都不出来多事，恐怕中国的好希望要多一些呢？

人类能进化是脑，是清醒的脑。为清醒头脑提倡静的体育，我已说了一大段。现在提倡静的体育没危险，也说了一大段，但是静的体育有什么能力使头脑清醒呢？细举起来难说，很占篇幅，却有一层得必须认明。一个人之能不能成事业，必凭借几分的“志气”和“勇力”。这志气中，每每含有“欲念”，勇力中每每含有“忿气”。当事的时候，若叫欲念战胜了志气，勇力全是忿气，那事是没有不坏的。所以古人说要“惩忿窒欲”。在动的体育法中要寻那锻炼意志、发扬勇力的精神是很多的，要寻那惩忿窒欲的方法却不多见，恐怕有多少尚利用忿欲的方法。现在世界浩劫的主因不是一个“忿”、一个“欲”吗？静的体育，第一个条件便是惩忿窒欲。一个人去了忿欲，他的头脑自然清醒了。

根据《体育周报》（长沙）1919 年第 10 期刊印

为什么提倡静的体育？（续）

（1919年）

黄　醒

现在我要说提倡静的体育的第二层见解了。——我国提倡体育，不是有几年了吗？泛泛的说，讲求各种新事业，不是已有几十年吗？如何不见有许多好成效？这其间原因虽很复杂，根本上探索起来……社会中各方面的领袖，大半对于体育缺少感情，算是个主因。虽说今后国家社会的事业，是应大家负责去进行，不能专责成领袖。但领袖不得其人，事业也不容易望成就。在今日我国一般人民程度未增进的时候，更须有人才的领袖，负提倡指导规划的责任。"人存政举"这句话，就现势看，尚不能不承认他是一个信条。领袖既对于体育缺少感情，于是各种事业都成了这不堪问的情形，何故呢？

（一）因为无感情，他那应事的精神，是秉赋的，不是修练的。徒使用秉赋的精神，不加修练，自然是纯粹消耗了。我国讲建设的事无一不难办。凡难事消耗精神最多，定然易尽。等到精竭神疲，在好的，鞠躬尽瘁一死算完事，不能计较以后是如何；在不好的，便怕死不肯再出力，说不得不因循敷衍了，得过且过，后事是计较不了许多的，——是这样人当事，无论他好不好，在事业上总不能有圆满的结果。

（二）因为无感情，他自不明白人身真乐所在方法，公余休暇，便寻求那些嫖赌或无益的游戏取快乐。渐渐的流连忘返，纵欲败度，充其量无所不为，——是这样的当事人，不用说因循敷衍，恐怕是愈办愈坏了。

各种事业既因多数的社会领袖与体育缺少感情，尚且如此，体育事业自然是不用说了。

“健全之精神，基于健全之身体”，现在人人都会说了。“提倡体育”，现在人人都认为需要了。“提倡体育的方法”，也有多数的人研究了，试看去年全国教育联合会议的“推广体育计划”议案（参阅本报第五期汇报十七页），何尝不完美，到现在快半年了，除却体育业经发达的省区，恐怕尚有连这议案的内容是什么都不知道呢。“上有好者下必有甚焉者也。”这句话也是中国人的一个信条，又如何不想法子使他好呢？——若是使他好，必须去掉他对于体育上感情的障碍物。

这障碍物从何而来？中国社会的旧习惯，凡为领袖，必需要养尊处优，叫做什么留身分，因此便不肯下身段作这动手动脚的运动。因此骑马不够意思必坐车，坐车不如坐轿，两人轿又不如三丁拐（长沙三人轿之名称），又不如四轿，八轿。等到死后，普通人的柩，只四个人抬。若生前曾为何等何种领袖，或领袖的关系人，抬尸的愈多愈觉尊严。社会习惯如此，他那势力能使一般为领袖的人不敢立异。就有明白人，也当不住这势力，不留身分这领袖中又分别什么一地方的领袖，一团体一事业的领袖，聚在一处的，不必对等。不在一处的，不能时常聚集。一人运动的兴味不多，又不便同不对等的人共戏。再加上右文左武的思想不变，误认为体育为武人事，或且存着个鄙夷不屑的意思，更难望以身尝试的了。——静的体育，最适宜个人修练，最适宜社会领袖的修练。

提倡体育，非我一个人的力量，所能成功的，也非多数仅同我一样的人的力量，所能成功的。必需社会上各方面的领袖，共同一致的提倡，方能成功。必需去掉各领袖对于体育上感情的障碍物，方能达到共同一致提倡的目的。去这种障碍物，不能用革命的手段，只能因势利导渐渐的设法这样说……提倡静的体育，是最好不过的，我为体育事业发展上起见，所以提倡静的体育。

说到此处，我再横着举一种意见——现在这般少年，是不是将来国家社会的中坚人物？现在的少年，受了恶社会的影响性，性欲发达得极早。少年人血气未定，有一种最大的流行病，侵入他的健强体格里面。制止这种病，以静的体育法为最好，是无论何人都承认的。——再说这般少年中，也不能说全是好动的。这不好使肢体动的人心最动，因受强迫而运动，必不能收效，或且生一种反动力。我们因为继续我们进行或完成的事业的人是这般少年，这般少年中当然不可使他有缺点，更不愿内中有一个不强壮的人，所以提倡静的体育。

总结起来简单说，体育发达是要诸般共进的，不是一部分一种方法所能竟其功的。诸般共进必需提倡提倡，又只在社会中居各方面领袖地位的人的力量最足，想各方面领袖热心提倡，必须使他生感情，生感情必须破除旧习惯，必须有清醒的头脑。因此，我对于静的体育要竭力提倡。

根据《体育周报》（长沙）1919 年第 12 期刊印

发起体育学会

（1919 年）

黄　醒

体育非尚空谈，然不明其体，又何以达厥用？日日言提倡体育，而体育之不振如故，宜矣。醒滥竽教育界言体育七年，每苦无术以健全儿童之身心，清夜扪心，顿悟体育学也。姑术不足以竟其功，所以无术，要皆不学所致。爰拟发起斯会，以求师友，以勉进于学。海内热心君子，亦有表同情者乎？倘荷赐示，以便进行。

黄醒谨白

根据《体育周报》（长沙）1919年第13期刊印

赞成发起体育学会之通信

（1919年）

道德沦亡，体育枯朽，至于今日，可谓已达极点。鄙人久欲发言，稍尽国民之天职，无如俗多纠缠，难偿心愿，非是鄙人之心肠，均已丧尽，实力与心违，奈何奈何。今读先生体育学会发起，不胜雀跃之至，以为将来体育上之整顿，非设有会议一定之机关不可，即有何种讨论，不难一辙贯透，体育之放光明，实属不可少之基础。非常赞成，先生勿卸。

田祖相君辅湘西乾城人

通讯处　湘东清乡总司令部

先生拟发起体育学会，以专门研究体育学为宗旨，不胜欣慕。伏望早日成立，并请许将福照名字加入，附随诸先生后，不胜感激焉。会章印妥，特亦望赐寄一份，俾得周知一切为盼。

朱福照毅笔群广东台山人

通讯处　北京北池子六十五号

前阅贵报，谨知将有体育学会之设，殊用钦仰。去岁鄙人在沪时曾索得上海精武体育会章程，及入会须知各一本，今特遗价奉上，以为参考。

夏廷耀雄尘浙江永嘉

通讯处　长沙关

生不学无术，抱愧弥深，极端赞成体育学会之成立，并希望诸君子极端维护体育学会之成功，藉以质疑，时聆教益。

刘兆龙云从湘潭

通讯处　湘潭十六总后街

根据《体育周报》（长沙）1919 年第 18 期刊印

对于教育调查会尽先调查事项之意见

（1919 年）

黄　醒

教育调查会，今后教育之新生命系焉，教育范围广，调查自不易易；观各股调查事项之上，皆冠以尽先二字，则调查所举各项结果，必更为其他之调查甚明，固无所用乎怀疑；况主其事者，都为国中明哲，尤应信赖；然吾报以体育为职，欲谋体育事业之正当发展，现教育部既尚未召集体育调查会，自不能不希望于教育调查会，记者为教育中之体育前途计，有所请命，或亦为明哲所许乎？试陈如左：

统观所举事项，普通教育调查股首尾皆系关于体育者之标揭；窃以为普通教育之如何，当视师范教育之如何，现今小学体育之不振，缘于学级担任教师，藉口不善体操，不肯兼教体操之所致，欲师范生将来能注意体育，则师范学校中之体育教授如何，岂非重要；是师范教育中之体育科，似亦宜尽先调查者，不然，则请次首及之。

既调查国民学校课外运动之有无及运动种类矣，何独舍课内运动之体操科，岂亦同记者管见，主张国民学校广置体操科耶？（记者身为国民学校体育教员，本七年余之经验，主张国民学校不设体操专科教员，课表上不列体操科目，去年在长沙大公报尝述其略，现湘潭四德女学校已实行，容当专篇详申其意）不然，岂认定现在体操科已得其当，毋庸调查耶？窃谓课外运动，极宜提倡，在不废止课内体操科时期，则课内之体操科，必须加以整顿。现在课内体操科之是否收圆满之效果，既属疑问，将来整顿体操科，或成事实，则调查又岂宜或缓，惟此项文曰“国民学校课外运动之有无，及运动种类”。或此运动种类，即指课内体操中之运动种类，盖上文明明对于课外运动只问其有无也，若然，则记者以误解冒昧置辞，浅陋可笑，然若称“运动种类及课外运动之有无”，则记者亦不致有所疑矣。

粪便检查，所以调查其健康耶？然则对于齿牙，胡为后之，（齿牙于健康关系极大，容专论之。）国人普通习惯，不喜擦牙，为父母者，多有不令儿童擦牙，谓为保齿，是齿牙之健否关系，未必即次于粪便中之寄生虫，且身体上关系健康，固不仅此，则盍如调查国民学校儿童之体格，同时可得全体报告之为愈耶？

体育之重要，范静生先生尝言之，（见最近各报所纪先生游美归国后在各处演说）劳工神圣，能力经济，蔡孑民先生所提倡者也，（劳工神圣，见最近各报，能力经济之体育谈，见中华教育界纪先生在中华书局演说）记者深希望在二先生主持之教育调查会中，有关于体育之重要解决，庶国民体育前途，脱离现今飘摇无定，庞杂错乱之域，进而跻于安全一致之境。

根据《体育周报》（长沙）1919年第19期刊印

关于乡村中小学体育问题的通信[①]

（1919年）

王　玖

胜白先生：

今晚接到第十七期《体育周报》，读了先生答复胡义颐君的信，生了不少的感想；记得从前在师范学校修学的时候，学得运动的方法，实在不少；“兵式”学到营教练，普通中的什么各个连续应用器械，“国技”中的什么新练、大刀棍，“竞技”中的什么足球、篮球、网球、队球、赛跑、赛跳，舞蹈中的什么行进、跳舞、方的、圆的、环的、列的，虽说不曾学尽，也算学了个十成的七八了；领到的讲义有二三百页，行毕业式的那天，校长训辞，有什么“从前毕业生有多数不肯教体操，托词说不懂得方法，所以在你们这班，我特聘这五位体育名家认真的教授，平时我侧面考察，同运动会时比较，觉得都比前几班强得多，再从发的讲义

① 原文标题系“通信”二字，现据文意加。

页数上看来，几乎超过各科，你们所得的既然如此，将来服务教育界，切切莫厌弃这体操，不肯担任教授，并且希望你们教的体操成绩优良，光大本校注重体育的精神。”——胜白先生！我说这些话，不是卖弄，因为校长期望我们的这样殷，论学的也实在不少，在本心也狠愿意教教体操，提倡尚武精神，谁知现在实地教授起来，休说从前学的没有用，连自己的理想都不能实现了，可惜在师范五年（并预科一年在内）学体操一千点钟以上，所得的依然是没有用——并不是我今敢侮谩从前的师长，因为我现在之情形十分为难；我现在教的是穷僻乡中的小学，学生的年龄，大的十五六岁，少的只六七岁，又是复式编制，一多半是赤脚，纵然穿鞋子，也只有旧的、破的，（新的要过年、上学、吃喜酒才穿）学校经费少，设备为难，要检查体格，没处得器械；这半年来将前日提倡教育的一团高兴，不知抛到什么地方去了；课表上虽有体操两个字，老实说，近来真一回都没有操，这也就无非同先生所说的“不可以体操为本位，强儿童适应吾所欲行使之方法”是一个意思，虽说违背章程，却还没发生什么危险，但是凭良心说，体育虽是不专用运动法，免除运动也不行的，我们不使儿童当机械，做那种“削足就履”的事情，原应当的，若没有运动的机会与儿童，或是运动偏枯，自然也不是我们的本意。我在乡下，想研究解决这困难问题的方法，又生两种困难；一则因为单级学校，校务、教务都在一身，看书的机会太少，并且乡中不容易得书；（从前得的讲义上找道理不出来，私人所入无多，又不能偏买新书）一则交通不便，邻近学校，总距离有十几二十里，又不能得朋友的研究；先生处省会人才荟集的地方，贵报社员如蒋、陆、徐、王各体育大学，何不分点精神，研究些所谓“以一个个之儿童为本位，适应彼一个个儿童心理生理之方法。”发表出来，供我们这可怜之乡下教员实验呢？还有一层，请贵报也注意说说，现在既然要以“儿童为本位，采取适应一个个儿童心理生理的体育法”，似觉乎师范学校里，也要采取一种“充足那师范生将来采取适应儿童的体育法的能力”的方法。不然，贵报虽口口声声的说适应，儿童本位，终不免还是不适应，还是体操本位呢！我是师范学校出身，又是提倡体育最力的师范学校出身，现在感受这种痛苦，所以不嫌辞费，写这信给先生看，为现在的乡下小学生的体育请命，为未来的乡下小学教员教体操请命。

王玖四月十七日

再者在十三期报上看见先生发起体育学会的通（苦）〔告〕，真令人惊喜欲狂，何以到现在一个月了，不仅不见说成立，连章程也没发表，究竟怎么样的，也要请教请教？

玖又白。

来信所论的乡下学校情形，同师范学校体操科的缺点，狠明白痛快，对于本报的指教，记者非常的佩服感谢。这两个问题狠大，稍缓当提出记者个人的意见与老兄商榷；蒋、陆、徐、王诸先生，现在教授上担任太重，精神恐怕分不过来，只是老兄既有这番盛意，记者当代为恳求，或肯略出余绪，以慰雅望。体育学会发起以前，未曾征得多人同意，发起以后，同城中来信赞成的，只有田、夏两先生，口头赞成的，也只有几位，在自己狠悔过于孟浪，因为报中事务，除却印刷同送报以外，都是一个人经手，实有些照顾不来；老兄既问这事，想必是赞成的，请不要性急，我们一步一步的向前走去，总有成功的那一天。

记者黄醒，四月二十三日

根据《体育周报》（长沙）1919 年第 19 期刊印

学校体育

（1919年）

A. C.

学校是人生入世的最初阶级，学校教育的目的，是使人做个完全的人，是使人在世界上，做现在世界的人，并且能够自己生存的人。学校体育，就是达到教育目的的一种方法，学校的学生都是一样的人，都是要生存在现在世界做个完全人的人，所以我觉得学校体育的方针是要：

（1）一般的发展，学校有少数有缺陷的人，便是体育的缺点。

（2）养成耐劳的精神，能够以自力取得相当的生活。

（3）自然平均的发达，不能溢出生理的常轨和强制的运动。

照这个方针，就须有一定实行的方法，才不至“南辕北辙，背道而驰”了。

一般发展的方法。体育范围，是合精神和躯体说的，体育的发展，是要精神活泼，和身体健康，在精神活泼的发展，是要用有趣的方法，各种运动中间，须含有优美悦乐的意味，并且要用团体的运动，提起乐群的观感，在身体的健康，又须有两面的注意，让我分别说来：

（1）共通的注意。保全一般的健康，为病的预防的方法。

（2）特别的注意。此又有二个注意的所在。（一）防止传染，是一面使有传染的虫类（如蝇、蚊、鼠）和饮食物（如未煮熟有條［绦］虫的肉类，有菌毒的蔬类，发酵制成的食物）不能传染病症到人的身上。二是使患有传染症的人，隔别特别医治，不传到他人身上。（二）补救虚弱，是施以特别训练和特别看护，使虚弱的器官渐次强健，和依照林间学校的制度，特别补救。林间学校的办法，就是择野地树林中间，空气最好，宜于强壮身体的地方，建筑校舍，搜集各学校身体虚弱的学生，施以适宜的饮食，合度的运动，并且以在户外空气新鲜的地方，教授游览为主。（一九〇四年德国查洛田堡市始行此制，每年五月开学到十月止放学，送学生归到本校，考查结果，甚为良好；模耳叔森市，也有此种制度，办法和查校大同小异，均设有林间学校专医，其职务：①检查初来的学生；②报告教师以每人应如何注意的方法；③注意饮食；④每周有应检查的事，随时检查；⑤报告最终检查全体学生的身体；叔森市林间学校学生，回到本校后，到次年二月检查体格，八十人中有六十七人强壮，十人面色稍苍白，三人如原状，英伦近也依照查市制度，设户外学校于波士特勒都森林中，校中有露幕，为雨时授业的用，试办三月，功效颇好，美国洛哀伦州波郎威顿司市设清空气学校，但只在冬日办二周时日。）

养成耐劳精神的办法。美国洛克博士说："学校教育一面是科学教育的陶冶，一面是人生处世的问题。""学校教育和人生问题相违反，必定空泛不切实用。"人生处世，是万不可不耐劳的，养成耐劳的精神，是要利用物质的工作，做体育的运动，锻炼四肢的骨络，发扬持续的精神。

自然平均发达的方法。自然的发达，就是说要合生理的本性，不可为拘束的运动，尝见各校体操徒务形式上的整齐，不管学生身体的状态，如腰腹及下肢运动，骨节硬的，强使柔软，内脏运动，呼吸弱的，强使强健，这正合着中国一句成语"拔苗助长"的了，平均的发达就是说身体各器官都要一样，不能专门注重那一部分的，譬如偏重筋骨以使心脑亏虚，和利于血液又不便呼吸，营养而不消化的种种情形，这似乎要用平和渐进的方法，不要用竞技激烈的方法，我以为各种比赛方法，是要提起个人勉励的精神，不要含有竞争的意味，因为勉励才可适于人类的生存，竞争就破坏共同生活的秩序，我对于人生的观念，是主张自立，反对奋斗的。

学校是陶铸社会分子的工场，学校体育，很是重要，我于体育狠没研究，各位不吝指导，就感激不尽了！

根据《体育周报》（长沙）1919 年第 27 期刊印

军国民体育的结果

（1919 年）

朱剑凡

体育是人生最重要的事，我们一生的幸福，都靠着他培植，可以说是人生的生活手段。但是这生活手段，一时是一时的，不是（互）〔亘〕古不变的。若是不教察结果，一味盲从附和，恐怕我们人生，都会断送在最危险的体育主义里头。我所以不得不把最近人人崇拜的“军国民体育”的结果，宣布出来，请教育家注意。

（一）个人方面的结果。体育既是人的生活手段，自然是因人要生活，然后才要教育。因为体育的手段，可以使我们得生活上的满足，我们所以不能不需要他。既然如此，人所以重视体育，必先有个目的，目的是什么？就是生活上的满足。军国民体育的结果，恰恰与“生活上满足”的目的“背道而驰”。本要求生，反去求死，本应乐生，反去乐死。人人希望他有卫国家的能力，结果连卫自己生命上的能力也没有。诸君不信，请看美国 Trilune 报载一可怕的滑稽新闻说：这次欧洲战争，死亡人数，大约有一千多万，假如把死人骨头（便）〔变〕成了活人，做二十人一排在纽约的大街通过，须过四个月，才能把它走完。

可怜这些死人，不知为些什么，白白的性命丢掉，那欧洲的战地，好像是杀猪杀牛的宰牲场，这些精力强壮的军人，好像就是安排就死的猪和牛，什么叫卫国？什么叫战争？简直是一个自杀的行为。不知天天鼓吹军国民主义的人，想起寒心不寒心？忏悔不忏悔？再进一层说，军国民体育，不仅是自杀，简直把活动的人，变成了一种机械，一点性灵都不许他存在。我听见早几年前，俄国圣彼得堡城里，有个军人，提一个小篮，在街上买菜，忽然碰见了他的上官，他就立刻把手里的篮儿菜儿，丢了一满地，恭恭敬敬对着上官行礼，试问这样的机械行动，他的脑里，还有丝毫的性灵没有？人的性灵，被这机械的训练，改变到这种田地，请想想军民体育，于个人有什么益处呢？

（二）社会方面的结果。社会的进化，是更使人人都能享文明的幸福，积起来就成一个文明的社会。但是就今日的世界看起来，果能做成文明社会与否，我暂且不敢下一个笼统的论断。不过就战争的结果考察起来，却有几件情形，可以使人恐怖的，那几件咧？①受过军国民教育的人，都是习于杀人的人，我国《墨子》上有几句话，意思是说：“杀一个人，叫做不义，必有一死罪，杀十个人，十重死罪，天下的人，都说他不是，叫他不义，今有一个大不义的人，攻人的国家，杀最多数的人，人却不晓得他的不是，反去称道他，说他是义，好像一个人，没大见黑的东西，却叫他是黑，见多了又叫他是白，或者少尝苦味，说是苦，习惯了，却又说是甘，这难道是晓得黑白甘苦的分别吗？杀少数的人，和攻人的国家，去杀多数的人的是非都辨不清楚，难道是晓得义和不义的分别吗？”墨子这段话，真说得畅快。这种杀人的事业不废除，恐怕社会的生气和光明，没有希望了。②受过军国民体育训练的人，就是不生产的人，俄国地理学家 Kropodkin 主张人类要各尽所能，凡是不能贡献利益于社会的人，就算是一种无用的人。我把这个原理，用演绎法推论军国民，就可晓得军国民这种人，是不能生产的人。不独不生产，并且把人家生产的东西，不管好歹，都破坏起来，请看欧洲战事，百年以后，恐怕都不能恢复从前的状况咧？

军国民呀！军国民呀！所有罪恶，纯全是你们负去了，你们受了什么人的暗示弄到这样咧？唉！学者！哲学家！万恶的哲学家！造成弥天罪恶的，不是你么？我到于今，不能不把你播的杀人种子，当“人道”“正义”的面前，揭示出来了。

第一就是主张超人的尼采他说道：“不劝你们工作，劝你们战斗，不劝你们和平，劝你们战胜。”又道：“要爱短期的和平，不要爱长期的和平。”诸君想想，这种主张，是何等意思？这种超人，是何等光景？德意志的民族，受了这种暗示，去当兵，去打仗，人类的和平性，已经多久消失了，难怪到了今日军国民主义完全失败的时候，他们还有一部分的人，梦想恢复帝国，预备着战争咧？

第二就是主张我尊的 WarkStirner，他说“只要有力，一切利益，都是正当的有力的便有权，我的权由我定，如果与他们不相宜，那是他们的事，与我不相干，凡是你们的，我一点也不尊重，如我愿意，我便拿你来服侍我。”这几句话，就是今日强权，武力，专制，破坏，威吓的代表，诸君想想，这几句话的意思，是什么意思？还合毫［乎］人道和正义吗？

其余的学说狠多，大概都是赞成人家用力去欺负人，今日大多数自杀的人，和杀人的人，可以说完全是这种学说造成的。唉！求生是人类公共的目的，偏偏要用求死的方法去求生，真是蠢得不可救药了。说到这里，恰恰有个朋友来了，看见我这篇文字，他说道，中国还没有这样程度，我说譬如有一样明明白白有毒的东西，吃了定会死人的，也难道因我们程度不及定要去吃吗？朋友！难道定要去吃吗？

根据《体育周报》（长沙）1919年第29期刊印

长沙教职员网球对战消息

（1919年）

一旁观者

两年来长沙各学校教职员，对于网球运动很热心，因此各校学生也有许多很喜欢行此种运动的。但是以前除稻田女师范及周南女校两女校教职员间和学生间时时有对战运动外，各校间很少见有联络运动的。但是一月以前，修业中学的方扩军君，李少白君，长郡中学的曹羽仪君，楚怡小学的周维桢君，长沙高小的袁荣生君，在稻田女师运动场和稻田的刘啸冈君，江籽青君，杨遇夫君，对垒而后，遂开了长沙教职员联合运动之一新纪元。就中因修业与稻田地点相近之故，近日或在修业，或在稻田，屡有对战之举。就台面而论，修业方面又加上未与第一次运动之健将雷世恩君，稻田方面也加上一健将何谷芳君，故近日之联合运动，益有光彩夺目的景象。昨日（六月廿六日）午后，修业方、雷二君又在稻田和稻田刘、杨二君举行对战，第一场方、雷之四局，对刘、杨之六局，刘杨胜。第二场方雷之七局，对刘、杨之六局，方、雷胜。两方既处平均的地位，到第三场，两方皆猛争最后之胜利，开始后刘、杨得一局，而方、雷连得五局，以一对五，大有胜负已分之概。于是刘、杨大奋其最后五分钟之气力，果也连夺五局，而转为六对五，此后方、雷复夺得一局。而为六对六，平均取消。而最后之最后的奋斗又开始，结局以方、雷之二点对刘杨之四点，归刘、杨之胜利。旁观者以结果与第三场开始的景象，全然相反，莫不惊其意外，然三场之胜负，结局似竟只是两点之胜负，在刘、杨当局，亦非常惊其敌手之勇猛，自谓为侥幸致胜，闻诸君多数以学校皆已放假，各当于不久回乡，然于回乡之前，大约还有一场告别之猛战云。

根据《体育周报》（长沙）1919 年第 29 期刊印

讲求体育果为“增进”体力者乎?

(1919 年)

黄　醒

吾人今日胡为乎迫不及待大声疾呼以提倡体育？或曰“吾国

弱且亡，非讲求体育以作民气，不足以救仁，非增进个人体力，不足以任重而图强。”或曰：“人目我为东亚病夫，非讲求体育增进体力，不足以去病而雪耻。”又或曰：“近日竞争剧烈，非讲求体育增进体力，不足以资角逐。”既多数人对于体育之解释，为一种企求“增进”的，故主奖励技术，故主严格锻炼，——本报所载文字，即出于记者之手者，亦不免此种论调。——助长之风气成，体育之真价失，体育前途生荆棘矣。“增进”，“增进”，吾人所希望者也，然按之实际，以“增进”为目的而讲求体育，确未尽善；盖体育之本来面目，全在“恢复”体力，体力固本有，无待“增进”，吾人目击之似“增进”者，皆仅能恢复体力，或不仅不能恢复体力，且因“增进”一方面，而破坏他方面使之消失。故吾人今日与其认讲求体育为“增进”体力，毋宁认讲求体育为“恢复”体力之为得也。

吾人祖先——初民——因维护让生活存在，具有抵抗自然界妨碍吾生存情形之各种能力；此种能力遗传于吾人，原无不备；特因缘人数有向上而谋较大幸福之要求，乃人造种种情形，渐消失本来能力。如衣食住之完备，交通之便利，率由人造，而大足消失本能者，显而易见，固无容缕列深述也。是吾人今日之所以弱，盖缘于现象境遇所造成，非本质元气仅如此，而有待乎增进。试以城市人与乡村人较，文明人与野蛮人较，必更能证明现象境遇之影响于人身体力甚大也。

果能变换境遇现象，体力必自然的恢复，——如转地疗病之类——然境遇现象未经变换，必赖改造，改造消失体力之情形，而不背乎进化，此请求体育方法，以“恢复”体力为必要也。

例如跑、跳、踢、掷、攀在今日所提倡之田径赛运动，人多目为“增进”体力，利用种种方法以奖励者，皆所以“恢复”吾人祖先当日“抵抗自然界压迫以维护生活”之体力者也。特因人类进化，以人造情形战胜自然界，今日生活，不受自然界压迫，其本能潜伏以至于退化，吾人不忍舍弃此战胜自然界之人造情形，因更以人力造成此游戏，发扬潜伏之本能，免其退化，目的固在“恢复”，非“增进”也。又如拳术技击之法，皆吾人祖先因“抵抗自然界压迫”所使用之方法，以其经验所得，教其后人，更集合多数人或多数次所经验方法之动作，乃组成今日流行成片段之方法，吾人今日习之，目的亦固其“恢复”非“增进”也。又如静坐，目的亦在“恢复”本来清醒之头脑意，斥去扰乱头脑意志之思想，非“增进”也。

能证明种种体育方法为“恢复”本能之体育，则行各种方法无不受其益。不明乎此，故田径赛运动，有时杀身，拳术技击，每为社会害；静坐，乃求神仙；盖误认此种种为“增进”体力，故技术之原为维护生活，抵抗自然界压迫设者，乃变为人类自相残杀之利器，力求所以胜“人”。静的修养，原为整理思想，斥去人欲设者，乃变为求神仙以成迷信秘密之宗教。

吾今请求热心请求体育之人，勿存希冀“增进”体力之野心，当尽“恢复”天赋本能之责任。更请求提倡体育之人，当去欲人“增进”体力而用奖励劝诱导之手段，竭力使人了解彼为“人”之所以为“人”，以恢复体力为各个人之天职。

根据《体育周报》（长沙）1919 年第 30 期刊印

在我现在所得的知识上觉得体育似乎要是这样的解释

（1919年）

黄　醒

读者，看了我这累赘软弱又不通的题目，请原谅我。我的知识本不多，对于体育也没有修养。因为我对于所看见的所听见的体育，有些怀疑，发生了一种“体育观”。但是我的“体育观”同现今提倡的和已经做的有些不同，我又对于自己怀疑起来。不过现今那些提倡的和做的，所有的信条，所具的理由，只有一个，“外国是这样，我们中国也要是这样”。也不能释我的疑，所以含糊到这时候，忍不住说明。我不说“一定”要是这样，只说“似乎”要是这样，是因为外国尚不曾全体是这样，中国人“模仿”尚嫌不足，恐怕我这种“体育观”距“现实”尚差得很远的原故。

体育究竟要怎样的解释呢？

解释体育，要从“为什么”要讲求体育下手；不然，不怕说得如何动听，到那事实上不行了的时候，或者听话的人他那“人生观”有变动的时候，就不生动了。例如：

1、体育是却病延年的。一个极讲求体育的人，忽然病了，或者短命死了，这“却病延年”的信仰自然失了。凡一个人自然有个死的时候，他在社会上，因做替公共谋幸福的事就是牺牲了他一条小生命，同那因要长寿终日的做一个人体育功夫的，谁轻谁重。

2、体育是保身御侮的。旧话说，“强中更有强中手”，“善斗者死于斗”；侮不曾御，反受了侮，保身反毁身，这也是靠不住的了。

3、体育是强国卫国的。这个反证更多了，远如希腊、罗马，近如德意志，亡的亡了，败的败了。因强国反弱国，因卫国反亡国，又何苦来。

这些都是不曾去问一问“为什么。”

4、去年冬天，麦克洛到湖南来演讲，他说：“教育譬如是个大圈，体育是这圈内的；但是现在一般的教育家将这体育放在圈外，所以体育不发达，很为人轻视。”我说：“这个原因，不是一般教育家不肯放进圈子去”，正是这些讲体育的人，只拿了“健全之精神，宿于健全之身体”做幌子，不会发挥要“健全”是“为什么”。

这样说：究竟是“为什么”呢？简单说：就是为的“生活”，为的“人的生活”，“人性的生活”。因为“人是生物”，生物有生活的本能，所以讲“生活”；“人是能运动的生物”，所以讲“人的生活”；人又是能运动的生物中进化的，他同一般能运动的生物有不同的一点，所以讲“人性的生活”。更补足一层话说：人性是向上是进化的；我们孜孜不息的运动，是要向直线的路上走，不可走圈子路；是要讲“人的进化的生活”。

这话太笼统了，再浅些说：过去历史上失败的经验，就是我们未来希望发生的根源；从“原人”生活进化到现在国家组织的生活，是一步步因感于单独生活的不能生活，进而共同联合；小联合生活的不便，进而大联合的；是家族而部落、而小国、而大国、或联邦的。那时候，一个人因为维护生活，防猛兽的侵害，不能抛石头打棍子止住他，战胜他，就只得跑；跑的时候，因为障碍，不得不跳；有时候没处跑，或者不能跑了，就只得攀登树枝，泅在水里，或伏在洞里。因为经营好了的事情和幸福，要享受，不能不希望长寿。因为不愿将自己经营好的事物，被非己——这个非己是杜撰的，因为用他人，却遗落了他物——享受，就不能不讲保卫。渐渐的因为一切进化的原因，将这一个最小范围的己，扩充（得）〔到〕己国了。这体育的问题，变成了国家的问题了。有时候抛却个人，牺牲个人，专去为国家计了。这时候的国，仿佛是野蛮的一个人了，这时候的个人，仿佛是野蛮人，用以防身的石块石刀石箭了。什么“为国捐躯”，什么“人人皆兵”，不过是供那挂着国家幌子的人，当石块石刀石箭玩弄罢了。近年欧洲大战一次极大的经验，将俄国人先弄觉悟，不打了，德、奥的人，也觉悟不打了；将从前少数人倡、多数人反对的理想，实行试验起来了。

但是有史以来，世界上可以说年年有战争，怎么到此时才觉悟；而觉悟中依然有战事，照现在欧洲和议的结果看来，依然伏着战机；这又是什么原故呢？虽说原因复杂，其实还不出生活的范围，进一步说：就是这为生活的“教育”没进化的结果。

今年杜威博士来中国〔讲〕中国的“教育”，有些要进化的意思；但是一讲到教育中这一部份体育上来，有这山东问题在中国人的脑筋中，那“强国”“军国民”的观念，又复活了。——这是中国的问题，当另一篇再说。但前二十三期本报也说过，请参看——我以为体育既然是教育内的事，决不能自外，另立门户，依然守旧的。例如：

“修身”或“国文”在今日所演述的内容是“互助”；教师说得互助的精神，极为精采动听，学生当即很感动；这一节功课完后休息游戏的时候，即发现种种合于互助道理的实践行为；而第二节功课，（洽洽）〔恰恰〕是体操游戏，所用的材料是“盲跛相助"，而不用说是好的了；若是用竞争的"角力"可就将那"互助"的效力取消了；不然，学生对于"角力"就轻视了。或者"国文""历史"的功课内容，讲的是"战争的惨酷"，而游戏教的是"拟战"，或同日教"兵式操"这不是笑话吗！像这种情形，休说不是同一教师的学校，有这种冲突；就是一教师担任，恐怕也是不免的。

我举这例的本意，不是对于选材料上说的。我以为现在所流行的，所提倡的，——就是我今日以前教课时用的，也在内。——十分七八要改造过；或者都要〔改〕造过；并且有许多要绝对的废止不用。何以故呢？因为这体育的解释是：

要从"人"上着想，要从"进化的人"上着想。

要从"适应进化做准备"上着想。

这样说：

体育是做的为人类进化的生活运动，谋健全个人身体的功夫。

体育是预备人类进化的健全份子的能力的功能。

体育是为的消灭人类进化的障碍起见的。

体育是为的防止人类体格和本能退化起见的。

人类进化的阶级，准前所举的过去历史的事实来推测，无非就是根据那一个时代的人类有所厌恶的一种反动力，发生一种希望心来的。我们现在所处的这个时代，人类中最厌恶的是些什么？最希望的是些什么？虽说各个人的不同，然而对于"战争"、"和平"的厌恶和希望，总算是个共同的。怎样才能将厌恶的去了，希望的迎来？自然大家的心里，都悬拟着一种新生活的境遇。"桃源避秦"本是寓言；现在交通便利，人口增多，更没处找桃源了。我们所希望的"和平"，如何能来呢？无非是要去了这造成"战争"的原因；假设……一个人他要发扬他的精神同能力，绝没有什么束缚压迫；他要满足他的要求希望，也绝没有什么阻碍困难；他绝不愿意同他人争的了。再假设现在有两只狗在此处，我有一根骨头想喂他们，我若是向他们一抛，任他们去咬，他们不晓得一个咬一半的道理，自然要争起来；若是我预先截断，每只狗给他一段，他们自然各自尽他的牙齿力量，去饱他的肚子。……虽然照现势看来，和平的束缚、压迫、阻碍、困难还很多，我们仍旧将那“武装和平”做幌子，去要求和平，那和平决不会到我们这里来的；我们应该将和平的真理去求和平，所以这“制造战争”“武装”“要强”“要胜”的体育观念的解释，我们要用“制造和平”的体育解释去代替他。

根据《体育周报》（长沙）1919 年第 35 期刊印

湘城学校职教员网球团简章

（1919 年）

第一章　本团定名为湘城学校职教员网球团，由湖南省城各学校职教员组织之。

第二章　凡各学校职校员有欲加入本团者，须经团员一人之介绍，并须缴入会金一圆。

第三章　本团会费以团员入会金及年费充之，每人年纳会费一圆，分两次缴纳于每期开常会前行之。

第四章　本团设庶务及书记干事各一人。庶务掌购置球具及收支经费，书记掌记录通告等事宜。由团员公推之，任期一学期得连任。

第五章　本团会集分常会及竞技会二种

（一）常会。每学期开会一次，春期于三月，秋期于九月行之，会场及时间由书记干事先期通告。

（二）竞技会。每周土曜日午后行之，会场由书记干事决定，于先周会集时通告之。

第六章　本团备置网球若干枚，球拍若干个，球网若干铺。

第七章　本规则有未妥处，得由团员多数之同意修正之。

根据《体育周报》（长沙）1919 年第 38 期刊印

体育杂谈

（1919 年）

醒

◎组织体育委员会的提议案

江苏近年提倡体育，差不多用尽力量，算是很好的了；但是总不忘情于偏重“运动会”，不能说不是一个缺点。

这回“体育委员会”的提议，本是一件极重要的事，也是体育提倡上一个根本的事，我私心也是很佩服的；但是看到拟定办法第一条的末句说：“共同担负筹画全国联合运动会、各省区运动会及其他关于体育事宜”，不觉得冷了半截身子。请想体育上事宜，有比运动会还重要的没有？委员会能做应做的事，有比运动会还重要的没有？却轻轻的用“其他关于”四个字代表了。难道组织体育委员会的必要，就是促起全国人办运动会吗？我愿意全国教育联合会，将这句条文改改。我愿意江苏提倡体育的先生们，莫将眼光专注在运动会上。（醒）

◎湘城学校职教员网球团

在六个月以前，我也是一个愿意打网球的；现在我将时间一分配，简直找不出时间来，所以组织这团的好友，邀我入团，我就对不起的谢绝了。我不入团，本可以不必多嘴；但是这团里人，有一多半是我的好友，我多句嘴，想也不至于怪我嚼烂舌头。网球在体育上的价值，本来不多，不过比较其他不运动的人说，好网球算好的了；但是人与人之间，要讲胜败；一个球发出，要使对手接不着，才称好手段；不晓得这个是什么道理；我想若肯拿这点时间，去研究今日及以后人生问题，像有意思一点。托罗斯基的话，不是专为学生说的呀。（醒）

根据《体育周报》（长沙）1919 年第 38 期刊印

我对于组织体育委员会的意见

（1919 年）

黄　醒

全国教育联合会开会了，江苏省教育会提出的组织体育委员会案，想必也审查成立了；我是个承认体育委员会有组织的必要的，又有什么意见呢？但是我承认体育委员会的成立，是希望他从根本上解决体育问题，不在乎求速效，不愿意这体育委员会将

"边做边像"卸责，所以忍不住要说！

我们为什么要有委员会呢？虽然是由希望"凡人都享健康的幸福，凡人都得着体育方法的机会"生出来的。要达这希望的目的，自然要寻出一个进行的路径；换一句说，就是做这事的下手处。江苏省教育会寻出来的路径，是办运动会；由这里下手，又要限八年内委员会成立的一个月里就拟出办法；在江苏省教育会深信运动会是下手的惟一好方法，一往直前，绝不退缩，狠可以给怀疑派一些好模范；但是在旁观的人看来，就狠有些像"边做边像"，急性子求速效了。

有人说："我们只努力做我们所能做的，体育上关系婚姻制度，公共卫生，种种牵连行政的，暂且不问"。这话也有道理，不过我们所能做的，难道就只有运动会吗？并且就是就着运动会的本身说，也有应先解决的问题：

运动时表演的材料，究竟合不合运动者各个人的年龄体力？

运动材料的旨趣究竟合不合国体，国情，国民性的需要？

因运动会所耗废的和所生产的比较，分量相当不相当？

果然弄清这个，使运动者和指导运动者得有完全的把握；你说一年办一次两次的运动会，就是天天办运动会也可以的。若是这个尚不曾弄清楚，一般运动者只是盲动，指导运动者只是任意出花样，徒然纷扰，造成一种光怪陆离的运动热；更加上委员会督促的力量，那是这种偏于局部限于少数人的怪现象，会要流传到不可收拾的地步了。难道［江］苏教育会以为这问题是办运动会解决了的吗？因此我以为委员会先要做的事是——

规定各等年龄，体格，性质，及地方气候上所适宜的正当运动方法和分量。督促指导运动者斟酌他的情形采用。

征集全国各地方各等学校的体格检查表，研究国人的元气，并考察指导运动者究竟是否斟酌情形采用委员会规定的方法。

调查各国体育的情形，作我们的参考。

以上是对委员会做事下手处说的。还有组织上一个重要问题，就是——选出委员的标准了，因为这些委员会是握着全国人的生死权的，既不能任多数人聚讼，也不宜由少数人武断，要避去聚讼和武断的弱点，这就是人的问题了。联合会推举时，固然要注意，教育部选派时，尤其要注意。至于延聘体育专家加入，那聘的当不当，也在这推举选派的几个人身上的。苏省教育会定的标准是——"声望夙著热心研究教育或提倡体育而具有精心毅力者"，我以为还要加个条件，是要他在平日本是"头脑明净，目光远大，办事而实事求是者"，我这个意见，有不有道理，可不可实现，那就要看联合会的决议案是如何，更要看体育界同人有不有意见表示了。

根据《体育周报》（长沙）1919 年第 40 期刊印

拟长沙今秋适宜的联合运动会办法

（1919 年）

牛

我拟这办法，不是说凡运动会都要是这样办，是就长沙在今秋这情形的办法。若是真有人倡办，我这拟的或有可采处；至于内中不周密的所在，临时再斟酌来补足。我拟这办法的意思有五个：（一）省钱；（二）省时；（三）省力；（四）要发扬协同互助的精神，去不道德或虚荣竞争的毛病；（五）要普遍的使多数人得［到］体育锻炼的机会。看我这计划，请预先认明我的意思在那里；想照办的，请先打破从来办运动会那“竞争”的偶像。

一、加入联合运动员的资格。凡在长沙城厢内外各中等学校以上的学生无论男女能运动不能运动一律加入。国民学校和高等小学的学生当另外组织——不在本篇的范围以内。

二、所采用的运动方法。a. 兵式教练，b. 普通体操，c. 游戏舞蹈，d. 接力竞技，e. 自由运动。

三、日时的选择和分配。议定从某星期起，继续开会四五次或七八次，（看运动事项的多少和人数酌定）每次的时间，从开会到闭会至多三个钟头。到三个钟头将要满的十分钟内，无论如何，立刻宣告停会，在约定开会的时间，无论到会人数多少立时开会。每星期采用的时间，以土曜日午后二时半到五时半或日曜日午前八时半到十一时半为合宜。

四、运动分量的分配。每开会时每一人必加入大团体内作共同的运动一次，再作自由发展能力的运动一次。此外如时间多能力尚有（胜）［剩］余再作娱乐的或表演的自由运动一次。总要注意普遍，像团体操——兵式普通游技——的团体越大越好。绝不要存什么学校的界限，能力的界限。

五、评判法。团体操的目的不在要看谁好谁不好，用不着评判接力竞技和球类应当记点数的，也不用个人记点法，要用团体的记点法。

六、会场的选择。不必限在一处，应当分在数处开会，只求便利运动的布置，用不着装饰铺张。我想“东”可以借甲种工业的操场，或协操坪；“西”可以借高等工业的操场，或平浪宫外沙滩；（像跳高、跳远、持竿跳高、掷球、掷饼、投枪各种都可在此处举行）“南”可以借第一师范或第一联合中学的操场；“北”可以借雅礼大学或第一中学的操场；“中”可以借省教育会的前坪。是这样东一回西一回的办法，各校来往的远近，比较一处要平均些。若是讲到实际的锻炼，这大好的秋光是狠可露宿登高，远足的；就在岳麓山住一夜，也没有坏处。

七、经费的支出。凡在会人无论是运动者，评判者，指挥者，筹备者，以及各种服务的人，都各自备各自的用费，公共开支，自由的由各校或各人捐助。

八、来宾的招待。不送券，不请客，不设座，不备茶点，因为目的是为自己运动，不是为人看才运动。

九、运动者的态度。要明白这运动会是试验群众生活的机会，是做在群众中充一个健全分子的准备，因要公正和乐的态度。

是这样做，在各学校各学生方面着想，是有利无弊的。在事实上着想，也是不致于行不通的。但不晓得我这话有人肯将他见于事实否?

说到临了，我还有一个意思要申明：我以为这事宜乎由学生界发起——像国庆纪念会一样——必然要好一点；若由他方面发起，那种“争”的观念是万难去掉的。那（吗）［么］，这运动会又不堪问的了！ （完）

我刚要发这期的稿子，有个朋友看见，笑称我这期叫“矛盾号”，他说：“前面反对急办运动会，后面却极力倡导运动会；叫人看了简直狠不懂你的宗旨”。我听了对他竟找不出一句相当的答话来，只得一笑。唉！黄醒

根据《体育周报》（长沙）1919年第40期刊印

我教体操时的罪过

（1919 年）

黄　醒

我现在没有充体操教师了；但是我在五个月以前还是个体操教师；我这所诉的，也只我当时有觉悟，或有极强的印象，或今日才觉悟的几件事；却不能说我的罪过都在这里，也不敢说体操教师个个和我同病，但希望体操教师都以我为鉴，莫照我一样的造罪过，那我这篇文字就不白费了！

我第一的罪过是不想……

我既非体操专门学校出身，初教课的时候，自然是没有把握；虽有“求是”的决心，却没有“求是”的能力；那时候我的研究，就只有“听”和“看”了。一天听了一位老体操教师的一篇议论，就立刻到操场上将学生当原料试验起来；一天参观了一位体操教师的教授，就立刻到操场上也将学生当原料又试验起来。当时的心理，只有一个要别人看我教的时候，得个“好”字的批评，说材料是很新鲜，我就非常的快乐满足起来。既不想想那议论合不合道理，又不想想那材料合不合学生的要求，更不曾想想学生他是一个人，是人家可爱的儿子；我只顾我的名誉——虚荣——有时候要他整齐，不管学生体力上吃得住吃不住，心理上欢喜不欢喜，我只硬干，我必要达到为我增加名誉的目的。这是我在民国元年上半年的罪过。这罪过的结果，我是得了名誉，学生不过还是个学生，现在事隔八年，我不能再找那时候的学生来问问，来看看，但就最近两年我教的学生问起来看起来，依然我教自我教，学生自学生，体操自体操，有病自有病，可以回想当年的状况，更是不如现在的了。

民国元年的下半年，结识陆祺霈先生，很感谢他指导我说："教体操要明白原理；体操有价值的，只有瑞典式最不害人；你要仔细去研究'体育原理'和'瑞典式体操'，总不会错的。"我在那时候，深信了他的话，翻来复去，读了几种论原理和瑞典式的书，不敢说真彻底的懂了，却有点"想"的意思了。但是那时候有所谓"学校无共和"的天经地义，并且军国民的呼声最高，我虽然发了不少的疑问，想出些微道理，敌不住大多数趋势的压迫，就思想也是随起随灭的。说起来最可愧的，就是因为众人都是那样，我也是那样，有时我心明白不是那样，我也没有勇力不是那样；看看学生们随着我乱跳乱叫乱踢乱击，不免有些良心不下去。所以在三年春到五年的夏季，极力想不充当体操教师；以为不当体操教师，就可以免得造罪过了。

这些是我不想的罪过；既然明白原理，就要对原理一方面做去，事实上有障碍，应该打破他；有缺点，应该补救他；因为不想，不彻底的想；只"随波逐流""依样胡卢"，替聘我的学校应个景儿。在表面上看，何尝不是也还不错；在不懂体育的人看，又何尝不说也还好，但内中"不可告人"的所在，我的良心到今日还不恕我呢！

我第二的罪过是不讲……

我明白了，我真明白了；但是以为体操是技能科目，只要教学生做，进一步做得好，就算完事。我明白了，我真明白了；有时和教体操的朋友研究，只研究这一个动作应如何，那一种教材是怎样，进一步发明一种新方法，也就算完事。从不曾注意学生使他明白体育的道理，从不曾注意和朋友讨论过在学生本身上所收的效果。就是偶然标榜一种教材好，说是实验的；也不过在某级学生里用过一次两次，某次运动会得多数人称赏罢了；何尝直接使学生得了体育的益处呢！明白也不过是我个人明白罢了。

我第三的罪过是不做……

我会想了！会讲了！想得中情！讲得合理！我不曾“做”我那所谓合情理的，依然用的是那不合情理的东西。所以今年春季有位专门学校的校长对我批评他那学校内的体操教师说：“某人的理论狠不错，但是技术不行，这体操是要能行的不是能说就了事的。”他虽不是说我的，但我觉得他这话，很可以表示多数人的心理，很可以促起我的改革。

这个还是些抽象的说法，我再举几个实例：

民国元年秋季，我曾应校长的要求，特为办运动会增加体操教授时间，每日两点钟的预备了两星期。

民国二年暑假，我曾应小学教师讲习会的要求，编了一种极复杂极热闹极花样的行进舞蹈，骗得一些会员头昏眼花的学了去到乡下害人。

同年又和人合编了两本“应用体操”的书，卖给多数人去害人。

三年秋天办运动会的前一个月，有个会跑会跳的学生正结婚；我既不曾好意劝阻他使他莫结婚，我又不曾竭力制止他使他不在蜜月里加入运动会做个选手。这个学生现在很弱的，医生说他有点像肺结核。我一见了他，我就觉得心上下不去。

五年有我一个极称许“他的体格好”的学生，犯了手淫，许多时我不曾察出。

六年春有一个练习跳高的学生折了前膊骨。

同年检查体格发现了一个会运动的学生脊柱不正。

八年一月有一个学生因嗜好吃番椒，得了胃炎症，变痧疹死了。

三月有一个学生因课余游戏折大腿骨，几乎不救。

四月有两个学生因做竞争游技伤了头部。

这些是在脑中印像最深的，虽说有些不是我（固）〔故〕意使他遇险，但是我是做什么的呢？还有许多许多的不好现象，印到我脑中不深，我现在记不清楚了。

我教体操七年半，连兼他校的功（误）〔课〕计算共教学生约一千人，最多的教过四年，少的也是一学期，一年以四十周计算，共三百周；每周每班三小时计算，共九百时；一千学生共九十万时；每一学生最少的教过六十时，最多的教过四百八十时。这些儿童宝贵的光阴，通通送给我，供我试验的牺牲——得虚荣的牺牲——他们若是不到场运动，还要责罚他，他们离开我，不见得一个个就弱就病就死；他们不离开我，又真有弱的病的死的；在他们不值得，在我也未免太讨便宜了。

我现在觉悟了！却不教体操了！要到将来我的“想”“讲”“做”的功夫完全成了，我教体操或者不是那样的教法，和那样的害人；但是过去的罪过已无从补救。八年十月廿二日晚稿。

根据《体育周报》（长沙）1919 年第 42 期刊印

我对于体育思想的变迁

(1919年)

陈达任

我本是一个体质最弱的人！初进小学校的时候，并不知道怎么叫做体育。后来蒙体操教员指示我，要我多运动；我就问他，“用什么法子去运动才好?”他教我“常常操铁哑铃”。我信他的话，每遇得闲的时候，一个人躲在一间屋子里面，操习铁哑铃。如此操练了两年多，臂力增长了一些，但是身体依然是瘦弱的，原有的疾病，也没有痊愈。这个时期，我老实说是不知道体育的真面目，好像“盲人骑瞎马”，不过对于体育，有一点感情就是了。

到了辛亥年，湖南省的小学，渐渐注重体操，并添游戏法；那时候，我进了六个月卒业的师范，于是别的科学，都看得轻，只有游戏唱歌两门，是我特别注意的。刚刚毕业，恰当民国元年，镇乡提倡添办小学。那时候，正是体操教员缺乏的时期。有个朋友，介绍我到乡间当科任教员，我初出任事，又值体育萌芽时代，研究无门，只买几本书，对着本子教学生；还有一个法子，就是常常出外参观，遇着别的学校有新奇的游戏法，或是新体操，我就学了他的来教学生。不管合儿童生理不合，总以贪多为唯一的目的。并且这种好胜的心蓬勃起来，每每只想和别校比较体操的优劣，表现体育的成绩；这是我的体育思想变迁第二时期。

到民国三四年，我研究体育，进入第三期的时代了。一面观察儿童的身心，一面考查体育的原理，觉先前强使儿童学习的不对！然不过形式上的进步，抱定“军国民主义”，只从“严肃整齐”上加工夫。虽然知道体育的材料，要合儿童的身心，但实行起来，总有些不合儿童身体的，自然出了生理的轨道，所以名为图健康，实际上依旧不能收圆满的结果。

近来见德意志以军国民主义失败了：又身经过去年的兵灾，当这时候，将平日所主张的体育，细想起来，一点都不对。我才晓得先前所施行的，是竞争的，非互助的；是奴隶的，非自然的；是盲从的，非正确的。记得去年，我有一个朋友质问我说：“你们天天习体操，讲体育；但是走起路来，远一点儿，就走不到，这是什么缘故呢？难怪那些天天操操的兵，跑到乡里，要找轿子坐了。”我被他逼得无言可答，仔细一想，实是不错。我自己呢？还可怪身体弱了；那些当兵的人，怎么不会走路呢？足见徒然注重形式上的体育，不够生活应用，是狠显明的。现在新思潮发达；有些觉悟的人，都说要改良社会；但是改良社会，先要从个个人都有健全的身体，都有的生活能力下手，又要为人类谋圆满的幸福上健全个人身体，所以我觉得今日研究体育，不能只从一方面去研究，须从各方面彻底的研究了。这是我思想最近的变迁。从今日以后我对于体育的思想有不有变迁，现在不能自信，也不敢自信，不过我想：

关于学校的体育

（1）注意个人各部平均的发育。

（2）养成勤苦耐劳的习惯，利用工作代运动，使其将来个个都能独立生活。

关于社会的体育

（1）讲求公共卫生，为各种疾病的预防。

（2）提倡多设公共运动场及公园，使一般人有相当的娱乐地方。

这些总不是废话，总是应该要这样的！

根据《体育周报》（长沙）1919年第43期刊印

雅礼学校运动会纪事

（1919年）

直　荀

十一月一号，我们学校里开第三次运动会，体育周报社的记者要我做一个纪事，我现在把我所要记的完全写出来。但是我没有写以前，要声明一句，我是代替体育周报社的记者做纪事，并不是代表我们学校、我们学生体育会做报告。

我们学校里自从民国四年起，组织了一个学生体育会，每人每学期交一块光洋做会金，和学费同时交纳，由同学公举一个会长，每班举一个干事，关于体育上一切的事，都由这干事会议决，交会长和各部的部长执行，全校体育的机关，就在这里，学校里不过指定一位教员做指导者。

我们学校里原有兵式操和徒手体操两种，除星期六（日）和星期日以外，每天操三十分钟，轮流练习。（有兵式操的那一天，没有徒手操，有徒手操的那一天，没有兵式操）。今年春季把兵式操废止了，实行强迫运动，每天下午有十五分钟的徒手体操，全校的教职员，除了少数中国教员以外，（九个中国教职员，只有两个可以教体操的。）都是体操教员。所以我们学校里现在是没有体操教员的。也就是个个教员都兼教体操、分队等事，都由体育会办理，学校并不过问。教操的人，也要由会长或指导者去请。一星期中，除星期六和星期日外，每天都有这十五分钟的体操。下雨的时候，就在雨操场举行。这十五分钟体操以后，还有三十分钟的运动，把全校同学分作五队，每队每天有一项运动，那种类就是篮球、平球、野球、队球和田径赛五项，足球是由各人自由报名练习的。体育的分数，是照着一学生中身体发达的情形定的。（每学期开学的时候，检查身体一次，到了每学期完的时候，又检查一次，比较发育的程度定分数，这是今年下学期实行的新法子，将来的结果，还不能预言。）本校是实行普及运动的宗旨，这次运动会是抱着这宗旨举行的，所以只要运动的人多，就是达到了我们的目的。

运动的种类，共分九门，就是掷铁球、跳远、跳高、二百二十码赛跑，四百四十码赛跑、跳高、百码赛跑、持竿跳高、和一英里赛跑，依着运动员的年龄，分为甲乙两队，（十七岁以上的是甲队，十七岁以下的是乙队），计分的标准，是照年龄分别的。每人可以任意选四门运动，八门都加入也可以。（二百二十码是甲队的运动，四百四十码是乙队的运动，所以每人只能有八门。）但个人奖赏，只能照他所选定的四门计算。

给奖的方法，分个人、团体两种，每项运动的前三名有奖，四门分数平均最多的前三名有奖。团体给奖的法子，是各班运动员所得的总分数，把人数来除，第一的奖旗于一面，个人运动，若能超过最高的标准，可以另外加分，但不算在团体分数内，替换竞走（一英里）是每班选出几个人运动，不算个人分数，只加在团体分数内，篮球和队球是全校的团体运动，由体育会选派运动员，没有奖赏，但因时间太短，把队球删掉了，下面是这次运动最高的标准：

（1）掷铁球（重十二磅）甲、乙队没有分别

甲队　二十九英尺

乙队　二十九英尺

（2）急行跳高

甲队　五英尺

乙队　四英尺八寸

（3）急行跳远

甲队　十七英尺

乙队　十六英尺

（4）四百四十码赛跑

七十秒

（5）二百二十码赛跑

三十秒

（6）跳栏（百码）十四秒

（7）百码　十一秒又五分之三

（8）持竿跳高　八尺二寸

（9）一哩赛跑不限时间取先到的十人

▲各项运动前三名的成绩

（1）掷铁球

萧鼎铭　二十五尺九寸半

李信生　二十五尺八寸

王文元　二十四尺九寸

（2）急行跳高

甲队

萧鼎铭　五尺三寸

李信生　四尺十一寸
欧阳统　四尺十寸
乙队
朱　毅　四尺十寸
赵远弼　四尺八寸
李曦烦　四尺七寸七
(3) 急行跳远
甲队
欧阳统　十七尺三寸又四分之三
李信生　十六尺十寸
袁觐光　十五尺九寸半
乙队
侯国昌　十五尺二寸
李承烈　十五尺一寸半
罗泽尧　十五尺一寸
(4) 四百四十码赛跑
乙队
李承烈　六十五秒
金锡庚　六十六秒四
罗泽尧　六十七秒二
(5) 二百二十码赛跑
甲队
李信生　二十七秒
赵牗民　二十七秒二
侯国昌　二十七秒四
(6) 跳栏（不分甲乙）

袁觐光　十三秒

萧鼎铭　十三秒二

欧阳统　十四秒二

（7）百码赛跑

甲队

赵牖民　十秒三

李信生　十秒三六

欧阳统　十秒四

乙队

侯国昌　十秒二

罗振璜　十秒二五

朱　毅　十秒三

（8）持竿跳高

赵牖民　七尺九寸

朱　毅　七尺九寸

罗泽尧　七尺六寸

（9）英里

谭　伟　五分三十八秒又五分之一

来宾中，有周南女校的篮球队加入运动，活泼勇敢，是他们的特长，更可佩服的，就是他们能打破旧社会的议论，做湖南女界的先觉。

这次的会，并没有什么特色，不过全校同学，几乎全体加入，可算是达了我们普及运动的目的了。团体分数发表的时候，不是那产出第一、第二、第三的班次最多，却是那不甚出人物的那班最多，因为他们中间，虽然没有特殊的人物，却没有极弱的人，各人都能到运动场上去运动，这正是国民实力上的竞争，不是要有特殊的体育家，是要全体国民都有水平线以上的体育知识和体力的证明，我写到这里，又联想到我一位先生，他教修身的第一篇讲义，就是“圣贤豪杰的特质”，有了少数的圣贤豪杰，多数的国民，仍旧是麻木不仁，又怎样呢？难道能把四万万人都教成圣贤豪杰吗？中国现在需要的，是圣贤豪杰呢？还是有常识的平民呢？

离题太远了，我不再写了，最末的一句话，就是我们的体育会会长要我向那天看会的人道歉，因开会的前两天，每天都下雨，我们不能到运动场里布置一切，到了开会的那天早晨，还没有弄得清楚，运动场又没有干，所以直到十点钟才能开始运动，过了券面上所载的时间，实在对不住各位看的。

根据《体育周报》（长沙）1919 年第 43 期刊印

师范学校的体育问题

（1919 年）

李惠迪

这个问题的关系，比别的问题紧要些，重大些！因为师范学生毕了业的时候，他就充当国民学校的教师，国民学校的儿童体育如何？完全操在师范生手里，所以师范学校的体育问题，比较那些问题还紧要些，重大些！

我就举一个例来看看：前几天我到本城内某国民学校参观体操钟点，我走到的时候，恰好遇着体操教师领一班整整齐齐规规矩矩的小学生上操；这些学生站在操场里，好像泰山一般，那个教师训练学生的话，约有一刻多钟久，那中间的话，有两句很不合现在新教育的，我就把他写起出来，请各位想想，他说：“诸生要有军人的资格，尚武的精神。”到了三十分钟的时候，才看见他教各个操的头部运动，做的法子，是头左右屈，命学生呼数，我见了就很骇然！因为头左屈，那喉管就曲折了，这个时候命学生呼唱，于生理上大有妨害，这个教师是才出师范学校的，并且他自命为“运动家”。查他的原因，他曾经在师范学校的时候，会踢足球，会跳高，会跳远，因为这缘故，所以他自命为“运动家”，人家叫他做体育的领袖，试问国民学校的教师，教儿童踢足球么？跳高么？跳远么？

从这点看起来，那些办师范学校的先生，对于体育上那些“个人运动”和“课余运动”，似乎可以不必太注重；至于那些“柔软操”和那些“游戏操”，那些“生理学”和“儿童心理学”都要格外注意些才好，免得那些师范生毕业以后，说那句“所用非所学”的话呢！要使儿童得些实实在在的益处，养成天然的活泼，那就专靠着教师用良善的方法来指导他，教师能够得这样的良善方法，要在做师范生的时候学习一个基础，办师范学校的先生，对于体育一科，能注意到将来师范生是教儿童的，那师范学校的体育问题就可以解决了！

根据《体育周报》（长沙）1919年第44期刊印

女子体育如何？[①]

（1919 年）

黄洁如

体育之范围甚广，约分为二，即运动与卫生是也。运动之种类又极多，凡人之一举一动，皆有运动之意义，卫生则起居饮食，概括其中，故体育之于吾人，实不可一时或缺，更不可不加意研究，以取利而去弊焉。我国上古虽文化未开，人民茹毛饮血以养生，然猎一兽也，必竭力搏斗而后得，营一窟建一巢也，必手足疲惫而后居；是皆运动之激烈者，有运动，则体育胎乎是矣。

现今学校有体操科以锻炼身体，鼓吹研究，不遗余力；我国之体育，可谓进步矣，发达矣，余以为进步则有之，发达则未也。盖国家体育发达，则人民必有一种健全之身体，以作表示，人民之有健全身体，又端赖乎母体之遗传。吾国刻下，一般男女学生之体格，果强健否耶？说者谓学校每年举行运动会，莘莘学子，莫不身操衣，足革履，张胸昂首，精神奋发，一似有体育之成绩者；然实际调查，则所谓运动会者，其中黑幕，正不知凡几。男学校吾不知其详，即就女学校而言：有于开会之先一月，缺课预备者，体操教师亦以名誉所在，不加阻止，且从而督促之。学生中有体气素弱，不堪其劳，陆续告病，教师仍强之运动，不能则斥为败类，并以种种手段相恫吓，此女学生之痛苦，有难言者。

---

① 《体育周报》（长沙）在 1919 年第 45 期连续发表《女子体育如何?》（一）、《女子体育如何?》（二）两篇，又在次年的特刊第 1 号发表《女子体育当如何?》一篇。这里选刊《女子体育如何?》（二）。

至开会日，教师又令学生少著衣服，以免滞碍运动，每遇朔风凛冽，学生运动之际，青其面，白其唇，肤慓齿击，勉强出场；及闭会后，学生之患风寒症，或日晒病者比比矣。呜呼！斯运动会也，可谓女子体育发达之成绩乎，抑为无形之枪林弹雨，戕杀人类者乎。即平时各女校所授之体操，亦无一定之规程，彼学理较明者，固能支配得当；而以讹传讹误人子女者，实所难免，且尤以女子小学体操教员为多数，若不速加补救，吾恐彼有用之幼稚学生，行将陷于隳败之地位，负斯责者，当在我热心研究之体育家。洁如不敏，学力浅薄，不能取关于体育之各种事迹，逐件报告，惟就大概情形，略述一二，幸诸君子有以赐教焉。

根据《体育周报》（长沙）1919 年第 45 期刊印

学校应否废止兵操？

（1919 年）

黄　醒

我在着手要写我对于“学校应否废止兵操”的意见以前，要申明我的态度，并不是因为德国失败，我才附和打破军国民主义，主张废止兵操；也不是因为山东问题，我才觉得中国危迫，主张保存兵操；我确实不曾盲从，也不愿作首鼠两端的折衷论调，我是用极自由的意志，平心静气的说良心话；也愿看我这篇文字的人，都平心静气的说几句良心话。

现在持废止兵操论的是些甚么理由？有的说：兵是凶器，是不人道的东西；同是一样的人，不应该相残杀，所以主张废兵；废兵用不着习兵操，所以废兵操。有的说：共和国家，应该发扬民治的精神，用不着讲强权的军国主义；含着军国主义意味的兵操，也违背德莫克拉西的精神，当然废止。有的说：兵操是机械的动作，束缚个性自由发展；兵操是偏枯的动作，妨碍身体平均发育，所以应该废止。

现在反对废止兵操论的是些什么理由？有的说：中国弱，不图强必亡；强国须有精兵，兵出于民；共和国家，人人有当兵的义务，练习兵操，所以预备当兵的资格。有的说：物竞天择，弱肉强食是事实；民族自决，扶助弱小是理论；人类不能无战争，学校不能废兵操。有的说：中国的国耻太多，国际上的地位低，不极力图强，简直没有立国的资格，中国人也就没有人格。有的说：公理是口头禅，强权是实行力，没有强权维护公理，公理绝无存在的势力。兵操的目的在造强权，强权的用处是为公理。

最近有些因直觉上感受了兵的痛苦，极厌恶兵操的。有些因直觉上感受了兵的痛苦，迷信“即以其人之道还治其人之身”的信条，极注意兵操的。再就事实来看，世界各国废止兵操的有多少？国内各学校废止兵操的有多少？我写到这里，且不写下去，请阅者想一想！……

想一想兵操是些什么？兵操是做什么用的？

因为国防用着兵来做万不得已作战的准备。因为作战计划的胜利上着想，将历来战争得的经验，定出些个条件；将这条件作标准，所以兵必须练到合格才可以应战。兵操是预备作应战用的，所以兵操为指挥便宜起见，必须要有整齐严肃的精神，要有绝对服从的习惯。因为便利进行，以所规定每分钟走步的步数；因为便利号令，分甚么种种编制种种队形。简单说：兵操的一举一动，都是为便利作战规定的。在作战以外，兵操有别的用没有；可以解决一个人的生活问题不能？……这且休论，就作战一件事说，专会兵操就能算是兵吗？强盗响马，他都会兵操，何以我们不承认他是兵？行为类似强盗响马的兵，他的兵操练得很好，何以我们对着他皱眉头呢？有人说：兵有兵的“精神教育”；我说的兵的精神教育，也不出做人的范围；能做人的，大概没有不能当兵的，倒是现在当兵的，不见得个个能够做人。这一层就算我说错了；我又要问——

只有会操兵操的人——多数人——全国的人——就可以作战吗？若说有兵还要有供兵用的东西，那吗！就要问中国的供兵用的东西够不够——有没有？我国现在的兵不为不多，操过兵操的学生也不少，何以当二十一条提出的时候，忍辱答应他？对德何以宣而不战？一般人又自信不能和别国打一次呢？说的人都说实力不够。那吗，作战的实力是甚么？交通，经济，制造，发明，科学，这些做人应做的事，不过他们取来作战的应用。我们是一些儿也没有具备，那我们为何不亟亟的谋交通、经济、制造、发明、科学？却舍得多数人的时间、体力，去做那不是现在需要的事呢？

这以上是就中国的情形说——就爱国说——似乎有比那兵操还是要紧的；我们的时间能力，应该先用到别的事情上去。假定世界人类仍然不免于战争，我们作真实战备。也当然要极力先谋那些，然后才不至于有“巧妇难为无米之炊”的丧气话。这一步凭良心说：国弱的图国强，邻国强的又担心弱的强了恐怕于他有害，他谋更强，比较强力的结果，总有一个弱的，弱的再图强，强的更图强，请看历史上有继续强到一百两百年的国吗？现在法国是不是处处防德国复仇呢？我想——妄想——中国民族对于世界人类文明的贡献，在物质上可以说一点没有。何妨趁全世界人类中智识阶级正觉悟的时候，为精神上的文明做个急先锋的运动者呢？爱和平的民族，果然能运动得真实的世界和平，——废兵去战——那就享受他们发明的物质文明，也无愧了。不然，我们在物质上也应该——牺牲一番精神，发明他们尚未曾发明的东西，供世界人的享受，才是道理。这样！我们又那有时间能力去做那无益的事呢？

说到这里，阅者不笑我说海话吗？但是我斗胆说一句，我们这学人家的还学不了，享受人家的还配享受的民族，若不努力的追上人家，同人家立在水平线上，纵有极强的武力，和狮虎一样，终不免有一只铁笼子装你们陈列在博物院里去。非得在精神或物质上有些发明，——科学的发明——世界上绝没有我们的位置。这是说在自爱心自私心也要将时间能力不用到自己不愿意和人类进化的障碍的事情上去。

若说我的话说得太是悬虚了，我再退一步说，——单就兵的个体说——据最近欧战的经验，美国发现了国民体格的弱点，英国法国也发现了国民体格的弱点，都认定体育原来的讲求不周到，正亟亟的谋体育经费的增加。试平心静气的想想，我国民族一般人的体格是怎样？够不够得上与人家比较？学校学生最大的年龄，也不过二十五岁，照学制高等小学就有兵操，可怜他元气还不曾充足，——还不曾成人——就教他做杀人的事。谁无子弟，何忍出此呢？

说来说去，废兵是件无疑的事；有人再将世界各国现在不曾废兵，和世界仍然不免大战的话，多说，我就明了的答复他说：

今日这不好的现象，强权支配的和会结果，都因在会的人以及各方面当事的人，都是从前受不良教育的恶果，和那强权的偶像不曾打破的原故。我们为将来人类的安全计，为种善因计，绝对要的废止学校的兵操；这废止兵操就是铲除强权的偶像，为世界废兵的张本。

根据《体育周报》（长沙）1919年第46期刊印

师范学校的体育应如何？

（1919年）

黄　醒

师范学校的体育应该注重，凡谈师范教育的人，都是这样说。我用眼看见得［的］一般注重体育的师范学校，无非是增加体操时间，聘请三人以上的体操教员；每聘得一位体操教员，使用极诚恳的态度向他说道："我校毕业去的学生，能担任别科教授的狠多，能担任体操教授的狠少，所以特请先生来校，希望先生补救补救这个缺点！"我又用眼去看一般师范学校的体操教员，大概是尽自己所知所能的技术教学生，不足又发明些新花样教学生；学生不能或是不甚乐意，就要说"你们将来是要教小学生的，自己不学好，怎么能教人呢！"我再用眼去看一般师范生，除却几个（才）［专］长运动技术较好的，大概是奉行故事。因为学校里既注重这科，不能不敷衍敷衍，取些成绩表上的分数；万一内中有两三明白小学教员不能不教体操的人，也不过要求体操教员多发讲义，多教教材，预备贩了去发卖。这些话不是我故意谩骂一般人藉显出我的什么见解来，却实是有这些事实。是这样注重法，不敢说是从创办师范学校就是如此，最少也有六七年了。请问今年毕业的师范生，能说个个人答应能教体操吗？全国教育联合会这次有一个呈教育部的决议案，是“改进学校体育案，内中第三项是“注重师范学校体育”，待我将他的这段抄下来：

“师范学校之体育，除强健身体外，向应顾及将来施教方面，兹拟注重之点如下：

（一）选择教材，宜适于小学校之用。

（二）注重体育教导法。

（三）注重生理卫生及体育原理。

（四）当习身体检查及矫正法。

（五）因地方之需要得设体育专科。”

现在请阅者将他这五个注意点想一想，再调查现在的师范学校，有几点是不曾实行的？几点是不曾注意的？我以为这“案”经教育部派员审查过，批个“所议甚当……应抄咨……饬遵照办理”的字样，一封公文到各省长教育厅，各省长教育厅又一封公文令各师范学校，各师范学校接得公文开一次教务会议或和体操教员商呈办法，再报告教员学生，这“案”的效力完了。我因为不愿意这案的效力就是如此完了，又知道体育改进非从师范教育下手不成功，所以我要将我的理想，在这时候说说。我这说的，完全是办法，我愿意担任师范教育的人，都说说“能达目的的注重体育的办法”。

甲，师范生健身的办法

一、每日用脑力体力的修学时间的分配。

二、矫正妨碍健康的姿势。

三、习惯卫生的规律生活。

四、得随性质所近，选择练习一种或数种技术。

五、在不能不用体操法补救运动偏枯的学校，每日必作最少时间的体操。

师范学生和别种学生，同是学生，健身的条件，自然是一样的。（这种理由，我想将来再细说。）不能说我们希望他将来教人，便疏忽他自身的健康。初级师范生是接着高等小学毕业来的。年龄最大，也没有二十岁的。普通人在两性初分的年龄，最容易传染病症，所以第一还是学生的本身。应该注意。

乙，预备胜任施教的办法

（一）由生理学教员明了的指导，“人体组织”“运动与生理的关系”“身体的发育”“生活的理象”“疲劳的现象”“个人卫生”“公共卫生”种种。

（二）由心理学教员明了的指导，“身体修养和精神修养”“筋力与意力”种种心身相关的事实。

（三）由伦理学教员明了的指导。“人格修养的必要”“各种运动在伦理上的价值”。

（四）由教授法教员联络体操教员共同的指导，“儿童体育的养护法”，“体育的训练法”“体育游戏的教授法”。

（五）由体操教员明了的指导，“运动材料分级，进阶的方法”“运动材料分类的方法”。

（六）由医生明了的指导，“救急法”“身体的检查法”“简易的诊断法”。

这些直接关系体育的师范教科，用负责的教授，似乎师范生毕业后，或者可以担任学校的体育职务。此外的各科教员都应注意一个个学生的健康。

还有一层意思，我要和办师范学校的教育家说说：我们目的虽然在学生将来能够施教，但是，我们也要明白学生在修学年龄的性质和欲望。师范学生是从小学校出身的，他在小学时，自然也学过各种小学应用的运动方法；选择教材，若只求适于小学校的用，一定他们不免重演学过的方法。在他初入学还没有研究教材的欲望时，他一定不生兴趣，并且时间能力上也太不经济。只要使他有健康的身体，有选择材料的能力，有对于体育的信仰和责任心，实不必过虑他不能施教。师范生发现要求施教方法的意思，多数在最后一学年，所以我觉得体育课程的分配，应该先注重他的本身，和体育学理的指导；关于施教上方法材料的指导，当在最后一年。十一月廿九日稿

根据《体育周报》（长沙）1919 年第 48 期刊印

女师范生对于体育的修养

（1919 年）

黄　醒

这篇稿子，是民国七年十月十日夜晚作的，是为的湖南省立第一女子师范学校学生运动会要我批评作的。该校前校长马惕吾先生狠相信我懂得些儿体育的道理，每办一次运动会，总早早的就约我去批评，我因感谢他实事求是的诚意，在这一次参观运动会后，他要我批评的时候，我就答他说："运动材料合不合？是教员应负的责；动作法则对不对？是练习的时间多少问题，与其批评他们的种种，不如在相当时间，将'体育原理'上的话，和他们谈谈。似乎益处更多一点。"当时马先生也以为然，就约定日

期，准我向学生演讲一次；我当夜就草了这一篇。后来听说该校职员讨论的结果，说“恐怕因此发生问题”，就不要我去说了。现在因为讨论“师范学校的体育应如何?”一个问题，我记起这篇稿子来，所以将他附在这里。我自己看一遍，狠觉得惭愧，又狠放心；惭愧是我一年来无甚进步，放心是到这时发表，或可不因此发生问题。乐群会是该校学生组织的团体，该校近几年办运动会都是由乐群会立持，所以篇末有对于乐群会说的一段。

一九一九，十二，一。

我今天以“男”子学校体操教员的资格，来说“女”师范生对于体育的修养，狠有些不配；再说我对于体育也没修养，更觉说不出高深的道理来。但是与其批评这回运动会的事情，说某节好，某动作错了；不如谈一谈体育的道理，比较上有意趣得多，所以我敢冒昧的来说话。

一般讲求体育的人，是为的自己健康；只有师范生讲求体育，却要在为自己健康以外，还要研究使别人健康的方法。女师范生和男师范生将来的任务，本来没有分别；科学的修练，本是一样；但是在体育上的修养，因生理的关系，却不能不特别注意。再就中国现在的社会习惯，和长沙女学界的情形看起来，也有些要特别注意的。因此我的意见就有几层如下：

先说为自己健康的修养。自己健康，是些甚么呢？健康的反面，是病弱，不病不弱，就是健康。这吗？我要问在座的诸位，通是没有的病吗？通是不弱的吗？我这病弱不仅专指那身体上觉着那处疼痛，才是病；不能负重才是弱。从广义的病弱上说，我敢相信在座的诸位，有病的正多。所以我觉得关于自己的健康有四项：

第一是认定自己是“人”。我说这话，狠有些冒昧；似乎说女师范生不曾认定自己是“人”了那吗？我是不是“人”呢？我是“人”，大家都是“人”。怎么健康的第一件是认定自己是“人”呢？这不狠觉得滑稽无聊吗？但是在我的眼光看，有些表示，狠使我怀疑。例如“脚”，女子是人，和男子一样，为什么要裹呢？又如“发”，女子是人和男子一样，为什么男子可以剪去？这裹脚已让大家都认为无理，都不裹了；头发的问题，不是几个人一国人的问题，是全地球人类女子的问题，我们是不管他。只问现在女学界最流行的小半臂有什么意思？用他就可以增进人格吗？增进健康吗？中国几千来历史因袭的习惯，什么男子主外，女子主内；什么男女有别；试问女子是人，和男子一样。除却生理上的分别，还要一种人的分别做什么。我常听见我母亲自恨说：“可惜我是个女子……”我每次听了，总发生些感想。我觉得一个人肉体的不愉快，能影响于精神的事实，断没有精神的愉快，能影响于肉体的事实的利害。我见过和我有戚族关系的病弱女子，十有九的原因是“说不出”，这“说不出”的由来，就是从女子不应该同男子一样来的——换一句话说，就是不曾承认自己是人，和男子一样的坏处，所以说自己健康修养的第一件事，是认定自己是人。

第二是少做于人于己两无益的事。这层说法狠多，我专就健康有关的事情说：例如“跳舞”，本来可以运动身体，不能不承认他是于自己有益，但是每一“跳舞”演习，占极长的时间，五花八门，有极复杂的穿插；演习的人，须用极多量的脑力，记忆那些节奏动作，试问有什么意思？运动会场中表演起来，看的人发什么观感？且不问看的人有不有程度，但问做的人是一种什么目的？又如继续长时间的使用脑力，不用大筋肉的事情；什么编造种种，所做的是美术品，固然不能说他不应做；但是一丢下书本子，就去做那些只用于指细筋的事，在健康上确是有害。若是假的东西，属于装饰或消耗品的，更不见得于人有益，我以为关于自己健康的修养，是要多用体力做事；万不得已的时候，也要多走几步路，藉着用脚力，调和调和血液循环，清醒清醒脑力的疲劳。

第三抬头。这是长沙女学（思）〔界〕要特别注意的，我见的多数学生，无论在校，在家，或在市街上走，总是低着头的。我常想若因为不愿意叫人认识面孔，何不学西洋人（带）〔戴〕“面幕”呢？低头在身体上直接受影响的，就是脚部受压迫，减少肺活量，脑部血液循环的变态，由这个最容易造成肺痨或脑充血脑贫血的病症。女师范生将来的任务，是教小学生，小学教师，因为担负重，本来容易感染肺痨或脑贫血脑充血的毛病，这时候不注意抬头，将来恐怕服务的时候，伏案终日，想抬头还不能呢！

第四注重学校中的一切卫生运动规则。自己健康的修养种种，关于卫生运动的事情，我也不能列举出来，我想学校中订定的一切规则，总不至于害人；由守规则的习惯成一种有规则的生活，就是强康的一个要件。

此外关于女子的特殊卫生，我不是女子，不能说得明了；不过长沙城内是狠潮湿的，我听见医生说长沙女子的湿气病狠多。我愿意诸位注意衣服床褥的湿气。

以上的种种，有些在一般女子都适宜，应注意，我在此对诸位说，愿意诸位更明了的对一般女子说。要晓得教育家，不仅是在学校教学生的，社会教育的事，是由教育家分担的；师范生学师范，是预备担任教育事务的，所以有指导一般人的义务。

我听见有人说，师范生毕业后，能教各种科学的人多，能教体操的人少，男师范如此，女师范也如此；我也见有多少师范毕业生，他自信教别种科学有把握，教体操没有把握。这种情形的原因有两个，一是教师范生的体操教员应负的责任；二是师范生本身应负的责任。第一个我们不管，单就第二个来说……大概学师范的人，对于学校功课，最注重的是国文；其次就是算术；国文需要的时间多，算术需要的脑力多；当教员最怕的别人说不通，当学生应考试时，最不能藏拙讨巧的是算术，所以全副精神多用在这两科上；此外能力有余，不是因性情相近去习一科两科的专长，就是为应付考试去温习各种讲义。体操的考试既容易应付，就“皮相”这动手动脚的事情，也没有什么深微奥妙，所以总是忽略过去。等到临时将需要“教材”“教法”去教学生，再整理从前在校修学时所得的体育观念，简直是空洞洞的，找不出什么来；在不发体操讲义的师范学校，不用说；就是领有狠多讲义的，翻出来看看，也是无用。这并不是我（固）〔故〕意的作危辞恐吓诸位，确是我听见……看见的多数人给我的一个观念。所以师范生对于体育第二层的修养，是预备将来有使别人健康的方法。这层也有四项：

第一要注意心理学和生理学。使别人健康的方法，第一项是“心理”“生理”？不是的；是一切方法，却都要适合被教的心理生理，才有用，才有益。我初教体操时，也是不知要如何的教才好；后来教过几班学生，知道适用在甲班的方法，不能用到乙班去；教去年初入学学生的方法，不能用到今年初入学的学生；就是一班学生中，有的这样教法教得好，有的又教不好，这就是从前疏忽心理学和生理学研究的原故。所以第一还是在“学”……“科学”。

第二要注意现在所学种种体操游戏的原理。现在所学的运动法，固然不是完全为将来的教材才学的；但是每学一种方法，不问他是现在用的将来用的，我们总要明白他的“来历”，“目的”，“价值”，就是要设疑问：“我们为什么要做这个?”“做这个有什么益处?”“不做这个可不可吗?”若是有时学的应用教材，就要加问：“这教材适宜教什么样的学生?”“教的时候用一种什么样的程序?”自己先问过自己，不懂再问教员。如果是这样研究了去，将来教课的时候，或者不至于没有把握。

第三要注意教授法。我这说的“教授法”，不是诸位在教室里听的那“各科教授法理论”，也不是体操教员高兴时，在运动中休息时“闲谈的教授法”，那种说的要有用，还是在诸位自己去领会；我要注意的就是领会——体贴，这就在平时学的时候，注意教我的人，他是使用什么方法使我容易懂得做得，他是使用什么方法使同班的都懂得做得。在这上面留意，比听那理论，似乎实在得多!

第四要不存成见。近来谈体育的有一种求新的趋势，这固然是好现象；但是我以为必定发现旧的有确实不好的所在再抛弃，新的确实比较上好处多再实行，“顾了头顾不了尾”，“得了面失了米”，似乎也不是我们求新的本意。不过在师范生的任务上着想，却不必管他新不新，是不是，通通应研究，应容受。用自己的理解和实验证出他的新……不新……是……不是出来。若是预先有了成见，就不能发现所谓不新不是的内容了。

这个便是使别人健康的方法——根本的方法，有了这层修养的功夫，断不会不能教体操的，更断不会说没有把握的。

有些人认定体育是种专门的学问，是要有特别的技能，以为体操教员，必定要有专门的修练；诸位学教育，总明白这是一种遁辞。学校体育的责任，岂是体操教员一个人能负尽的?学校体育的事情岂是体操教员一个人能包办的?就着诸位将来不教体操说来，已经是有注意“使人健康”的必要。何况初级师范生将来的任务是小学教育，小学校，又不必有专科体操教师的呢？长沙各小学校现在的制度，多有专聘体操教员的，用意是在注专体育，实际上将一个体育责任压倒体操教员，成了一种非体操教员不活体育的风气；在体操教员好的——负责任的——学校，不过体操成绩好，运动会有精神……热闹……得奖牌就完了。问心说：在学生又何尝个个得益呢？别人我不敢说，只我自问教百几十学生，确实没有精神能注意他们一个个的身体情形。现在也有许多教育家，感觉这种制度不好，但若愿兼教体操的教员少，但是这种改革，我想不久必然可以实行。现在的师范生，是未来的小学教员，能说将来也不兼教体操吗？小学教育权，假手男子，实不如女子，这是我最希望诸位的。

我对于师范生体育修养问题的意见完了。再和诸位谈谈我对于乐群会体育进行的意见。乐群会注意体育，每年办两次运动会，我参观乐群会的运动会，次数也狠多，狠觉得有进步。我最佩服的就是去年会长报告词的两句话，说“乐群会办运动会，是做的群乐的功夫”。这两句话在我脑筋中的印像是深，我也每每的本着这两句话的意义，观察诸位究竟是乐不乐？但是我每次总发现有些不乐的表示，例如演舞蹈时狠不自然；一个个低头有所思一般的，我狠疑惑，再看每次散会的时候，表面上看，狠像有余勇可鼓余兴（味）〔未〕尽的态度，但是我在各个人神情上看，似乎有些勉强的意思，我以为与其一年两次的正式办运动会，不如分作无数次的非正式运动会，一月一次，三星期一次，就是每星期一次都可以。办法呢？

1，时间宜短，2，节目宜少，3，运动宜普通。

是这样似乎群乐的功夫的成效，比较上要大一点。

我这冒昧的话，不周全的话，不照习惯例，请诸位原谅，也照习惯请诸位批评纠正，却要请诸君想一想！

根据《体育周报》（长沙）1919年第48期刊印

我们需要的健康

（1919年）

黄　醒

体育，原是一个个人在做人上应做的工夫；健康，原是一个个人在做人上应有的资格。体育的道理，并没有什么精微奥妙；健康的方法，也没有什么希奇古怪。但是现在就我耳目接触的情形说起来，似乎体育两个字里头很有高深的意思。最奇怪的是一般人眼光中，只认定体操教员做体育专家，将医生和实行卫生者撇开；只认定体操、游戏、技击，运动的是体育，将饮食、起居、操作种种撇开；而今更时髦的还有所谓体育实习，看他那所谓实习，还离不了体操、游戏、技击，运动的种种。我不向他们谈名学，但觉这时髦的名目，使一般人莫名其妙，空享受一个体育专家的名号，没有用处；我希望的是地球上人类，一个个人都健康，体育家三个字的名号，在人类中消灭，才是讲体育的真价，才是我们所需要的健康。

我们是人，是人类中的一个；做人的人格，就是我们所需要的健康。因为人的个体是没有不死的，可以死的；人的全体是不死的，不可以死的。没有人格的个体，与人类的生命继续，有害无益；他的生命延长，充其量可以使人类的生命缩短；所以说我们需要的健康，是做人的人格。

人格是什么？历来解说很多；我们且不推论他。我们只就我们现在最小的个体看，我们要一些怎样做人的人格？我们要吃饭，要有吃饭的能力；我们要穿衣，要有穿衣的能力；我们要住屋，要有住屋的能力；这个能力就是我们的人格，这个能力，就是我们所需要的健康。

我们要吃！由吃生出病来，不吃那使我们生病的；我们要穿！由穿生出病来，不穿那使我们生病的；我们要住！由住生出病来，不住那使我们生病的。我们现在吃的、穿的、住的，是不是使我们不生病的呢？我们想清楚，看明白，我们想法子去了使我们生病的；关系不在一个人的，就得想法去了那使我们多数个体不健康的障碍物！一个人做不到的，合多数人的力量做；合多数人的力量，也就是我们所需要的健康。

现在设若有一位所谓体育家的人，看我这篇文字，见着这以前说的许多话，像是狠支离狠附会的；但是我愿意他的眼光移到字以外去看看、想想！再接着看我就人体——个体——组织上说我们所需要的健康……

人体组织在外观上看，不过分作头、躯干、四肢三部，若是用解剖学和生理学的眼光来看，就有所谓骨骼组织、筋肉组织、神经组织、结缔组织、脂肪组织等等。这些组织成形——一定的形——又有一定的机能，成了几种系统，但是寻到最小的原质——细胞——是非目力看得清楚的；这看不清楚的细胞，虽因他处的地位和做的事务不同，但是他对于全体负的责任却一样。个体健康不健康，就看个体的各个细胞负不负责任；个体有一部分有不健康的表示，就是那一部分细胞不负责任，或不能负责任的原故。

这样说，我们需要的健康，是要细胞负责了；细胞果然不负责吗？细胞他为继续他的生命，是无时不负责的。但是若不供给他的养分和机会，他的责任又从那里负起？这养分和机会是些什么？就各个细胞说，很觉琐屑；且就他的机能组织上各系统来考察：一、骨系统。骨因韧带的联络，造成人体的架子；又因筋肉的伸缩，能做种种的活动：由他造成的腔阔，可以保护内脏。这系统细胞的责任，全在架子；架子中若有一部份不能动作或是损坏，他的细胞就不能负责。这架子不能动作，是由于不得动作的机会，将本能消失；架子的损坏，是由于过度使用，不得养分的补充。

二、筋系统。筋肉合着腱联附在骨架子上，做人生活动的运动；这系统细胞的责任，全在活动。这组织中有为活动阻碍的叫做老废物，他虽能阻碍活动，但活动又能驱逐他。所以这系统的细胞，最怕的是不使他活动。更要注意这系统的细胞，是一个人身体上最多的。

三、皮肤系统。皮肤是包裹全身的，一方面约束人体各组织，尽保护的责任；一方面又做排泄老废物的机关。但是他对于身体上不要的东西，只能排泄出来，不能使不要的东西离身，你不将他排出的东西洗去，那吗！他就是再要排泄也有排泄不出的困难，这是不将机会给他了，试问他的责任从那里负起？中国人旧观念有所谓“细腻”，“吹弹得破”，都是形容嫩皮肤的；这“嫩”字实在对于保护身体的责任上有妨害，“弱不禁风”的形容词，就是这系统的细胞不负责任的考语。

四、循环器系统。循环的责任，是由心脏和脉管的细胞负著的；专做运行血和淋巴液去营养身体的事情。他要得的机会，是没有阻滞和骤进的压迫，能得自然的运行；他要得的养分，是制造新鲜血的空气和食物。

五、呼吸器系统。这是和循环系有密切的连带关系的组织，是肺、气管、喉头、鼻子等做呼吸空气的机关。他们所需要的是清洁的空气，最怕的是（炭）〔碳〕气压迫；机会是在乎得阔大的胸腔，能做深长的呼吸，养分是日光。

六、消化器系统。食物消化，是消化器的责任；组织这消化机关的细胞是口、食道、胃、肠等等。他们所需要的机会，是在人体劳动的时候；他们所需要的养分，是全身血液循环的旺盛。

七、排泄器系统。由肾、膀胱等组织细胞来做排泄的机关。他要得的机会，是随时排泄；他要得的养分，是不使尿毒存留在体内。

八、神经系统。这系统和人生的关系最大。是脑、脊髓，和分布全身的神经组织的细胞负的责任。人有知觉没知觉，由他；要运动不运动，也由他；他是管理精神肉体两方面的总机关。人类个体的生命权，操在他；人类全体的生命权，也操在他。他要得的养分，是在乎运用和休息的得宜；他要得的机会，也是在乎运用和休息的得宜。

在人体组织上考察结果所得的概念，既是这些，那我们所需要的健康，自然以不违背人体组织的需要为是。人是生物，生物是能动的——是要动的，人体上无一种组织他不动的，也无一时他不动的；不过有各种的动法，有些不是肉眼所能看见的罢了。这样说，我们所需要的健康是动了！但是动的方法和动的程度，是不是现在一般人所认定的体育运动呢？不是，不是！人体的动，是生活上自然的动；那体育运动，是不自然的一种人造的动。我们最需要的动——个体组织细胞的动，是自然的不是那人造的。

既然是这个不是那个，何以发明体育运动的人，定要多事来造那些方法呢？这句是必定有人要诘问，我也有答辩：

原来人的进化，是由简单变复杂的；生活的情形，因人造的——进化的——情形，起了变化，不免发生许多不健康的缺憾；为的满足健康和救济缺憾起见，才想出这些体育运动的方法。这人造的方法，就是为应付人造的情形而发明的；确实是用过一番苦心叫人不能不佩服的一种成绩。这些方法的效能，在乎补救已经因生活困难和变化的那许多不健康的缺憾，不是改造那许多不健康的生活困难和变化。人生根本上所需要的，是改造那许多不健康的困难和变化。体育运动那些办法，在人生上和治病的药剂一样；我们所需要的岂是每天吃药？再明了的说：我们所需要的健康，不是要得一种治病的药，是要得一种不生病的机会和养分。这机会和养分是什么？简单说，就是环象。

试着兰草生在山里，绝不用人力去养护，他却长得狠好的；一到了移在盆里，养在家中，时时有人照料，却只要偶不经意就坏的。这是什么道理？这就是环象变了的原故。生物界中的例狠多，用不着再数；再看野蛮人和文明人的比较，乡间人和城市人的比较，都可看出因环象不同所成的健康状态。

不在根本上谋环象的改造，不怕你补救的方法如何完善，那使你病使你弱的环象存在，你还是不能得健康的享受。我们究竟要什么样的环象呢？这个是在人生上的需要来的；人生的需要，又是根据人身的需要来的。前一节说过人身各组织的情形，我们在那里头知道他的需要是：

一、运动，二、空气，三、食物，四、休息，五、洗濯。这几项我们有没有？似乎我们通通都有的。这样说，我们已经健康了，还要说什么需要？需要是这几项中的条件：

一、有限度的运动。能力有多少，运动多少；既不使能力有(胜)〔剩〕余，也不勉强用已经疲劳后的能力。

二、新鲜的空气。空气是看不见的东西，我们从那里辨别他新鲜不新鲜？简单从比较上说，凡经受日光多又没有岚瘴和病菌夹杂的空气，是新鲜的。一个人能每天二十四点钟刻刻和这种空气接触，是最好的，住的屋子不好，就是拒绝新鲜空气最有力的东西。

三、滋养的食物。单说滋养，也是狠嫌笼统；然而说每种食物的滋养料有多少，细细的评量，也不是一般人耐烦的。但是蔬食比肉食好，趁新鲜吃比吃陈腐的好，熟食比生食好，少食比多食好，总算是大家都承认的。

四、适当的休息。终日偷闲，休息嫌太多；终日劳动，休息嫌太少。瞌睡来了便睡，醒了便起身，在这倒头到起身的中间是真休息——这适当的休息。普通所谓休息，并不是真休息；因为不用脑力便用体力，用的分量有多少，但是总没有完全不用的。

五、时常的洗濯。中国人洗濯最不讲究，常时（沈）〔洗〕的只有脸面，有些人终身不洗澡。虽说他是懒，但有些地方的人，却因为得水困难。

联络这几个条件的观念，我们需要的就狠明了了。这些需要我们都能如愿的自由取得吗？且从现在社会各方面来看看。

有些学者，他为得研究学术的便利，不能不住在都市中。都市的空气呢？因为屋宇连接，人口多，自然坏得多了；他想得新鲜空气，在没有大公园的都市，就非到乡下去不行。在没有路走的中国，来往的时间能力上都不经济。并且他担负的责任，在真实学者太少的中国，因为需要多，供给少，他每每的一个人兼做几个人或十几个人事。他在良心上不能不做，他的劳动一定是偏于脑的，过度的；所谓脑力体力的调和，事实上做不到，他虽有心要取得，也不能自由取得。食物吗？在多数人没有公共卫生常识的中国，何能敢说他吃的东西，没夹带着各种病菌？休息吗？他不是患着脑贫血病睡不着，就是事务夺去他的睡眠时间。洗濯吗？他虽勤洗，但是不必有清洁的水供给他用。假若他的环境不改造，他的健康从那里取得？

再看耕田的人，他们住在好空气里头，似乎很可以自由取得他们的需要了。但是当不住许多张开嘴向他要饭吃的人的压迫，不能不过度的用体力。又当不住那些吃现成的人所造成金融恐慌物值高涨的压迫，使他生活困难。他何尝能抬抬头舒畅的吐口气呢！这些抽象的说法，或不能得所谓体育家的见信，我且就我看见的农人状况说：我在民国纪元前五年回到长沙锦绣镇，看见六十岁以上的农人很多；那时他们聚谈的时候，总感叹他们壮年时候的生活容易，什么蛋、肉、盐、油、布、牛、铁器，都是价值狠廉的，虽然是八百铜钱一石的谷，也可以一家人宽裕着过活；现在人老了，才见过一千七八百铜钱一石的谷价，还不能将就过活。到民国二三年再到乡下时，那些老人多死了，就是六十岁以内的农夫，也有不少的死了，只剩那四五十岁农夫坐在一处皱眉头，叹谷价涨到二千三四，他们还不够活的！前年冬季、去年春季我到乡下，见那些壮年的农夫，一个个神魂不定的面无人色，每正犁着田。插着秧的时候，牛也不要，犁也不要，秧也不要的拼命狂跑；我说他们疯了，谁知他们是怕那掳他们的呢！今年我不曾下乡，但是乡下人来到我家谈起，他简直说田不能种了；休说没有钱，简直连做田里功夫的人都没有了。我问他原因。他说死的死了，不死而有手艺的人走了，再没手艺的人，他也情愿到城里拖车子，不肯挖泥土了……这些是长沙乡间农人生活的日变困难，或者是长沙近年受了兵事影响的原故；再将我今年六月在京汉、津浦两铁道沿途看见的农夫作证，那种毫无生气的态度，也够人看的。这是我看见的，我说的不算数！再看北京农业专门学校教授夏树人先生引证外国人的说法：

美国之农家，多受肺病者，即由家屋过于坚牢，空气流通之不足耳。Bamayyini 氏有云，“昔古代之农民，以己有之牛，耕己有之地，其于卫生上如何，虽未悉其详；而观近世之农家，概以寝食不足之劳动，而耕耘他人之田地，其欲健全以保持其体躯，殊非易易”。英国之 Jafies 氏……曰，“农夫之手，干燥粗硬，失去天然之润泽，现出龟裂之皮肤；纵见其汗流于额，而未见其汗生于手也，是非劳动之过度欤?”（见北京学术讲演会讲演录《农业与国民之术生》第九节“有害农民之事项”）。

农人生活，在我们的理想和皮相，似乎他们是最健康的；就是据那些学者研究的报告，比较上也算是最健康的。但照这节看来，他们的健康，也有不能自由取得的情形。

再移眼光到工人身上去，试看商埠码头上的推小车的、拉人力车的、抬重东西的、背大包裹的、挑重担的种种苦力，有几个能够抬头的？轮船火车，机械厂等等中间管火炉子的，玻璃厂中间吹玻璃的，电话局中司机的，以及各种工作的工人，就是负教育责任的学校教师，也可以算在劳工里头，谁不是叫生活责任压得抬不得头。我们试替他们想想，再亲身到他们处的环境里去看看，或者更动手试试；请问他们在生活上必需要的健康，能自由的取得吗？再去看那商人，在大商店，人多，那业主也还讲人道的，或者给店伙一些自由取得健康的机会；若是规模小或个人的小摊店，从早到晚，不是坐一个起不得身，就是站一个提不得脚，或者跑一个不停腿，叫一个不住嘴。健康，健康！和他们简直不生关系！还讲什么自由取得呢？

中国式的兵，健康吗？军装不足，一个个的拖衣带水，入伍不退伍，十有八九是害花柳病。健康和中国式的兵不发生关系！中国式的官，健康吗？怕有人暗杀他，藏在衙门屋子里，藏在四轿，汽车里，不敢见天光。他也和健康不发生关系！医生是使一般人健康的，他自然应该健康！但是只能说他应该，可怜中国医学不发达，病人个个是，早累得他将头埋在（疹）〔诊〕断上，换不过气来。所谓体育家，是使一般人讲体育的；他自然应该健康！但是只能说他应该，可怜他为的指导人讲运动，不免他自己运动过度；又处在恶社会里，吸的空气，吃的食物，自然难讲新鲜；表面上看来，他何尝不是雄（纠纠）〔赳赳〕的，但是他的心脏，或肺，或胃，受了病还不自觉呢！

一般青年、学生、小孩子，他们有父、母、师长等的养护，他自然应该健康！但是也只能说他应该，可怜他因他的父母为得怕他饿坏、冻坏，过度供给他的食物，过度供给他的衣服；更怕他受人欺，学坏样，关在家中屋子里头，不许他见太阳。他师长为的怕他能力不足，道德不好，过度的供给他的知识，过度的干涉他的行为；更怕他身体不好，用那和药剂一般的体育运动，不管他受不受得，要不要得，捉住他依样胡芦的运动。在他需要的健康，不能自由取得之外，还要受些不健康的影响。

我们只用我们的眼光，随时随地、随人去观察，可以说无时无地、无人不表现一种不健康的状态。总结着说罢，在现在一般人的环象中，各个人的境遇里，休想找出可以自由取得健康的机会来那吗？我们要失望了，我们只得任他了！不是，不是！我们得想法子，我们用什么法子呢？我们仍旧是要用人造的方法来应付这人造的情形。

人造的方法，就是先说的体育运动吗？我已经说过，那些东西是没有用的，是治病的药剂；并且那些东西，要发生什么体育专家的问题，似乎不是人人能知道的秘密，似乎也有精微奥妙的道理。用这种眼光去看体育；要用那些方法，去求得我们所需要的健康；我敢用负责任的话武断着说，休说隔健康的途程差得远，非三四百年不能普遍，恐怕不到一百年就会走古代希腊、罗马的那条路。

我大胆说这笼统的武断话，我知道一般所谓体育家的人，一定不服；就是我先说的许多“不是，不是！”的话，也是笼统的。我不指出所谓“体育运动”的缺点来，我说的都是废话；我所以要批评“体育运动”一次。要批评“体育运动”，先要认明“体育运动”是些什么！照体育原理上的分类，（见诸克沛译《体育原理》的第二章第二节，页六十一）

体育运动
- 一、规则运动……普通体操、兵式体操等……
- 二、自由运动……游戏、散步、跳跃等……
- 三、技术运动……蹴球、击球等……
- 四、职业运动……裁缝、手工、农业等……

右表第四种，是他们硬拉进去的，也是他们不甚注意的；可以不论。且就前三项分开来观察：

一、体操、兵操，现在已经有人不认他是体育运动了，也不说，只就体操看，又分了三项：

体操
- 各个操……瑞典式各个教程。
- 普通操……有徒手、哑铃、球竿、棍棒、木环、豆囊等名目。
- 应用操……有小棒、二人球竿、三人球竿、单哑铃、美的哑铃、铃竿、曲竿、圈等等名目，并且可以自由的编造。

这个现在有些时髦的体育家，嫌他旧了，又是日本人赚了过手转贩来的，不好；直接又贩来一种新的，叫做纯粹西洋式的美国派。他们是觉得旧的五花八门，不容易了然，他就用极简单的分类法，是两类：

- 体操
  - 柔软操……就是各个徒手的变（像）〔相〕
  - 器械操
    - 轻器械操……就是哑铃、棍棒等类以及个人或家庭适用的种种器械
    - 重器械操……就是从各个教程中抽出来的肋木横木等以及种种练身器械

幸亏我也教了七年半的体操，仅能记得他这些名目；假定他确实有健康的效能，试问一个人要学这些东西，费去极多的时间，才能够达到目的，有是理无是理？若说只有一种、一类、一部就够了，那又何必绞脑汁用在研究一些人生不需要的东西上？况且终身做体操运动的人，也免不了病吧！

二、游戏。游戏的分类，各有各的分法，并且有称游技的，有称游戏运动、游戏舞蹈的，也有将球类运动也纳入的。我照着教育部定的科目又图我的省事，不管他应分应合，且列在一处。

- 游戏
  - 极积的
    - 竞技运动
      - 球类的脚球、手球、篮球、网球……等等
      - 赛跑、赛跳、赛掷……等等
    - 角力竞争、团体竞争、个人竞争——都可以自由编造，名目极多
  - 消极的
    - 舞蹈……圆舞、方舞、队舞、列舞……等等
    - 表情……唱歌动作表情

这个中间还有极精细的组织，极周密的规则；一举手，一提

脚，都有一定的格式，果然他的效能是大！我也承认他是大。但是我们可怜的小百姓，忙着吃饭还忙不了，那有功夫和能力（佩）［配］干这个！一举手，一提脚，都要学，要长时间的练习；不然，不能游戏。可怜我们小百姓，忙着学吃饭的本领还忙不了，那有功夫和能力来干这个！我今年七月在上海时候，有天在一家外国人门前经过，看见有一男一女在院中打网球，球打出了界线，有个西崽随那球东跑西跑的拾球，跑得满身是汗，恨不得有两张嘴吐气。又一回遇着一个拉黄包车的人拉车飞跑，但是车上坐的那拿网球拍子的小姐，还蹬脚叫他快走！我们小百姓只（佩）［配］干拾球拉车，替讲游戏运动人当奴隶罢了，那有功夫和能力（佩）［配］干这个。翻过来看终日做游戏运动的人，也有病的时候。

我在教体操的时候，因别人诘问和自己的反省，得了这些疑问。我为解答我的疑问，曾经作过两种的研究，研究的是——

一、为什么要这体育运动？

二、体育运动为什么不能发生效力？

读书，访问体育家，经过几年的日月，逢着多少的机会，才得了一个概念的解答，是：

一、为的要调剂因为作业使用脑力体力的偏枯，和恢复因为作业使用脑力的疲劳起见，需要一种可以使精神肉体娱快的活动，所以发明体育运动。什么体操种种，都重在调剂偏枯；什么游戏种种，都重在恢复疲劳。体操好像一种造人的模子。同学校中修身科的德目，是一样的命意；所以现在渐渐的有些人不信仰他了。游戏就是俗话说的玩；人是爱玩的，人又爱富有赌胜性质的玩法；所以就利用人这个天性发明种种赌胜性质的游戏。游戏比较体操有兴趣，容易接近人，就借他换转人的赌钱斗牌的习惯；所以美国有大游戏场的城市，居然可以减少罪犯。基督教青年会本着所谓上帝耶稣的爱，极力提倡游戏运动；麦克乐所（着）〔著〕《普及游戏运动》一本书中，几乎是说游戏万能；远东运动会，全国运动会等等，主旨就在提倡游戏运动。

二、体操的不能推行：有的说，是中国人没有好运动的习惯；有的说，是体操太枯窘板滞，做的人不感兴趣。游戏的不能推行：有的说，是指导的人太少；有的说，是没有地方和机会给他。他们的不能发生效果：有的说，做的人别有嗜好；有的说，做的人元气太薄；有的说，其他的卫生没有讲究；有的说，做的人无恒；有的说，做的分量或多或少不适当。

我又将这概念去实地观察，静心推想，经过几年的日月，逢着多少的机会，到今日才证实了那些解答是遁辞，更得了一种新解答：是——

一、与其用体操游戏去调剂恢复脑力体力于既然偏枯或疲劳之后；不如根本上不使他有偏枯和疲劳发生。与其利用人类好赌胜的劣根性，换一种赌胜法，不如利用人类求生活的好根性，换一种生活法。与其奖励提倡他们不乐意做的那假定的健康法，不如直接先解决他们必需的吃饭问题。（今年远东运动会在菲利滨开会时，徐世昌先生捐一万圆做中国选手的旅费。假定将这一万圆捐给比较上和一般人吃饭关系多一点的事业，所得的效果又如何？）

二、生活的问题不解决，不能享得健康的权利。生活的状况不变更，健康的根基无从建筑。各种病菌不扑灭，人的疾病免不了。

说到这里，我的话也很多了；在人身上看，在人生上看，都觉得不是体育运动能够解决健康问题的。这样说，解决我们健康问题是什么呢？根本上解决是什么呢？我又用我的惯技。我且不道破，请你想一想！……你若是没门境？请你再将我这篇从头看一遍，我已经告诉你推想的出发点了！

我知道我怀疑的那些事情，大家何尝不曾怀疑过；我推想的那些事情，大家何尝不曾推想过；我认为需要的那些，大家又何尝不是为的他。然则我们为什么还在“要”的时候，却隔着“得”到的时期差得远呢？这个不是没有想到方法，是不曾将一切方法来实行，是实行的手段用错了，所以我破例不说半截话，再进一步推论取得我们所需要的健康的方法。

一、扑灭病菌。病菌是一种繁殖最快的微生物，大家都知道的；他是我们最大最强的敌，也是大家都知道的；他惯于乘人不备，等机会来收渔人之利，也是大家都知道的。我们如不扑灭他，他就会乘势的扑灭我们。不过讲到扑灭他的能力，现在人类的能力还不够，因为他就是单独寄生在人身上，虽用优生学的方法处理，也不能限日计功；况且他寄生的所在，不仅人身呢！现在与其说夸大的扑灭，似乎说抵抗他不能侵入或孳生，似乎切近事实。但是病菌不灭，照生物学所研究“大动物的灭亡”看起来，人类终不免被他所扫灭；我们对于他，应该取一种誓不两立的态度才是。近几年来世界大战，在人呢？一个个皱眉叹气；在病菌，他若是和人一般的能笑？他一定要笑冷牙齿呢！人！人！你且莫彼此的斗闲气！已经有那等着机会的病菌在你近旁——身上，你知道吗？你要快快的移你互战的胆力、勇气，来防备这偷偷摸摸的（么）〔幺〕麼小丑呀！

二、作农的工。农的工作，是一种最适于健康的工作；因为旁的工作，多在屋宇和城市中，只有农的工作，必须在原野中，日光下；原野的空气比屋宇和城市中好，日光又是杀菌的唯一利器，所以只有作农工的最健康。这话和前说的似乎有些矛盾！不然，不然！先说的农夫不健康种种，是因为他现在当不住许多张开嘴向他要饭吃的人的压迫。——换句话明了说罢：生活程度一天天的高，生计又一天天的困难；“趋利于市”，将多少农夫吸到市场上去；再加上资本家，地主的压迫，所以他们因生活困难，就不得不多劳力少吃饭，结果就弱就易死。现在我们将制度改变，生活改变，习惯改变，将城市中的人移些到乡下去；耕田的人多，个人的体力可以节劳；生产力发展增高，金融活泼，消费的容易取得；给我饭吃的农夫，他能扬扬眉，吐吐气，他有不健康的吗？我们若肯做农做的事，我们也健康了。

三、……？我写过“三”字，原来想顺次的列举人种改良，儿童公育，公共卫生，劳动时间分配种种方法；但是转念一想，一切方法，在“……？”不解决以前，不能实行；列举也不过是徒然费纸，我写的时间能力都没有代价，你看的时间能力也没有代价，是再不经济也没有的！你道我没有方法借“……？”藏拙，作这滑稽的煞尾吗？你若是明白我在这“……？”下说不出能行的方法来，请你将我这“……？”解决，我再告诉你！我自己不料我反复推论“我们所需要的健康”，却归结在“……？”我想看我这篇讨论“我们所需要的健康”的人，也断不料归结在“……？”

这个题目，是三个月以前选定的。我的好友罗黑子君说：“这题目要找一位医学家做。”我觉得也要找一位医学家做；但是我认识的医学家，都当不住病人太多，忙不过来。特刊号发行期近了，有些征求的稿子等不到；只得乱七八糟的写这一篇，充充篇幅；像话不像话，我自己顾不了许多。若是有医学家，肯用他那起死回生的手段，详详细细地写一篇“我们所需要的健康”出来，纠正我的错误，指导一般人选择健康的路径；那我这一篇的罪过，就可以赎回了。

中华民国八年十二月十八日零时三十分。

我写这篇，因为论到方法，一层一层的推想，将思想钻到牛角尖上去，笔底下自然写不下来。当时夜深了，我的精神也不济了；出到院中想吸口较清洁的空气。抬头看天，黑云沉沉不见一颗星的光；刺耳的北风使我悲惨；侵肤的寒气，使我噤颤。我没有勇力写下去，就匆匆的完篇。然而梗在我喉头的东西，我不曾吐出；休说义务上不应该，就是我肉体上也感不快；到今夜重振精神，想要将他改造；但是费了两个整钟头的时光，只落得一声长叹！我实在没能力了！记得九月间，曾学着做过一首新诗，且抄在这里，作我今夜两点钟的代价。二十日二十三时

根据《体育周报》（长沙）1920 年第 1 期刊印

学校应否废去课表中的体操？

(1920 年)

陈达任

体操是人生最要紧的事，怎么有人，要主张废止课表的体操呢？这课表的体操，在世界各国，都是这样通行了；我们中国也行了许多年，到了今日，难道无缘无故要废止他吗？这个问题，我起初和几个现任的体操教员研究，他们狠不赞成废止课表中的体操，都是因他们的习惯性，和“军国民主义”坚固了他们的信

心，我差不多也没有主张了。后来我平心静气，过细思考起来，好了！我很赞成废止课表中的体操了。但是我赞成废止课表中的体操，不是因人家是这样主张，我就“随声附和”；我是回想自己当学生的时候，和我当初教学生的时候，只图合于机械的形式，卒致没有直接得着体操的益处；反把体操的生活丧失了！那是因为把课表的体操，当做国家设立，所以每周二三小时的课表体操，简直是图强的预备，现在才觉得错了！请想一国的生存，单靠这几点钟的体操，能够保卫国家吗？一般身任体操教务的人，多不注意个人的状况，那些学者，对于儿童身体的发育，也有不过问的。

现在我要自问，在各校，每周只有这几点钟的体操，到底够用不够用？

在体操的时间，各校因他科的关系，配置课表，很难适当，若随便配置试问合生理不合？

在课表的时间，所施的分量，应当看各人健康或疲劳的状态，稍有差等；今在短促的时间，来分别这个，事实上做得到做不到？

那些学生，因固定的时间所束缚，试问能把自己的本能发展不能？

我们研究体育都知道人为生活，才要体育，就应该认定体育是维持人的生活的；单靠课表的体操，不独不够用，并且还有许多妨害的情形。即如各学校中，有的人当教员，教材毫无斟酌，又不察验学生的状况，甚至单把立正稍息度日，牺牲许多时间，拘束许多的个性；只要学生合于机械的固定的形式，不以个人本能为标准，把那生成自然的姿式，弄成勉强做作的姿式。这样危害的情形，到底应废止他不应废止他呢？

有人说，课表中的体操，固然不能收圆满的效果，但恐怕把他废止了，简直没有运动的机会！就同私塾一样，整天只有伏案的时候了！

那又不然，我所主张废止课表中形式的体操，原想提倡正当的体操，我说课表中体操不好，正想改造一种生产的，经济的，合体力的，能生活的体操，使青年入校的人，个个有健全的体力，全体各部能够平均发育，无论直接间接，都得着圆满的效果，并且达到普及运动的目的，但是改造的方法，怎样下手呢？就是——

（1）提倡工作代体操。因为工作，本是一种最自然，最经济，最生产的体操；随时随地可以实行，肢体各部的运动，都包含在其中，又能够养成勤劳的习惯；学校中如洒扫整理，如园艺工作，锄土——刹草——浇水，都可以实习起来，并且又可收普遍、平均、同一的效果。

（2）提倡有兴味的游戏。想要个个人精神上有体操的感情，当使他有一种快乐的兴味；因为爱快乐，是人类一种本性，快乐足以安慰我们的精神，恢复人的健康，确是人生必需的。课表中的体操，过于拘束，不足引起人的快感，如果能提倡兴味的游戏，每日练习起来，进步一定大的。

（3）提倡共同的运动。课表中的体操，限于班次，虽同在一校，不能有共同的运动，那是因学级的界限，能力的界限太看严了；现在既然提倡共同的运动，可以联络全体的感情，合群策群力，实际的锻炼，团体越大越好，绝没有存界限的了。

（4）发表个人的本能。在共同运动以外，各人把自己所能做的，发表出来，以供大家采用，并且注意察看各人身心的状态，用特殊的运动，矫正各人的偏枯。

这样的改造，不是空谈，是要实行的，不是在操场上研究的，是要依据天然的方法去研究，达到体操造人的新教育目的为止。

根据《体育周报》（长沙）1920年特刊第1号刊印

“体育委员会”议案的通过情形（节选）

（1920年）

剑帆

未醒先生：

接你十一月十九号的邮片，问及这回全国教育联合会实查“体育委员会”议案的事情，我今一一答复于后：

这议案提出的时候，我还没有到会；等到乙组实查的时候，审查员多半主张地点设立在上海，就把原案嘱托江苏会员修正。修正后，提出二读会；原案有（就全国声望夙著、热心研究教育、或提倡体育而具有精心毅力者，推举五人或七人）一项主张，大家觉得这种推举法，不十分完善。因为什么呢？这种委员会既命名叫做全国的体育委员会，自应按照各省区分别派额推举；若是照原案就全国推举，这样推举法，有什么把握，用什么方法办呢？因为会场中有此项质问的发言，大家都觉得非各省区各推举一人不可，倘若照原案的办法，不独办法困难，而且不足以昭示大公；全国的委员会，恐怕将变成局部的委员会了；所以赞成修正原案的，很占多数。江苏（原提案省区）会员的意思，以为论到办事的便利，非少数专门人才负责不可，若必各省区推举一人，似乎难见相当的人才；但是此种意见，极难得全场的赞成，而且不便直捷了当的说出。多数省区，颇有争面子的意思，非争到各举一人不可；江苏会员知道不能贯彻原来的主张，于是宣言撤消原案；大众又以此案既经审查会修正提出大会，则是由江苏的地方性质，变成各省区的共同性质，何能够由江苏一省区提议撤回？于是撤回的提议，不能成立，主席付表决，就把多数主张各省区各举一人的修正案通过。

以上所说的情形，是当日会议时候实在的情形；至于教育部的意见，因为还没有呈部，我自然是不知道。①

根据《体育周报》（长沙）1920年特刊第1号刊印

体育革命

（1920年）

本社同人

“体育革命”，这四个字连贯不上，勉强合起来，似乎有些儿不通。但是《体育周报》原是为着“体育”应该“革命”而发生；虽说以前出版底五十八期，没有标明“革命”两个字，却带着浓厚的革命色彩。实际上做“革命”底运动，形式的外表却支吾隐晦，使阅者看来模糊不明，是我们良心上最不安的；但是那时候：一方面怕惊世骇俗，使社会上发生反感；一方面张敬尧的警察厅要检查后才准发行。现在干涉言论自由底张敬尧离开湖南，社会上对于我们所说的也不十分骇怪了；当我们重整旗鼓继续出版底时候，应该挂起两年来张不出底鲜明旗帜，不管他通不通，只问他是不是。

我们敢于倡这种主张，并不是要借大言欺人，图一时出风头

① 以下略。

底快乐；更不是觉着中国底体育不及外国，要行什么“西洋式”或“东洋式”底体育。我们是直觉上得了许多现行制度不良底证据，相信有革命的必要。现在为着主张要明了，分作——

为什么革命？

用什么手段革命？

现在我们可能的革命运动

三层来说明：

（一）为什么革命？

二十年前我人觉着中国故有底身体修练的方法不好，改学外国的方法；什么德国式，日本式，瑞典式体操法风行一时。又有人看见日本人倡什么国魂了，也讲保全国粹，发扬国光，大倡什么国技。远东运动会失败后，又大倡竞技运动；因为是美国人提倡起来，又加个名词，叫什么美国式。这好比一个人病太重了，情急乱投医，任诊何病底药都抓来吃。可怜！可怜！是这样底提倡法，我们认为无益有害，是应该革命的第一件。

医药的效能，是要等身体上因生活情形得了病才发现的；体育运动方法底效能，是恢复身体上因生活情形丧失的本能和元气的；一切卫生方法底效能，是抵抗外缘那障碍或破坏身体上生活情形底事物的；然却都不是根本上使生活情形不致于陷身体到不健全状况底制度。

我们认定专依赖医药、运动、卫生来讲求体育，不能解决体育问题，所以觉得打破这因袭的观念，是应该革命的第二件。

体育，是个个人都有关系的；医药、运动、卫生，是个个人的生活上应该享底权利，在必要上应该自由取得。现在人类社会中有很多底人，受生活情形的支配，不能自由取得医药、运动、卫生；却有一部分人闹什么体育界，赛什么会。我们对于这个，也是认为不合，觉着是应该革命的第三件。

医学发达，无病不奏奇功；但是有类病症，关系不止本身，虽经医药而延长这一人的生命，却将人类继续的生命缩短了。体育运动发达的结果，有时造成人类互相残杀的现（像）〔象〕；卫生讲究的结果，有时消灭人体固有的抵抗力。这个有利又不能无害底事实，是我们不愿意有的，也就是觉（著）〔着〕应该革命的第四件。

我们不仅相信中国的体育有革命的必要，就是外国——文明先进国——底体育，也有革命底必要。因为他们所谓体育，也不是用“因全人类生命的继续而保健康”来作前提；他们并不曾脱了“保持己国地位来发展国民体育”的旧观念，结果恐终不免嫉视他国——他人。我们对于养成只知有己不知有人的制度，觉着是应该革命的第五件。

这种种使人不满意的制度、方法、习惯、观念、现象，都觉着应该革命，已经说明白了，若是专用这种理由作革命的运动，究竟还是破坏的革命——不完全的革命；纵然能得谈体育者底同情，却不必能得愿意加入体育革命运动者底信任。因为我们虽相信革命就是破坏，却更相信有建设的目的来破坏，才可发生效力；现在当说我们理想中建设的体育目的：

我们相信环象境遇是造成人体健康或否底情形的；果然有好环象好境遇，就不讲体育，也不会有衰弱灭亡底事实发现。我们相信种种不健康的情形，都缘生活上底压迫发生；人的生活上果然没有引起不健康状态底事实，才是体育发达底极点。怎样才可以减去自然界中使人类发生不健康状态底事实呢？科学家已经告诉我们了！怎样才可以减去人为社会与人类发生不健康状态底事实呢？哲学家已经告诉我们了！何必费辞多说。不过希望使我们表同情底人，或是参加体育革命运动底人，要认明——

“为人类生活底健全，而讲求体育；为要求得着体育底完全效能，而改造生活”。是我们发起体育革命底根本观念。

（二）用什么手段革命?

我们既然将这根本观念明白宣布，应该要说出达到这目的所用（庭）〔底〕手段了。但是体育革命不比政治革命，政治革命所革的不过是一种制度，一种政策，或是一部分一党一派底人，体育革命所革的却和无论何人都有关系，——无论何人的身心两方面，都有应该革命底所在；所以这种用底手段，决不是那种用底手段。要减除全人类生活上底压迫，本不是空口说所能成功；虽然需生活经过改造，才能得着体育的完全效能，究竟改造生活，也要先得一种改造力；这种力，我们相信必需由“体育上”下手取得。不过有许多人认定取得改造力底手段，只用“竞争”“强大”底性质浓重的什么军事学和游戏运动等等做工具，却是我们不能赞同的；因为用这些工具所得底结果，仍然不能达到真实改造生活底目的，或者革命后还是同革命前一样；所以我们觉着真实手段所用底工具，必须是接近改造生活后用得着——且有益的。

究竟是什么？简单说：就是——

“用有发展爱群性，牺牲心，效能底工作，做革命手段底工具”。

现在各文明先进国用底体育工具，还是偏于自私观念太深底那些方法。支配人类生活底权在他们手里，当然应该革他们底命；并且革命应该从他们起手。他们的革命底动机，早就发现了；不过还没有得着大哲学家大科学家底提倡，到现在还没有十分使人注意，也就没有动人的革命成绩报告出来；不能不说这是现在文明国的缺点。我们果然有能力，有机会，可以将我们对于体育上底意见，和各文明先进国的体育家接近——交换；联合起来从现代哲学，科学中找出应该革命底道理来，世界体育大革命，必然可以实现。

但是低下头来想一想，我们住的这中国，和我们同种族人底体育，现在是什么程度？何配说世界体育大革命？不过我们既承认他们的应该还要革命，我们就是十分不及他，也断不能说“且赶上他再同他合谋改革”；大可以先试验起来，做个倡导者，若问办法怎么样，就是——

“以理想中人的生活做中心，改造现行底体育制度；用改造后底体育制度，养成理想中人的生活能力”。

这办法还是种抽象的，再进一步，举几个具体的例：

花柳病是人种底仇雠，我们就实行阉割患花柳病底人。

结婚与人种有关系，我们就应用优生学底道理，请医生证婚。

蝇、鼠，是传播病菌底生物，我们就捕灭蝇、鼠。

人人都有劳动作工底必要，我们就采用几种不妨害健康又能增进体力底工作，作教育上应用的体操。

城市生活既减少元气，乡村生活又难就医；我们就应用物质的文明，救济两方面底缺点。

时间上能力上两不经济又助长人的恶劣根性底运动竞技方法，既不承认他有存在底价值，我们就不受什么远东运动会的牵制，再做那些徒博虚荣底事情。

举不尽底例，很可以准此类推；不必琐屑着列举。

（三）现在我们可能的革命运动。

以上所举的手段，我们如果可以立刻取来应用，本社同人大可经包办革命，也用不着革命了！可怜本社同人出生太早，还没有可以任意取用底机会；就是肯赞成我们这主张底人，也不必就有机会，所以要说我们理想中承认为“可能的革命运动”。

甲，各个人方面，实行主义的生活。

乙，学校教育方面，努力穷究体育的真理，作主义的试验实施，使受教育者，了解人生体育究竟应如何。

丙，对于社会方面，提倡规律的生活，使一般人直觉上对于现状起一种革命底要求。

丁，本社愿尽力的职责，就是这篇文字，同以后继续不断的鼓吹——传播。

根据《体育周报》（长沙）1920年特刊第59、60期合刊刊印

我对于小学校体育的研究

（1920年）

蒋宝三

我们现在是民主共和国的国民，我们教育的宗旨，不外乎“养成健全的人格”，和“发展共和的精神”。小学校的这个机关，就是开始学做人的场所。在儿童他的智识，不能说就有怎样的深；他的道德，不能说就有怎样的高；他的身体，不能说就有怎样的强。所以小学校的教育，对于“智”、“德”、“体”，不但不能偏重；而且要有适宜的平均发育。请问现在小学校的教育，究竟是怎样的呢？作者不才，对于小学校的教育，不敢说笼统的是非；但对于我所研究的小学校体育，略有一点批评和主张。

体育两个字，一般人是做怎样的解释呢？这条答案，可以分左列的三种：就是

一、有人说体育，就是体操的运动。

二、有人说运动以外，还有卫生等等。

三、有人说兵操，也是在体育范围以内。

体育两个字的解释，应该是怎样的呢？据我说来，“体”就是指人的肉体；“育”就是用“智”的、“德”的东西，想一个方法出来，“养育他的肉体”，和“他的心灵”，要使他成一个“健全的人格”，好去“发展他的共和精神”。因此，所以我对于“小学校的体育”，就有一点主张。

我的主张，也可以分左列的几种：

一、每日开始课业前的体育

人的脑筋，在清晨起床的时候，是最清醒的。一经受了家庭和社会现象的感刺，他就起了变化；到校的时候，必定有因受感刺而起复杂的念头；若不经一番整理，开始的课业，未必能完全接受；其余的课业，也就可以推想了。我觉得现今小学校所行的“始业前的体操”，和“朝会的训话”……不见得就有什么效益；不如改做全校“静的体育”，或者可以希望有点成效！这个法子，就是使各个儿童，都静坐讲堂，或静坐各人的教室，整理适宜的姿势；叫他静坐五分钟，或十分钟，恢复他的清醒头脑，然后再开始作业。

二、每次课毕的体育

儿童在教堂作业，坐时必整肃身体的姿势，此固课间的体育理所当然；但此种姿势，又适足以增进他的疲劳。现今通行的每次课毕的休息，不知有没有利害？我觉得这种休息的时间，应该有长短的研究。在休息的时候，儿童自由运动的方法，更应该取缔他。“静的休息”，有碍生理，当然是要绝对的禁止，就是“动的休息”，也应该力避剧烈的运动。如此“身心并顾”，方是休息时间的体育；至于休息时间长短的研究，理论经验甚多，请查看商务书馆出版的《教育丛书》第二集第二编《教授时间之研究》，便可知他的详细了。

三、每日课毕的体育

课毕的体育：一方面使儿童充分的活动，一方面使儿童夜间安全睡眠的预备。在现今的学校，施行课毕运动的很多；但是多数是一部分的，不是普遍的；那末与课毕运动的作用，岂不是只有一部分的效益么？我觉得应该要做普遍的运动，并且要向群众体育的运动上做点根基才好！

我是个没有研究新的体育的，我对于文字也是没有研究的；我这篇“对于小学校体育的研究”，不过是我一时的感想，随便就把他写了出来，希望大家指教。至于我对于“体操的本身上”，还有疑难的问题很多，下次另文再请教罢。

公历一千九百二十年九月十二日做的。

根据《体育周报》（长沙）1920 年特刊第 59、60 期特刊刊印

改进体育案

（1920 年）

湖南教育委员会

体育一道至关重要。欧战以还，英美等强国发现人民体格上之弱点，各谋所以改善之。我国素称积弱，故全国教育联合会早见及此，迭次建议，力求进行。湘省几经兵燹，欲言自治，非先

充实自卫之力不可。徒以艰钜创深，痛定思痛，或欲主张学校废止兵操，或则怀疑空言无补，仍欲藉实力以竟文化运动之效。此皆局部之研究，要非发展体育之正义。窃以体育为三育之一，包含甚广，不能以头痛医头，脚痛医脚之法，取便于一时。亟宜体察情形，全部规划，以期逐年进行，兹特拟其方法分举于左：

甲，关于体育行政者

一、省教育行政官厅置体育科或体育股，掌管全省体育事宜；

二、召集体育专门人才，组织体育委员会，制定体育方法大纲，颁布施行；

三、欧美留学经费内，划分三名至五名之费，专送学习体育学术人员（最少瑞典一人，德国一人，美国一人）；

四、设立体育师范学校，养成中等学校及公共体育场之体育指导员；

五、省立各师范附设体育讲习科，以谋增进小学教员之体育知识技能，并教授方法；

六、调查人体元气（自六岁至十七岁各个年龄元气之指数及壮丁元气之指数）；

七、限制结婚年龄；

八、检定医生；

九、饬地方官励行卫生行政；

十、视察员须注意视察各地方之学校及社会体育状况，并随时指导或讲演。

乙，关于学校体育者

一、各校应设置校医，指导学校卫生，及检查体格与预防传染病，卫生谈话等；

二、师范学校对于有关体育之科学，认真教授师范生，不明体育原理，不能胜任小学体育指导者，不予以毕业证书；

三、各等学校须注意精神修养的教育；

四、应用军事学之精义，组织各种学生自动团体，如童子军、青年团之类；

五、每年最少当行一次有效的身体检查；

六、学生运动，在个人当力求平均，在全校当力求普遍；

七、举行运动会，须严杜诱发虚荣心及赌博式诸弊；

八、设法改良学校中一切不合卫生之建筑或设备；

九、设法使学生多得与自然界接触之机会，减少屋内生活；

十、不使用各种无裨实际之体操游戏教材。

丙，关于社会体育者

一、开辟公园；

二、设立公共运动场；

三、开放学校园及学校运动场；

四、设立体育会，提倡驰马、射箭、游泳及角力技击等，若能习枪打靶更妙；

五、卫生讲演；

六、设立地方公共病院；

七、提倡不吃烟酒会。

湖南人赶跑了张敬尧，关于教育事宜，组织了一个教育委员会。这委员会的会期中，除却计议当时必需解决的教育问题外，另外决议了一部“筹划湘省战后教育案”，这“促进体育案”，就是内中之一；虽说现在还来不及公布实行，但是距离实行的时期，也不致很远，所以我们敢预先揭载。

编者附志

根据《体育周报》（长沙）1920 年第 59、60 期合刊刊印

人生的体育学会宣言

（1920 年）

我们信仰这体育有讲求的必要，是因一个人为生活不能不自保重身体；就是全人类社会谋安全谋继续，也不能不保重各个体。

我们不信任现在风行全人类社会的体育方法。能完全供给个人——人类生活的真实需要，发生一种要求改造的欲望，所以发起这个学会。

我们大胆标揭“人生的体育”几个字做旗帜，不是我们已经得了“人生的体育”的方法将出来自炫，我们是认明这个目的，免得研究的前进历程中错了方向。

我们为着希望这目的能早一日达到，诚意欢迎多数人入会，大家来做这改造的运动。

这会的会员，只有研究学术的责任，没有输纳会金的义务。

这会的会员，完全是精神的结合，不受形式的约束，所以不用什么章程。

我们的通讯处（暂定）

北京高等师范学校王鉴武处

南京高等师范学校陈奎生处

长沙储英源廿三号黄醒处

根据《体育周报》（长沙）1920 年第 59、60 期合刊刊印

十年来之湖南体育

(1925 年 8 月)

李惠迪

湖南初办学校的时候，聘请的体操教员多半是军队的官长和兵士，纯粹用教军人的方法去教学生。到前清宣统年间，陆鸿仪、王经武、张葆初等从日本回国，担任各学校的体操教员，办理游戏和各项体操，教法略为之一变。到民国元年，开办湖南第一次体育研究会后，陆、王等人的主张更为之扩充。民国二年，夏义可在长郡任课提倡田径项目，湖南之有田径赛自此开始，所以民国三年运动会就有田径赛的一部分。三、四年时候，军国民的教育盛行各校，各校提倡军国民主义亦不遗余力。欧战告终之后，主持教育者因知武力之不可靠，都望着向和平路上走，军国民主义就慢慢的衰落，而学校里的体育。多效仿东南大学麦克乐之主张，这是湖南体育变迁的大概。兹更就十年前后经过情形，缕述于左：

湖南之有体育基础，始自前清光绪间。光绪甲辰，体育学堂开办于长沙白马巷，操场在游击衙门内，因天桥上跌死一人，即行停办。乙巳，在小吴门外校场坪举行第一次运动会，会长为张鹤龄，当时的学校不多，运动的项目也很简略。宣统庚戌，在协操坪举行第二次运动会，杨晋、谭延闿为会长，省会所有学校都加入运动。辛亥，吴孔铎、王经武等办体育社于贾公祠，因民国成立，各职员服务军政各界，停办。民国六年王经武、张葆初等于六月一日起至八月底止，借长郡中学的校址，开办湖南第一次体育研究会，会员有蒋宝三、徐荣甲、周达、粟翼彪、李惠迪等

73 人，每天的学科和术科有九时之多，星期日亦照常上课，期间虽短，结果还好。到了十二月，由研究会会员发起，创办体操学校于长沙雷祖殿，专聘新自日本回国之江西人王公诚任课。民国二年七月，又办湖南第二次体育研究会，会员有陈奎生、周维箴等 80 余人，分作新旧两班，是年周召南办湖南第一体育学校于长沙坡子街，吴作霖办湖南第二体育学校于席公祠。此外，还有杨兰阶办的尚武体育学校，湖南高等师范设体育科，王公诚又另办精武体育学校于长沙通泰街，此时湖南体育可谓极盛。民国三年五月十、十一两日，在经武门外协操坪举行湖南学校第三次联合运动会，汤芗铭为会长，符定一为筹备主任，筹备颇为周密，运动的种类分团体运动与选手运动，指挥长为李如璋，指挥员徐凯、陆鸿仪、王经武、李惠迪等，加入学校共 76 个之多。此时湖南的体育学校只有尚武和第一体育学校两校。后因袁氏称帝，政体变更，这两个体育学校也因经费困难，陆续停办。湖南的体育就慢慢的寂寞了。以上系十年以前湖南体育的概况。

民国五年十一月，各校在教育会前坪举行第四次联合选手运动会。

民国六年，文华童子军来湖南表演各种技术，寻有、黄醒、袁荣生、彭泽沛，肖学璋，李圣彰等到上海研究童子军，他们几位回来，在各校极力提倡，成绩昭著。到了十月，他们在省教育会创办童子军教员练习所，学习者 40 余人。十一月四日，省教育会议决，组织体育研究会，九日开成立会，举王志群为正主任，徐凯为副主任，交际李惠迪、周维箴，评议陆鸿仪、夏义可、黄醒、彭泽沛、方克刚、狄昂人、方扩军等，未久军队溃走，省教育会驻扎军队，体育研究会就无形停顿。冬季，青年会夏义可邀徐凯等在该会成立体育俱乐部，徐为部长。

民国七年，曹羽仪、王佛曼、张煦光三人陆续回湘任课，各校注重田径赛、器械及跳舞。十二月九日黄醒创办《体育周报》，社员共30余人，实仅黄醒一人负责。

民国八年，方扩军、杨树达、曹羽仪、袁荣生、盛国俊、李惠迪等，发起省城学校教职员网球团。蒋宝三办女子体育研究会，会员10余人，未久被各县聘请而停止活动。十一月二十三日长沙城区学董狄昂人借府学宫组织公共体育场，请了体育俱乐部及网球团团员到会，共襄开幕盛典，夜间即发起人生体育学会。

民国九年九月十九日，黄醒发起在《体育周报》社开长沙市民体育会的筹备会，议决征求会员。十月二十五日《体育周报》发行到六十期，因经费支绌停刊。十月二十一日长沙市体育会在长沙高小开成立会，举曹典球、姜济寰等为董事，蒋宝三为执行委员长，方扩军、鲁也参、李惠迪为执行委员。二十八日举方克刚、曹羽伐、盛国俊、朱凤文、黄德辉、贺国梁、夏义可、王佛曼、陆鸿仪、袁荣森、黄醒为评议员，互举方克刚为评议部委员长，执行部草拟一年度预算，经评议部议决，俟募捐经费，再策进行。

民国十年三月十五日，省教育会议决，联合长沙青年会举办第五届远东运动会湖南预备会，当举方克刚、蒋育寰、张锦云、胡树瑚、李惠迪六人为筹备员，青年会则为夏义可、高恩养、方扩军、王毅成、曹羽仪、秦憨；互举方克刚为筹备主任，五月五、六两日在省教育会前坪举行，会长为赵恒惕。其项目除球术、游泳外，余均远东运动会的项目，运动会完毕，由筹备员票举方扩军、李惠迪、曹羽仪、袁荣生、陆鸿仪、黄醒赴上海参观远东运动会。

民国十一年九月，岳云中学意在造就多数体育人才。在本校附设体育专修科。十一月十日中等学校校长会议，定二十八、九两日进行第六届远东运动会湖南预备会，赵恒惕为会长。二十九日因发生小问题，未得完满结果。

民国十二年三月，体育俱乐部离开青年会，每星期仍轮流集合于各校举行，五月四、五两日，鄂、湘、赣、皖四省联合在武昌举行华中运动会，结果湖南第一。六月十五日曹羽仪、方扩军、李惠迪等拟就湖南体育会会章，发起湖南体育会。十二月省教育会邀集各校体育教员，讨论第二届华中运动会章程及筹备明年在湖南举行之事，十二月二十三日黄果一、罗汇珊等发起长沙体育会。

民国十三年二月二十七日，举方扩军、曹羽仪、谢真为第二届华中运动会执行委员，由执行委员会聘请唐梗献、金兆均、李惠迪、袁荣生、方克刚、黄醒为各部总干事。三月恢复童子军以备在运动场服务。五月四日至八日举行第七届全省运动会，五月九、十两日在协操坪举行第二届华中运动会，结果又是湖南第一。五月二十二日至二十五日，在武昌举行全国第三届运动会，湖南得游泳及女子队球锦标。二十四日湖南体育界在武昌开会，议决回湘发起湖南体育会，并促成公共体育场。六月十八日，湖南体育界开会，筹备成立湖南体育会，七月二十日湖南体育会开成立会，选举方扩军为执行部正主任，李惠迪为执行部副主任，方克刚、曹羽仪、狄昂人、袁荣生、盛国俊、陈奎生、陆鸿仪、周天璞、朱凤文为评议员。八月十一日评议部举方克刚为主任。推彭泽沛、梁建德为干事，驻会干事暂由李惠迪兼任。九月二十一日体育俱乐部改名为省会教职员业余运动会。十月一日省教育会第三届常年大会议决，童子军组织由政府划出一部分经费办理，并将童子军列入高级小学及初级中学一、二年级为必修课，余为选修课。十一月四日湖南童子军联合会正式成立，举李惠迪为正主任，魏树恒为副主任，袁荣生为总教练，李传范为书记，李圣彰为会计庶务。十二月八日湖南体育会邀集西南各校代表，决定第八届全省运动会地点在衡阳，第九届在常德。

民国十四年二月二十四日，湖南体育会议决发行体育特刊及体育季刊两种，推陈奎生为编辑主任。四月一日第八届全省运动会在衡阳举行，结果明德第一。四月二十一日至二十三日在南昌举行第三届华中运动会，结果湖南又第一。五月一、二日全国运动会在上海举行，湖南取录七人，四人出席远东运动会。十六日在省教育会举行奖品展览及慰劳会，六月十六日李待琛等发起游泳讲习会于经武门外便河。七月十三日长沙暑期体育研究会开始运动。十五日彭泽沛、袁荣生等举办湖南女子体育研究会于长沙高小。以上系十年来湖南体育之状况。

湖南自开办学校以来，对于各种学科，名义上都肯极力提倡，故体育一科颇为注意，各体育教员于课余的时候，亦喜研究，所以湖南近来的体育比较从前要发达些，惜公共体育场屡次催促。迄未成立，故除学界外无社会体育之可言。惠迪虽任体育教员十余年，技能幼稚，学识浅陋，抱愧的地方实在很多，现在大着胆儿将个人平时的日记摘录出来，以充大公报十周年纪念特刊篇幅，望阅者谅之。

根据1925年8月长沙《大公报》十周年纪念特刊刊印

今日湘省举行第二届国术比试

(1932年10月)

端　止

湘省政府主席何［键］，对于国术方面，兴趣极浓，故其提倡不遗余力。此间国术训练所，罗致省内外技击人才，不乏身负绝技之辈，如顾汝章、万籁声、李丽久等，均为国内有数之国术大家，现皆供职国术训练所中，而三湘七泽之间，闻风景从者，风起云涌，都以学习武艺为荣。何主席为选拔真才起见，定于十月一日，举行湖南第二届国术考试，并成立考试委员会。何［键］自任会长，各高级军政长官，概充任委员。饬令各县县政府，布告选送国术人才，来省比试。由各县举行初试之后，再将取录者，送之来省。所有往返旅费，概由各县政府负责。考试委员会已于九月十日正午十二时召开成立大会，并同时举行第一次会议。出席委员有何［键］、刘膺古、胡达、曹伯闻、熊士鼎、朱经农、谭常恺等，首由大会主席何键报告，谓本日湖南第二届国术考试委员会成立会，并同时举行第一次会议，兹将本会成立及经过情形，报告如次：（一）本届考试，系由湖南省政府省务会议议决，制定考试方案，设立考试委员会。（二）本会设办事处，派定熊委员士鼎，为本会办事处总干事，主持考试一切筹备事宜。（三）所有一切情形，由总干事熊士鼎报告。旋总干事熊士鼎，即起立报告云：士鼎奉令筹备本届国术考试事宜，已逾旬日，拟定办事细则，及考试规则，规定布置方式，请讨论云云。出席各委员，对于熊总干事所提各事，均有所讨论决定。该会并聘请国内著名国术家张之江、孙禄堂、杜心五等十数人，充任评判员云。

此次湘省举行国术比试，风声所播，遍及国中。于是苏沪武术专家，以及各地之老翁道士，纷纷来湘，准备参加比试。就所知道者言之，有下列诸人，江苏耿登瀛，精拳及子午棒；现上，精技击术，松伍海樵击，擅飞镖；星沙饮瓢道人，精拳术；南县周绍怀，年七十六岁，精内功，尤长太极拳；长沙王运生，精拳术，曾毕业高工，用科学方法力加研究，与现任湖南国术馆教员范庆熙，有王拳范棍之曰；此外如某道人，某老者，形形色色，尚不知其若干也。其最为长沙人之所重视者，厥为柳森严与顾汝章之比武。柳森严者，为长沙武师，年三十许，日服蓝布长杉，着草履，携一红油雨伞，徜徉城市间。本年六月下旬，忽致函于国术训练所教务科科长顾汝章，愿与比武，顾亦复函允之，比试行有日矣。时值何［键］赴汉谒蒋，军政要人令俟何氏返省后，再定期举行。何氏返省，则为之和解，且使技术大队长李丽久，约集顾柳，杯酒言欢，事遂中辍。近旬以后，长沙报纸，时而载柳氏在北正街被人暗算，能反手接镖；时而言柳氏为远害计将遁迹他适，几无日不关于柳武士之记载也。顾汝章者北人也，于柳之约与比武，似至今未能去诸其怀，故阅此种种记载之后，即寓书柳氏，前段倍为赞扬，中则讥其遁迹为趋避此次之比武，末述仍愿与之比试，并谓倘足下无借端趋避之意，即请向各报更正云云。旋柳亦复函，声言绝不趋避。此间报纸遂又宣传柳之业师长眉道人已经来省，即寓柳之私宅。揣拟之者，遂谓长眉之来，为柳所延请，将用以助己者。又谓长眉之外，从行者尚不为少。神经过敏者之流，乃谓顾汝章亦觅有帮手，但行踪秘密耳。种种传说，殆皆中小说毒者之所臆造，不足凭也。有某记者造经武门外鹿洞里之柳氏私宅，以柳之行止相询。柳云：在国术考试期内，决不他适，非必欲一显身手，盖欲藉此时机，一观三湘国术界之新气象，至与顾汝章老师比武一节，亦非永于私斗，良以顾老师我国国术界有数人物，当有惊人技术，足资师承，故愿领教一二。现顾老师等已来函相招，届时自当趋前承教，决不藉故趋避，至报载敝师长眉道人已经来湘一节，实无其事，盖此种考试，纯属当局者一种提倡国术性质，并非派别之私斗，固无庸请师请友。至外间纷传顾汝章老师，招来师友甚多，余亦不甚相信，良以顾为提倡国术之人，决无此种门户之见，即或有之，想亦系来此参观者。语时，适座上尚有一道貌岸然者在，记者询诸柳君，是否即清风道人（道人亦纷传为来此湘比武者），据云系资兴曹国屏君，亦吾湘武术大家，现在上海，此次系应吾湘某要人电召来省，参观国术考试云云。

根据《体育周报》（天津）1932年10月1日第三十五期刊印

约述体育主义之诸说

（1933年）

陈奎生

凡诸学术之主义，非亘万古而能不变者也。时代迁移，一切生活需要，渐次递变，于是由前传后，由上递下之学术主义，亦随之而变。其有为古代素所轻视者，而在数世之后，忽然风行；亦有为古人未曾研究过者，而却为后人所发现；更有昔日视为神圣之学说，而今则无人过问者。总之，文化之嬗变，与时代有密切之关系。兹抽“体育主义”诸说一端而论之，其余可概见矣。

一 偏重身体之主义

体育事业，本重实行，而实行又多以动作为达到目的之手段，故身体即实行之工具也。工具不利，实行结果亦不佳；故历来之体育学说，着重在体之一字者，实居其多数也。偏重身体之体育主义，约有四说：

(1) 个人健身说。平居日常生活，无多变迁，恐一旦遇有事变，身体不能撑持抵耐，故特勤事运动，以锻炼吸呼、循环、消化、排泄诸器官，使其增进健康，以抵御意外之侵袭，此“个人健身”之说也。

(2) 疗治疾病说。偶有不幸，已染疾病生理现象于是反常，或过胖，或太瘦，或大便秘结，或神经衰弱，或贫血，或失眼，或手心足底发热，或肺脏骨节结核，身体既受损伤精神更苦痛，思欲脱离苦海，不愿求灵于药石，于是大发愿心，持之以恒，用适当之运动，以驱除疾病而图恢复健康，此“疗病”之说也。在瑞典国首先发明，而盛行于全世界。

(3) 矫正偏颇说。近世产业革命，分工愈多，离古代生活情形愈远，则身体上所受之损失亦愈大，故物质文明发达区域内之人民，几在全日无丝毫劳动；而安富尊荣以度其生活者，亦有终身仅惯用身体之一小部分者。因此吾人身体，日见羸弱，有心者忧之，乃倡为“文明病”之说。“文明病”者，含意有二：一指文明进步，而国民道德日益堕落；一指机械工业发达，将人类所能为之事，尽行代替，而人几可不必活动，即有须劳其躯体，而所用之部分，非过于狭隘，即太偏颇，以至人类身体，日见退化，将来危险，不堪设想。乃本救世之诚心，研究种种人体运动之方法，以图补救改正职业影响之失，学校之有体育运动，亦有此涵意，此“矫正”之说也，瑞典人最重视之。

(4) 增加效率说。社会进步，生活繁复，需要既多，供给亦当增进，故有时工厂工作之时间须延长增加出产，以备给需要也。而资本家每利用此种机会以图获利，为“资本经济”之说所迷，遂亦不顾工人之痛苦，而妄于平时随意延长工作时间者，屡见不鲜。工人为谋救死（即生活）之微资，亦不敢抗命而实行牛马之

而酿成大问题，予学校以行政上之困难。

（三四）能利用学生之优点及补救学生之缺点——令能干之学生做队长，公正之学生做临时裁判员，与技能优长之学生表演比赛。

用个人体操矫正学生身体上之缺点，热忱为学生保险，使之尽力练习，以补救其怯懦。

（三五）赏罚宽严适当，使学生心悦诚服，乐于就范。

根据《勤奋体育月报》1934 年 10 月第二卷一期刊印

长沙市风筝比赛报告

（1934 年 12 月）

陈奎生

仲春将届，正好踏青，并作放风筝之游戏，以资娱乐。惟放风筝一事，我国向视为儿童嬉戏之举动，有者父母禁止之，纵不禁戒，亦无积极的善意指导儿童，徒使极好之游戏，无丝毫之意味，殊可惜也。近年各地民众教育馆及体育场间有举行风筝比赛者，提倡民众正当娱乐，保存我国故有之习尚，殊属可喜之事。惟系初创，无成规可守，大都各自为政，且记载宣传缺乏，更失普及之效。记者有鉴于此，爰将去岁长沙市民众教育馆与湖南省会公共体育场联合举行风筝比赛之经过，作为报告，登诸本刊，藉供各地之参考。甚望各地亦将同样材料投登本刊，广事宣扬，引起全国民众之注意，将向不经意之风筝嬉戏，改进为一种含有教育意味之游戏，是则记者之所深望也。

一 长沙市第一届风筝比赛简章

（一）宗旨 以提倡民间固有游戏，增进民众健康为宗旨。

（二）资格 凡本市民众，不论男女，品行端正者，均得报名参加。

（三）分组 将参加者分为男子、女子、儿童三组。

（四）风筝类别 为比赛便利计，将各式各样之风筝，分为下列三类：

① 平面的——如一片瓦，又字，蝴蝶采金瓜等。

② 立体的——如灯笼，飞艇，响七星等。

③ 线状的——如鲇鱼，蜈蚣等。

（五）评判标准 分下列各项，评判优劣，记载分数。

1. 艺术：

（甲）构造 包括形式与装潢等。

（乙）意义 注意有无教育意义，如国耻的、历史的、地理的、风俗的、动植物的等。

2. 技能：

（甲）时间 如起放时间及空中时间均有一定限制。

（乙）高度 以风筝放出绳子之长短计算之。

（丙）奇技 如能放趟及连翻筋斗等奇巧技术。

（六）比赛规则 分列于下，如有违背者则取消资格。

①至规定时间，点名不到者。

②不守秩序，不服指导者。

③未动发令，风筝起放者。

④未到限定时间，风筝中途落下者。

⑤故意妨碍别人行动者。

⑥协助人超过规定人数，或代替主放人工作者。

（七）报名须知：

①参加一人为主，协助者至多不得过二人。

②选放之风筝，限于一种。

③日期　三月二十五日起至三十日止。

④地点　分先锋厅民众教育馆及天心阁第一分馆二处。

（八）比赛须知：

①比赛用具均由自备。

②风筝能自作者更好，不可过于奢华。

③依照标准钟时间，按时到场

④到场后至规定地点休息，不得离散。

⑤日期：

（甲）平面风筝比赛　四月一日午后二时起。

（乙）立体及线状风筝比赛　四月二日午后二时起。

（丙）天雨顺延。

6. 地点　协操坪公共体育场。

（九）奖励办法　凡各组前三名，均备有奖品，以资奖励。

湖南省立公共体育场
长沙市立民众教育馆　合订

二　长沙市第一届风筝比赛记事

四月二日

风筝比赛第一日志盛

到场观众五千余

风筝高度二千尺

轰动一时之本市风筝比赛，业于昨日午后二时，在协操坪公共体育场举行，届时省党部、民政厅、市民教育委员会、公安局、警备部等各机关代表五十余人，莅场指导。全城士女，亦车水马龙，竞相奔至，人山人海，充满场中。首由黄风岐君领导参加比赛人在场序立，次由狄昂人君报告比赛须知，后由评判员陈奎生、胡国春、彭泽芬等评判风筝艺术，经裕新公司赠照全体影片。开始起放，一声号令，风筝弥满天空，顷刻遥见张飞、蝴蝶等直入云霄，加以百节蜈蚣同时表演，场中观众均亦鼓掌欢迎，经一小时，始发令停放，群趋测度处量绳，据评判员报告，有达五百余公尺长度者，亦云高矣。查昨日风筝，以党徽、双燕、小燕为最精彩，党徽纸鸢内书八德，尾系实行新生活运动五字，惜未放起，双燕、小燕简单工整，轻巧惊人。闻本日下午二时，继续比赛立体的及线状的，届时百节蜈蚣冲炸战艇，当有一番惊人技术表现云。

四月三日

风筝比赛第二日志盛

炸弹高度独占鳌头

昨日为本市风筝比赛之第二日，午后二时，各评判员均按时到场，与赛人员亦同时签到。参观人士，争先恐后，拥挤场中，既无军警维持秩序，又鲜纠察人员，恰到比赛时间，无法举行起放。黄君风岐登该场天桥，发号施令，指挥观众，幸得谅解，环绕跑道序立，比赛人员始得排班起放。线状蜈蚣，腾空而上，蜿蜒云霄，约千五百余尺；立体飞机，与提桶竞技。飞机则别出心裁，中系燃物，仰见九霄云际，传单散布（一名炸弹），提桶亦尽放余线，巧用青丝，遥望天空，几不知为何怪物，浮游上空，一时观众欢声齐起，喊拉沸天，而高度上升已独占鳌头矣。八二五号因妨他人行动，该会执行规则，竟被取消，殊为可惜。闻该会职员，连日以来，疲劳过甚，昨前两日结果，不能计算公布，已约定评判人员等，于本日下午六时，讨论揭晓方法，定期优予给奖云。

四月四日

风筝比赛结果揭晓

张义侠提桶取头名

女子组飞机夺魁首

根据1934年12月《体育研究与通讯》第二卷第三期刊印

湖南雋新中学体育概况

（1934年）

郑扬新

本年五月十八日，学生自治会常务干事向君有贤来室，嘱将本校第二届运动会经过情形，搜罗成篇，备在期刊内披露，余觉在此高倡体育救国之际，学生自治会能见及此，殊可喜也，遂允之。又觉仅记运动会一项，未免偏枯，乃改名本校体育概况，惟当执笔时，正值小病之后，以该刊付印在即，不得不率尔将事，工拙所不计也。

一　行政组织系统

本校自本期起，已正式设体育部，与教、训、事三部并立，在湘西各校，可称首创，部设主任一人，下设学校卫生、器具管理、体格检查、选手指导、课外运动五股，组成体育部部务会议，每股设正副干事两人，除体格检查股与选手指导股由校医及其他教员充任外，余均挑选学生中能力胜者担负之。各班设体育干事二人，传达体育部一切命令及各班一切消息。兹列表如下：

湖南隽新中学体育概况

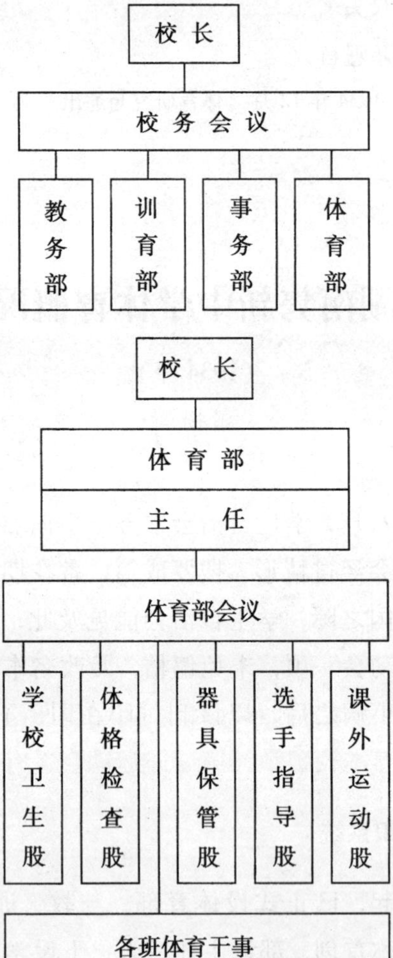

二 体育经费

本校学生每期缴体育费一元，计得洋三百余，自扬新到校后，每期经费均超过收入，扬新颇拟依照教部颁布国民体育实施方案中规定，列体育经费百分之三于经常费中，惟本校系私立，经费当不及公立学校充裕，且政府对提倡体育学校，亦无奖励，此层亦不易办到，无米为炊，巧妇难为。今后各级学校，苟欲达到普及体育之境，似非难以注意，恐难有所此成就也。

三 体育设备

本校体育场计有两所，惟以人数与场地比较，尚不够用，每当课余后，总见两场人满。好在本校学生极守规律，从未因争场地发生纠纷也。

1．东场

内有篮球场二，排球场一，四围粉有体育标语，此场极高，下雨后，即可运动，场南为城墙，即笔架城。为游人必到之地，故每当学生比赛时，游人观战者为数尤多也。

2．西场

原为老鸦池，岁久池塞，成为渣滓堆，场长东西仅四十五米，南北三十二米，去秋始将四周围墙，内中仍凹凸不平，仅能作掷铁球饼之用，今春本校预举行第二届运动会，有修理必要，依场面积言：仅够建筑百米跑道，乃因地制宜，筑成百三十米跑道。不过在短程赛跑时，转弯稍困难，校中为提倡学生劳作起见，将跑道分为七段，各班体育童军上课时，即作挖土工作，由是余为工头，各生为工人，每一令出，无不争先恐后，从未见以斯役为畏途，足见本校学生之富于劳动性也。场北有跳坑一个，亦系学生修筑，为撑高用，亦为跳远及三级跳用，全场完成，费时二月有余，复在东西场巷内，建筑大马路，并在东西场门首上嵌“健康之路”四字，字为本校事务主任罗中三先生所书，其笔力雄伟，正与健康者同，游人登城时，踏足此间，大多恋恋不舍也。

四　体育学程及实施办法

1. 体育正课　本校在每期开学时，由体育部拟订各级课程标准，内分学术两项，前者在室内讲授，多在天雨时，内含世界体育概况，国内体育概况，运动生理，各项规则，运动会组织法及评判法；后者，包含走步柔软操，游戏，球类，田径运动，惟在正课时，球类，训练，均限于基本动作。且吾人亦认此种练习，极易促进技能进步。此外尚设有体育栏，每日由体育部公布体育常识一张，并插漫画，故极为学生观览也。

2. 早操　本校早操在东场举行，俟队伍排列就绪，先举行升旗礼，旗上升时，由童子军传令股总干事吹升旗号，各生闻号时，即行童子军三指礼，自扬新客岁到校，即逐日举行，非遇天雨，从不间断。初扬新在省参观公私立各校，均无此项礼节，处此国家危亡之际，提倡民族思想，似为当务之急，吾人远处湘西，能首先创行，亦足自豪也，又早操完时，则唱童子军歌暨校歌，最后并呼中央颁布之口号：

一、永为忠勇国民

二、誓雪中国国耻

三、恢复中国领土

四、振兴中华民族

五、三民主义万岁

六、中华民国万岁

口号一可呼出碳气，一可提起朝气。

3. 课外运动　本校课外运动，由课外运动股干事会同体育部编配场地，自西场完成，已勉强可够用矣。选手训练时间，则在晚饭，因受场地限制，非心愿出此也。

4. 体育训练班　本校在本期内，由体育部组织体育训练班，由学生自动加入，其课程多偏重运动会组织法，田径赛球类裁判法，场地建筑法，比赛支配法等项；授课时间，均在课余，每周三小时，总共四周。原定名额三十名，后竟广列五十人，亦足见本校学生对体育兴趣之浓。加入手续极简，除在体育部报名外，并缴讲义及文凭费三角。四周来学生上课精神极佳，虽在午后，从未有酣睡情态，已在本月二十日，举行毕业考试，结果董扬廷君得第一，由校长发给证书，并致训练词，较之普通毕业典礼，犹觉隆重，各生以所费不多，四周中亦不无相当裨益，亦喜形于色，兹附录简章于下：

湖南隽新中学体育训练班规程

第一章　宗旨

本班宗旨，在利用课余时间，作体育上积极训练，使在短时间内，获最大效果。

第二章　处址

本班训练处：A（室内）十四班乙组教室，B（室外）东西体育场。

第三章　训练期限

本班训练时间，自十五周起十八周止。

第四章　授课时间

本班授课时间，自午后三时十分钟起至四时止，遇必要时得延长之。

第五章　课程

第一　学科

一、体育原理　二、运动会组织法　三、田径赛裁判法　四、球类裁判

法　五、比赛支配法　六、运动场建筑法

第二　术科

一、普通操　二、田径赛　三、球类

第六章　名额

本班定额为三十名。

第七章　加入手续

本班学生，由各班对体育有兴趣者自动加入，如总名额过三十人时，则由体育部挑选学术两项优美者收纳之。

第八章　缴费

学生每人应缴洋三角，作讲义文凭费。

第九章　处罚

本班学生故意旷课在两小时以上者得勒令退出。

第十章

本规程，曾呈请校长核准。

5. 运动比赛

a. 校内比赛　校内比赛，大多以班级为单位，其项目为田径赛与球类。随气候寒暖而分先后，如在隆冬时则举行足球比赛、越野赛跑，春季则举行篮球比赛。自本期起，各班均制有班旗。其尺寸大小，由体育部规定，以昭划一，惟颜色则各不同，以示分别，旗上各有兽号，与童子军队旗相似。各班选手胸前亦载此标识。当田径赛比赛时，某班胜利，即将该班旗升上，并燃放鞭炮，故竞争至烈。又比赛三铁时，表示远近，均用小旗，上书选手号码，俟三次掷举毕，方用皮尺丈量，一则省时，一则增加兴味。

b. 校外比赛　对外比赛，可分两种：第一、由全校代表队向各校或团体比赛，关于此类者，须得体育部许可。第二、由私人组成之队，与各校某队或某班比赛，本期来此项比赛，较前项为多，因集合容易也。

五　考成方法

本校在每期开学后，由体育部将全校学生依年龄、体高、体重三项分组，并订各项及格标准，使其在平时有所追求。在放假前，分项测验，根据过去经验，觉此种考试，较为合法，因其性质全属客观也。

附分组标准表、各组运动标准表、体育成绩存查表于下：

分组标准表

组别	指数之和	指数	体重	体重英寸	年龄岁目	指数
甲	57 以上	21	141 以上	69	19 以上	21
		20	139 – 141	69	18 – 6　18 – 11	20
		19	136 – 138	68	18 – 0　18 – 5	19
		18	134 – 135	68	17 – 6　17 – 11	18
乙	48 – 57	17	131 – 133	67	17 – 0　17 – 5	17
		16	128 – 130	67	16 – 6　16 – 11	16
		15	118 – 127	66	16 – 0　16 – 5	15
丙	38 – 47	14	118 – 122	66	15 – 6　15 – 11	14
		13	113 – 117	65	15 – 0　15 – 5	13
		12	107 – 112	64	14 – 6　14 – 11	12
		11	101 – 106	63	14 – 0　14 – 5	11
丁	30 – 37	10	95 – 100	62	13 – 6　13 – 11	10
		9	90 – 94	60 – 61	13 – 0　13 – 5	9
戊	21 – 29	8	86 – 89	59	12 – 6　12 – 11	8
		7	81 – 85	57 – 58	12 – 0	7

各组运动标准表

类别	项目	甲	乙	丙	丁	戊	及格分数
跑	百米	$15\frac{2}{5}$	$15\frac{4}{5}$	$16\frac{1}{5}$	$16\frac{2}{5}$	17	60
跳	跳远	12′	11′6″	11′	10′8″	10′4″	60
	跳高	3′6″	3′4″	3′2″	3′	2′10″	60
	三级跳远	24′	23′	22′	21′	20′	60
掷	推铅球	17′	15′	14′	13′	12′	60
	掷标枪	50′	48′	46′	44′	42′	60

湖南隽新中学体育成绩存查表

<table>
<tr><td>姓名</td><td colspan="2"></td><td>年龄</td><td colspan="2"></td><td>体重</td><td></td></tr>
<tr><td>班次</td><td colspan="2"></td><td>体高</td><td colspan="2"></td><td>组别</td><td></td></tr>
<tr><td rowspan="14">测验项目</td><td rowspan="8">术科</td><td rowspan="3">跑</td><td rowspan="2">项目</td><td colspan="3">成绩</td><td rowspan="2">分数</td></tr>
<tr><td>第一次</td><td>第二次</td><td>第三次</td></tr>
<tr><td>百米</td><td></td><td></td><td></td><td></td></tr>
<tr><td rowspan="3">跳</td><td>急行跳远</td><td></td><td></td><td></td><td></td></tr>
<tr><td>急行跳高</td><td></td><td></td><td></td><td></td></tr>
<tr><td>三级跳远</td><td></td><td></td><td></td><td></td></tr>
<tr><td rowspan="2">掷</td><td>推铅球</td><td></td><td></td><td></td><td></td></tr>
<tr><td>掷标枪</td><td></td><td></td><td></td><td></td></tr>
<tr><td rowspan="6">学科</td><td colspan="3">项目</td><td colspan="3">分数</td></tr>
<tr><td colspan="3">体育常识</td><td colspan="3"></td></tr>
<tr><td colspan="3">篮球裁判法</td><td colspan="3"></td></tr>
<tr><td colspan="3">排球裁判法</td><td colspan="3"></td></tr>
<tr><td colspan="3">田径赛裁判法</td><td colspan="3"></td></tr>
<tr><td colspan="3">体育日记册</td><td colspan="3"></td></tr>
<tr><td>总平均</td><td colspan="7"></td></tr>
<tr><td>说明</td><td colspan="7">1. 测验项目分术学两项
2. 术科成绩以三次中最佳者计算
3. 球类一项以平日成绩为标</td></tr>
</table>

体育主任签字：

民国廿二年　　月　　日

根据《体育研究与通讯》1934 年第 136—142 期刊印

大麓中学十五年来之体育概况

（1936 年）

本校体育，原注重普及化，与德智美等育及军事各方面同等进展，同时亦注重特种技能，以期于世界远东全国华中全省等运动会中田径赛及球类，不落人后，故每次成绩，亦不无可观，兹幸得邓符两教员于授课之余本其心得，参以历年之经验作为详实报告，并擘画将来爰为合编于次。（编者识）

本校体育素以平均发展为宗旨，以达到各个身强体健为目的。更求其五育并进期成为健全之青年，如滥留选手，过分奖励，不顾课业，逾时练习，是所忌禁，但特殊成绩，亦期期均有相当之表现。如过去之全国华中等运动会，亦获分不少，尤以本届华中运动会为最，本校感觉全国华中运动会之举行过稀，少正式之比赛难于进步，特征求长沙市各校之同意，联合组织长沙市中等学校体育比赛会，纯利用课余之时间作种种之比赛，借以联络感情互相切磋，并提高其兴趣，及使其具有雄厚竞争胜负之心，尤注意课外之活动，如爬山、越野、旅行、竞走、露营等，是对于体格之锻炼，无时或稍懈也。同时使体育军事化，并综合国术、军事、童军、体育四者打成一片，成为一有系统之训练，以创造复兴民族之新体育系统，体育担负复兴民族之青年，惟本校以场地不敷，实施训练不无困难，故移至校外者恒多，此则不免稍耗时间耳。但绝不因之而迁就敷衍及惮烦难，今者本校十五周年将届，特于百忙之中，抽少许之时间，作一体育概况之报告。

（一）组织方面

甲　本校训育军训童军国术体育各部主任，及指导员教练总合成立为体育委员会，校长为主席，共筹一切事项进行，故该会为最高权力机关。

乙　本校设体育主任一人，体育指导员二人，以专责成。

丙　本校学生自治会体育股长一人，干事五人，各队队长五人，共助一切进行，并参加体育会议。

（二）训练方面

甲　高初中各年级各班每周体育课二小时，导以运动之方法理论及各种规则等。纠正各种姿式动作，并作种种养成合体、勇敢、义侠、进取、诚实、牺牲、公正等之游戏或比赛。

乙　课余运动，各班组织各队，按时练习或比赛，每次计分即作平时体育成绩。

丙　晨操因体育场狭小，同时不能容纳七百余人之活动，故以晨跑代之，每日起床后，五分钟出发，循规定之路线，经一定之时间，务须达到终点。

丁　每期举行各项运动总比赛一次，平时分班测验或分组比赛等。

戊　课余举行队别或个别谈话，及讲解方法规则或劝告等。

己　课余，分别各班学生，整队竖立操场，接受日光，按年级之高低而定时间之长短。

庚　时常训练其动作迅速，脑经灵敏，故分别进行全体集合，夜间集合恒举行之。

（三）设备方面

甲　体育办公室一，储藏室二，游戏室二。

乙　校内篮球场六，排球场三，田赛场二，径赛游泳等均借用公共体育场。

丙　各项运动器具，颇为齐全。（不便登记）

（四）考试方面

甲　每期开学测量学生身高体重，照标准分组，计高中分为甲乙丙三组，初中分为甲乙丙丁四组，高中甲组身高五尺六寸以上，体重一百三十磅以上，乙组身高五尺二寸至五尺六寸，体重一百一十磅至一百三十磅，丙组身高五尺二寸以下，体重一百一十磅以下，初中甲组身高五尺四寸以上，体重一百二十磅以上，乙组身高五尺至五尺四寸，体重一百磅至一百二十磅，丙组身高四尺八寸至五尺，体重八十磅至一百磅，丁组身高四尺八寸以下，体重八十磅以下。

乙　规定考试及格标准，分径赛、田赛、球术、操法、器械五项，按组别及年级之高低而定及格之标准，务必达到，超过者照规定方法加分。（另制表）

丙　每期分期中期终两次正式考试，平时测验成绩占百分之三十，期中成绩占百分之三十，期终成绩占百分之四十，总合为一期成绩，如未满六十分者即留级。

上述各项，均已逐渐实施，成效虽著，亦难云完善，尚待改进者甚多，其他应进行之各项计划，或因设备不全，或因人力有限，或格于事实之困难，虽不可一蹴而几，惟同人等誓必竭诚尽智按步推行，以期达到养成高尚之风度，完成预定之计划而后已。

附：本校十五年来体育之又一报告

符震亚

西哲有言“健康之精神，寓于健康之身体”，故身体为一切事业成功之本，苟个人之身体不健全，则作事辄缺乏精神与毅力，我国国难至此，西人詈我国为老大病夫，未尝不由国民不讲体育以至此也。故革命政府自定都南京以后，即积极提倡国民体育，历次全国运动会，成绩较之欧美自叹不如，但以历届成绩互相比较，则已突飞猛进矣。

本校校长黄公僧实，对于本校教育，一秉政府措施，提倡不遗余力，务使体育不为少数选手之体育，而期成为普遍学生生活之一重要部份，由教务会议决定高中学生体育成绩，分甲乙丙三组，初中学生分甲乙丙丁四组，其分组原则，皆以身高体重为标准，其目的则使学生自由练习，故每期考试各组，皆有一定之成绩表现，用意尽美尽善，此其一也。

至于体育考试，项目共分四种，（一）自由投篮——其及格分数均以组别定多寡之数，（二）赛跑——甲乙两组皆为百公尺，丙丁两组皆为五十公尺，（三）跳远——各组各年级标准不同，（四）铅球——分十二磅、十磅、八磅、六磅四种，亦以组别为使用之标准，盖黄公之意，首在使本校同学皆有参加运动之机会，一俟此种普及运动成功，即将标准提高，项目加多，故本期本校举行田径分组比赛，成绩皆有可观，即施行此项办法之效果，此其二也。

查中等学校学生，实为升学服务之准备，将来对于体育一事，接触机会甚少，若以本校上列督促学生自由练习办法行之，自可引起学生对于体育之兴趣，最后一着，则各班学生体育不及格者，处以严惩，不得升级，其影响前途甚巨，故学生自不得死坐自修室，不作室外活动，至于体育道德，尤随时注意，学生对于公物，使其特别爱惜，即一切动作，亦严守“科学化”、“纪律化”之原则，此其三也。

最后余所要说者，则以体育指导资格，甚盼各同学对于各项动作，及各种体育技术，积极自由讲求，精益求精，以期进步，不特个人身体得以锻炼，而对于各项工作之效率亦有增加，将来成社会国家中心人物，又何待言，务望各同学服从学校当局之指导，注意三育并进，绝无偏严，则幸甚矣。

根据 1936 年《湖南私立大麓中学特刊》刊印

湖南省体育实施报告

（1940 年 10 月）

前　言

本省提倡体育，由来已久，七七事变，三湘健儿执干戈以卫国家者，比比皆是，全国各军师中，几无不有湘人，此固为优秀民族性之表现，而亦未始非提倡体育，崇尚武德之功效，就推行竞赛而言，已办全省运动会十四次，其第十五次原订民国二十六年举行，以时局关系，遂尔停止。自武汉不守，省城学校迁移各县，原有规模，势难保持，益以经费困难，物价高涨，公私费用，均极紧缩，体育设置，自难完备，而体育人员，又多分散，故其进行，遂致稍缓，本应仍以国民体育，关系民族前途，至为重大，虽在艰苦之中，犹随时注意各县运动会之举办，学生健康比赛之发动，并拟于明年四月在耒阳举行第十五届全省运动会，以资提倡，兹将本省体育实施情形，分述于下：

甲　关于体育行政及一般设施者

一、省体育行政组织情形

本省体育行政，责成本厅第四科办理，设有体育指导员一人，负计划设施及督导之责，惟体育督学以限于经费，未能专设，拟自本年秋季起由督学陈奎生兼任。

二、体育委员会组织情形历届重要决议及其执行经过

本省体育委员会，于民国二十二年六月六日依照国民体育实

施方案，在长沙成立，其委员由本厅主管科长、督学、指导员、体育专家及热心体育者十五人组织之，并就委员中指派一人至三人为当常委员，负召集会议处理日常及临时事务之责，至委员会则担任：（一）计划全省体育设施事项；（二）指导并督促各县体育计划实施事项；（三）考查各级学校体育课程及成绩事项；（四）审核体育界工作人员之资格事项；（五）编造及审查全省体育预算事项；（六）教育厅交议事项；其历届重要决议案如下：

1. 订定学生毕业体育会考办法：本省办理中学会考，已历十二次，每次均由本厅督同体育委员会，派员主考，凡学生体育成绩未达标准者，不予毕业。

2. 充实省立公共体育场内容：曾于场内各项设备加以扩充并建筑游泳池。

3. 增进学生健康教育：由湖南省健康教育委员会主持各校学生体格检查，缺点矫正防疫等事项，并成立各学校卫生教育委员会，及举办小学教师健康教育讲习会。

4. 筹办湖南第十四届及第十五届全省运动会，本省第十四届运动会已于民国二十五年秋季举行，第十五届原订于二十六年举行，筹备均已就绪，旋以时局紧张，遂告停顿。

5. 计划举办第六届华中运动会：第六届华中运动会于民国二十五年双十节在长沙举行，计到湘、鄂、皖、赣四省代表，约近千人。

三、本省单行体育法规之公布与实施

本省单行体育法规，曾经体育委员会及湖南体育协进会审定者，计有：湖南第十四届全省运动会竞赛规程，参加须知，各县（市）参加全省运动会预选标准，及县市各级运动会之举办等章则，此外尚有国民军训委员会及军管区司令部，国民军训处颁布之各县国民体育实施办法，战时国民体育实施大纲，及乡镇组训干部训练班国民体育实施办法等。

四、各县体育行政组织

各县体育行政，例由县政府主持，本厅以体育指导，及体育设备与管理，应有专人负责主办，爰令各县民众教育馆遴选职员负民众体育指导之责，并将各县公共运动场归其管理，使各县体育得到长足进展。

乙　关于学校体育者

一、部颁中等学校及小学体育实施方案推行状况

中小学体育实施方案，至本年四月始奉颁转发，现在各校尚未将其遵办情形具报到厅，故推行状况，无从预测，兹就本省过去体育实施情形约略分述于下：

1. 学校体育行政情形：本省各中等学校之体育行政，由各校所设之体育处或体育组（部）办理，而由体育教员协助进行，在学生方面，多由学生自治会设体育股主持，亦有学生自治会不设体育股而由各班级学生自动推选干事，组织体育干事会襄理，此外尚有组织各项田径队、球队对内对外比赛。并进而与军训及童子军训练，联合举行爬山、救护、旅行等活动，惟各校体育处，旨在指导推进，并负训育责任，使健全人格能成就于运动场中，至各小学体育行政，则多由体育专科教员校长及各级任教师，会同处理。

2. 体育课程教材实施情形：本省各小学体育教材，多照部颁小学体育教授细目循次推选，近复增加国防游戏教材，至各中学近多注意球类运动，田径运动，及器械运动，其增加国术教科，又为湖南各校之普遍现象。

3. 强迫课外运动实施情形：本省自民国十九年以来，即厉行强迫课外运动，民国二十六年又复奉行强迫运动试行办法，行之既久，课外运动之风气遂以养成，每日课后，学生成群结队，活跃于运动场上，已毋需体育教师之监临，并能自举领袖，自办各种竞赛或运动会，此种自治能力，及自动精神，均为平日实施强迫运动之效果。

4. 学生健康设施概况：民国二十三年湖南省会健康教育委员会成立后，即制订中小学卫生实施规则，规定各学校设立卫生室，购置卫生教学及保健用具，并由健教会派技术人员驻校办理学生健康检查，矫治体格缺点，预防时疫，视察并设计改良学校环境，灌输卫生常识，协助体育训练等工作，小学方面则训练教员，负责主持学校卫生，自二十三年起，前后举办健康教育讲习会凡四次，参加者共计八百九十七人。兹为使各方明了湖南学生健康情形，特将历年健康检查统计列下：

历年学生健康检查统计

年度 \ 学生别 \ 数别 \ 项目		受检查人数	有缺点人数	有缺点人数百分率	各项缺点百分率																	
					视力	听力	疝气	耳病	痧眼	其他眼病	口腔	扁桃腺	淋巴腺	营养	皮肤	循环系	呼吸系	整形外科	色基	鼻	甲状腺	脾
二十三年	中学	7068	6248	88.4	13.8	6	0.8	7	42.8	2.4	13	20.2	20.2	18.5	7.5	4	3.9	5	6	1.6	0.1	0.1
	小学	934	864	92.5	19.5	0.6	1.7	12.3	55	0.9	7	33	24	11.6	2.5	8.1	10	0.2	4	7.6	0.5	0.8
二十四年	中学	2809	2534	90.2	9.64	0.9	0.5	3.7	49.1	2.4	19.8	20.5	10.3	12.9	2.2	3.3	3.9.	0.6	15	0.9	0.3	0.2
	小学	5002	4749	94.9	10.6	4.5	0.48	10.2	69.8	2.4	56.9	33.9	15.7	18.2	3.6	0.5	1.9	0.6	17	0.75	—	—
二十五年	中学	2203	2054	97.7	17.2	4.2	0.3	5.6	61.7	2.5	28.9	23.5	13.4	12.7	3.3	5.6	1.6	0.9	11.8	0.77	3	0
	小学	2267	2054	90.5	15.4	0.8	0.4	6.2	61.5	2.2	48.2	25.8	35.5	21.3	2.9	3.4	2.4	0.6	12.6	8.4	0.3	0.5
二十六年	中学	5129	4350	84.8	16	3.1	0.3	2.1	43.8	1.7	24.2	20.4	11.2	16.6	4.7	4.3	1.5	0.5	0.3	0.5	0.3	0.1
	小学	7037	6333	89.9	3	3.6	0.02	3.4	43.6	3.	35	29.5	20.6	11.3	2.5	1.2	2.3	0.4	10.3	2.4	0.08	0
二十七年	中学	965	886	91.8	21.1	—	0.86	1.3	57.8	14.5	9.5	20.9	19.5	15.2	7.7	3.4	4.1	0.6	8.9	0.82	—	—
	小学	4585	4231	92.2	0.4	0.2	0.7	3	61.	3	33	44.	55	22	5.7	3	2.7	2.6	3.1	0.3	0.1	0.2
二十八年	中学	1159	1089	93.9	—	—	—	2.4	61.	2.6	13.8	24	18.5	4.7	47.9	2.6	10.1	0.34	—	—	—	—
	小学	2427	2402	99	—	—	—	3.38	63.6	2.2	27.9	43.9	42.5	1.4	27.3	0.57	9.7	0.38	—	—	—	—

5. 学生体育成绩办法及处理情形：学生体育成绩分三种。(一)正课成绩，(二)早操及课外运动成绩，(三)国术成绩。

正课成绩须达到预定标准，早操及课外运动，则以不缺席为原则，国术则以熟习教程为基本，三种成绩相平均，即为全期体育总成绩，以其优劣，决定下期之升降。

二、体育师资训练情形

本省体育师资，向多取才他省，惟自抗战以后，其原任斯职者，激于爱国心之发动，多纷纷投入军队，师资缺乏，已成普遍之现象，尤以小学为最，民国二十六年秋季在省立第一师范学校陈奎生校长任内，办音体组一班，招学生四十人，兼习音乐体育，已于本年七月毕业，现皆分发各校担任音体教职矣。

丙　关于社会体育者

一、本省体育场设置情形

本省公私体育场，其设置完备，内容充实，业务顺利者，有省立公共体育场，场地宽大，可供给运动会之用，惜于长沙大火之后，所有建筑，大都破坏，现为保管期间。至各县县立公共体育场，据呈送表册到厅者，计有五十县，其中二十八县已完全成立，此外二十二县中，因经费困难，无法设立者，凡十四县，因战事被毁，刻难修复者三县，因沦陷无法查填者一县，因改作飞机场者一县，正在筹设者三县，至论其经费，大都均感支绌，而二十八县中，其经费最多者，计年列五二〇元（绥宁），最少者年仅四十元（临武），场地面积最广者，计一二七亩（乾城），最狭者，仅二亩（安化），他如乡镇简易体育场曾经国民军训处，于实施国民体育时督修者，全省统计，共有六百十二所。

二、本省民间最普遍或特殊之体育活动及其事实

本省西南两路，多属山地，故一般民性大都强悍，对于体育活动，尤好国术，每遇冬季，或就乡里或于私宅，聘教师研习此术，

近来各县政府在组训民众时，因势利导，亦多注意及此，他如新年之龙狮比赛，端阳之龙舟竞渡，此又本省固有体育之活动也。

丁　关于运动比赛者

本省全省运动会，自民国纪元前八年，迄民国二十九年，计举办十四次，抗战军兴以后，对于规模较大之运动会，颇少举行，而学校运动会，各县国民运动会，及各种球类比赛会尚多举行，如长沙、衡阳、邵阳之举行国民运动，筹备完善，成绩卓越，其运动项目之普遍，尤为难得，兹更就本年耒阳最近举办之各种比赛会，分述于次：

1. 利用精神总动员纪念日，举行民众运动比赛会：民众竞赛会之举办，系由各机关代表组设，是会参加男女人数，共二百十五人，中分男女童越野赛跑，及男女篮排球公开赛，童子组乒乓比赛等项目，越野赛跑结果，男女各组共取十名，男子组第一名为戴笠，女子组第一名为邹傅册，乒乓组第一名为姚思敏，篮球冠军为省府精忠队，排球冠军为忠党队。

2. 利用青年运动会周举行国民体育运动会：国民体育竞赛会，组织较为完善，参加人数共有三千二百五十余人。比赛项目：计分国民体育（即大团体操）及各团体单项表演，爬山竞赛，国术竞赛，男子甲、乙、丙组篮球，男子甲、乙组排球，女子甲、乙组篮球等，分二日举行完毕，每日观众数万人，实为当地空前壮举，亦即国民体育之有效宣传也。

戊　三年来本省体育发展总评

本省过去之体育设施，在全国虽无卓越成绩可资表现，然在华中各省，似不敢后人，如国民体育之提倡，学校体育之督促，军警体育之倡导，省县公共体育场之设立，均有进展，惜自二十七年长沙大火后，省府迭经迁移，负责人员，多有变更，加以敌机不时轰炸，一切计划，遂难实行，影响所及，良非浅鲜，现正从事国民体育之发展，与湖南第十五届全省运动会，第十届儿童节全省各县儿童健康大比赛之筹备，藉资补救。

附湖南省各级男女田径赛最高纪录表。

湖南省各级男女田径赛最高纪录表

（民国二十六年五月编制）

男子部

项　目	最高纪录	保持者
百公尺	12″	陶　立
二百公尺	24″8	陈中和
四百公尺	56″6	粟国元
八百公尺	211″	郭玉钉
千五百公尺	4′378″	杨相华
一万公尺	37′59″3	周骥华
百十公尺高栏	17″5	朱克伦
四百公尺高栏	1′3″6	刘　锦
跳高	1.680	何应环
跳远	6.08.0	王植仁
三级跳远	12.120	王植仁
撑竿跳高	3.050	李德群
掷十六磅铅球	10.420	伍先烈
掷铁饼	34.250	何经道
掷标枪	39.120	王子戟
五项	20.65	
十项	4375.4	皮　勃
四百公尺接力	47″9	长沙市
千六百公尺接力	3.58″8	长沙县

湖南省各级男女田径赛最高纪录表

（民国二十六年五月编制）

女子部

项　目	最高纪录	保持者
五十公尺	7″8	李　森
百公尺	14″2	李　森
二百公尺	30″2	
八十公尺低栏	16″	邝　湘
跳高	1. 26	
跳远	4. 145	胡在忻
掷八磅铅球	8. 51	陈淑芳
掷标枪	19. 19	
掷铁饼	24. 09	陈淑芳
掷棒球比远	27. 91	陈崇濂

（一）

议题

请全国体育委员会编辑定期刊物，介绍最新体育学术书报及各种运动规则案。

理由

1. 体育辅导刊物缺乏，无以增进体育学术之研究。

2. 学术随时代进步，各项运动规则亦因之时有变更，体育主管机关应随时将此种变动情形传递各体育人员，俾有遵循。

办法

请教育部体育委员会编印定期体育刊物。

（二）

议题

请厉行禁止早婚条例以强健民族案。

理由

1. 国民体力衰弱，非禁早婚无以优生。

2. 无强健之国民，则不能担荷建国之重任。

办法

请政府重申前令，并颁布禁止早婚条例，强迫乡镇长严厉执行。

（三）

议题

请设立国营体育用具制造厂，大量制造出品以应急需案。

理由

1. 各省体育场及学校需要增加大量体育用具。

2. 舶来品价值极高，不适合国民购买力。

3. 体育用品取给国外，漏卮太大，应早谋补救。

办法

请政府组织国营体育用品制造厂，以应各方需要。

（四）

议题

利用乡镇中心学校为贯施国民体育单位案。

理由

国民教育实施后，乡镇中心学校为乡镇政教之中心，民众易于集中，若以之为国民体育实施之单位，则体育自易普及。

办法

请教育部通令各省定乡镇中心学校为实施国民体育之单位。

（五）

议题

请确定省市卫生教育行政系统案。

理由

查各省卫生教育事业，二十五年曾奉部令设健康教育委员会主持，本省自二十三年即已组织湖南省会健康教育委员会推行省会各级学校健康教育，嗣于二十五年复改组为湖南省健康教育委员会，并经呈报备案，迄至本年又奉湖南省政府令，将该会经费拨交湖南卫生实验处办理，本厅当于三月二十六日呈部请示，旋奉四月二十三日普字第一二九四号指令饬仍拟具实施计划，与该处商洽办理，是卫生教育事业究应由何处主持，未奉指示，应请大会明白规定各省卫生教育行政系统。

办法

拟请大会草拟各省卫生教育行政组织规程呈请教部转呈 行政院明令公布，并通饬遵照下列各点尤应明白规定：

1. 卫生教育主管机关。

2. 省市县健康教育委员会经费来源。

3. 省市县健康教育委员会与各级卫生机关联系办法，如工作人员之调用卫生教育材料及防疫药品之供给等。

根据《湖南教育月刊》1940 年 10 月 15 日第 10 期刊印

二　综合研究

湖南近代体育的兴起与规范化

罗兴国

中国的近代体育，始于1840年的鸦片战争之后，这已成定论。但就各省而言，则不尽一致。湖南的近代体育兴起于何时，规范于何时，产生、规范的原因是什么，是本文所探讨的问题，并就此和湖南体育史学界专家学者商榷。

一 湖南近代体育兴起于清朝末年

18世纪中期，湘军在曾国藩的统领下，以湖南为大本营，进行了10多年镇压太平天国、捻军等各地各民族起义的战争，使代表封建地主阶级利益的清王朝，得以延缓灭亡。湘军的训练原则和方法为其成为一支强大的军队奠定了基础。曾国藩强调“练”。他认为，既要练冷热兵器的使用，还要练跑坡、跳坑、系沙袋步行。他要求他的士兵“每逢二、八日午前赴城外近处跑坡、抢旗、跳坑”。这些练兵活动正是处于萌芽期的近代田径运动的雏形，如抢旗等体育竞赛一直保持到1905年的第一届湖南省运动会。从19世纪60年代起，以曾国藩、李鸿章为首的洋务派，开始训练新式军队，以洋操、洋枪、洋炮为主要训练内容。大批湘军人员参加了新式军事训练，接受了洋务思想，为湖南近代体育的起步奠定了思想基础。

光绪二十二年（1896），湖广总督张之洞练洋操队二营于湖北，同时开办武备学堂，仿德国营制开练洋操，先后聘请37名德国将弁为教习。此时，陈宝箴任湖南巡抚，推崇新政，积极进行革新。他仿效张之洞，在湖南绿营军中积极开展新式训练，不仅编制有了改进，装备了新式武器，而且在训练中推行湖北新军采用的西式洋操，即德国兵式体操。训练内容包括队列训练、队伍分合转变等方法。在队列训练中采用了各个教练、小队教练等形式。这种训练创造了湖南用外国兵操训练军队的先例。兵式体操作为近代体育的一种标志从此时起传入湖南，成为湖南近代体育的起点。

1897 年，在陈宝箴的支持下，谭嗣同、熊希龄等创办湖南时务学堂，开湖南讲西学、习时务之先声。时务学堂的课程分“中学”和“西学”两部分内容。西学以各国语言文字为主，兼学算学、格致、体操、步式、西史、天文、舆地等，其中“体操、步式”与其他各学科处于同等地位，说明了时务学堂对体育的重视。学堂聘杨福严任体操教习。杨福严成为湖南近代学堂中的首位体育教师。近代体育自此在湖南新式学堂中兴起。

1903 年前后，湖南部分府州县以时务学堂为圭臬，改革书院，兴办学堂。1900 年创办南州公立学堂，1902 年创办长沙府官立中学堂、善化县公立中学堂和官立小学堂、长沙县官立小学堂，1903 年创办湖南高等学堂、湖南师范馆、湖南高等实业学堂、湖南武备学堂，1904 年创办中路、西路、南路三所师范学堂。此外，1903 年创办私立明德学堂、修业学堂、湖南民立第一女学堂，1905 年创办周氏家塾（后改为周南女学堂）、唯一学堂（后改广益学堂），以及此后创办楚怡学堂。这些学堂均按照光绪二十七年（1903）颁布的《奏定学堂章程》设置体操科。但当时极少有受过专门训练的体操科教师，大部分学校的体育教师多为退役的中、下级军官或士官充任，以军事队列操进行教学，加之以游戏等。

1904 年初，湖南督府衙门为改变学校体操教师乏人的现状，设立了长沙体操研究所（学校），借用"游击衙门箭道为操场。招正科生徒二百人，附学速成科生徒一百人，不论本籍客籍、官绅兵弁，以及农工商贾，但有确实保证之人，均准入学，正科一年毕业，速成半年毕业……毕业后考列优等者，给予文凭，准充各学堂教习"①。通过此种速成教育，不仅解决了部分中小学校的体操教员，而且推动了体操科在全省学校的开设。湖南学校体操科教学水平的提高，是在一批留学日本攻读体育专业的湘籍学生，如陆鸿仪、蒋宝三、周召南、柳午亭、陆吉沛、王经武、杨兰阶、周作霖等于辛亥革命前后回省之后。他们或在大中学校任教体育，或兴办体育学校，是湖南学校体育的真正开拓者。

二 湖南近代体育在1920年前后逐步走向规范化

湖南最早开展的近代体育项目有田径、体操、足球和棒球等。19世纪50年代湘军出现夺旗运动项目后，20世纪初年又出现竞走（赛跑）和跳高、跳远。如1905年举行的湖南"武备兵目学堂"运动会中，就设有"武装竞走、绘图竞走、提灯竞走、跳高、跳远、障碍物竞争"等项目。同时，湖南的部分学校始设体操科，课程内容包括兵操、徒手操、器械操及游艺体操等，并且自1905年开始的前三届省运会，都设置了体操项目的竞赛，其中器械体操有平台、木马、铁杆（单杠）、双杆（双杠）等项。足球项目传入湖南是光绪二十五年（1899）岳州海关建立后，当时外国船员和水兵常在岳州（今岳阳市）及小镇城陵矶开展足球活动。1902年后，足球在美国"复初会"鲍姓兄弟创办的岳阳湖滨大学的学生中开展。1906年，在美国人开办的长沙雅礼大学的足球活动影

① 《教育世界》第七十三号甲辰五期。1904年4月。

响下，长沙的足球活动逐步兴起。棒球紧随足球之后于光绪二十九年（1903）传入湖南，当时称作“野球”。黄兴从日本留学归来在长沙明德中学任教期间，组织了“扬子江野球队”，实为湖南有球队之始。此后，篮球、排球、网球在民国初年传入湖南，逐步丰富了湖南近代体育运动的内容。各种近代体育项目的传入为湖南近代体育走向规范化准备了条件。

体育竞赛推进了湖南近代体育的规范化。湖南最早的体育竞赛活动，是光绪三十一年（1905）六月初一举行的湖南武备兵目学堂第一次运动会。运动会设置19个项目的比赛，从而开湖南运动会之先河。省抚院在运动会会长文告中说：“今夏武备、将弁两学堂学生毕业，自应于毕业期先后，举行第一次运动会以资倡率，其官私各文学堂除初等小学外亦宜定期运动，俾有预备，应即以二、八月为各学堂联合举行大运动会之期，垂为定例。”① 因此，1905年秋由湖南省教育会发起，在长沙小吴门外校场坪举办了湖南省第一届运动会，省垣各学堂组队参加了比赛。由于学校体育运动基础差，运动会准备时间仓促，运动会的表演和比赛项目极其简单。

光绪三十二年（1906）在湖南高等实业学堂（即现在湖南大学校址）前坪，召开了第一届学界联合运动会。运动会风气一开，各学校都仿效举办，1909年前后，长沙周南、明德等学校先后举办校运动会。同时在学校中，年级、班级比赛形成热潮。各种运动会和比赛的举行，诱发了为夺锦标而开展的选手运动，也激起了各学校延聘高水平体育教员的热情，提高了体育的社会地位。

1912年左右，挪威人夏义可任长沙基督教青年会体育干事。

---

① 1905年8月30日《直隶教育杂志》第一年第十一期。

他在组织青年会的体育活动之余，还到学校上体育课，参与组织举办运动会，将欧洲先进的体育运动技术和组织管理方法带到了湖南。他在1913—1918年间举办了两届体育教师训练班，对田径和器械体操进行了专门介绍。他还在长沙市的长郡、明德、修业等学校讲授田径运动技术课，而后翻译编成讲义，油印后发给学生，使部分投掷、竞跳和竞走运动技术陆续传入长沙的高、中等学校，为1914年第三届省运会正式设置田径项目打下了基础。

1913年开始举办的远东运动会，对湖南近代体育运动项目，特别是田径项目的设置和定型，起到决定性影响。自1914年湖南第三届运动会之后，田径项目的设置，逐步和远东运动会保持一致。如第三届省运会中有百码竞走、四百码竞走、一里竞走、跳高、跳远、掷铁球等项目，与第一届远东运动会的部分项目相当。至1921年的第五届省运会，除未设置一百码、半英里和一英里接力、五项和十项运动外，其他12项与第二届远东运动会相同。此后，湖南近代体育运动的内容随着世界和全国体育运动的变化而变化，运动项目和运动技术都逐步走向规范化。

三 湖南近代体育迅速兴起并实现规范化的原因

湖南近代体育以1896年为起点，至1920年后实现规范化，大约经历了近30年的时间。这是湖南近代体育由量变到质变的时期，并为20世纪20年代初至30年代的湖南体育运动掀起高潮打下了基础。湖南近代体育迅速兴起并实现规范化的原因在于以下四方面。

第一，洋务运动和维新运动为近代体育的传入奠定了思想基础。清朝末年，国力日益衰弱，特别是鸦片战争之后，中国屡遭侵略，丧权失地。有识之士莫不痛心疾首，努力寻求救国图强的途径，兴起一个学习西方的热潮。爱国思想家魏源（1794—1857）坚决主张学习西方“奇技”，他编著《海国图志》以期达到“以夷制夷”之目的。以挽救垂危的封建王朝为目的的“洋务派”首领曾国藩，提倡学习西方进步的科学文化以图强，并向清廷提出“师夷智”的主张。他们这种向西方学习的思想，对湖南接受西方体育起到积极的影响。

中日甲午战争之后，以康有为为首的资产阶级改良派发动“戊戌变法”运动，提出引进西方“新学”来改良社会，使中国走上富强的道路。湖南籍的维新运动中坚分子谭嗣同，将“武学”列为教育内容之一。他在光绪二十三年（1897）负责开办湖南时务学堂时，将体操、步式等列为必开的西学课程。谭嗣同不仅自己在湖南传播西方文化，而且邀请梁启超来长沙担任时务学堂的总教习。梁也注意对学生进行体操锻炼。他宣传“新民说”思想，从“尚武”强国的军国民思想上提倡体育。维新思想的传播，为湖南近代体育的传入和兴起提供了理论依据。

第二，一批开明官员和知名人士为湖南近代体育的引进和发展创造了条件。1895 年担任湖南巡抚的陈宝箴，是对湖南近代体育引进作出贡献的开明官员之一。当时湖南会集了大批积极拥护维新变法的官绅学者，努力促成湖南的变革，而陈宝箴成为他们的领袖和核心人物。陈以变通湖南风气为己任，尤注意文化教育事业的更张。他不仅在湖南绿营中进行训练改革，引进洋操，筹设武备学堂和筹练新军，而且支持谭嗣同、熊希龄等在时务学堂开设体操课程，使西方近代体育传入湖南，湖南的体育运动从此进入一个新的纪元。

1905 年，湖南巡抚俞廉三也支持近代体育活动的开展。他在《札委运动会正副会长文》中说：“我国士气文弱，体育不尚，非设大会以振厉鼓荡之不足以奋尚武之风，是运动会之在我国所关尤巨，近者京师直隶江南湖北续开大运动会，殆有深意。”① 正因为省抚院的积极倡导，湖南省首届运动会得以在1905年举行，且是全国举行省运会较早的省份之一。同时，一批知名人士也积极支持和倡导体育运动的开展，是推动湖南近代体育兴起的重要力量源泉。

第三，迅速培养和聚集了一批体育人才。光绪二十九年（1903）公布《奏定学堂章程》后，长沙、衡阳等城市先后兴办的一批官私立学堂，均设置了体操科，但体操教员一时奇缺。为解燃眉之急，湖南有关部门首先采取自办速成体操学校的办法培养体操教员。湖南办了“体操研究所”，招正科生200人，一年毕业；速成班100人，半年毕业。毕业生考试优良者发给文凭，准予担任各府州县学堂体操教员。这是我国近代体育师资培训的开端。

为了培养高一级体操教员，湖南从1902年开始输送优秀青年学生至日本学习体育，如黄兴等学成归来后，成为推动湖南体育发展的骨干力量。

第四，较好地处理了西方近代体育和本国传统体育的关系，使其协调发展。湖南的有识之士，视西方近代体育为救国图强的先进科学文化组成部分，认为“东西各国运动会之设，所以显精神之活泼，起学术之争竞”②。因此，在军、学、体育界人士中，西方体育意识较强，引入湖南未遇到多少阻力。同时，他们也不排斥传统体育特别是武术的作用。如：1906年，由历史悠久的岳麓书院改名的湖南高等实业学堂主办了长沙校际运动会，项目除兵式体操、田径等外，还有武术表演。各学校也先后将国术作为

① 1905年8月30日《直隶教育杂志》第一年十一期。

② 1905年8月30日《直隶教育杂志》第一年十一期。

体育课的内容之一。

从1910年的湖南省第二届运动会开始，国技（武术）列为省运会的比赛项目，进一步推动了传统体育运动的开展，以至在20世纪30年代形成高潮。

原载:《湖南体育史论文选》第一辑　1991年10月　文章有删节

湖南近代体育教育的发端与发展

黄其超

湖南的学校体育教育是湖南体育事业发展的基础和前提，是湖南近现代体育运动的主要内容，其发端与发展分清末和中华民国时期两部分。

一　1897—1911年的学校体育教育

中国进入近代后，因帝国主义列强入侵和清廷腐败无能，沦为半封建半殖民地，国弱民穷。同时，日本在明治维新以后日益强盛，湖南一批思想先进的知识分子仿效日本办教育培养人才，以救中国。中日甲午战争后，在康有为、梁启超等维新变法的主张影响下，谭嗣同、熊希龄等于光绪二十三年（1897）在长沙创办了湖南时务学堂。学堂课程中设有体操科（体育课），聘杨福严任教习，周授课二节，体操科教材以兵式体操为主。这是湖南近代兴办新学设立体育教育之发端，也是湘省首次引进外国（日本）普通学校体育。光绪二十八年（1902）湖南抚院决定在长沙、宝庆、永州、岳州、常德、辰州、沅州、永顺等九府及郴州、桂阳、澧州、靖州等直隶州设立中学堂。省内有识之士胡元倓、周震鳞、龙绂瑞等也分别创办了明德、修业和民立第一女学堂等私立学堂。美国复初会教会也在岳阳办了湖滨大学。这些学堂中均设体操科。光绪二十九年（1903），清廷公布《奏定学堂章程》即“癸卯学制”，将体操纳入教学内容，规定各级各类学堂开设体操课，以日本明治维新时期学校体育为模式。该学制一直沿用至宣统三年（1911）辛亥革命。其时体操科内容为普通体操和兵式体操。普通体操教习准备法、矫正法、徒手操及哑铃、球竿、棍棒操等；兵式体操教习小队教练、柔软体操、轻器械体操；中队教练、枪剑术、野外演习、兵学大意。体操教习因人员不足，多为退役官兵（大多不懂体操知识与技能）。少数留日回湘人员，如黄兴（1903年在明德、民立第一女学任教体操）、陆鸿仪、柳午亭、蒋保三、王经武等，他们参照日本学校体操进行教学。为尽快解决体操教习问题，光绪三十年（1904）湖南学务处指定武备学堂兼办体操研究所，收录学生200余人。宣统元年（1909）《大清教育法令》规定，各学堂应设内外体操场和添置体操器具。学生上体操课穿统一样式的衣服和鞋子，戴统一样式的帽子。湖南各地各学堂遵令执行，在学生入学时，规定必须交体操衣帽鞋费，或照样式自备。可见当时学校体育教育是严格的、规范化的。

湖南从兴办新学起就把体育教育看作学校教育的重要部分，第一次有了体育课，具有划时代的意义。但由于受历史局限性，在引进日本学校体育教育时，未能结合湖南的实际，没有考虑学生的生理心理特点，把日本兵操列入体育课程，不受学生欢迎。正如毛泽东在《体育之研究》中指出的：“教者发令，学者强应，身顺而心违，精神受无量之苦，精神苦而身亦苦也，盖一体操之终，未有不貌瘁神伤者也。”加之无称职教习，以退役官兵充当，以士兵操练教学生，使体操课单调、枯燥，引起学生反感，连体操教习的名声都败坏了。正如近代体育家徐一冰1920年发表在长沙《体育周报》特刊的文章《二十年来体操谈》指出的：“一般无知识，无道德的营弁之士兵，竟一跃而为学校教师”，“既不知教授为何物，又不知学堂为何地，酗酒狂赌，好勇斗狠，无所不为，不一年学校之名誉扫地，社会之信仰尽失，学生父兄，多仇视体操一科。”

二　民国时期学校体育教育

民国时期（1912—1949）学校体育教育可分三个阶段。

第一阶段（1912—1927）的学校体育教育。

辛亥革命推翻帝制，建立中华民国，学堂改称学校。民国元年（1912）9月教育部公布教育宗旨、小学校令、中学校令、师范教育令、大学令等。体育教育宗旨是使学生身体平均发达，增强体质，养成活泼、守纪律的精神。男生周授课三节、女生周授课二节，教学内容沿袭旧制，仍以兵操为主。湖南因谭延闿督湘（民国一至三年）热心教育，1914年全省学校由清末的739所猛增至7129所，学生由30199人增至287940人，学校体育也盛极一时。据李惠迪《十年来之湖南体育》载：中华民国元年（1912），由体育研究会发起创办体育学校于长沙雷祖殿，专聘留日回国的江西人王公诚任教，民国二年（1913）周召南办湖南第一体育学校（私立）于长沙坡子街；吴作霖办湖南第二体育学校（私立）于长沙席公祠；王公诚办精武体校（私立）于长沙通泰街。还有杨兰介办的尚武体育学校，常德士绅梁君锐开办的体育学校，湖南高等师范办的体育科等。后因袁氏称帝、政体变更、经济困难等，这些体育学校陆续停办。同时，长沙市基督教青年会体育干事夏义可（挪威人）在长沙办体育教师短训班，并在长沙长郡中学等校义务兼教体育，他以田径、体操、游泳、户外游戏等为教学内容，深受学生欢迎，而且很快扩展到全省各学校，这是欧美体育传入我省之始，兵操从此受冷遇。自民国三年（1914）后，在汤芗铭、张敬尧、赵恒惕主湘期间，大削教育经费或侵吞、克扣教育经费，使湖南公立学校濒于无法维持的境地，学校体育教育也深受其害。民国十一年（1922），根据北洋政府教育部颁布的《壬戌学制》，学校体操科改为体育科，废除兵式体操。湖南还依照全国教育联合会拟定的《中、小学体育课程纲要》及《体育教授细目》的要求，确定教学内容以田径、球类、器械体操、游戏为主，有条件的学校增开游泳。教法也开始按“开始、活动、结束”三段进行，体育考试也有所改进。如湖南省立一中规定体育考试项目为五项，除体操外，每人由跑、跳、投、球四类中择一项进行测验。考试分平时考试与期终考试两种，各项运动成绩按学生身体强弱、高矮、年龄、勤惰与技术决定。

随着体育师资的充实，教学业务水平的提高，学校体育教育得到加强，促进了课外体育活动的开展与运动技术水平的提高。从民国十二至十四年（1923—1925），由湘鄂赣皖联合举办的三届华中运动会，湖南学生均夺得团体总分第一。全国第三届运动会（1924），湖南夺取游泳总分第一、田径团体总分第三。岳云中学马祥波得跳高第一、标枪第二、三级跳远第三；兑泽中学傅启述获 50 米自由泳第一、400 米自由泳第三；龙翥获 1500 米自由泳第一，100 米、400 米自由泳各第二；还夺得 200 米接力泳第一。这些成绩的取得引起湖南各界的强烈反响，尤其是办得较好的公私立中学校长更为重视，纷纷向江浙、华北一带不惜重金聘请了一批国内享有盛誉并具有田径、球类专长的体育教师任教。如岳云中学聘有朱恩德、金兆均、祝家声、蔡泽荫、周敦夫等，长沙市一中聘有魏树桓，省一师聘有王鉴五，明德中学聘有杜荣棠，长郡、兑泽、省一女中、稻田师范等学校均聘有江浙一带的体育教师，为湖南学校体育教育增加了一批较强的体育师资，对提高体育教育质量和运动技术水平起着重要的作用。

民国成立至北伐战争的15年中，尽管有军阀混战、北伐战争、政局动荡、教育经费不足等影响，但学校体育教育仍在困难曲折中有所发展，尤其是在师资的培养、选聘方面做了大量工作，取得了积极效果；教学内容上传入了欧美体育，废除了兵式体操而得到学生欢迎；学生运动技术水平显著提高，在华中运动会和全国运动会上取得了好成绩，为湖南增添了光彩。

第二阶段（1928—1945）的学校体育教育。

民国十七年（1928），湖南当局热衷于清乡铲共，并卷入蒋桂战争，政局动荡。此时，湖南的初级中学改体育为体育与童子军，把童子军纳入体育活动范围，周授课3节。次年将体育与童子军分开。自民国十八年（1929）5月由何键主湘后，政局渐趋稳定，把学校教育列入要务之一，教育经费大幅增加。其时何键大力提倡“国术”（武术），把它列入学校体育教学内容，并作为学生体育成绩考核项目之一。学校体育场地设施与体育器材设备有了改善，少数条件好的城市中学辟有300×400米跑道的田径场兼足球场，有专用的篮、排球场，有的还有体操场、网球场、游泳池，还有的建有室内操场，为体育教学、开展课外体育锻炼和运动竞赛提供了较好条件。民国二十二年（1933）湖南部分中学执行教育部规定，中学生体育不及格不能升学与毕业。如岳云中学规定：本校体育以发展全体学生体能技能为依据，学生体育不及格者，一律不准毕业。明德中学亦规定：体育不及格不能升级。据民国二十九年（1940）《湖南体育实施报告》载：学生体育成绩考查计分三种：（一）正课成绩；（二）早操及课外运动成绩；（三）国术成绩，三种成绩平均即为全期体育成绩。同年国民政府虽公布了修正的《中、小体育课程标准》和《中、小学体育教学大纲》，因日本入侵，湖南沿铁路线城市学校迁往山区，且教育经费困难，场地器材简陋等条件所限，无法实施。省教育厅从本地实际情况出发，在《大纲》中选择简单易行、经费不多的体育项目加以提倡，如竞走、远足、登山、赛跑、跳绳、踢毽子、滚铁环、拔河、打秋千等，通令各校实行。当时湖南高等学校对国术活动尤为重视，如湖南大学有专职国术指导员 3 人。

体育师资培训工作得到重视。民国十七年（1928）下期，省立一中校长吴剑中在师范部设艺术体育科，学制二年，学生 30 余人。民国十八年（1929）湖南私立日新美术学校设图音体速成科，招收二年制女生二班，学生 40 余人，后均因经济困难等而停办。民国二十六年（1937）湖南一师校长陈奎生提倡体育，设音体科，学制三年，学生 40 余人。民国二十七年（1938）国立师范学院增设三年制体育童子军专修科和一年制体育师资训练班，民国三十四年（1945）再设四年制体育系。又据 1948 年 12 月出版的《第二次中国教育年鉴》载：民国三十三年、三十六年、三十九年，分别有湖南一、六、七师范学校和湖南五、八师范学校及湖南二、三师范学校先后设体育选修科，选修学生共 374 人。还有长沙师范学校在校长柳午亭、徐特立主持下，重视体育教育，为湖南培养了不少中、小学体育教师，如 20 世纪 30 年代著名的体育教师黄凤岐、盛国俊、袁荣生、唐力修、杨大展等。此外，民国十七年（1928）和二十年（1931），湖南有从京、津、沪大专院校体育系、科毕业的两批湘籍学生30余人返乡在各地学校任教体育，如陈奎生、阎家笃、皮灿、陈嘉钧（女）、何泾渭、李婉华（女）等。抗日战争中，又有一批京、津、沪一带的体育专家、学者和有丰富经验的体育教师来湘避难，被聘任在国立师范和有关中学讲学或执教体育，这些教师对湖南学校体育教育起了积极的推动作用。对在职体育教师的培训提高亦做了一些工作，主要是利用寒暑假组织体育研究会，学习体育基本理论和体育技术。如民国元年（1912）省教育会聘请王经武、张保初等，于6月1日至8月底，借长郡中学校址，开办湖南第一次体育研究会，会员有蒋宝三、徐荣甲等73人，每天的学科和术科达9小时之多。民国二年（1913）7月又办湖南第二次体育研究会，会员有陈奎生、周维箴等80余人，分作新旧两班。民国十一年至十三年（1922—1924）由湖南省府及省教育会，先后举办千人的暑假学习会三次，内设体育学程。民国十四年至十五年（1925—1926），由体育界组织了体育研究会。如暑假女子体育研究会由彭泽沛、邓中枢、陈奎生等主持，借长沙高小校址，招女体育教员30余人，会期40余天，学习体育理论与方法、生理卫生、国术、柔软体操、田径、球类、游戏、舞蹈等，同时举办游泳讲习会。湖南金工厂厂长李待琛热心体育，邀集陈奎生、黄醒等举办，招收中、小学体育教师及游泳爱好者参加，地址在长沙便河边一水段进行游泳训练。民国三十年（1941）湖南根据教育部《中等学校各科教学研究会组织通则》精神，成立了体育科学研究会，其研究工作要点是：课程标准实施结果之讨论；教学方法之研究；每学期教学进度之预定；乡土教材搜集等。这些研究会对提高体育教师的素质有一定作用。

课外体育活动有序开展。寄宿制中学每天有清晨活动，含晨跑或做早操。全日制学校的课外体育活动安排在下午二节课后进行。要求学生在球类、田径项目中任选一项，自由组队，自举队长。据民国二十九年（1940）《湖南省体育实施报告》载：本省自民国十九年（1930）以来，即励行强迫课外运动，民国二十六年（1937）又复奉行强迫运动试行办法，行之既久，有的学校课外运动风气遂以形成。但实际上大多学校因场地器材简陋，特别是抗日期间根本无法实施。

运动竞赛经常举行。学校体育运动竞赛分单项和校运动会及校际间的比赛，各校视情况举办。岳云中学、长郡中学、明德中学校运动会，一年举办一次。全省运动会自民国三年至三十二年（1914—1943）共举办有14届，各地以学生为主组成代表队参加。华中运动会自民国十四年（1925）第三届以后至民国二十五年（1936）又举办有3届，共办6届，湖南学生代表队均夺得团体总分第一名。民国十九年（1930）第四届全国运动会上，湖南女子夺得团体总分第七，周南女中学生杨仁棒球掷远得第二，罗惠林得跳高第四。民国二十一年（1932）第五届全运会上，湖南女子夺得团体总分第六、女子铁饼第二。民国二十四年（1935）第六届全运会上，湖南女排夺得全国第三，明宪女中何梅英得跳高第二。民国三十七年（1948）第七届全运会上，湖南女排与上海队、台湾队并列全国第一。

第三阶段（1946—1949）的学校体育教育。

民国三十四年（1945）8月日本投降，湖南各城市的学校陆续返迁原址。因抗战搬迁，学校体育场地设施破坏严重，一时难以恢复旧观，但学校体育活动逐步恢复正常秩序。此时国民党反动派发动内战，于是学潮迭起，人心思变。加上国民党政府政治腐败，通货膨胀，民生凋敝，学校体育教育受到严重影响。正如民国三十六年（1947）湖南省教育厅体育督学张家勋、盛国俊视察湘潭、醴陵、衡阳、衡山、长沙五市县的报告指出的："有些学校为省钱省时之故，不同班级合班上课，选用同样教材，不合受教育者身心发育；有些学校则聘请他校体育教师兼任，出现两节体育课连上，或饭前饭后上体育课的情况，课外体育活动更难以开展；体育教员未受过专业训练者颇多，教学困难，教学内容唯篮排球是尚；各校体育场地多属狭窄，体育设备尤为简陋。"

总之，民国成立后的38年间，在"强国强种，救亡图存"，洗刷"东亚病夫"之辱的社会大背景下，在湖南教育界、体育界有识之士的积极推动下，学校体育教育有所发展，主要表现在：废除了单调、乏味的兵操，改"体操课"为"体育课"，注意了对欧美学校体育的研究，引进了欧美学校体育教育的田径、球类、游泳等运动项目，加上我国民族传统体育武术，丰富了教学内容。对培养、培训体育师资较为重视，培养了大批各级各类学校的体育教育骨干，涌现了一批忠于体育教育的优秀教师，如胡元倓、朱剑凡、何炳麟、柳午亭、徐特立、陈奎生等，他们把体育教育摆在学校教育的重要位置，明确要求学生体育不及格不准升级与毕业。湖南学校体育教育不断得到加强，培养了大批的体魄强健的人才，在华中、全国、远东运动会上取得可喜成绩，为湖南争得荣誉。但由于战争不息，兵燹频仍，经济落后的半封建半殖民地的历史局限，加上国民党政府的腐败，湖南的体育教育与整个教育事业一样是落后的，且发展很不平衡。尤其是体育教师社会地位低下，有时连性命都无保障。如民国三十六年（1947）衡阳扶轮中学体育教师杨大展，在执行裁判任务后返校途中被船山中学一些暴徒殴打致死；有的学校把体育一科视作"小三门"而不重视等，严重影响了学校体育教育工作。

原载：《湖南体育史论文选》第一辑　1991年10月　　文章有删节

湖南少数民族传统体育的特点及其起源初探

蒋松卿

湖南是个多民族的省份，除汉族外，还有40个少数民族。据1990年《湖南年鉴》资料，人口在4000人以上的民族（不含汉族）有土家族、苗族、侗族、瑶族、白族、回族、壮族、维吾尔族，其中土家族、苗族人口均在100万以上。少数民族同胞多半居住在湘西南崇山峻岭之中，他们性格豪放，热情好客，能歌善舞，创造了丰富多彩的民族体育项目。这些项目有的可以借鉴并从中吸取营养，提高和发展诸如体操、艺术体操、技巧、花样游泳等项目的水平和艺术力，使之具有湖湘文化的风格；有的可以在改革的基础上加以推广，作为近代体育项目的必要补充，给人民的体育生活锦上添花；有的适宜于在广大农民中间提倡，为农村体育经费短缺、体育场地较少、体育设施不足走出一条新路子，因为有些少数民族体育项目，不需要大量投资，如“打禾鸡”、“发界鸡”、“打飞棒”等。本文旨在初探湖南少数民族传统体育的起源及特点，以期从中探索推广、改革这些少数民族传统体育项目的方法和途径。

少数民族传统体育的特点

第一，尚武是湖南少数民族从事体育活动的思想基础。

楚先民在强邻的夹缝中图生存，数以千年计；在穷乡僻壤中求发展，数以百年计，不尚武便会灭亡。当时“巴人、扬越、楚蛮”等少数民族，“筚路蓝缕，处以草莽”，已滥觞了各自的武术。生活在湘西的土家族、苗族先民，逐渐与楚人交汇合流。祝融部落集团崇火尊凤的楚文化与“蛮夷”文化相互影响，孕育了今土家族、苗族武术。在漫长的封建社会里，习武一直是土家族、苗族、侗族、瑶族全族性的保家护族的手段。今土家族的摆手舞，由其先民巴人的巴渝舞演变而形成。《华阳国志·巴志》载：“巴师勇锐，歌舞以凌，殷人倒戈……”巴人的巴渝舞，舞者手持弓、矢、戈、矛、盾等兵器，表演各种击刺动作。据古时舞、武相通的史实，古巴人训练战术的巴渝舞，可以确定是今土家族武术的原始雏形之一。最能体现苗族原始尚武思想的苗族“蚩尤拳”，动作原始，架势凶猛，完全套用禽兽争斗动作为击技手段，服装为头戴牛角帽，手腕套虎爪，为苗族祖先蚩尤传说中的形象。湖南侗族先民为秦、汉时期的“骆越人”，历来有尚武的传统。元朝末年，晃州（今新晃侗族自治县）侗族人民就参加过推翻元朝暴虐统治的斗争，侗族首领李兴祖带领数万侗族人民攻入沅州府，个个强悍、勇猛、善射。及至明、清两代和民国时期，侗族人民常揭竿而起，反对统治者的压迫与剥削。

瑶族见诸文字最早是在《梁书·张缵传》中：“零陵、衡阳等郡，有莫瑶蛮者，依山险为居。历政不宾服。”唐代诗人杜甫有“渔父天寒网罟冻，莫徭射雁鸣桑弓”的诗句。宋代曾敏行《独醒杂志》卷九：“见瑶人……各配一刀，乃所谓黄钢者……终身宝佩之。”清人檩萃在《说蛮》中说：瑶族“男子耳环衣绣，首裹花帕腰挂刀”。

湖南的大多数少数民族一般居住在边远山区，这是历史上的统治者欺凌、压迫少数民族的见证。他们与猛禽猛兽为邻，刀耕火种、狩猎为生，不尚武就难以生存。宋代吴政尧所著《开远桥记》，说唐宋时称“梅山蛮”的少数民族“出操戈戟，居枕铠弩，刀耕火种，摘山射猎”。

各少数民族为反对历代统治者的压迫与剥削，尤需尚武以保家卫族。《后汉书·马援传》载：东汉建武二十四年（公元48），“武威将军刘尚击武陵五溪蛮，深入，军没”。“遂遣援率中郎将马武……四万余人征五溪”。马援于建武二十五年（公元49）三月进营壶头（今沅陵），“士卒多疫死，援亦中病，遂困”。东汉初年的两次征讨今湘西土家族、苗族先民，均大败而归，当时湘西一带的少数民族，强勇剽悍，踞险而守，刘尚全军覆灭，马援病死军中。苗族同胞从秦汉至民国时期，上下几千年，其先民以及后来的苗族人民，从来没有停止过斗争。在这些斗争中，尚武思想进一步发展，家家习武，全族练拳，蔚然成风。

湖南各少数民族历来敬佩武艺高强的英雄，以懦弱无能为耻。《西南夷志》卷五说：“强者为尊，弱者为奴。”在这种思想指导下，各少数民族十分重视儿童的身体训练，为习武打下基础。这种身体训练主要通过各种民族传统体育项目来实施。今湘西苗族史诗《鸺巴鸺玛》，全诗主体部分长达五千多行，分“创世纪、大迁徙、定居”三部分。湘西苗族过去举行大型祭典以及现在接亲嫁女的喜事歌场中，都要朗诵这部史诗，目的是教育后代记住苗族苦难的过去和顽强战斗的昨天，说明苗族人民应当习武强身，荣族耀世。该史诗第七段，讲的是敌人疯狂破坏，苗家奋起反抗的情况。史诗这样叙述道：“七宗奋起相抵，七房奋起相抗；金刀银刀相抵，铁叉铁矛相抗；战了九十九次，斗了九十九场；苗老司用尽了法术，拳术师用尽了力量……”史诗接着讲述了苗族转败为胜的情况：“欢乐的鼓会冲散了，欢乐的人群冲散了；亲戚朋友不见了，鼓场一片空荡荡……巴贵当戎（传说中的古苗族英雄）

从前方回来……他拔开神箭……射了一百零一箭，射通了天门，才把枷嘎魔鬼射穿……”，只有英雄巴贵当戎回来，才战胜魔鬼，保卫了苗族的生存。史诗第八段又讲述了苗族七次大迁徙的原因及其历程。自此之后，子孙遍布了整个湘西苗疆。史诗陈述了苗族的苦难，歌颂了苗族的英雄，并说明苗族人民应世代习武，保家护族。

湖南少数民族传统体育项目中，有较大一部分是尚武思想的具体体现。各少数民族均有本民族独具地方特色和民族风格的武术，其他如石担、石锁、射弩、斗角、扳手劲、扭扁担、围山打猎等，都是以尚武为目的而创造的传统体育项目，并在军事实践和生产劳动中加以丰富和发展。

第二，湖南少数民族传统体育与宗教、节日、婚姻相结合，具有鲜明的民族特色。

湖南各少数民族自然崇拜与祖先崇拜相结合，形成了各种各样的宗教信仰，在节日庆祝与宗教祭典活动中均开展传统的体育活动。土家族的“六月六”，说法之一就是纪念茅冈土司覃后王，因为他在这天为反抗皇帝而遇难。苗族则把这天作为纪念六个男女祖先的日子。赶年场是土家族、苗族都十分重视的节日。土家族腊月大二十九日过年，腊月小二十八日过年，比汉族提前一天，有的地方还提前两三天过年。传说是明代调土家族士兵到东南沿海抗倭，军令紧急，便提前过年。苗族虽不提前过年，但与土家族一样，在这期间都要开展各自的传统体育活动，一般有舞龙、舞狮、舞麒麟、三棒鼓、围山打猎、八人秋、上刀梯等，普及面广泛，可以说人人既是参加者又是观众。

湖南通道的抢花炮、草球等项传统体育活动，既是侗族春节、三月三、中秋节的活动内容之一，又是侗族青年男女择偶的媒介。

侗乡民谣说：“侗乡三月风光好，天结良缘抢花炮。要得侗家姑娘爱，花炮场中逞英豪。”抢花炮被称为勇敢者的运动，举行这一活动时，侗乡往往是千家空室观看，人山人海，同时又是侗家开展集市贸易的时候。

瑶族长鼓是瑶族三月三、六月六、八月十五、十月十六日四个节日的活动内容之一。尤其是十月十六日的瑶族“盘王节”最为盛行。相传瑶族始祖盘王于农历十月十六日建功立业，故每年这一天都举行盛大庆典。

桑植白族独特的传统体育活动仗鼓，开展十分广泛，为白族人民所喜爱。湘西广泛流传着“土家摆手舞，苗家打花鼓，白族喜仗鼓”的民谣。这项传统体育活动源于白族从云南大理迁来桑植后，庆祝反对当地土司王的迫害获胜而形成，逐渐演变为白族节日的一项体育活动，并加进了闹春耕、庆丰收的内容。

湖南各少数民族的传统体育活动，多在各民族的重要节日举行，伴以跳舞、对歌，同时又是开展集市贸易的时候。

第三，文体合一是少数民族体育的一个显著特点。

我们对挖掘整理的近百个湖南少数民族传统体育项目进行分析研究，不难发现绝大部分项目存在着体育与艺术交融的现象。在挖掘整理民族传统体育项目时，有人主张应着重发展民族传统体育中健身性、竞技性强的项目，减少娱乐性、观赏性强的项目。这种看法不仅操之过急，而且对发展少数民族传统体育不利，甚至会遭到少数民族的反对。事实上，汉族与其他少数民族都开展的传统体育项目如舞龙舞狮、踢毽子等，亦有文体相结合的现象。

比如湖南通道侗族的耍春牛、虾公舞，湘西土家族的摆手舞、毛谷斯，苗族的百狮会、跳鼓、接龙舞，瑶族的长鼓、人龙，白族的仗鼓等，既是文艺又是体育，有力与美的结合，又有情感的表白，某些项目如要春牛，还有情节的发展与抒情。侗乡要春牛由小伙子装扮成农夫扛着犁耙，一个农妇倒提饭篮，一个老农扛着锄头，一个懒汉提着鸟笼上场，情节是歌颂勤劳的人，讽刺好吃懒做的人。但是，要春牛的后半部分则是大家在锣鼓点子的伴奏下，做着各种耕田种地的动作，然后一起跑到田里相互抹稀泥，成了一项奔跑追逐和甩抹稀泥的运动。

湖南少数民族传统体育的起源

首先是源于狩猎与征战。

土家族的“谷斯拔佩”，就是传授狩猎技术的一项传统体育项目。它的动作的全过程是：从“整队出发”开始，中间有“爬山涉水过桥”等，然后是“跟踪猎物”、“埋伏堵卡”、“放狗逐兽”、“发现猎物”、“围猎追捕”，最后是“打死猎物”、“欢庆胜利”。类似这类舞蹈的还有梅嫦舞、沃着舞。土家族、苗族、侗族、瑶族共有的射弩，则是狩猎与自卫征战的产物。湘西土家族、苗族常将山上的树、竹扳弯用绳索系住，安上毒箭，待野兽步入伏击圈，牵引机关而中箭。

《宋史·兵志五》载：“绍圣二年（1095），邵州管下边缘堡寨置弩手，千四百人。”明代两广总督张经说：“寇强民弱，倭贼甚精。近能治者，惟调湖广钩镰枪弩之技，必动永、保二宣慰司精兵。”当时永顺、保靖一带的土家族、苗族士兵，用弩箭射杀倭寇，发挥了巨大的威力。元明之际，城步一带瑶族的毒弩，中箭者无一生还。明弘治十四年（1501）李再万在城步率苗、瑶人民起义，在平林乡门楼坳大败官军。清乾隆五年（1740），杨清保领导的苗、侗、瑶民起义，以射弩、夹弩在城步县竹贫山龙开口处智杀清兵300余人。

史载周武王伐纣时，我国西南少数民族髳人献弩于姜子牙，经其改装后用于征战。由此可见射弩这项传统体育活动，源自西南少数民族髳人。苗族先民代稣代穆即含“髳、蒙”两个支系。

湖南土家族、苗族、侗族、瑶族武术，更是直接源于狩猎与征战，并在这两项斗争中不断发展与完善。今土家族武术中的“十二埋伏拳”，是设卡捕猎的一套古老拳术；湘西苗拳始于上古时代的“角抵”和“五兵”。城步苗拳基本形成于唐宋时期，当时的出寨拳、守寨拳，兵器如枪、环刀、弩箭、飞镖等，都是用于征战为主。该县广泛开展的“打禾鸡”运动，原本是一项传统的狩猎活动。

第二是源于农事与宗教。

苗族、土家族的许多传统体育项目，就是直接反映了当时的社会生产劳动。苗族的“跳鼓”，全是由犁田、插秧、割谷、挑担等动作编成。湘西少数民族共有的传统体育项目“脚踩独木穿急流”，源自捕鱼和放排。土家族的“倒挂金钩”，既源于爱情悲剧，也是土家族生产、生活的生动体现。

湘西土家族、苗族过去的宗教是迷信鬼神，视龙、凤、狮为吉祥物。苗族的“接龙舞”，从接龙、闹龙到安龙，象征祈求主管行云降雨的龙永驻苗乡。苗族的“上刀梯”亦源于驱妖祈福。其他如“百狮会”，则是狮子在苗寨驱除了为害苗家的妖魔，保住了生产的丰收和人民过上了幸福生活，所以在古首矮寨，每年正月十二举行“百狮会”，同时进行传统武术、八人秋、跳鼓表演。

侗族的学斗牛，由侗族青少年在放牛时模仿牛斗架的场面，逐步创造而成。白族的仗鼓除有源于反抗土司王压迫的内涵外，它的动作是闹春耕和庆丰收，大多是劳动生产中挑担、挖地、种田等内容。

第三是源于婚恋与民俗。

苗族的“八人秋”，土家族的“倒挂金钩”、“抢贡鸡”，侗拳中的“半路接姑娘”棍术套路，侗族的“哆毽”、“草球”等传统体育项目，有的源于一个美丽的爱情故事，有的则是少数民族青年男女求偶的民俗所形成。

苗族的“八人秋”，源于苗族青年巴贵达惹与乜娘的恋爱故事，因而它又成为苗族青年男女求偶的民俗。湘西苗寨青年男女玩“八人秋”时，还有大量的对歌。虽是苗家口头文学，但内容健康朴实，感情真挚，表达了苗族人民开朗、豪爽的性格。土家族的“倒挂金钩”源于土家族姑娘惹帕和汉族小伙龙望的爱情故事。土司王想霸占惹帕，逼龙望在酉水河上横拉的粗藤上用脚尖倒挂过河。当龙望将要倒挂到达彼岸时，土司王命家丁砍断藤索，惹帕也跟着跳入酉水河跟龙望一起走了。土家族为了纪念这对不同民族的情人，便把“倒挂金钩”作为节日的一项传统体育活动。其他如侗族“哆毽”，虽是从抛秧的动作中受到启发而产生，但侗乡青年男女对拍彩毽，多为情侣间进行，侗家称为“飞花传情”，它一开始就是侗乡的一种社交性的体育运动。

第四是反抗压迫与崇拜、纪念英雄。

城步苗族的“打泥脚”，便是源于一武艺高强的女子杨青凤反对寨王欲霸占她为妾的故事。湘西凤凰的“苗族爬竿”，相传是纪念苗族英雄石孟子。侗族的棍术套路“半路接姑娘”，传说源于侗族青年吴勇和杨培妹反抗地主黄道财的故事。吴勇和他的朋友用扁担在半路上击败了抢亲的地主狗腿子，事后总结他们在战斗中的打法，并逐步改进，形成一个技击性较强的棍术套路，取名“半路接姑娘”。瑶族木头球，源于一瑶族老人用拐棍击败一伙歹徒的故事。瑶族的“长鼓”，土家族的“摆手舞”，又含有崇拜、纪念祖先英雄业绩的内容。“人龙”更是江华瑶族同胞于明嘉靖七年（1528），反对当地官绅的压迫与剥削获胜后，互相拥抱，骑上肩膀集体舞蹈而形成的。

在挖掘整理湖南少数民族传统体育项目中，还发现少数民族传统体育项目在苗岭侗寨、瑶乡回村，在白族聚居地和土家族住地，参加者极为广泛，且不分男女，自古皆然。由于少数民族地区存在着母系氏族制的遗风，妇女地位较高，她们行动自由，婚姻亦较自主，无汉族妇女“三从四德”余毒的影响，更无缠足之恶习。清田雯《苗俗记》载：“会亲属妇女，椎牛歌舞。”八人秋、跳鼓、摆手舞、射弩、摔跤、木头球……都是妇女喜爱的运动项目。

原载：《湖南体育史论文选》第一辑　1991 年 10 月　　文章有删节

湖南近代女子体育

易桂森

我国近代女子教育实始于清末光绪二十七年（1901）。各省士绅受光绪帝“立意维新”、“变法自强”思想的影响，提倡女学，因而各地开始出现女子学堂。

光绪三十二年（1906）学务大臣奏请皇上批准，制定女学堂章程，颁布《大清教育法令》。法令中明确规定女子学堂有体操一科，每周授课两小时，并规定了女生上体操课时之操衣、操鞋式样，以昭划一。

女子体操课在当时封建思想影响下，必须以女教习教授。国内无女子体操教习可请，只能以重金从国外聘来，所以大部分女学堂，体操无教师上课，形同虚设。至光绪三十四年（1908），汤剑娥女士有鉴于此，乃在沪创办中国女子体操学堂，大力培养女体操师资。继之各省也开始先后创办女子体育科、班，才逐渐缓和女体育师资的奇缺问题。

湖南女学创办最早者，为晚清善化县许、俞诸绅创办之第一女子学堂；湘乡县曾广镛女士所办之淑慎女学堂，为开风气之先声。继其后者为长沙朱剑凡于光绪三十一年（1905）创办之周氏家塾，宣统二年（1910）改为周南女子师范学堂。

湖南女子体育的兴起，也首在周南女子师范学堂。校长朱剑凡自日本留学归来，思想开明，有志于女子教育事业。他“既念女子沉沦黑暗，非教习无以拔置高明”，更深感我国女子长期受封建制度的残害，以致身体羸弱，便毁家兴学，创办周南女子学堂，并大力提倡女子体育。学堂创办之初，因国内无女体育教师可请，以高薪从日本聘来两位女教师任教。学校在经费困难之下，还竭力修建体育场地，添置体育设备。据民国二年（1913）朱剑凡的学校经营报告载：“该校体育设备，有器械室一所，室外操场一方，室内运动场二处。”该校于光绪三十四年（1908）举行了第一次学校运动会，为湖南女子学堂开运动会之始。此后，该校运动会一年一度很少间断，而且每开校运动会时，朱剑凡便邀请省垣各校校长来校参观，并邀各女校学生代表来校参加表演。朱剑凡鉴于我省女子学校逐渐增多，而女体育教师几若凤毛麟角，女子体育难以在各女学校开展，经多方奔走，筹集资金，延聘教师，扩充设备，于民国四年（1915）年春，开办一年制音乐体育科一班。学生毕业后，全省各女学争相延聘，为我省女子体育的普遍开展，起到了推动作用。周南女校学生体育，建国前几十年来长盛不衰，在各级大型运动会上，屡夺锦标，蜚声全国，为我省争光不少。朱剑凡校长实为我省女子体育的开拓者之一，厥功至伟。

在民国三年（1914）的第三届全省运动会上，就有由女子学校参加的团体操表演。同时，我省有一批留日学生回湘，在长沙创办多所体育学校，其中设有女子体操班，进一步推动了女子体育的发展。民国五年（1916），周南女校就成立了网球与队球（即排球）队，为湖南女子有球类活动之始。民国八年（1919），留日学生蒋宝山发起成立女子体育会，专门研究如何开展女子体育运动的问题。

进入20世纪20年代，湖南女子体育随着时代的进步，人们封建意识的逐渐减弱，大多数人不认为女子参加体育活动是“大逆不道”的事了，而且有少数学校聘请男教师教体育课，各种大小型运动会均设有女子参加的表演和比赛项目，如在1921年第五届省运动会上，周南和福湘女中表演篮球，第一女子师范做队球表演，崇实女校与第一女师表演舞蹈游戏。1924年5月第七届省运会把女子篮球和队球列为正式比赛项目，会后并由周南与女师合组女子队球队，代表我省参加第二届华中运动会，夺得第一名。随后又代表华中，参加第三届全国运动会的女子队球表演赛，获得冠军。这是我省女子球队正式参加大型运动会之始。同年4月第八届省运会在衡州举行。女子组竞赛项目中，不但有篮球、队球、垒球比赛，而且有100米和200米的径赛，这是我省首次将女子径赛项目正式列入全省运动会。在这次运动会上，径赛团体总分为第二女师所获，个人总分第一名为第二女师学生张维夺得。周南女子篮球队获冠军，并代表省出席华中运动会。此时，我省女子田径项目尚处在萌芽时期。体育界同仁有鉴于此，乃于1925年6月由陈奎生、彭泽沛等发起组织“女子暑期体育研究会”，在全省范围内招收女体育教师30余人，以提高体育理论，加强田径、球类技术指导为宗旨，共学习40天，收效显著。20世纪20年代末期，我省女子体育在教育界和体育界人士的努力倡导下，日见普及。1928年女子足球队在周南女中出现，长沙各女学相继效颦，闻风而起。在1929年长沙市秋季运动会上，女子足球被列为比赛项目，有周南女中、南华女中、明宪女中及省长女中四队参加比赛。结果周南女中获冠军。这是我省建国前仅有的一次女子足球比赛。

20世纪30年代是建国前我省女子体育发展的鼎盛时期。由于时代的推进，又受东南沿海各省市的影响，我省有不少爱好体育的女学生，赴上海深造，专攻体育，学成回湘后，担任各女校体育教师。这批新秀，绝大多数文武兼备，品学兼优，特别是事业心强，工作扎实。有些为了终身从事体育工作，宁愿牺牲个人幸福，一生未成家，实令人钦敬，是我省开展女子体育的有功之臣。

20世纪30年代各女子学校每年都举行校运动会，并且有各单项运动的校队、班级队的组织。女校较多的城市，校际单项比赛频繁，甚至出现有女校学生向男子学校挑战的现象。此时，田径、球类、舞蹈游戏、团体操表演等项目亦全面开展。各市、县运动会都设有女子比赛项目，省运动会设有的女子运动项目更多。30年代，湖南涌现出了不少运动名将，如衡阳的李森，不但在省、华中、全国运动会上的短跑项目中屡破纪录，而且还于1936年代表我国参加了在德国柏林举行的第十一届奥林匹克运动会，成为我国第一个代表国家参加国际运动会的女子田径运动员。此外如杨仁、鲍淑霞、彭爱浦、罗光华、何梅英等都是运动场上叱咤风云的人物。更值得大书一笔的是1931年上海两江体专女篮出访日本、朝鲜（我国第一支出国远征的女子篮球队），全胜而归。全队共八名队员，湖南籍队员占四人（龙竟雄、杨仁、石琛、向大威），而且都是主力。湖南国术训练所自1931年成立以来，开办了女子师范班共两期，造就了不少女子武术人才。1933年第十三届省运会在长沙举行，周南女校学生周崇濂参加了女子百公尺自由泳表演，写下了女子参加省运会游泳项目的新纪录。至此，湖南省女子运动项目的开展已较普遍。

1937年5月4日，湖南省会民众国术俱乐部主办了一次长沙市女子田径运动会，把我省女子体育推向一个新高潮。大会由省主席何键任会长，凌璋、朱经农任副会长。这次大会除由民众国术俱乐部负责发起外，其他工作如组织、编排、裁判等事项，全部由女体育教师担任。当时由李婉华任总裁判，余曼钧任田赛裁判长，李森任径赛裁判长，罗友竹任总记录，陈嘉钧任检查长，杨依仁任终点裁判长，石琛任记时长，卢慕文、易宪、鲍淑霞、潘梦、曹念修、李桂熙、彭泽芬为田赛裁判员，任士勋、张娥珍、佘景云、谢扬琨、青映彤、谭幼沅、罗正雅为径赛裁判员，王真文、彭泽兰、杨宗华、汪翠兰为记录员。场地布置由总裁判率领几位女教师负责。比赛期间，维持会场秩序的是省长女中与周南女中童子军。比赛项目：径赛有50米、100米、200米跑，80米低栏，400米接力赛跑；田赛有跳高、跳远、标枪、铁饼、铅球、垒球掷远等共11项。参加比赛的运动员200余人，比赛地点为协操坪。经过一天的紧张比赛，成绩优异，计破一项全国纪录，破六项华中运动会纪录。现将各项运动第一名成绩列表如次：

项　目	运动员姓名	成　绩	备　注
跳高	何梅英	1.40 米	破全国纪录
跳远	谭菊华	4.44 米	破华中纪录
400 米接力赛	明宪队	59″3	破华中纪录
50 米跑	罗光华	7″2	破华中纪录
100 米跑	罗光华	14″4	破华中纪录
200 米跑	罗光华	30″	破华中纪录
垒球掷远	刘裕惠	41.30 米	破华中纪录
掷铁饼	刘裕惠	21.06 米	
掷标枪	刘裕惠	21.40 米	
推铅球	邹经泽	8.53 米	
80 米跨低栏	王秀文	16″2	

可惜好景不长，“七七事变”后抗日军兴，敌犯我省。继之长沙“文夕”大火，省垣夷为平地。省会长沙各校均西迁僻远小镇，以避战乱。此时各学校均系借用祠堂庙宇或民房暂为校舍，体育场地和设备更是困难。由于学校分散、交通不便，各种大型运动会也停顿数载，直至 1941 年和 1943 年在耒阳举行第十五届和十六届省运会，女子运动成绩平平。抗日胜利后，为选拔运动员参加第七届全运会，在长沙举行第十七届省运会，女子体育成绩仍无多大起色。

原载：《湖南体育史料》第六辑　1987 年 5 月

三　民间传统体育项目

龙舟竞渡

张伦笃等

龙舟竞渡是我国各族人民在长期的生产和社会活动中独具民族风格的文化体育活动。龙舟聚会和竞渡，具有浓厚的娱乐性和激烈的竞争性，在南方水乡地区，有着广泛深厚的群众基础。

龙舟竞渡起源很早。我国古越一带，因林木繁茂，水网交错，人民很早就开始使用舟船了。据迄今为止所发现的最早的有关舟的材料——浙江河姆渡遗址第四层的木桨，考证其年代距今已7000余年。到新石器时代晚期的杭州水田畈遗址第四层和浙江吴兴钱山漾下层均出有木桨等水上用具，足见当时的古越人已能制造和使用舟船。古越人善制舟楫，巧于操舟，前人多有论及。古文献也多有记载。《越绝书》记：越人出入“以船为车，以楫为马”。《淮南子·齐俗训》云：“胡人便于马，越人便于舟。”《汉书·严助传》曰：越人“习于水斗，便于用舟”。处于在以舟代步、以船为车之生活环境的古越人，为避水害、御水患，他们不仅“断发文身”，以图腾神之图像附着于身体之上，而且还在船首加附着代表图腾神的雕刻物——“龙首”（或“鹢首”），借以祈求图腾神保护航行安全。1976年，在浙江鄞县出土的春秋时期青铜钺，据考，乃属越族铜器——铜钺的 面，在边框线内，上方有两条相同的龙，前肢弯曲，尾向内卷，昂首向天。下部以边框线表示狭长的轻舟，上坐四人，头戴羽冠，双手划船，极为形象地表现了古越水网地区人民的一种与图腾信仰有关的水上生活。史前图腾社会的古越人，他们划着“龙舟”（或“鹢首舟”），在平时进行渔猎生活，在节日里走乡串寨，探亲访友，并且还把一年一度的端午节作为“龙”的节日，举行盛大的图腾祭。他们将各种食物装在竹筒或裹在树叶里献给图腾神，随后，“在急鼓声中，划着那刻画成龙形的独木舟，在水上作竞渡游戏，给图腾神，也给自己取乐”（闻一多《端午的历史教育》）。这便是“最古端午节的意义”。而在祭祀中，人们为祈求图腾神的欢心和赐福，便发生了争做第一到达祭神的竞争，这也就是龙舟竞渡中速度比赛的起源。其时，竞渡还仅仅是一种祭神结合娱乐的民间水上活动。

“龙舟”一词在《穆天子传》上首次出现，但“竞渡”一词却比它更早。南朝梁人宗懔《荆楚岁时记》载：“五月五日，谓之浴兰节……是日，竞渡，竞采杂药。按五月五日竞渡，俗为屈原投汨罗日，人伤其死，故命舟楫以拯之，至今竞渡是其遗俗。”据此，湖南省内竞渡活动可追溯到战国后期。

屈原沉沙于洞庭湖畔的汨罗江，人民为了招屈原，便有龙舟竞渡事。晚唐诗人刘禹锡在武陵生活期间，曾写下了《竞渡曲》，并有注云：“竞渡始于武陵，及今举楫而相和之，其音咸呼‘何在’，斯招屈之义。”又注云：“有也回，无也回，莫待江边冷风吹。”这便是招屈的竞渡歌。又据《武陵竞渡略》载：“竞渡事，本招屈，实始沅湘之间……”这些史料充分说明湖南的龙舟竞渡与屈原怀沙沉于汨罗有关。至今凡是与屈原的传说有关的地方，如汨罗江流域、溆浦县江口镇、泸溪县、桃江县以及邵阳等地，其龙舟竞渡也开展得极为活跃。

龙舟竞渡除有招屈的意义外，江华、江永一带旧时有纪念汉代苍梧太守陈林的传说；湘西的泸溪县潭溪一带，则有祭龙求雨、祈求丰收的内容。北宋朱辅的《溪蛮丛笑》里写道：“蛮乡最重端午，不论生熟界出观竞渡三日而归。既望复出谓之大十五。船分五色，皁船之神龙恶，去一必有风雨。”岳阳一带还有以竞渡禳灾送瘟之说。北宋范致明《岳阳风土记》载：“濒江诸庙皆有船，四月中择日下水，击昼鼓，集人歌，以棹之至端午罢，其实竞渡也。而以为禳灾，为酒肉以犒棹鼓者，多为草船泛之，谓之送瘟。”

随着古越文化与长江中游文化的交流及融合，龙舟竞渡的这种发展演变过程又增添了更多的纪念寓意，并有因地而异的纪念活动内容，或为纪念屈原，或为纪念伍子胥，或为纪念“有捍海灭倭功”的张神，有的地方还有所谓“赛龙舟，祭曹娥”之说。然而，竞渡习俗却始终世代相传，历久不衰，并赋予竞渡以热爱家乡、维护正义、体恤黎民、祈求平安的美好愿望。

一　龙舟竞渡的时间及地域

龙舟竞渡的举行时间，各地有所不同，每年农历二月至九月当中，都有举行。

竞渡日期统计表

省名	统计总数	端午节期间竞渡县（市）		端午节期间以外日期竞渡县（市）	端午节期间竞渡，其他日期也竞渡县（市）	备　注
		数量	%			
湖南	25	25	100		2	
湖北	38	37	96	1		不包括竞渡日期不清的两个县（市）
广东	41	41	100			
福建	16	16	100			
浙江	16	11	70	5	1	
江苏	26	26	100		3	

续表

省名	统计总数	端午节期间竞渡县（市）		端午节期间以外日期竞渡县（市）	端午节期间竞渡，其他日期也竞渡县（市）	备　注
		数量	%			
安徽	8	7	87	1		
江西	19	19	100		2	不包括竞渡日期不清的1个县
四川	15	15	100			
云南	4	3	75	1		
广西	4	3	75	1		
台湾	8	8	100			不包括竞渡日期不清的一个地方
合计	220	211	96	9	8	

统计表中的220个县（市）中有211个县（市）端午节期间举行龙舟竞渡，约占96%。其中包括端午期间有龙舟竞渡，其他日期也有龙舟竞渡的8个县（市）。如果将这8个县（市）从211个县（市）中减去，就剩下206个只是端午节期间竞渡，其他日期不竞渡的县（市），约占统计总数220个县（市）的92%。因此我们可以说全国大约有92%~96%的县（市）举行龙舟竞渡，取中间数，大约占94%。

从调查材料看，端午节期间的龙舟竞渡活动一般要连续进行几天，其中往往端午节是高潮。大多数地方竞渡日期一般是遵照传统习惯，但有些地方也不是一成不变的。在某些地区，由于某种原因，竞渡日期也会发生变化。

龙舟竞渡大体分布于南方各省。其中湖南竞渡地点分布如下：

长沙府（今长沙市）、永明县（今江永县）、祁阳县、桂阳州（今桂阳县）、巴陵县（今岳阳县）、攸县、武陵县（今属常德市）、乾州（今吉首市）、清泉县（今并入衡阳县）、衡山县、浏阳县、黔阳县、平江县、石门县、耒阳县、安乡县、芷江县、武冈州（今武冈县）、长沙县（今属长沙市）、湘潭县、城步县、桃源县、新宁县、醴陵县、永顺县、凤凰县、泸溪县、花垣县、保靖县、株洲市。

二 龙舟的建造

龙舟的建造与普通船只的建造差不多。广州地区多选用昆甸木，取其结实耐腐，其他地方多用杉木，取其轻便。也有用樟木和其他木料的。选择造龙舟的木料，有些地方还有一些特殊的习俗。湖南汨罗造船的木料，特别是龙骨木，要去偷，不能买。认为贼的手脚麻利，跑得快，偷来的木料制成的龙舟也跑得快。贵州清水江畔的苗族，在选中造龙舟的大树时，要用一升米、一点酒、肉，烧香放鞭炮祭树，请师父（巫师）念经，祝贺树木成龙，并用麻和布将树捆上，然后才开始砍树。可见，在他们的心目中，本来是平常的树木，一旦选中用它造龙舟，就认为它成“龙”了，具有了“神”性，实际上这是人为地赋予树木的神性。

龙舟一般要求轻便、易划，故都比较窄长，为了在行船时船身不致晃动，不少地方的龙舟都有龙骨（一根长的木方），个别地方还要用麻扎行篾绕船，目的是使船身稳固。《武陵竞渡略》载：“船一以杉木为之，取其性轻易划。得燥木为龙骨尤妙，一船司命全在龙骨生梗，桡软使船不进，皆龙骨病也。其次在篙篾，以麻扎竹相续为之绕船。道尾急束数十番，然后互相穿度勾绞如织，此一船之筋，以前后促紧如弓梢，船行身不动为良，否即辨水易败也。”

1. 普通龙舟

所谓“普通龙舟”是指在龙舟竞渡中最常见的，与下述各种龙舟有所区别的龙舟，它虽有一定的装饰，但不像造型龙舟那样繁复，也不像造型龙舟那样主要是用于观赏、游览。

各种龙舟，包括普通龙舟，基本上都是由三部分构成：A. 船体（包括桨艄或橹）；B. 龙头、龙尾；C. 各种装饰及锣鼓等。

A. 船体

普通龙舟的船体呈梭形，两头窄，中间宽。因普遍是两人一排划桨，所以各地龙舟的宽窄差别不大，一般在1米至1.2米之间，个别的宽1.4米。最大的差别是船的长度，长的可达30多米（10丈），坐上百人；短的约10米，坐十多人。一般来说，船越长，人越多，船的长短与船员的多少基本成正比。《武陵竞渡略》载：“船过十一丈，可坐八十桡，九丈者六十余桡，七丈者四十余桡。”

全国大部分地方的龙舟，尾上都有固定的艄。艄一般较大，大多呈刀形，用以掌握方向，能转弯，能调头，船行时只能头向前。各地的桨也不尽相同，其差别主要在桨的长短和桨叶的宽窄。湖南汨罗的龙舟长16米至22米，宽约1.2米，最大的龙舟桡手48名，最小的24名，一般32名。桨长1.1米。

从上面的材料可以看出龙舟的人数，主要是桡手的人数。有的地方桡手的数量可多可少，有的地方却有严格规定，不能多，也不能少。

B. 龙头、龙尾

为了容易比较、分析，我们把各种龙舟（包括业余龙舟）的龙头、龙尾在此一并叙述，下文叙述其他龙舟时再提到龙头、龙尾就尽量从简了。

一般说来，龙头大多数用整木雕成。不管是专职龙舟还是业余龙舟，竞渡前才装（绑）在船上，它是龙舟与其他船相区别的主要标志。但是它的大小、形制各地却不尽相同。湖南汨罗县高市镇（今屈原农场六分场）的龙头，短颈、上唇部夸张地向上伸起。

龙尾大多用整木雕成，刻满鳞甲，各地虽然也有一定的差别，但它不是龙舟的主要标志，显得不那么重要，故有的地方比较简单。

我们所看到龙舟的龙头、龙尾并没有统一的标准，不论是形制，还是所用材料，各地均不完全相同。

C. 龙舟的装饰

龙舟的装饰指除去龙头、龙尾以外的东西，包括旗帜，船体上的绘画，以及锣、鼓、神位（广州地区）等。总的说来，龙舟上的装饰各地差别更大，很难找出共同的、规律性的东西。大体可分为装饰复杂、装饰简单和基本无装饰三类。

装饰复杂的龙舟上还有龙头（船头）、龙尾（船尾）旗、帅旗和罗伞等装饰。龙头、龙尾旗分长条形和三角形两种。长条旗龙头龙尾各两面，游龙时一般不可缺少，往往在旗顶端捆有一绿树枝（采青）。现在的长条形龙头、龙尾旗多为红色，无装饰，少数的绣有一些花草和文字。平常龙舟游乡时，一般都要插上罗伞、三角旗、帅旗等。

不少地方龙舟的装饰没有这么复杂，要简单一些。湖南汨罗的龙舟，船上前后部各交叉插有两面三角形彩旗并用彩旗绳固定。彩旗绳一端拴在船头，成弧形经前部彩旗交叉处，再捆在船中部木杆上，然后又成弧形经船后部彩旗交叉处，再捆在船尾。此外，船中部木杆上还挂一长方形的姓氏旗。

除了以上装饰复杂和有一定装饰的龙舟而外，还有不少地方的龙舟除龙头、龙尾及锣鼓外，基本上不装饰或很少装饰。

2. 造型龙舟

造型龙舟是指专门用作观赏游览的龙舟，这些龙舟往往较大，不进行速度比赛和游乡，船上的装饰特别复杂，有的还在船上演戏等等。现在的造型船就随便一些。1980 年湖南汨罗龙舟竞渡时就有专供观赏的彩船。

三　费用的筹集和人员组织

龙舟的建造和竞渡所需的费用与人员的组成、召集似乎是两件事，但它们之间联系紧密，往往组织单位（或个人）也是资金筹集的单位。

单只龙舟的人员组成及资金筹集有多种形式。旧中国，农村长期以来都是以自然村为单位，许多地方一个自然村以一个宗族为主，或以几个宗族构成，往往都有各自的祠堂，它们是农村基层单位的一种形式，许多地方的龙舟竞渡正是以这种基层单位来组织举行的。这种情况下建造龙舟和龙舟竞渡的费用及召集人员划龙舟等，一般都是在宗族内进行，资金由宗族内的人捐赠。船员由本宗族内的人担任，或主要由本宗族内的人担任。宗族内有威望的某些人，如族长之类的人员，往往就起到带头召集的作用。

建国前，湖南汨罗组织制造龙舟的是宗族祠堂，一经族长决定，宗族内的每个家庭都自愿筹集资金。一般用打包封的方式捐赠，还有的人送猪、送材料，统称为“送红”。同样，龙舟上的船员也主要出自本宗族，并代表本宗族参加竞渡。

各地筹资，虽有一些差别，但龙舟竞渡的资金来源主要是靠大家捐款这一点是相同的。而单只龙舟的组织建造单位大多是宗族，也有一些是当地其他的基层组织。龙舟竞渡除了用专门的龙舟进行外，还有用平时的生产用船改装的。这种竞渡花费较少，个别的可以说基本不花钱，也不需要严格的组织。

龙舟竞渡大多数地方对艄公和指挥的人（有的是打锣鼓的人）要求较严，均选有技术、有经验的人担任，而对桡手的要求就不那么严格，如果是龙舟游乡或划着玩，则会划桨即可，有时还有小孩上船划水。如果是进行速度比赛，就要选身强力壮的人当桡手。武陵人认为“凡船决赌，以选桡为第一义”，要选“狎巨浪如枕席”的人担任。选桡手的方法是“选遣俩桡共一船，相背而划，以知强弱，谓之两头忙。复合十余桡分左右翼，急划数转，如盘蚁封，以观整乱，谓之涡儿漩”，通过这种方法挑选桡手。

四　龙舟竞渡前的准备和仪式

除了前面所讲的筹集资金和人员的组织外，竞渡前还有许多准备工作要做，大体说来有两方面。第一是龙舟的准备，第二是竞渡前的礼仪。

1. 龙舟竞渡前的准备

龙舟主要有专职龙舟与业余龙舟两大类，龙舟不一样，准备工作也不同。先谈专职龙舟的准备。

许多地方的龙舟平时放在龙舟棚、保管室或神庙内。一般是在竞渡前或竞渡的当大早上将龙舟从船棚或保管室中抬下水，装上（或绑上）龙头，带上锣、鼓及有关装饰（旗帜等）即可进行竞渡了。

一些地方竞渡前还要试船。湖南汨罗每年农历四月底到五月初三，各村的龙舟都要预先操练。主要看划水是否整齐，动作是否正确，龙舟还有什么毛病，以便在操练时纠正。当地操练分三种形式：一是下水操练；二是陆地白天操练；三是陆地夜晚操练。夜晚操练是在无灯光的场地上，按序坐在一样高的条凳上，桨柄上各扎一筹长的香，将香点燃，催桡子的视香火光点纠正动作。可见准备工作之认真，真有争先夺标的气势。

业余龙舟因是用平时的生产用船改装而成，故准备工作简单。一般只需挑选比较好划、跑得快的船装上龙头即可。

2．竞渡前的礼仪

竞渡前有一系列的仪式。这些仪式主要是祈求神灵保佑、划船平安、消灾免难。祈求的对象大都是龙神，一般是到神庙里去烧香磕头。有许多地方拜龙神不是到神庙里去，而是直接在河边祭龙头。也有个别地方不但祭龙，还认为龙舟的龙头、龙尾代表了龙王菩萨，须把它迎到龙舟上。

不管是祭龙神、迎龙神，还是祭其他的神，其目的不外是求神保佑，划船平安，进而求神保佑风调雨顺、农业丰收、消灾免难、事事如意，这些不过是用迷信的方式表达人们的心情和愿望。行此仪式之后，人们觉得心理上踏实一点，“图个吉利”。

湖南汨罗有所不同。正式竞渡前，龙舟都须朝庙。朝庙大多是在五月初一，也有的在初二、初三进行。朝庙时将装饰整齐的龙舟划到屈子祠前的河边。停船后，催桡手或头桡，手捧龙头，带领船员以最快的速度跑上山。如果江水浅，船不能靠岸，船员必须涉水上岸，以示虔敬。进入祠内，首先将龙头供奉在屈原的神龛上（所以，朝庙又称祭龙头），在神龛前案上点燃香、烛，有的还在神案上放一点供果（饼干、水果等），朝完庙后把供果带回给小孩吃，认为吉利，并放鞭炮，敲锣打鼓，全体船员面向神龛，磕三个头。屈子祠的主持人将一条红绸挂在龙头上，然后催桡手或头桡抬着龙头，带领船员跑回自己的龙舟。有的还抬着龙头绕神龛一周才回去。可见汨罗人的朝庙，即拜屈原，又拜龙头。屈原是人，龙是神，把两者混在一起加以崇拜，既纪念屈原，又达到了祈求龙神保佑划船平安的目的，可谓一举两得。

五　龙舟竞渡的方式与地点

传统的竞渡方式是按传统习惯进行的，与现代体育比赛不同。

龙舟竞渡如下文所论，有游乡、集会、比赛等形式。如果是龙舟游乡，对地点是无所谓的，村庄所在地的河流，既是本村也是外村龙舟来游乡的地点。如果是集会或比赛，那对竞渡的地点就有一定的要求了。《苗疆闻见录》载：“苗民好斗龙舟……竞渡于清水江宽深之处。”可见在清水江，不是每个河段都可以作为竞渡地点的，而是选“宽深之处”便于龙舟集会。《武陵竞渡略》载：“江南上至段家嘴，下至青草嘴，江北上至上石跪，下至下石跪，面势阔远，堪为赛场。”同样也是选宽阔的河段作赛场。河面太小、太窄，龙舟无回旋余地，是无法集会、比赛的。

以上只说明了竞渡地点的自然条件，最重要的还有人的条件。龙舟竞渡不只是龙舟的活动，还有观众的活动。龙舟多，观众多，气氛才会热烈。所以比较大而有名的竞渡地点，往往在比较大的城镇附近。湖南汨罗的竞渡点在屈子祠前的江面（俗称“民山河里”）和相传屈原投江的沉沙港，以及河夹塘镇（今河市镇）等地。其中河夹塘镇水宽流缓，又是方圆三十里内的大镇，故竞渡规模最大。

由此可见，竞渡地点包括了自然条件和城镇条件两大因素。这两个条件好的地方比较容易形成较大的竞渡地点，而且，这两个条件缺一不可。

从许多古文献和地方志的记载看，仿佛龙舟竞渡就是夺标较胜，进行速度比赛。其实这仅仅是龙舟竞渡活动中比较激烈，比较引人注目，也比较集中的场面。从现在所掌握的材料看（排除作为体育活动加以组织的比赛，这一点下文将专门论述），龙舟竞渡可分为龙舟游乡、龙舟集会、自由竞渡、有组织的竞渡等形式。

1．龙舟游乡

龙舟游乡是龙舟竞渡中不太引人注目的活动。一般是在龙舟竞渡期间划着龙舟到熟悉的或有亲戚关系的村庄去游玩，有的是专门去游乡，有的是去参加龙舟集会，有的是在竞赛前后顺路或绕道去游乡。龙舟到达后，先在村庄边和村内的河道中游一个来回或几个来回，然后停下，上岸休息吃东西，找熟人亲朋聊天，大家极为亲热高兴，所以当地人认为龙舟游乡是“探亲”、“串访”、“串门”。

游乡时，几条龙舟相遇，有时也会不约而同地比一下谁划得快。当地称为“斗龙”。这种比赛完全具有随机性，没有规定的起点、终点，大家比一段距离，不愿比了，即可停止。

一方面是龙舟到外村去游乡，另一方面本村也须接待外来的龙舟，要设立接待站。接待站各地不一样，利用临近河边的一所大房子接待，房内摆上凳子、茶水等。

龙舟游乡是竞渡中最基本的方式，比较普遍，但不是所有地方的龙舟竞渡都要游乡。一般在南方水网地区，河湖港汊星罗棋布，水流平稳，人们以舟代步，到什么地方都划着船去。这类地方的龙舟竞渡大多有游乡活动。而有些地方，虽有龙舟竞渡习俗，但只有一条河流通过，平时人们之间主要是陆地交往，龙舟竞渡就不一定游乡了。

2．龙舟集会与自由比赛

在一些较大的村镇附近，有适合龙舟竞渡的河流、港汊、湖泊，这些地方很容易形成龙舟集会地点。许多古文献记载的龙舟竞渡地点，也往往指的是集会地点，如湖南汨罗以前的河市镇，贵州清水江畔的平寨、施洞等。到了这类集会点竞渡的日期，不仅附近的龙舟前来竞渡，甚至几十里外的龙舟都到集会地点竞渡。《武陵竞渡略》载："划船当郡城之中，远者自渔家港来，沿流十五里。自白沙渡来，溯流三十五里。计一日之间，五十里内旗鼓哄然。"这类大的集会点，前来竞渡的龙舟也较多。在这类集会点竞渡，如果不组织比赛，龙舟到达后可以自由在河面上游弋，划到什么时候想走，就可离开。有的集会点有时也接待前来竞渡的船只，特别是接待与本村庄有亲戚朋友关系的龙舟。所以在有龙舟游乡习惯的地方，集会点同时也是龙舟游乡的地点。

在无人组织的情况下，虽然龙舟去集会地点竞渡，来去自由，但大多也是集中在某一段时间内。有的地方与当地河水的涨落有关。一般是河水涨到最高峰时，龙舟竞渡也是高峰期。所以在竞渡时间内，特别是高潮期，一些大的集会地点往往有几十条龙舟在河（湖）面上划来划去，鞭炮声、欢呼声，震耳欲聋，群情激奋，气氛极为热烈，场面颇为壮观。这时常常有几只龙舟随意相约，比赛谁划得快，形成龙舟的自由竞速。当然也有一些地方只是龙舟集会，没有龙舟竞速。

龙舟的自由竞速，许多地方是两只龙舟比赛，有的却数量多少不论，可见是很自由的，没有一定的比赛形式。龙舟的数量也不限制，其胜负有的地方是以船计算。《武陵竞渡略》载："计路以船，有赶半船、一船路，甚至五船十船者。赢亦如之，谓赢半船、一船路，甚至五船十船路也。"

两只龙舟竞赛也比较自由，多为挑战应战的形式。在湖南汨罗，当两船并行时，一方对另一方大喊：“怎么样？并一船？”若对方招了手认为可与一比，即大声地应答：“来！”于是锣鼓齐鸣，比赛便开始了。这两舟比赛，古文献中也各有记载，张建封《观竞渡》诗曰：“鼓声三下红旗开，两龙跃出浮水来……雷声冲急波相近，两龙望标目如瞬。”（见《全唐诗》卷五百四十八）马令《南唐书》载：“郡县村社竞渡……俾两两较其迟速。”

龙舟集会与自由比赛和龙舟游乡不同，它是龙舟竞渡活动中最普遍的活动方式。大体上可以说凡是有龙舟竞渡的地方，就有龙舟集会。

3. 有组织的龙舟比赛

这里所讲的有组织的龙舟比赛，与现在作为体育活动的比赛不同，它是指按传统习惯加以组织的比赛，有的仅仅是稍加组织而已。

一种竞渡没有严格组织，对人员、船只均无任何规定。比赛不限定次数，可以自由地和许多船比。有的竞赛是将人员分成两队，各划一只龙舟（一只普通龙舟乘15至25个人），出发的信号一经发出，坐在龙头（也是船首）的各队的领队，立即打鼓指挥，作为大家划桨的拍子……比赛的胜负，是以夺取插在远处河上的一面旗子为凭据。划龙船往往连续数天。也有的在竞渡比赛时，在终点处立有标旗，龙舟不整齐地排列在起点处，三声铁铳炮响过，各龙舟奋力向前，争夺标旗。

另一种竞渡就显得严格一些，比赛约定了起点、终点，并“立竿中流以为界”，规定了航道。采用层层淘汰的办法，第一天任何船都可参赛，淘汰剩下“三胜者”；第二天“三胜者又与三胜者斗”，剩下“五胜者”；第三天“五胜者又与五胜者斗”，最后赛出第一名。可以说这是一种传统办法的淘汰赛。而且为了防止弄虚作假，主持者还“以两筹书某龙船字中分”，自己执两半，将另外两半分别交给比赛的龙船。龙船比赛得胜后，还须将自己所拿的“半筹”与主持者的“半筹”相合，验看是否真实，然后主持者才发给“胜标”并做记录。可见其组织工作的严密、仔细。

不少地方的比赛是划顺水，也有一些地方是横渡。《武陵竞赛略》载：“赛船……自北而南横江互竞，两船约略齐驱，须到彼岸与否，为输赢。”

一条龙舟少的有十几人，多的近百人，大多为30至70人，这么多人要步调一致，使龙舟行动自如，就须各司其职，统一指挥。一般说来，船上的基本人员为：（一）桡手：管划船前进，是船上的动力，须年轻力壮的人担任；（二）艄公：管船行驶的方向，须有技术的人担任；（三）指挥者和锣、鼓手：起指挥作用，须有经验的人担任。划船时，指挥者站在船头，手拿红旗（湖南汨罗的是手拿艾条）左一下、右一下挥舞。锣、鼓手视指挥者的动作敲打，桡手则听鼓、锣声划桨（有的地方不用指挥者，则锣、鼓手自己打锣鼓指挥），根据锣鼓声的不同，桡手则随之而变换桨法，使龙舟时快、时慢，随意自如。像《武陵竞渡略》记载：“行船以旗为眼，桡以鼓为节，桡齐起落，不乱分毫。乱者黜之，谓搅酱手。”竞渡的形式不同，划船的方法也不同。速度比赛时，要求划得越快越好。但游乡或集会时则不一定，有时甚至要使龙舟停滞不前。龙舟游乡或集会时，常常可见桡手只将桨叶稍许插入水中，然后往上挑水，而不是用力往后划水。此时，水花飞溅，加上船头船尾站着的人随着节拍一下一下用劲顿足，使整条龙舟一起一伏，活像游龙戏水。此时船行甚慢，甚至停滞不前。而龙舟竞速，则要求越快越好。这种时候，桡手们则是尽力往后划水，使船行如飞。虽然为了越快越好这一目的，其桨法也不是一成不变的，比如有快三桨、慢三桨等等。所谓慢三桨，就是每一次船桨入水深，往后划的动作幅度大，划一桨算一桨，一组三桨。而快三桨的入水不如慢三桨深，动作幅度也不如慢三桨大，但频率较快，仍然是一组三桨，同样也能使船行如飞。总之，桨法是多种多样的，各地也不尽相同。

龙舟比赛后，或龙舟到达终点时，许多地方都有抢标的习惯。“标”有各种各样的东西，大多是观众自己拿出的。有的地方“标”是由组织者设立的。除了组织者设“标”奖励外，也有官府设“标”的。龙舟比赛抢标，根本上还是争夺荣誉，有的地方既无奖品，也不抢标，但竞争还是很激烈。湖南汨罗就是这样，当地人说：“宁可荒掉三年田，不愿输掉一年船。”认为失败是耻辱（尤以宗族之间的竞赛为甚），有时败者为了显示不甘屈辱，常在五月十五再出舟邀战。《叙州府志》卷二十二《风俗》载：“两岸观者林立，好事者悬彩扇于江滨，则两船并划，先到岸者得彩，竞以为荣，后者耻之，并划数次乃已。”

综上所述，抢标的“标”多为观众自由设立，其次也有组织者及官府设立的。从“标”的内容看，多为彩帛。其次为鸭标、旗子、鱼标、铁标等。而纸扇、土瓶装钱果、猪脬装钱果等东西作标，是随意而变的，总之不管什么标，都是一种荣誉的象征，夺标从根本上讲还是荣誉的争夺。

龙舟比赛结束后，大多数地方是把专职龙舟保管起来。业余龙舟则去掉装饰，恢复为生产用船，简单地结束一年的竞渡活动。有些地方龙舟竞渡结束后大家还要在一起聚会，吃一顿饭，才算竞渡活动的结束。

原载：《中华民族传统体育志》，广西民族出版社
1990 年 8 月出版　文章有调整和删改

六 博

蒋松卿

《楚辞·招魂》："菎蔽象棋，有六簙些。分曹并进，遒相迫些。成枭而牟，呼五白些。"译成现代汉语是："菎竹博箸象牙棋，两人对面玩六博。投箸行棋并向前，争胜逞能紧相迫。我棋成枭望全胜，高呼对手得五白。"六博的博具有簙有棋，簙省作博，也叫簙箸、蔽箭。故《韩非子·外储说左上》称："秦昭王令工施钩梯而上华山，以松柏之心为博，箭长八尺，棋长八寸。而勒曰：昭王尝与天神博于此矣。"《说文》也说："簙，局戏也，六箸十二棋也。"六箸两人共用，十二棋六白六黑，各占六枚。古博法早已失传，现在综合各家记载，也只知道个大概：二人相对向坐局，局分为十二道，两头当中为窟。双方轮流，一边投箸，一边行棋。六箸头上分别刻着枭、犊、雉、塞、卢等形象，枭为幺，犊为二，雉为四，塞为五，卢为六，余一枚不刻为白。枭卢为贵，五为下，白为空过。所谓"呼五白"，就是愿对方投得最下的五和白；所谓"成枭"，就是投箸得幺，于是竖起一棋，名为"枭棋"。枭棋最大，可以吃掉对方任何棋子，故《史记·魏世家》说："博之所以贵枭者，便则食，不便则止。"这里讲的"便"与"不便"，就是看能不能吃掉对方的棋子又免受攻击。《战国策·楚三》载："唐雎谓春申君曰：夫枭棋之所以为能者，以散棋佐之也。"如果六棋中有二棋为枭棋，其余四棋就是散棋。散棋可以佐枭做什么？东汉王逸《楚辞章句》说："己棋已枭，当成牟胜，射张食棋，正逃于窟。”所谓“牟胜”，就是指食人之棋而己棋不伤，靠的是散棋形成“射张食棋下逃于窟”的优势。“射张”，原指缴射、张网捕飞鸟，这里借喻部署散棋保护枭棋捕杀对方的棋子。不过，《淮南子》说：“善博者不欲牟，不恐不胜。”这是因为胜负最终取决于谁杀掉对方的枭棋，正如《韩非子·外储说左下》所称：“博者贵枭，胜者必杀枭。”

上述盛行于楚国的六博对后世影响很大。清人刘宝楠说：“簙，局戏也；弈，围棋也。弈但行棋，博以掷采而后行棋。后人不行棋而专掷采，遂称掷采为博。”（参见《论语正义》）掷采是由“投箸”演变而来的，用来掷采的博具又称“投子”。西汉时已有木制的投子，后改为玉制，相传始于三国时曹植，唐时又改为骨制，称为“骰子”（据唐李匡又《资暇集》）。

随着历史的前进，六博也在不断发展。春秋战国时，投箸行棋，西汉时箸已发展为“投子”，继而演变为“骰子”。1973 年长沙马王堆三号汉墓出土的一套六博用具，博具盒锥画着飞鸟云气，盒内有方形、长方形、椭圆形的格子，存放着角质方块形棋黑白各半共 12 枚，角质的较小方块“直食棋”20 枚，还有 42 根箸状筹码和角制环首小刀、木削、木锛等工具，以及木质的投子共 18 面：1 至 16 面每面刻一阴文篆体数字，另两面刻有“骄、𪍿”二字。

六博的玩法也是在不断发展变化的。春秋战国时的楚地大体玩法已如上述。西汉时棋局当中的方框已由“窟”变为“水”。据宋代洪兴祖《〈楚辞·招魂〉补注》引《古博经》：东汉时“水”中置鱼，二人互掷采行棋，棋到处即竖之，名为骁棋，即入水食鱼，亦名牵鱼。每牵一鱼获二筹，翻一鱼获一筹。最后谁得的筹码多谁就获胜。马王堆出土的博具中设有“鱼”，可能西汉时不兴用鱼而是用“直食棋”。

原载:《中华民族传统体育志》,广西民族出版社 1990 年 8 月出版

中国象棋

蒋松卿

湖南的象棋活动历史悠久。1973 年长沙马王堆三号汉墓出土的“六博”用具,虽不等于现代的中国象棋(以下简称象棋),但为象棋的滥觞则无疑。《楚辞·招魂》中记载:“菎蔽象棋,有六簙些。”清代道光年间成书的《宝庆府志》载:“棋盘岩在宝庆府城南五里,相传武侯晏兵著棋于此。有石盘,广六尺,其痕尚存。”说诸葛亮晏兵著棋,暂无考证,但古湘中一带人们石刻棋盘以对弈,其俗至今。

根据史书记载,象棋基本定型于宋代,明、清时期已普及到寻常人家。民国时期,长沙基督教青年会设立象棋室,并从民国十四年(1925)起,每年举行一次象棋赛。当时,长沙的象棋活动地点还有火宫殿与又一村,象棋选手有柳相贤等。自民国二十四年(1935)起,长沙开始举办全市范围的象棋比赛。当年 10 月 28 日《国民日报》报道,长沙市民众教育馆与市象棋研究会于 10 月 27 日举行首次象棋比赛,30 余人参加,李载谋获冠军,田季纯、张国俊分获亚军、季军。此后全市每年举行一次象棋赛。澧县、临澧、石门、保靖以及津市、常德等地,象棋活动在民国时期亦较普及,并涌现出王文宣、刘裕双、李广兴、黄祖逢、王泽

浩、李远活等一批棋手。

原载：《湖南省志·体育志》，湖南出版社 1994 年出版　文章有删节

围　棋

蒋松卿

湖南省之有围棋当在汉代之前。1976 年长沙咸嘉湖唐墓出土的“青瓷围棋盘”，以及湘阴唐墓出土的围棋盘，皆为中国古老的围棋盘。前者为 14 道棋局，后者为 15 道棋局，均有别于汉代就已使用的 19 道棋局。唐代刘禹锡在任朗州（今桃源县以东沅江流域）司马时，写了一首《观棋歌送儇师西游》的诗：“长沙男子东林师……行尽三湘不逢敌……雁行布阵众未晓，虎穴得子人皆惊。”这说明唐代长沙地区就有棋艺高超的围棋手。此后各历史时期，湖南的围棋一般是在亲友、棋友家对弈，并无公共围棋活动场所。喜好围棋的人多限于文人学子及军政人员。如清代道光年间的长沙贡生姜柏梅，人称全国第二围棋高手；曾国藩、左宗棠以及辛亥革命领导者之一的黄兴均爱好围棋。

原载：《湖南省志·体育志》，湖南出版社 1994 年出版　文章有删节

龟牛拳

蒋松卿

龟牛拳为湖南平江土垅界寺和尚姚世月所创，他按太极图阴阳八卦原理，创造出龟盘图及“天、田、井、巾、公”字技击套路，属象形拳类，流行于岳阳、平江、临湘、浏阳一带，并传至湖北省部分地区。姚世月曾将此拳传浏阳张天芳、平江李子南、临湘夏引载、湖北王晓元、岳阳彭正丹、彭正时等人。

龟性好静，动作迟缓；牛性好斗，勇猛耐劳。龟牛拳取龟之静、牛之斗，动静兼蓄而生拳法。静以蓄动，动以发力，以静待动，动中求静，动静相宜，虚实变化，内外相合，自成一体，演练含胸顶角，埋头缩颈，怒目圆睁，力达四肢，脚趾抓地，下盘功夫稳扎，出手沉重有力。它四面攻击，进退闪躲，灵活自如，多短拳，擅标手，发暗劲，有时发声，以声催力。龟拳分为“十二龟极图”，步步骤进，气势勇猛而无间断，一气呵成；牛拳踩五桩，按“天、田、井、巾、公”五字布阵法行拳。

龟牛拳首先要练桩功：将两根木桩靠墙一尺许钉入地下，高出地面约80厘米左右，两桩距离略比肩宽。练功者两脚尖紧紧贴在木桩上，背对墙成骑马式，两手凤凰展翅式，气沉丹田，头正颈直胸展，每天早晚站桩一小时。第二为铁牛伴身功：立正姿势，右肘、右膝着地，侧身成半俯卧撑状，起伏八次。第三为练头功：先用两个橘子每天向上抛，再用头顶，练一段时间后改用梨子，再过一段时间后改用光溜的石头，逐步由小至大，将石头抛掷空中让其击打脑门不觉疼痛时，再练以头撞墙，先距墙一步远，跨步猛撞脑门，然后逐步拉开距离，跪步撞击脑门，最后能在七步远处撞击而头不痛，头功练成。

龟拳十二龟极图：1. 八门标铲；2. 逢山开路；3. 虎顶风门；4. 蛇身直上；5. 王蛇调尾；6. 灌标盘子；7. 顺风扯旗；8. 三门挡盘；9. 龟雄四爪；10. 乌龟拦门；11. 乌龟过江；12. 乌龟总盘。牛拳分为五桩五字。五桩：铁牛破埂，铁牛下山，铁牛挽角，铁牛行步，铁牛摆尾。五字："天"字为行桩，开手标铲逞刚强；"田"字是四字，后脚把舵掌；"井"字是坐桩，开手挖肚肠；"巾"字拗手桩，白蛇吐信快如枪；"公"字四爪就地藏，进退上下更便当。

龟牛拳每一套路，本文难以一一叙述。例如龟拳的龟极图之"乌龟过江"，便有金龟出洞、南蛇抢子、乌龟戏头、金龟扑食、金龟探洞、金龟盘泥等招式。牛拳的"铁牛破埂"桩，便有铁牛行步、望月、柔身等 39 招式。

原载：《中华民族传统体育志》，广西民族出版社 1990 年 8 月出版

龙虎争巢拳

老 铁

龙虎争巢拳为湖南民间的稀有拳种之一，传说为东晋葛洪所制。

"龙虎争巢拳"的源流，迄今无史料可查，但在平江幕阜山一带流传着一个有趣的传说。幕阜山岩壁千仞，奇峰耸立，树木参

天，郁郁葱葱。自古就为“平江八景”之一的“幕阜丹崖”，相传晋代丞相葛洪辞官后曾炼丹于此。一次葛洪面对深涧静坐养神，猛见崖脚下有一猛虎正注视一个洞穴，穴中突然窜出一条巨蟒，头大如巴斗，身躯似大树，同猛虎展开了一场恶斗。巨蟒蜿蜒升腾，猛虎跳跃翻扑，葛洪悟出了其中的奥秘。经过了许多个通宵达旦的揣摩，葛洪将平生习练的精湛武功与所观“龙虎斗”的动作融为一体，创造了“龙虎争巢拳”。他还据平日目睹獐鹿之类落入虎口蟒腹的惨相，进而沉思如何置龙虎于死地的招式，又创造了“幕阜丹崖棍”。

传说葛洪将上述拳棍传与幕阜山脚下的毛天柱，以后又相继传与青山道长、云连寺灵和尚、白须长老等人。

“龙虎争巢拳”依其拳理之说，是按天地之风云之机，集龙虎鸟蛇之形，走后天八卦方位，占天地之灵气，受日月之精光，阴柔阳刚结合，练时软如绵，用时硬似铁，迎进送出，治服凶顽。其特点是借力打力，毫不费力。它的口诀：“七不七，八不八，你不动，我不捺；脚上丹崖石穴心，半步阳来半步阴，前后左右不留情，黄蜂出洞要蜇人。”

精练“龙虎争巢拳”会自然领会其中无穷的奥秘。例如其中的“四虎游门”可一举控制对方的多面攻击，使对方如入层层蛛网，浑身受制；“霹雳崩山”似雷霆万钧，锐不可当，既使对方无法遮拦，又逃之不及；“三让徐州”使对方误认我怯，奋力出击，及至孤注一掷，而我已避其锐锋，得以集蓄精力，闭气提神，待彼懈怠，一举击之，摧枯拉朽，取胜对方。

“龙虎争巢拳”一共有套路动作 79 招，式式紧密相连，招招相互呼应，善实战攻防。79 招的名称是：起势，青龙舒臂，青龙纳须，王母献桃，滚子手，天王托塔，霸王拔山，双龙出洞，四虎游门，回头取食，冲天炮，捞手冲天炮，欲擒故纵，开步阴擂手，关羽拖刀，左穿连，右穿连，霹雳崩山，左帚步，飘脚，回头吊挂，独劈华山，青龙抢喉，青龙吐舌，猛虎下山，分关手，左脚尖，双压手，右脚尖，抽剑手，猛虎登山，猛虎吐气，罗盘脚，双划手，太子捧印，仙人摘桃，躁锤，张飞跨马，一让徐州，二让徐州，三让徐州，猛虎跳涧，猛虎翻身，猛虎摇头，青龙探爪，趋步扑虎，霸王脱靴，回蹬丹崖，神龙隐雾，钩子手，偷索脚，回马鞭，乔连步，左搭拳，海底捞沙，猛虎开口，马跳檀溪，飞扬手，罗开肘，反面两刀，连步追风手，抽箭回手，反列手，仙人跨鹤，珠子手，双擂手，逢门开剪，海底藏身，猛虎洗面，恶鬼关门，天师盖印，猛虎下山，龙寡手，朝天桨，标划手，确子手，罗良施刀手，虎尾腿，灵官收式。

原载：《中华民族传统体育志》，广西民族出版社 1990 年 8 月出版

文章有删节

巫家拳

易芷媛

巫家拳是巫必达所创，迄今已传七代，有近200年的历史。它在湘潭、株洲、长沙等地流传最广，其次为岳阳、益阳、常德、娄底等地。此外，湖北黄石一带也有不少人演习巫家拳。

巫必达（1751—1812），福建汀州迎城人，青年时便离乡别井，先后到山东、河南、河北、湖北等地寻师学武，先习少林拳

的各种攻防手法，后学武当拳术，深得其藏精蓄气、培神固本等密旨。巫必达人称“巫跛子”，自小足跛力弱。他从自己足跛的情况出发，取少林、武当两家之长，创造出“避实就虚，避强攻弱，借力攻击，回绕奇袭”等一类拳法，套路有偏刚偏柔之分，授拳有体强体弱之别。刚柔并济，体系完整。

清乾隆六十年（1795），44 岁的巫必达来到湖南株洲六石围李大魁家，定居授徒李大魁之子李维潭，后又到湘潭马家河授徒冯南山、冯连山兄弟。后来，李家以耙术著称，冯家以棍术闻名。李冯两家传徒授艺，至今门徒数以万计。

巫家拳的特点是：1. 气功与武术相结合，以意上气，以气上力，使“功劲”上于手足或手足之外。巫必达能在十步之内，手指铜锣而铜锣嗡嗡作响，这便是手外之功劲。2. 布局合理，结构严密，直线往返运行，保持了南拳“拳打卧牛之地”的特点。3. 桩势奇特，以胛剪桩为基本桩势，实战中前后进退自如，左右躲闪灵活。4. 攻防手法多变。进攻的主要手法有六肘（擂、搁、扁、滚、摇、撞）、八拳（黑虎拳、小长拳、三门罩拳、连环罩拳、肘子攀登拳、太子金拳、三珠炮拳、通臂拳）、十二掌（三门掌、吊手掌、分寸掌、封面阳手掌，连环掌、淮手掌、架手掌、满面胡椒掌、偷路掌、塞河掌、步手掌、双掌），攻防兼备的套路有青蛇赶蝎、相手、狮子含雪、将军捧印、快刀削竹等多达数十种。5. 惯使冷腿和散手的近攻、短打、连击，讲究以静制动，以逸待劳，以柔克刚，后发制人。6. “惊风弹淬”为巫家拳发劲的特技。发劲时要求天针玉枕对地针会阴，脊椎中正；欲前先后，后而复前；欲左先右，右而复左；欲上先下，下而复上。丹田鼓动，劲自丹田出。

巫家拳技击性强，历来崇尚武德。1931 年湖南省第一届国术考试时，巫家拳派有5人报名参赛，其中唐徽典获正取第一名，唐云亮获副取第二名，黄忠义获第三名，许德昌获第十名。同年9月唐徽典参加全国首届国术考试，再度夺魁。

巫家拳的基本理论，首先是初学者要掌握人体各部位的正确姿势。它取天、地、人三才为三盘：天为上盘，日、月、星为三节，为人之肩、肘、手；地为下盘，水、风、火为三节，为人之胯、膝、足；人为中盘，精、气、神为三节，为人之胸、心、腹。三盘九节，盘盘对子午，节节共贯通，这是巫家拳的入门功。接着练拳架，再练散手，再次为对练与实战练习。传统练功方法为爪功、罗汉功、轻功。这是湖南巫家拳的三大传统功法。爪功依次为抓棉砣、掐竹筒悬垂、掐油筒悬垂；罗汉功为气功，第一步练气，第二步练排打；轻功又叫轻身法、纵跳法，为巫家拳下盘的重要功法。

巫家拳拳法总计18套：梅花拳、太子金拳、探力心意拳、探桩心意拳、麒麟六肘、田字六肘、正平六肘、摆门六肘、单吊六肘、七星六肘、十字六肘、三桩六肘12套，另有掐吊六肘一至六桩依次为金、木、水、火、土、神拳。其中梅花拳、正平六肘、探桩心意拳已失传。巫家拳器械有巫家单刀、青龙双锏、七步连针棍、四门凳、六合耙等。

原载：《中华民族传统体育志》，广西民族出版社1990年8月出版

太乙游龙拳

湘武学

太乙游龙拳为清代贵阳府一道士所创。贵阳知府以谋反罪将道士逮捕入狱10年。道士在狱中为强身健体创练此功法。后任贵阳知府体弱多病，上任巡监见道士鹤发童颜，赦其罪并求其术。道士感其诚，授太乙游龙拳。时长沙拳师余安仁之五代祖适在贵阳为官，亦得其术，回长沙后作为家传功底，秘不外传。中华人民共和国成立后，方始外传。近几年来演练此拳的人越来越多。1984年举行的长沙工人运动会武术比赛，太乙游龙拳获拳种奖第一名。1988年5月在锦州举行的全国武术观摩交流大会上，湖南长沙市运动员余安仁表演了太乙游龙拳，不仅引人注目，而且被中国武术研究院视为民间珍稀拳种，会后录像作为研究的资料。

太乙游龙拳又名太乙游龙功。1983年湖南省武术挖掘整理小组发现后，于1988年编入《湖南省武术拳械录》。该拳术有太极拳的优美姿势与健身价值，属内家拳，具有健身养生、防身修心的功能，内外兼修，讲究神欲意守，行气天地相合，出掌劳宫穴放气，出脚涌泉穴放气。秘诀云："练精化气：外练白鹤功，内练小周天；练气化神：外练游龙功，内练大周天。"

太乙游龙拳的风格特点是：运动如吐丝，凝神静息，动作缓慢，如龙游太空。舒经活络，吞云吐雾，以气为先。抬足举手，以奇经八脉为意念通行之道。气活丹田，练大小周天，与太极拳有同工异曲之妙。不同招式行气各异，例如起式中的"卧龙伸筋"，气由丹田而入；三段中的"府拜地灵"气从百会而下。遇敌讲究以静待动，借劲化力。该拳演练不受场地、条件的限制，是居家旅行的健身良法。

太乙游龙拳练功方法甚多，主要分动、静两大类。动功以太乙游龙功为主；静功以“木马坐、老君坐、单盘腿”以及“太乙龟息功”为主。套路有徒手、技击、擒拿之分，含太乙白鹤功、太乙七十二闭手、七虎上山、七虎封山、七虎下山、太乙三十六擒手等。其中的“七虎”是指人体的头、肩、肘、手、股、膝、足七部分。“七虎上山、七虎封山、七虎下山”为三套技击套路，每路拳都有来回四个趟子，一、二趟可与三、四趟对应练习，因此它又可对练。擒拿手都是以擒拿为主，即对方擒我，我借其力取其势反擒对方。器械有太乙双鞭、太乙乘风剑、太乙封山棍等。

太乙游龙拳以养生健体为主，极有推广价值，余安仁祖父虽然参加过辛亥革命、北伐战争、抗日战争，身体多处受伤，仍寿至75岁；祖母练太乙动、静二功，寿至98岁。可惜的是因余氏历代将其拳术秘不外传，有些功法如“阴阳萌生术”已经失传。

原载：《中华民族传统体育志》，广西民族出版社1990年8月出版

梅山拳

陈益球　晏晓榕

梅山位于湖南中部，湘江中游西岸，为古梅山之地。汉代地处昭陵、益阳二县中间，皆属长沙，故汉称当地人为“长沙蛮”。隋称“莫瑶”，唐宋称“梅山蛮”。宋代吴政尧所著《开远桥记》，

说梅山蛮居住在梅山十洞之中，过着“食则燎肉，饮则引藤，衣制班，言语诛寓，出操戈戟，居枕铠弩，刀耕火种，摘山射猎”的原始生活。梅山拳就是在这片古老而神奇的土地上形成并发展起来的独特拳种。

宋太祖建隆元年（960），梅山洞主符天锡、李天华、赵天梓等膂力过人。他们雄踞一方，练武护洞，外御强敌，内务狩猎，在保土狩猎的斗争中，逐步创造了梅山拳。宋神宗熙宁年间，朝廷采取招抚政策，梅山纳入宋代版图，始取名为“新化”，一直沿用至今。

自古以来，新化家家习武，到明代末期，新化横阳武术活动最为昌盛，武林高手代代有人。清末横阳习武之风不减当年，几次全县擂台比武，桂冠均属横阳。

梅山拳套路结构紧凑，动作朴实，攻时疾猛，闪躲灵敏，招式多变。攻中自守，闪中有攻，虚实相间，以刚劲凶猛著称。梅山拳谱云：“冲拳为三角，挑拳似牛角，相打紧逼前，拳法似刀镰……”其主要特点是上护胸，下护裆，进步连三响，出手三不归，手不搭，脚不踢，手法多变，多拳法，善用掌，腿法比较少。立桩如落地生根，击拳似雷劈千钧。因此，梅山拳亦有“拳打卧牛之地”的说法。

梅山拳上以金、木、水、火、土五行的变化，结合刚、直、柔、横、斜、虚、实七种劲力。练时以两足为根，讲究精、气、神。它要求身正桩固，气沉丹田，劲养于腰，引于肩，发于拳。内外合一，神意相随，手法以冲、砍、劈、标、贯、封、抓、格、盖、扣、牵、拉、卷、擒、拿、套、撞、斩等技击法，要求四平八正。坐桩常用三点梅（“品”字形）、五点梅（“工”或“田”字形），箭桩为七至九点游龙步。

习武者始练冲拳、标掌等刚劲和直劲，进而练套手、斩手、横拳等横劲与斜劲，再加深练插花手、摆手、牵手、转手，配合“丁”桩步以练虚劲。练习时还要配合气功的腹式呼吸，使全身动作协调，贯穿一气。

梅山拳的拳械套路有二百多，主要有工字桩、梅花桩、太空桩、四门桩、田字桩、梅山掌、三点梅、五点梅、七步追、八步赶、九点飞、三步归、一点红、满堂红、梅城拳、交合拳、祖师拳、边式、小排手、三十只扣手、朝天三炷香等。解放后又引进了少林拳、鹰拳、虎拳、炮拳、醉拳、猴拳等。

在器械方面，据史载宋以前主要有戈、戟、拓弩、长刀、虎叉、棍、剑、腰带、烟袋杆、流星、石锁等。从宋代至现在，又增加了单刀、双刀、关刀、画戟、九齿耙、滚耙、南阳耙、单剑、双剑、锏、板斧、绳鞭、铁尺、花柱、七星刀、齐眉棍、梭镖等。

原载：《中华民族传统体育志》，广西民族出版社

1990 年 8 月出版　文章有删节

自然门

黄小良

自然门为清末四川人徐矮子所创，19 世纪末，著名武术家、湖南慈利人杜心五深得其传。杜心五又传李丽久、陶良鹤、万籁声、彭玉林、杜修嗣、万籁平、胡亚夫、刘杞荣等。万籁声又传万枝鸣、万慕通、高运富、李飞、林志谦、赵洪武、潘伟乾、吴

学光等。自然门又由湖南传到了杭州、福州、香港等地。

自然门法天地阴阳之理，顺于自然之规律，旧说为乾坤。它的总诀是："动静天始，变化无端，虚虚实实，自然而然。"因此，它不重表演而重击打；不重一招一式而重"精、气、神"。它动作自如，动哪有哪，无中生有，任意所为，既有长腿出击，又寓短手自保，无一处不可打击，无一处不可防守。它练功即是练气，练气亦是练功，以意导气，以气为归，意到气到，意止手止，一任自然，轻而有根，软中有硬，随意所加，无所不适。它既非阳刚，也非阴柔，而是刚中有柔，柔中有刚，刚柔相济的上乘武功。

自然门一洗少林拳之刚毅，二改武当拳之柔弱。其练功方法较多，择其要者略述如下：

（1）矮裆走圈：此为自然门入门重要功夫，是一练气法门。练时矮裆下式，一步一手，手成虎爪式自胸内圈出，眼平视，意守丹田，不配合呼吸，由小圈而大圈缓缓而行，继则变手法为鬼头手推出，而加腿法练习，先钻踢后骈踢，以内圈手收功。

（2）子母球：铁制大小两球，合步以制敌步伐配合练功，是式以马裆为主。手法有抛、擒、拿、斩、切、刷、推、刺、砸、劈等。

（3）沙包：用四层厚帆布做成圆形沙包，重约20多斤，内装绿豆大的铁沙子，习五指抓扣之劲。

（4）虎口棒：木质，长4寸6分，直径1寸9分，以两手虎口转动纠捏，练虎口劲。

（5）三角桩：三根木桩埋于地下成三角形，相隔各为1尺5寸。桩上缚麻绳，以步法窜穿游走配合腿法挂扫钩撒，习临战制敌之功。

（6）走箩筐：置一大箩筐，开始内装大小石块百十斤，习者以矮裆沿箩筐边缘缓行，渐渐减少石块，步伐亦随之加快，最后以能在空箩筐边缘上快速行走、转换自如为成功。

（7）上桩功：为练内膜之气的重要法门，先埋一木桩出地面3尺，习者以胸口抵木桩上，身体悬空，四肢张开，功成时背上再置重物，仍谈笑自若。

自然门的徒手套路只有一个，即自然拳。习者先于地面画一“米”字形长方形，即三行九点，行拳按路线练习，最高境界可覆九碟于九点上，以脚尖打拳。自然拳谱为：令牌式、鸦雀步、回身式、长手推掌、捻步、翻锤、撩打、肘打、削掌、上山虎、靠打、栽锤、跪闪、平胸收式。

自然门的技击套路有鬼头手和黄昏锤。鬼头手是以掌根为力点击人，对敌时以步法配合使用。如对手以拳进攻，不论其或左或右，均往旁闪身倒插步，一手下按来拳，一手出击敌胸或面部，继以前脚为轴心，转半弧以另手推击，二掌连击，不容对方喘息。黄昏锤土语为糊涂之意。它实际是连续的砸打拳，目标为对方的手臂、面门。无论是进攻或防守，皆是数拳一气呵成。例如我以拳砸击对方，对方以臂上架，我二拳亦接着砸下，以紧逼步法三拳四拳接连砸击，使对方晕头转向，即黄昏锤之意。

原载：《中华民族传统体育志》，广西民族出版社1990年8月出版

盛氏武功

蒋松卿

盛氏武功为清道光年间湖南常德人盛学林所创。盛学林传子盛汉钦，盛汉钦传子盛敦典，盛敦典传子盛英豪，已历4代共150余年。盛英豪1947年在益阳遇五台山灵空禅师弟子郭铁桶，向其学习峨眉硬气功；1948年他在桃江梓良岩观中遇云游道人，又向其学会多种道教气功。盛英豪将祖传盛氏武功与两位武林高手所授之武功融会贯通，经多年的探索和实践，进一步充实发展了盛氏武功，并且已成为湖南特有的一种以健身祛病为主的功法。中华人民共和国成立后，盛英豪打破了秘不外传的陈规，先后在常德、益阳、汉寿、桃江等地授徒300余人。

盛氏武功的师传口诀中有“拳为功之苗，功为拳之本；练武先练功，练功先练桩”等内容。这些口诀说明盛氏武功首重根基功夫。盛氏武功练到一定程度，能使五脏坚固，筋骨强劲，眼目清明，阴阳和平，益寿延年；练到上乘境界，掌能开石，拳可碎砖，腹受千斤，任打无伤。若他人用头撞肘顶、腿踢拳击，则其身体受击部位隆起一气团，任人击打，浑若无事。盛英豪还能演练“井底埋人”绝技与“踏泥无痕”等轻功。

盛氏武功的基本功法有“健身三式”、“四把功”、“壮劲功”等。“健身三式”有调节神经、气血贯通、健胃壮筋之效能。男女老少均可练功，有病治病，无病健身。预备式气定神守，排除杂念，双足开立与肩同宽，气沉丹田，两手手心朝上，斜置于腹股沟前，意守劳宫。第一式为呼吸法，吸气两手缓缓上托，双足跟随之慢慢提起，双手托至头顶百会穴处，两手向前翻转，掌心朝前，继之双手向两侧分开，慢慢下落腹股沟处，同时呼气，双足跟随之落地。第二式为托天法，预备式同前。两手慢慢提举至头顶，翻掌朝上，掌指相对，意念有一股气再从中指尖循内外两侧下行，向大椎穴汇拢，再从大椎穴沿脊椎两旁至骶骨处，再分作左右沿两腿下行至两脚尖，此为半周。意念中有一股气从两脚尖循原路返回行至两中指尖，此为一周。如此反复多次，以手指尖、足趾尖有涨麻感为好。第三式为护田法，马步站立，右手握左手，手心按于丹田，取逆式呼吸法，双手随呼吸时腹部之起落而缓缓起落。“四把功”、“壮劲功”本文从略。

盛氏武功徒手套路有白鹤展翅、黑虎出洞、猛虎出门、饿虎扑食、大虫伸筋、黑虎掏洞、猛虎撞树、虎啸山威、大虫朝山、猛虎蹬尾、黑虎倒袋、饿虎归洞共 12 种。长器械有子午雪花棍（共 64 式）、龙虎棍，短器械有单锏、铁尺等。特技“井底埋人”需先练阴阳功 2 至 3 年，功成方可演练。

原载:《中华民族传统体育志》，广西民族出版社 1990 年 8 月出版

四　少数民族体育项目

土家族舞狮

左 燕 向鸣坤

舞狮，在我国许多地区、许多民族中，都是一项为广大人民群众所喜欢的民族传统体育活动。居住在湘鄂川黔四省边境的土家族人民，在喜庆的节日里，尤其是在一年一度的春节期间，总是常常进行舞狮活动。土家族的舞狮，虽然与其他各地、各民族的舞狮在动作上是大同小异的，但在民族风情上，却又有着自己的特点。

土家族的舞狮，从舞狮的形式上，可以分为长狮子（二人组合舞狮）和少狮子（一人舞狮）两种；从舞狮的目的性上，可以分为娱乐性舞狮和礼节性舞狮两种；从舞狮的内容上，可以分为文狮子和武狮子两类。土家族的舞狮，一般都是舞长狮子，且文武兼备，礼娱结合。

土家族的舞狮队，一般由九人以上组成：一人玩绣球，二人舞狮子，一人手持蒲扇戴头罩扮罗汉，三人戴面罩扮顽猴，三人组成打击乐器队（一人打头镲、一人打二镲、一人打锣，有时还有一人打鼓、一人打钩锣等）。另外还有武术队未计算进来（因为人数可多可少，有时只舞狮，不进行武术表演）。所有的舞狮动作，都由玩绣球者带领，雄狮和着锣鼓点子的节奏进行各种摇头、远眺、回眸、跳跃、抖毛、打滚、闪转、戏猴等动作的表演，顽猴总是不停地抓、扯狮毛、骑跨雄狮等戏狮，罗汉总是手握蒲扇令顽猴规规矩矩为雄狮梳理狮毛……所以，土家族舞狮有舞也要有武（舞武兼备），有戏也要有嬉，缺一不可，协调有趣。

土家族舞狮的锣鼓点子，根据舞狮动作的需要，主要有以下两种：

第一种：‖扯扯扯　启扯启扯‖启 扯　启 扯　　启 ○ |
　　　　　　　　　　锐　　　锐　　　　锐　　　锐

扯扯扯　　启 扯　启 扯 | 启扯　启扯　　启○‖
　　　　　锐　　锐　　　锐　锐　锐

第二种：扯 启　扯 启……
　　　　锐　　锐

注：扯——头镲声；启——二镲声；锐——打锣声。

第一种锣鼓点子，多用于舞各种动作；第二种锣鼓点子，是雄狮行进或雄狮俯卧稍息时各种动作的锣鼓点子。

除了上述两种锣鼓点子外，在雄狮停舞时，便是土家族的各种“打溜子”（土家族打击乐器各种打法的总称）。

土家族舞狮的风情，一是雄狮拜年，二是雄狮上桌子。

一　雄狮拜年

雄狮拜年，是土家族礼节性舞狮的总称，含雄狮给土家山寨各家各户拜年、祝福、道喜的舞狮。俗话说：“狮子间寨不间家。”这句话的意思是：凡是雄狮拜年、祝福、道喜等，可以不到某一个村寨来，如果进了某一村寨，每家都得去，切不可间几家不去。

雄狮拜年，一般是进了大院拜四方，拜毕四方再进堂屋（客厅）拜祖先，然后边拜边退出大门，最后左右摇头笑辞主人再去另一家拜年。但是土家族的舞狮风情却有特别之处，现在分别叙述于下：

1. 拦门“考”狮

所谓“拦门”，即雄狮给某户拜年，在进“朝门”前（有的地方叫做“龙门”、“财门”、“院门”或“楼门”），主人摆一条长凳（或其他物）拦住门来“考”、“盘”雄狮，这叫做“拦门”。

（1）横摆“拦门”

凡是将长凳横着摆“拦门”，意即将“朝门”拦住，不让邪魔妖怪进福门。这时，雄狮队里的顽猴（一般雄狮队里武艺高超者扮顽猴）须做一个旱地拔葱式使身体腾空而起，或做空翻，或直接落在长凳上盘脚而坐，以示大吉大利。此时主人燃放鞭炮欢迎，雄狮队方可进门拜年。

（2）竖放“拦门”

凡是长凳竖着放“拦门”者，意即主人架金桥银桥欢迎雄狮临门。此时顽猴须在长凳上做一个前滚翻或鱼跃前滚翻，并在起立时顺势将长凳子扛在肩上，以示雄狮过金桥银桥，并担金担银担给主人拜年、祝福。此时主人亦以燃放鞭炮表示欢迎，雄狮队方可进门拜年、祝福。

（3）立放“拦门”

凡是将长凳一端着地并以此端的两只脚的外侧支撑地面，另一端斜朝上，并使两只脚向“朝门”外伸，意即有“神荼、郁垒”二将把守福门[①]。此时，顽猴须在长凳上端手握两条长凳的脚拿大顶（手倒立）或做金鱼钻天（肩倒立或头手倒立），然后空翻进

---

① 神荼、郁垒：土家族常以此二像贴在“龙门”（朝门）上镇、驱邪魔妖怪。据蔡邕《独断卷》上记载：“海中有度朔之山，上有桃木、蟠屈三千里。其东北有鬼门，万鬼所出入也。神荼与郁垒二神居其门，主阅领诸鬼。恶害之鬼，执以苇索而以食（饲）虎。故十二月岁竟，常以先腊之夜逐除之也。乃画荼、垒并悬苇索于门户，以御凶也。”

《荆楚岁时记》：“正月一日，绘二神贴户左右，左神荼，右郁垒，俗谓之门神。”

门，意即雄狮腾云驾雾来给主人拜年、祝福。此时，主人则以“炮”（燃放鞭炮）“火”（放焰火）热烈欢迎。

土家族“盘、考”雄狮队“拦门”的形式还有很多，在此不再一一列举。

一般来说，凡是主人“盘、考”雄狮者，在雄狮拜毕祖先后都要给雄狮“披红”（即给雄狮挂红绫或红绸），在雄狮笑辞主人时，有时还要给雄狮队赏“红包”（礼钱）。

“披红”是在雄狮拜毕祖先后由主人给雄狮“挂红”。“赏红包”则是雄狮在院内娱乐性舞狮过程中的“奖品”。这时，主人的鞭炮声不绝，雄狮的娱乐活动是不能停的，在舞狮的高潮中，主人则在高空悬挂“奖品”。雄狮领奖（巧取红包）决不是一件容易的事，一般是群顽猴千方百计使出各种高超技巧才能取下“红包”，例如搭起数人人梯（如现代技巧的多人“立柱”），甚至辅以武术器械，才能巧取“奖品”。有的主人在雄狮娱乐性舞狮时，拉住玩绣球者的手，意即请雄狮队“吃茶”。“吃茶”，是土家族欢迎贵客的见面礼。土家族的“吃茶”，不是喝用开水冲泡茶叶的茶水，而是吃开水冲泡炒米、团膳（糯米做成的茶点），内加蜂蜜，有的另烧糍粑等，给雄狮队“夜宵”。凡是主人要请雄狮队“吃茶”，围观者必然议论纷纷，有的还四处奔走相告，因为此晚必有“好戏”——雄狮上桌子。

二　雄狮上桌子

所谓雄狮上桌子，就是指雄狮队不光是在平地上舞狮，而且是平地与登桌子相结合的舞狮。这就是土家族的舞狮文武兼备的表现。凡是能登桌子的雄狮叫做武狮子，一般观众尤其喜欢看武狮子。

桌子摆在院子的中央，一张接一张地从下向上一封书式的重叠起来，一般是5至7层不等（有的地方也有按5、4、3、2、1金字塔式的“马鞭桥”的摆法）。土家族看雄狮上桌子，主要是看武术队的水平、顽猴登桌的技巧和雄狮如何一层一层地登上一封书式的桌子的最高层。

雄狮上桌子，一般是分两个阶段来进行：一是两个顽猴上桌子，名曰：“顽猴祭佛祖”，实际上是检查桌子是否安放稳妥；二是雄狮上桌子。

1. 顽猴祭佛祖

看顽猴上桌子，实际上是看这个雄狮队的武艺水平。先是雄狮队里的后生们拿着自己喜爱的兵器，使出自己的“拿手好戏”来进行武术表演。由于围观的人群人山人海，而且渐渐向中央拥挤，此时进行武术表演可将桌子周围的观众“招呼”向后退。一般是要流星者居前，带领众武林高手进场表演。因为流星不停地在头上画圆圈，圈有时大有时小，不时平圆圈与斜圆圈相结合，有时还使出“朝天一炷香”，一下子就把观众的注意力吸引过来并“招呼”后退到适当的位置。此时在一封书式的桌子四周，有表演梭镖刺喉、镗耙拦虎、齐眉棍扫羊的，也有羊角叉刺野猪、流星追雕的，真是使人目不暇接。抬头一看，二顽猴已将祭盘一层一层地传到了最上层。一般人认为：猴子是没有去不了的地方的，因而端祭盘上一封书式的桌子去祭佛祖，简直是易如反掌，其实绝非易事。因为每上一层，必须先作“倒挂金钩”式，将脚伸上上面一层，然后以“仰卧收腹”式把祭盘一层一层向上传直至顶层。不光是如此，而且还要求在传递过程中，一要不使祭盘内的“灯、烛”（清油灯、蜡烛）熄灭，二要做到祭盘里小酒杯内盛满的祭酒不溢，真可谓难上加难。其实，更难的表演还在后面，即祭毕佛祖后，顽猴要在桌子上作“岩鹰展翅”和“观音坐莲”式表演。所谓“岩鹰展翅”式，是顽猴用腹部俯卧在立于桌上的齐眉棍的上端，并使两脚两手在高空中伸向四方旋转数周；所谓“观音坐莲”式，即顽猴在齐眉棍上取“观音坐莲”式旋转三周。做完上述二式，才算表演完毕，然后，才能一层一层地把祭盘传下来。

2. 雄狮上桌子

所谓雄狮上桌子，就是指雄狮在一封书式的桌子上一层一层地依次向上舞狮，然后从上面舞下来的全过程。雄狮上桌子，不论是从动作的难度看，还是从舞狮二人协调配合的要求讲，都较顽猴上桌子的技艺有过之而无不及。舞狮动作稍有不慎、技巧欠精或二人配合出现细微失调，不但不能爬上去而使表演失败，甚至还会发生伤害事故。尤其是土家族的雄狮上桌子，一无安全保护设施，二无软垫铺于地面防护，全凭娴熟的高超技艺加细心默契配合，紧扣观众的心弦。一层一层地向上舞狮，每登上一层便获得观众暴风雨般的掌声和主人千响以上的鞭炮声，视此一层一层不断地获得祝贺，直至最上一层才使主人与观众稍微松了一口气，心情才渐渐地平静下来。其实，这时只是雄狮表演上桌子，桌子上的表演还未开始，真正的“好戏”还在后面：“雄狮过三关”。

第一关：拜谢四方

雄狮拜谢四方，这是它给围观群众施礼，也是文狮子表演的主要内容，还算不上什么难度，更谈不上什么“过关”。这时的拜谢四方，要在一封书式的桌子的最上层四脚朝天的桌子脚上进行。如果说舞狮二人的四脚在桌子朝天的四脚上舞几下，也还不算有多难，现在是要在四脚对准四脚的前提下拜谢四方，这就要求舞狮二人在桌子脚上不停地换步，还要舞出各种动作，做到一要踏稳，二要换脚不踏空，三是高空舞狮不胆怯，这不能说不是雄狮过难关。

第二关：雄狮啸天

所谓“雄狮啸天”，就是雄狮拜毕四方后，舞狮尾的人站在桌子脚上将舞狮头的人高高地举起来，狮头昂首向空长啸，这就叫做“雄狮啸天”。不管是舞狮尾人的力量，还是舞狮二人的密切配合，技艺都要炉火纯青，完美无缺。所以“雄狮啸天”是雄狮上桌后名副其实的又一道难关。

第三关：飞返凡尘

这是一个既惊又险的使人既想看又不敢看的神奇动作。所谓飞返凡尘，是雄狮啸天后在桌子上的各种舞狮动作已基本舞完，只剩下一个返回地面的动作。可是，土家族舞雄狮上桌子后，一般是不从原路返回的，而是一跃即回。因此，此时雄狮必须从两丈多高的高空中跳下来，这就叫做雄狮飞返凡尘。所以雄狮飞返凡尘，是雄狮啸天后从高空跳下来，并顺势在地上打几个滚，然后由舞狮尾的人将舞狮头的人举起来，取逆（顺也可以）时针方向，绕一封书式的桌子跑三圈，这才算将雄狮上桌子的全部动作舞完。

为什么土家族善于文武兼备的舞狮呢？为什么土家族又特别喜欢这种文武兼备的舞狮？说来也不奇怪。土家族聚居地区，每个村寨基本上都有舞狮队，一个舞狮队代表这个村寨的武艺水平，青少年男子武艺水平高者，常为土家族青少年女子所追求。尽管土家族的男女婚姻是父母之命，媒妁之言，但这种雄狮过三关，一关更比一关难、一关更比一关惊、一关更比一关险的“难、惊、险”始终为土家族青少年男子的追求和青少年女子的希望。因此，雄狮上桌子就成了土家族男女青少年一种社交的需要。

土家族舞狮是看武、学武、练武的好时机，并为土家族人民所喜好。舞狮这一活动已逐渐地形成了一种民族民间的传统体育活动。

原载：《湖南体育史论文选》第二辑　1998 年 4 月　　文章略有删节

苗族舞狮

龙佩林　向鸣坤

居住在湘鄂川黔四省边境的苗族人民，每逢自己的传统节日，如“春节”、“吃牛会”、“四月八”、“赶秋节”等都少不了舞狮活动。苗族舞狮，与我国其他各地区、各民族的舞狮基本相同，所不同的是，苗族舞狮始终有着自己的民族特色，并且还逐渐形成湘西苗族本地区的舞狮节——“百狮会”。

一　“百狮会”

苗族人民舞狮，不仅在喜庆节日里进行，而且还逐渐形成了本民族地区的舞狮节——“百狮会”。每年正月十二日，吉首矮寨乡大兴寨村都要举行“百狮会”。来自吉首、保靖、花垣、凤凰等地的雄狮，一般都要到这里来“会狮”。由于来“会狮”的雄狮多（基本上是 100 头左右，有时多达 120 头），不但使这个小小的大兴寨成了“狮”的海洋，而且还把这一天定为“百狮会”。从此，苗族人民有了自己的舞狮节。

为什么苗族人民把舞狮列入传统节日？为什么苗族人民把舞

狮活动发展成为一项传统的文娱体育活动？原因是多方面的。据传，在很久以前，妖魔与灾难经常降临到湘西苗寨。当时，深山密林中常常奔出一群降魔除灾的狮子与妖魔进行顽强的搏斗。妖魔不甘心失败，把狮子骗到海边，使其离开用武之地以便制服它，为自己作恶扫清障碍。一个机智勇敢的苗族青年，识破了妖魔的诡计，追至海边，除掉了妖魔，并把狮子引回苗乡。从此，苗族人民不仅过着幸福平安的生活，而且各村寨每遇喜庆节日都以舞狮活动来庆贺。久而久之，不但舞狮逐渐成为苗族人民的一项传统的文娱体育项目，而且还逐渐形成了“舞狮节”——“百狮会”。

二 “抢狮”、“迎狮”与“偷狮”

“抢狮”、“迎狮”与“偷狮”是苗族人民舞狮的又一特点。苗族人民舞狮不是单纯地舞狮，而是配合苗族武术进行。名曰看舞狮，实际上是看苗族武功，因为一个舞狮队总是代表着这个苗寨的武艺水平。

1. “抢狮子”

“抢狮子”是“百狮会”上一种传统的习俗活动。一个苗寨的狮子队正在表演时，另一个苗寨的小伙子按事先商量好的计策，选一身强力壮者为“抢手”，其余数十人作掩护，趁对方不备，采取突然出击的办法，把对方的“狮子”抢过来（指狮皮），然后高高地举过头顶，并迅速奔回本寨。被抢走“狮子”的舞狮队因为别的苗寨人民看得起自己的武艺，便高高兴兴地敲锣打鼓、吹角鸣号（吹牛角、长号），带着武术队赶到抢得“狮子”的苗寨去“做客”。这时，抢回“狮子”的苗寨的男女老少一齐走出寨口欢迎贵客，对客寨的小伙子连称“玛汝”（好的意思），并且热情地拿出米酒、炒米花、糍粑等招待客人，然后劈柴生火、杀猪宰羊款待客人。是夜，“迎狮”表演热闹非凡，高潮一个接一个地表演到深夜，然后分散留宿。

2.“迎狮子”

“迎狮子”不光是用燃放鞭炮来给狮子披红、挂绿，还要以舞狮来欢迎客人。一般是用“迎狮、问狮、盘狮、考狮”等形式来进行。这里仅以“迎狮”一例加以说明。

“抢狮迎狮”是指把别的苗寨的狮子抢回本寨后所举行的一种“欢迎仪式”。“抢狮”的实质是苗族人民邀请临近苗寨舞狮队到本寨表演的一种“邀请”习俗，因而“迎狮子”的方式也就特别，不光是采用普通的挂红、放鞭炮，还要进行别具一格的“舞狮”表演。居客位的舞狮队，在举行“欢迎仪式”前，先是接回自己的“狮子”，然后在锣鼓声中挨家挨户地给全寨人拜年、祝福、贺节。实际上一是真正地给各家各户拜年、祝福、贺节；二是“请”各家各户来看他们的舞狮表演。

为了交流舞狮经验，切磋舞狮技艺，主人在寨中央的空坪里以“金字塔”式重叠九层36张大饭桌，并使最上一层的饭桌脚朝天（有的地方饭桌多达66张），主人客人共同表演“狮子爬桌子”。表演的程序是：先是武术表演，次是表演跳桌子，最后才是主客二狮共同爬桌子。不管是武术表演还是舞狮表演，都是主人在前表演，客人跟着表演。

舞狮表演首先是看武术表演。苗族武术内容丰富，一般分徒手（拳术和点穴）和器械（硬、软、暗器）两大部分。徒手含提劲、基本劲、策手、花架子、点穴、示礼六方面。器械则有硬器械——棍、钩钩刀、剑、锏、护手、大刀……软器械主要有流星、神鞭、九子连等；暗器有飞刀、戒指针等。武术表演除了点穴与暗器不表演外，其他内容均各显其能。

武术表演一般是流星开道。观“迎狮”者人山人海，且争先恐后地向表演场中央拼命拥挤，要流星者不停地使流星在头上舞平圆，“招呼”观众自动向后退，随后便是徒手、器械各显其能，使观“迎狮”者大饱眼福。武术表演名曰给围观者看，实质上是同场表演、互相交流、切磋武艺，是一场名副其实的不设裁判、不评分的武术比赛。每到精彩处，观众均报以热烈的掌声。

跳桌子，是“迎狮”的第二个内容。主人先跳，客人尾随。先是切四角，即双手撑桌角，使身体从桌角的一边腾空跃起，从桌角的另一边落下，连跳四角为“切四角”。其次借用助跑的前冲速度，手撑桌面，从桌子上越过，这和体操的跳马一样可作多种腾越。一般是先跳一张大饭桌，继而增至两张、三张……饭桌成一字形平放地上，跳桌子的人双手在桌面上可以快速地向前移动几下，这样就可以跳过更多的桌子。

二狮爬桌子，这是“迎狮”的最后一个内容，也是迎狮的高潮。二狮先拜谢四方，然后主客二狮从桌子的第一层起相向而爬，爬至第一层的另一端再上第二层，依次爬上最高层。到了最后一层，主人的雄狮先在四脚朝天的桌子四脚上舞狮拜四方，然后由客狮依此拜谢四方。最后，主客二狮一齐跳上翻着的桌子脚上，由舞狮尾的二人将舞狮头的二人同时举起在高空中做“二狮啸天”的动作。然后再一层一层地舞到地面。此时主人四处鞭炮齐鸣，祝贺二狮爬桌子表演成功。“迎狮”活动到此结束。

3. “偷狮子”

“偷狮子”，是指一个苗寨邀请另一个苗寨舞狮队来舞狮的“邀请”习俗。“偷狮”要寻找机会，趁其主人不备，背起狮子即走。一般说，凡是“偷”都是不光彩的事；凡是“偷”要一不使主人看见，二不让旁人知道。但是苗族“偷狮子”的习俗，情况就不相同。即“偷狮子”者唯恐主人看不见，但始终不让主人跟上；同时也唯恐旁人不知道，因为他要告诉路人：今晚本苗寨有“好戏看”——“偷狮迎狮”。所以“偷狮”者前面走，被“偷”者在后面高高兴兴地敲锣打鼓、吹角鸣号慢慢地跟。以下的活动与“抢狮迎狮”完全一样。

这里需要补充说明“留狮子”。所谓留狮子，就是“抢狮迎狮”或“偷狮迎狮”后所进行的舞狮活动。也就是“抢狮迎狮”、“偷狮迎狮”后第二天的舞狮。“留狮”要有水平，你虽然可以“盘、考”别人，但别人所做的动作，主人也要能做。这实际上是一种更高层次的不设裁判的舞狮比赛。例如雄狮登桌“啸天”后，客狮如果从九层的高桌跳下时，主人也得跟着向下跳；同样，主人能做的动作，客人也要跟着做。如果跟不上，不管是主人还是客人，就算输给对方。所以“留狮子”是一场名副其实的舞狮比赛。

苗族舞狮的“抢狮”与“偷狮”，在其他地区、其他民族的舞狮中是少见的。不管是“抢”还是“偷”，最后都要把“客人”送走。苗族人民舞狮“送客”也是很特别的，除了要给雄狮“挂红”、放鞭炮外，还要将头天杀猪宰羊留下的一条猪腿、羊腿送给客人，因为猪腿、羊腿象征吉祥如意。

为什么苗族人民如此喜欢舞狮？为什么苗族人民舞狮习俗至今仍然保持？为什么吉首市矮寨乡大兴寨村的“百狮会”年复一年地始终热闹非凡？为什么现在的“百狮会”除了舞狮以外还进行传统的“八人秋”、“跳鼓”等民间的传统体育活动？答案很简单：一是苗族人民文化体育生活的需要；二是苗族男女青年社交活动的需要。舞狮活动正是苗族青年男子大展“才华”的大好良机，也是苗族青年女子洞悉苗族青年男子武艺水平的良机。所以，苗族舞狮既是苗族人民文娱体育生活的需要，也是苗族青年男女恋爱前互相了解的重要社交活动。

原载：《湖南体育史论文选》第二辑　1998 年 4 月

上刀梯

蒋松卿

上刀梯是湘西苗族的传统体育活动。相传在很久以前，苗岭出现一个妖怪，到处害人。一位叫石巴贵的青年，自告奋勇带着 36 把钢刀来到一座高山上，将刀一把一把地由下而上插在一株大树上，插一把上升一步。插到最后一把，登上树梢后，舞动手中的降妖鞭，吹响牛角，高呼要与妖怪决一死战。跟随他上山的百姓则在树下点燃鞭炮和铁铳，敲起锣鼓。妖怪见此情景，只好逃之夭夭。为纪念石巴贵为民除害的勇敢精神，形成了一项民族传统体育活动，流传至今。每当赶年场或重大节日，都有勇士表演上刀梯。

表演上刀梯时，需先立一根高 10 米以上的木杆，杆上凿眼安插钢刀。钢刀长 45 厘米，刀背厚 0.5 至 1 厘米，刀刃锋利朝上，安装钢刀时加栓固紧，以防摇动，一尺一梯，共 36 梯，分左右安插。木杆四周拉线固定，即可攀登。攀登者身着民族服装，赤脚并露出小腿，高挽衣袖，光着膀子，双手抓住刀刃，双脚踩着刀刃，一梯一梯往上爬。爬上第 36 梯时，吹响牛角，再一梯一梯地下来。情景惊险而精彩。

上刀梯经过改革，剔除了其封建迷信部分，保留了科学的内涵。上刀梯的人必须有深厚的武功基础。上刀梯之前必须运足气力，气贯“涌泉”和“劳宫”，方能节节向上攀登。可以说是：“上刀梯表演几分钟，平日训练需有千日功！”

原载：《中华民族传统体育志》 广西民族出版社 1990 年 8 月出版

跳　　鼓

吴荣臻等

跳鼓是苗家最普通、最富有民族特色的传统体育活动，也是一种五彩缤纷的民间艺术形式。此项活动历史悠久，形式多样，内容丰富，对增进身心健康大有益处，深为苗家所喜爱，在湘西苗区尤为盛行。从近代群众的跳鼓活动情况来看，赛鼓和欣赏评比赛鼓的标准是技巧性和灵活性，而不是艺术性或思想性（当跳鼓作为歌舞形式出现时则例外）。跳鼓表演需脚跳、手击、腰旋、体转，多用内功，讲究气质，体力消耗颇大，是一项全身运动的体育活动形式；且其只有动作上的高低简易之分，而无神态上的喜怒哀乐之别；只要求套路准确，技术熟练，气质刚毅，功夫精深，而不加任何感情色彩。因此，将它纳入少数民族传统体育项目。

苗族跳鼓活动历史悠久。关于它的起因及产生的年代，民间传说有种种。有的说起于部落争战的轩辕时代；有的说是苗族先民在作战中击鼓励志，鼓舞勇士们冲杀；有的说是战争胜利后击鼓庆功，让勇士们同姑娘们一起娱乐；有的说是起源于一对苗族夫妇杀死毁庄稼、害人命的妖魔，并以其皮制鼓，跳跃狂欢，以庆胜利；有的说起于古代的祭祀活动，说的是苗家敬神祭祖多有击鼓通神和击鼓叩恩的仪式，因而编成了跳鼓套路；有的说据《山左金石志》与《汉阳石画像》，汉代鼓舞图象与红苗鼓舞相似，推断苗鼓源于汉代；还有的说是模仿猴子或模仿啄木鸟编成的，等等。关于跳鼓的起因和产生的年代并无确定。不过，据《凤凰厅志》、《乾州厅志》、《永绥厅志》（永绥厅即现在的花垣县）以及《苗防备览》等有关地方志书记载，苗家跳鼓活动早在明清以前就已十分盛行。如《保靖概要》中写道："其始也，集男女于庭，伐鼓鸣锣，通宵达旦，名'打猴儿鼓。'"足见当时的跳鼓盛况。不过古时候的跳鼓活动多是伴随隆重公祀活动进行的。经考查跳鼓在民国时期已演变为两种形式：一种是古代歌舞式，即志书中记载的那种形式沿袭下来；一种是民间体育式。此两种形式并存，然体育式活动面更广，参加的人更普遍，多出现在苗家的传统节日如"跳年会"、"四月八"、"六月六"、"赶秋"、"鼓社节"等。体育式的跳鼓，先摆出一面或多面众鼓（此鼓是公众凑钱制的，以利公众使用，所以叫众鼓），聚会者不分男女老少，不分本地人或外地人，人人可以击鼓，或先由本地人打，外地人和；或先请外地人打，本地人和，形式不拘。其打法是按套路自打自跳自转，做出许多动作，或单人或双人或多人同于一面鼓上进行，无其他歌乐舞伴。

苗家跳鼓的种类有凤凰的"花鼓"，吉首的"四人鼓"，古丈、保靖、花垣等地的"团圆鼓"、"筒子鼓"、"跳年鼓"、"单人鼓"、"双人鼓"和"猴儿鼓"等。综其套路动作内容有武术动作、生产模仿动作和生活模仿动作三大类型。武术动作有“流星赶月”、“雪花盖顶”、“白马悬蹄”、“猛虎下山”、“懒龙缠腰”、“观音坐莲”、“双星拜月”等；生产模仿动作有上山、下山、挖土、犁田、种地、插秧、挑担、晒谷、车谷等；生活模仿动作有梳头、照镜、织布、绣花、推磨、打粑粑、洗菜、淘米、煮饭等。从跳鼓的表演形式来看，有单打（包括男子单打和女子单打）、双打（包括男子双打和女子双打）、对打、男女混合打以及团体打等。在表演形式上，虽然都是将一面鼓置于木架之上，由一人或两人两手持木棒敲鼓腰（又称“敲边”），由一人或多人手拿双头鼓锤击鼓，可表演的套路、动作、鼓点、节奏等却各有不同。

此外，还有“筒子鼓”和模仿猴子动作的“猴儿鼓”等，其套路均在单打或双打的范畴内。

苗家跳鼓还有一个特点，即讲究鼓点节奏和步伐。其鼓点节奏有单点鼓、双点鼓和三点鼓、五点鼓、九点鼓以及行步鼓、转身鼓等。其步伐有走三步、走三步踩三角和滚步翻身等。

跳鼓的设备简单，只需鼓、鼓架、鼓锤以及一块较宽的露天平场或室内平场即可。鼓用木板制成圆桶形，腰大而两头略小，两面蒙上生牛皮，直径约 60 厘米至 70 厘米，腰长 120 厘米至 150 厘米。鼓架即支撑横放的木架子，高约 60 厘米至 70 厘米。鼓锤即打鼓的圆木棒，长约 15 厘米至 18 厘米；直径约 3 厘米，以击鼓时手握中间两头可打为宜。

原载：《中华民族传统体育志》　广西民族出版社 1990 年 8 月出版

接龙舞

蒋松卿

流行于湘西凤凰、吉首、保靖、花垣、古丈等地的苗族接龙舞，规模宏大，气势磅礴，是一项文娱性较强的传统体育项目。相传苗家太阳山有48条真龙，主管苗区行云降雨。苗族青年吴梁雄说当今皇帝不是真龙天子，太阳山的龙才是真龙。皇帝一听大怒，立即派兵去太阳山斩断龙脉，致使苗家年年受旱。吴梁雄找风水先生，被告知只要大家拿着碗，带着雨伞，到洞庭湖舀一碗水放在堂屋里，龙就会回来。苗家照此办理，龙果然归来降了雨水。从此人们盼龙降雨时就成群结队去接龙，并养成了风俗习惯。

接龙舞多在苗族节日进行，尤以“四月八”最为隆重。接龙舞一般由100名穿花戴银的苗族姑娘和100名青衣青裤的苗族小伙组成。姑娘一手持花伞，一手执黄绸款款而前，小伙一手持青伞，一手执蓝绸尾随于后。前导者扮成“龙师”，手持碗边敲边唱，后跟两人各持红绿旗一面，200人组成的龙身，在曲折的山道上蜿蜒行进。当这条长约100米的“巨龙”行进到水塘边时，花伞、青伞突然张开，黄绸、蓝绸迎空而舞，似吞云吐雾，雨随龙来。在“龙”的身旁，鱼灯、虾灯、蟹灯等各类水族竞相簇拥。这时，巨龙起舞，200名男女青年配合默契地表演青龙翻身、黄龙穿花、鲤鱼跳龙门、二龙抢宝、黄龙进门、关龙门、丢粑粑等动作。以苗族长号和包包锣为主的乐队，加进锣鼓、唢呐齐奏，人们的欢呼声此起彼伏。

接龙之后，还有闹龙、安龙的活动，象征祈求幸福安乐永驻苗乡。从接龙到安龙，常常要表演几天几夜，个个跳得满头大汗，人人舞得兴致盎然。此外，在接龙、闹龙、安龙的整个活动中，彪悍勇武、飒爽英姿的苗族青年男女，还要表演棍棒、空拳、木档、刀叉、流星等武术项目。

原载：《中华民族传统体育志》　广西民族出版社 1990 年 8 月出版

打 泥 脚

蒋松卿　黄德长

“打泥脚”是湖南城步苗族自治县苗族青年男女最喜爱的传统体育项目之一。

传说，金南山有一个 50 多岁的寨王，依仗势力时常强抢民女，供其享乐。他作恶多端，人民恨之入骨。一天，寨王上山打猎回家途中，偶遇一个十七八岁的少女，美丽俊俏。黑心的寨王又起歹心，命家丁将这女子抢回家中，强迫成亲。这女子说：“成亲可以，不过你要答应我一个条件。”寨王说：“只要我能办到的，都依你。”女子说：“今天我卷起裤脚从田基边走过，你派八名家丁，在离我五丈远地方，用泥丸子打我的双脚，如被打中三丸以上，我就与你拜堂成亲；如果打不中三丸，你就得放我回家。”寨王听了哈哈大笑道：“这个容易，好！我们一言为定。”

接着，这女子卷起裤脚，走到田基头，行走时，飘若仙女腾云；疾跑时，恰似骏马飞奔。寨王精选的八名彪形大汉，早已准备了一大堆泥丸。站在旁边看热闹的百姓，一下子已围上好几百人，每颗善良的心都为这美丽的姑娘捏一把汗，暗暗诅咒那残暴的寨王。

这时只听寨王一声令下，八名家丁一齐把泥丸向女子脚上掷去，疾似流星，密如雨点，那女子一蹦一跑，右挡左接，一会儿工夫，八名家丁已精疲力竭，泥丸已打完了。寨王跑到女子跟前，亲自查点女子脚上的泥印，却一个泥印也没有。寨王哑口无言，众百姓却欢呼雀跃起来，为女子的绝技所折服，也为女子的胜利而高兴。此后，“打泥脚”形成一种体育活动。每年春暖花开日，村村寨寨的男女青年，就地取材，做成约鸡蛋大小的泥丸，分两队开展“打泥脚”的运动，以打中对方身体下部位多者为胜。

苗族同胞视打泥脚为勇敢机智的运动，比赛相当激烈。

原载:《中华民族传统体育志》　广西民族出版社 1990 年 8 月出版

打禾鸡

孔祥瑾

打禾鸡是湖南城步苗族自治县的一项传统体育活动。据说，最初兴起打禾鸡是因为禾鸡危害庄稼，苗民们便三五结伴，或数十人成队，携上经过训练的家犬和用篾或线织成的“狗逗网”、兽皮或麻线做成的专用袋，到田野、山岭、河畔网捕禾鸡。

这项传统的狩猎活动，已逐渐演变为一种体育游戏。每年农历的“六月六”和“九月九”两天，苗民们在欢度传统节日时，便开展“打禾鸡”的游戏。男青年携带“狗逗网”和专用袋，到节日集会处找个空旷的地方，女青年也相继来到空旷处，并由一位苗族姑娘将事先准备好的“禾鸡”（用布缝制的小沙包）逐个抛向空中。每抛一个，打禾鸡者用“狗逗网”向空中或地面上竞相争捕，最后以捞“禾鸡”多者为胜。

这种以沙包代禾鸡的游戏，运动量较大，参加者必须能跑善跳、眼明手快、机智敏捷，方能获胜。打禾鸡比赛可以是个人赛，也可以进行团体赛，团体赛人数无具体规定。比赛时间的长短，一般由双方临时商定，场地不限，自寻处所。打禾鸡是苗族男女青年增进友谊、播种爱情的媒介。苗族姑娘对打禾鸡的优胜者总是特别青睐。城步的兰蓉、白云洞、白毛坪、长安营、五团等20多个乡流行这项活动。

城步苗族自治县对打禾鸡进行了整理，初步拟定了竞赛规则，器材基本保持原样，场地是15米见方。比赛分个人和团体，个人赛时每局抛5至10个“禾鸡”；团体赛每队3人同时上场，每局抛10至30个“禾鸡”。这两种比赛都以三局定胜负，“禾鸡”多者为胜。抛“禾鸡”的苗族姑娘既是裁判又是颁奖者。赛后，由抛禾鸡的姑娘给优胜者披红带、戴红花。

原载:《中华民族传统体育志》　广西民族出版社1990年8月出版

舞吉保

吴荣臻

“舞吉保”是苗语东部方言对技击操练的通用语，它是苗族民间传统体育的主要项目之一。从其套路结构的基本原理及动作的一般规律来看，“舞吉保”同汉族和其他一些少数民族通行之武术特别是南拳有着一定的亲缘关系。但舞吉保独具其民族的显著特点和风格。

据传说“舞吉保”始于“衰尤”、“衰苟伯”。“衰尤”即蚩尤，乃三苗之首。三苗首领蚩尤与黄、炎二族作战之事，已是四五千年之前的事了。如果“舞吉保”始于“衰尤”，那就是说明苗族的先民早在“三苗”时期就开始操练和使用武打技术了。“衰苟伯”则更早，当时只不过是一些极其简单的武打动作。其真正形成比较完善的套路和作为一项活动在苗区中广泛开展，当在唐宋或南北朝时期。

人们为了提高格斗的技能，进行操练，湘西一带苗族人民称之为“舞吉保”，亦即“操习武打”的意思。苗族人民为了生存，早在远古时期就开始练武。“舞吉保”曾成为苗族全族性的武备活动。因此，它一直被苗族人民当做为人的必修之术。春秋战国时期，“舞吉保”得到了一个繁荣时期，已由简单的徒手动作发展为器械的所谓十八般武艺。

苗族“舞吉保”，包括徒手和器械两大项目。

（一）徒手分粘功、策手、点穴、花拳、礼示等五个方面

1. 粘功。粘功即粘劲与功劲操练的基本功，它是“舞吉保”的基础。所谓功劲，即俗话说的外功或明功；所谓粘劲，即俗话说的内功或暗功。功劲，意动而见诸形；粘功，则心动而运之于气，它以无明显形态之意而致有形之表。手到劲发，风过草偃。此技必操练有素方能见效。功劲粘劲，彼此关联。先师们将其编成若干动作操练。其操练方法在苗家虽因地区不同而有所差异，但其基本原理是一致的。以凤凰传统苗区通行的粘劲十二套基本

功为例：一动，灌气 。先作立正姿势，两手由下平提至肩时变为钩手按于双肩窝，手心向后；同时闭嘴以鼻徐徐吸足气，两目平视，心情舒适；再以两钩手分别向左右后下方反钩至腰时迅变为拳贴于腰部，拳心向上，同时上身下蹲，两脚跨开为马步，气随动作吞咽运行，气力使达指尖；然后身体猛地站立，两拳随之旋转由腋下平冲而出，拳心向下；与此同时，猛吸气一大口，可发出雷鸣声，而后，两拳左右摇摆三下变为掌，上下反复两次，徐徐放下，心放松转为舒适，还原。操练时，以 25 次为宜。二动，腾抖（以下不作动作说明）。三动，援手。四动，“狮子推磨”。五动，捆手（又名压扶）。六动，挑拳。七动，拂手。八动，鲤鱼掌。九动，沉致。十动，钩连。十一动，四门（不是套路动作，而是四面进退步练习，又名“拦门左右”）。十二动，开弓（不是弓箭，而是象形动作）。

此 12 套基本功，旨在运气、练桩、传神，同时对身、步、足、手等法进行严格训练。如身法，身之起、落、进、退、反、侧、收、纵等均有严格要求：起为逼；落为吞；进宜高；退宁低；反身顾左；侧身顾右；纵如猛虎；敛如伏猫。

2. 策手。所谓“策手”，即攻防擒拿解脱等技巧，此乃“舞吉保”之根本。苗家策手有“三十六攻，七十二防”即“一百零八手”之说。据考查，此种说法恐怕是效仿三十六天罡、七十二地煞之数而成，虚数而已。真正实用之策手变幻莫测，其众寡无法统计，且各地又有不同，未可尽言。然总其要点有：一拳两防一攻五变；一掌两防一攻五变；一拐两防一攻五变；一腿两防一攻五变等。例如：敌冲来一拳，我须做两个防守动作而夹一个进攻动作；同时必须预先准备五个变化动作以对付敌之变化，力争在变化中将敌击败。其余类推。具体来说，如：敌若右脚在前而以右手向我猛击一拳，我则可出左脚踩于敌右脚之右方，以右拳横拨隔开敌冲来之拳（此为一防）；同时左手曲肘成拐护于心口，由下而上用力于敌手之肘部托起敌冲来之拳，使之击空（此为二防）；与此同时，右脚于左后方斜移半步，使我之身偏于敌右侧，而右手同时收于腰部向敌右手肋下猛击而出（此为一攻）。此一击甚为得力，一般武艺低劣者必被击中而翻倒。但若遇武艺高强者，其初冲来之拳是虚假动作，待你右手横拳隔拨之时，其右拳迅速变援手抓住你右拳往右拖；同时在前之右足亦为虚假，待你刚出左足之时，其右足猛力内扫，手足并用，使你扑空，反被击中而倒地。于是，你在做第一个动作之时，必须预先准备第二、三、四、五个动作对付，置敌于预料之中。一般格斗中一手之攻防变化难出五个变换动作范围之外，此即“一拳两防一攻五变”。这些技巧动作，是苗家“舞吉保”之精华，过去对外人是不轻易传出的。苗家“舞吉保”常用的策手动作有“雄鸡抱蛋”、“两儿吃奶”、“老虎练爪”、“顺手牵羊”、“喜鹊歇凉”、“白鹤交颈”、“猛虎下山”、“铁牛耕地”、“海底捞砂”、“鸭子翻身”、“二龙夺珠”、“仙女摆秋”等（以上用名，系汉语翻译，有的是直译，有的是意译）。当然，因地区不同或教门不同，而策手名称也有差异。如保靖一带则有说“八大掌”、“二十四大掌”、“八小手”、“二十四小手”等。例如“八大掌”：“一打独手一伸，二打双掰脚，三打金鸡独立，四打猛虎跳栏，五打司马挑袍，六打狂风灌耳，七打怀内刺刀，八打怀内伸腿。”此外，还有跌扑、擒拿、解脱之术，名目繁多，不一一分述。

3. 点穴。点穴又称为“神打”，即穴道致伤的技击方法。这是苗家“舞吉保”之绝招。点穴包括三个部分，即穴道、时辰、手法。所谓点穴，苗家说得很神秘，因而又叫做“神打”。

4. 花拳。花拳是公开流行的套路，是“舞吉保”的一项主要内容。苗家一般的花拳有“小四门”、“大四门”、“六合”、“八合”以及“猴儿拳”、“猫儿拳”、“罾子拳”等，以“小四门”、“大四门”最为普遍。

5. 礼示。礼示是表演时对观众表示礼节的动作。此项动作在苗家“舞吉保”中也是很讲究的。其动作繁多，各地大体一致。分“开堂礼”、“收堂礼”、“启手礼”、“毕手礼”等四类。“开堂礼”即立堂子时所做的见面礼。首先师傅踩堂子。踩堂子时两手叉腰，平步而出，在操练场地上按操练之需要踩一个圆圈，然后步入中央作家礼；有的在踩堂子时还伴有几句客套话。又如“启手礼”，即每做一个套路与观众之见面礼。其做法是：平三进步，退一步为三步，立“钉子桩”，左手作大援手绕过前额变为掌画弧一道，同时右手作钩手往后勾反作抱拳由右肋下伸出，左掌迅速斜盖右拳（大拇指紧收，若翘者为傲视他人），两手拳掌重合，向左右摇晃三次即毕。“毕手礼”则是于一个套路完毕时所做的示意礼。其动作为：收拳时左手变掌盖往右拳轻轻向前抹去，右拳在拳下徐徐抽回，立“钉子桩”，完毕后作立姿，两手均成掌分别由左右后方向画弧而放下贴于两腿，掌心向内。

（二）器械

1. 棍术。其棍常用坚韧木质制成，也有用铜管、钢管做的。苗家称救兵粮刺树做的为一号棍，木绣花为二号棍，青钢木为三号棍；又有“齐眉棍”和“七尺棍”之别。苗家“舞吉保”的棍术分“策棍”和“花棍”两类。其策棍又分单头与双头。单头棍策击有“朝天一炷香”、“隔山棍”、“老牛摆尾”、“一棍破九州”、“古树盘根”等；双头棍策击有“黄龙缠腰”、“双剥皮”、“五马破槽”等。花棍有“小四门”、“大四门”、“单六合”、“双六合”、

“雪花盖顶”、“四路冲程”、“八挂棍”、“猴儿棍”、“鲤鱼撑天”等等。

2. 锏与棒棒烟。苗家很早以来就精于锏术，常用于打虎，在战争中也广泛使用。黄帝征蚩尤时说蚩尤是“铜头铁额”，可见在蚩尤时代，就使用了铜锏或铁锏。秦始皇统一天下后，严禁民间使用兵器，传说苗民却用烟管代替锏使用。于是创造了棒棒烟，即大管烟袋，用坚韧木质雕刻而成。其形如竹脑壳，约一尺七寸长，半握大小，粗细以适中为宜；烟斗如铜錾金花，烟嘴亦包铜，烟管形似竹子，土漆漆光，内灌锡水（加重量），中留小孔；平时可以吸烟，战时可做短兵器，其威力如锏。

3. 钩钩刀。钩钩刀是一种长柄小镰刀，长约六七尺，是“舞吉保”的一种兵器，其手法近乎棍，然以拖拉动作为主，使用起来很为灵便。如今尚有“不怕枪来不怕炮，只怕苗家钩钩刀”的说法。

4. 连枷棒。连枷棒以硬木仿打荞麦的工具连架制成。分前后两节，中以藤条或铁环扣连，每节约尺许。使用时以绞缠敲拂动作为主。此种器械是在官府禁兵器时，民间以家具或常用工具操习而成，至今在“舞吉保”表演时，仍当做一项器械表演保留下来。

5. 竹条镖。竹条镖即以竹条作柄，头钉镖矛而成的一种长兵器。制作时，将竹子剖成细篾条，以二十或三十根篾条用麻绳扎成条子，浆以猪血，涂土漆，使之粘成一体，做镖杆用，既柔软又坚韧。竹条长丈余至两丈余，使用时用镖矛射击，收时曲卷成圈，系于腰间。此种兵器创自清代。

其他如流星锤、镋、刀、剑、斧、矛、钩、戈、戟、鞭等，其基本用法多与汉区相同。

苗家“舞吉保”，是苗族人民在历史上的一大发明与创造，是苗族人民健身和武术的经验总结。“舞吉保”在形式、内容、技巧等方面，都具有苗族的显著特点和风格。如防中有攻，以防为主；“舞吉保”策手有所谓“三十六攻，七十二防”之说，有“一拳两防一攻五变”之要点等。从中可以看出，防多于攻，先防后攻，防中有攻；注重桩功，动作严密，拳路紧凑，活动面小，反映了苗族人民长期生活在高山深谷的地区特点。“舞吉保”善用“七字步”，又称“赶步”，进退大都踩“品”字形，套路多以“四门”为主，整个活动面积不超过一平方丈。其战斗、格斗、械斗往往是短兵相接，要求出步成桩，只需一点立足之地，便可将敌击败。这些拳术特点是其地区特点之体现。“舞吉保”多策手，少花架，干练刚烈有余，而柔软潇洒不足，且仍使用“棒棒烟”、“连枷棒”、“竹条镖”之类的原始兵器，在很大程度上保留了古代之遗风。“舞吉保”尊重祖师，注重礼节，善用粘劲，崇拜“神打”，反映了苗族人民谦虚谨慎的优良作风和多种崇拜的风俗特点。“舞吉保”作为一种体育运动形式，是一份珍贵的文化遗产，是苗族人民开展体育活动的一个优秀项目。

原载：《中华民族传统体育志》　广西民族出版社 1990 年 8 月出版

苗　拳

张才军等

苗拳始于上古时代的“角牴”和“五兵”。角牴为苗族先民的一种体育活动，随着战争以及狩猎的需要，角抵被赋予了攻防格斗的内容，逐渐演变为“五兵”，进而发展成为内容丰富、实战性极强的苗拳。

南朝梁任昉《述异记》说：“今冀州有乐名蚩尤戏，其乐三三两两，头戴牛角而相牴。”秦汉间传说：“蚩尤氏，耳鬓如剑戟，头有角，与轩辕斗，以角触人，人不能向。”《史记·五帝本纪》载：“于是黄帝乃征师诸侯，与蚩尤战于涿鹿之野。”这又为《述异记》所载提供了佐证。《管子·地数篇》载：“蚩尤受庐山之金而作五兵。”“五兵”虽历来注解不一，据《苏氏演义》、《中华古今注》、《武梁祠后石室所见黄帝蚩尤战图考》等资料所注，含戈、矛、戟、弩、剑，各注大同小异。这些史料足以证明蚩尤为苗族先民首领，不仅善角牴，而且发明了兵器，较当时“剥林木以为兵”的黄帝要先进，并可说明苗族武术的雏形始于蚩尤时代的角牴和五兵。

夏商周历代苗民在反抗压迫、守土卫家的斗争中，已由“角牴、五兵”发展到十八般兵器俱全的阶段，进一步发展了苗族武术。

秦汉时代，苗拳虽再次受到摧残，但唐以来湘西苗区实行了800年的土司制度，苗拳得以恢复和发展，尤其到宋代苗拳较为兴盛。当时的出寨拳、守寨拳、回马枪、环刀、弩箭、飞镖、纳耙，都是较有影响的拳套和兵器。元代虽重武功，但对苗民实行高压政策，苗拳三次受摧残。此时的苗军统帅杨完者兄弟的“纳耙队”，一方面外传苗拳术，一方面又学习外来的拳械。明初招抚苗民归顺，苗拳不但又得以发展，而且苗军在江浙沿海抗倭，苗拳由于实战性强，多次杀敌立功，获戚继光“东南战功第一”的嘉奖。清乾隆六十年（1795），爆发了波及湘、鄂、川、黔四省的

"乾嘉苗民起义"，历时12年之久，苗拳在起义中发挥了巨大的威力，并涌现出像吴八月、石三保、吴添丰、石乜妹、吴陈受、石宗四等一大批苗拳高手。

湘西苗拳拳师石老岩也精熟该地第四代苗拳的拳械套路，其后代石仁行以行医教拳为业，使该拳技艺在湘西传播。因苗族无文字，传教方式均为口授身传，聚会时演练。苗族地区开展的坡会、跳鼓节，都有苗拳拳术竞技的活动，练武时并以吹芦笙伴奏，气氛活跃，形成了传统。

苗拳拳理，攻击主张"螯钳寸关攻险关，脉伤血阻身热寒"，攻击脉搏主要部位，其技击手段汇集禽兽相斗之形和用意，如"虎爪显神威"、"猫爪抓胸咽"、"螯钳钳手钳半边"等。对付气功深厚的对手口诀为"彼方气功练有根，平拳无法伤其身。须用猪蹄钉子锤，按穴打点最得功"和"疾痛气必泄，功垮力必虚"等。

苗拳交手精要，据《苗拳谱》载："身要稳，切勿慌，一心全凭主张，看他来势是何样，急想妙法去阻挡。眼勿错，定要精，双眸睁睁视其身。任彼千变并万化，只用一手见功成。手须快，宜正直，一出借人三分力，随他上下左右来，乘势相攻总有益。脚必紧，又宜松，举步进退在变通。记得其中真妙诀，可教一动获全功。"

苗拳的练功方法主要采取"矮桩"功，即两腿分开屈膝全蹲，站最矮的马步桩和"走套路桩"，按套路中最基本的步形、步法、身形、身法结合多种身形手形在"矮桩中反复习练，练至身灵捷活为功成"。

苗拳器械：硬器械有棍、钩钩刀、剑、锏、镗、护手刀、大刀、斧、钩、铁尺、戈、鞭、铜锤、棒棒烟等；软器械主要有流星、神鞭、九子连等；暗器有飞刀、戒指针等。

流传在湖南城步一带的苗拳，拳术套路有保寨拳、出寨拳、保峒拳、出峒拳、飞山走石拳、落地捡柴拳、二赶三枭拳、猛虎下山拳、猿猱过山拳、引蛇出洞拳、矮罗巡山拳等。棍术有撑门棍、深山牛摆尾棍、懒婆娘薅田棍、宋寨棍、连环下山棍等。两节棍有雪花压寨、古树缠根等。刀术有马叶子、双刀、朗刀等。板凳有护主板凳、驱客板凳等。苗耙有太子打猎、苗王敬酒等。苗枪有将军拦路、挺进寨园等。此外还有铁尺、纳耙、火流星、飞标弩、环刀等，其中环刀已失传。

湘西苗拳含提劲、基本功、策手、花架子、点穴、礼示六方面，提劲又叫“提统子”，其实质是练气功。基本功又叫“垫底子”，含手法、桩法、腿法、眼法和练功等。策手为湘西苗拳的精华和核心，是实战中攻防擒拿解脱之技巧，计有三十六大手、七十二小手。花架子是专供演练的武术套路，每套中亦含策手，具有操练、表演、实战三大效用。礼示是拳师演练时的礼节动作。点穴与策手一样，同为湘西苗拳的精华，更是威力高于策手的绝招。

苗拳除具备南拳拳势刚烈、步法稳健、手法多变、发劲有力、发力有声、身法俯仰吞吐、含胸拨背等特点外，还具有独特的民族风格与地方特色。概括起来是：拳打“四门”脚踩“品”，进退走“之”似蛇行；胸消腹实膝要紧，步活桩稳手要狠；立足之地能伸展，打穴击要鬼神惊。

第一，苗拳的套路多是走“四门”，打“四角”，脚踩“品”字桩。第二，苗族居地山高坡陡，沟壑纵横，因此苗拳只能是“拳打卧牛之地”。一个武艺纯熟的苗拳师，可以在一张饭桌上打完一套八角拳。第三，苗拳出手凶狠，专门打穴击要。第四，十分注重武德，有“三教三不教、三用三不用”的规矩。即脾气好、知礼节、勤劳诚实者教，粗暴者、不知礼无情义者、好逸恶劳者不教。生死关头，路见不平，首犯我时用；一般纠纷、一般御侮、胁逼者不用。第五，历史上苗拳师都迷信神灵，尊敬祖师。第六，“武医结合”，亦为苗拳的重要特色。众多的武林高手，同时又是名医。清末凤凰厅的苗族拳师麻老苗，就以治伤科而驰名。古丈苗族拳师石老三，也以治颅骨骨折、脑挫伤、脑震荡及其后遗症而享有盛誉。

原载：《中华民族传统体育志》　广西民族出版社 1990 年 8 月出版

蚩尤拳

石仕贞

蚩尤拳为苗族正宗拳术，流行于湘西各苗家山寨。打蚩尤拳要穿上特制的古代苗族服装。这种服装是头戴铜角帽，身穿棕片甲，手腕套虎爪。铜角帽是杀牛时割下牛头，顺牛角两侧各留一块二指宽的皮作帽带，牛头颈后留下一尺左右的牛皮作为护后脖子用，然后连同牛角药制后，按人头形状绷紧，再在牛角上包以铜皮便成。棕片甲是将棕片用细棕绳缝成背褂，内外共三层，里两层片头向上。虎爪是将前足虎爪砍下，长大约 5 寸，顺足剥皮药制。

传说蚩尤拳服装源于苗族先民的神话时代。范文澜《中国通史简编》载：“蚩尤是九黎族首领，铜头铁额，头有角能触人。”当然，苗族蚩尤拳的服装，亦有怀念祖先之意。穿戴这种服装，不仅威武雄壮，而且可防身护体，有实战价值。这种服装还流传有口诀，铜角帽的口诀是："双勾压双拳，铜角猛触面。抓腕速撞肘，铜角旋操头。飞鞋来扑面，摇头顶裆间。双峰点太阳，躬头胸上撞。"棕片甲歌："制铠材料强，棕片甲天王。保温又御寒，躺地不肮脏。拳拳纵击身，护体不致伤。穿我棕片甲，时念蚩尤王。"虎爪口诀是："平掌击正面，手隔必伤皮。劈拳去势猛，虎爪显神威。挂拳势凌厉，爪去如刀劈。冲天捶下巴，爪去胸咽危。"

蚩尤拳动作原始，架势凶猛，不似形意拳只取禽兽争斗时的形中之意，而是套用禽兽争斗动作为技击手段。如"逐鹿战拳"中的螃蟹腿、螯钳手、斗鸡绷腿、二虎分食、鲤鱼摆尾等招式，便是既取形又用意。说它架势凶猛，是因蚩尤拳乃手、角、脚并用，并以声助威。例如"逐鹿战拳"中的象鼻树、猫儿爪、铜角操裆、旋风转体滚等招式、形猛势烈，进击性强。当自身胸部受到冲拳攻击时，迅即侧身，右脚由后向左滑90度，右手抓住对方右手腕，左肘自上斜撞对方肘部，角刺对方右侧，再辅以滚翻地躺、仰卧踢打等，使对方难以招架。

蚩尤拳有劈拳、冲拳、挂拳等，均可给对方以极大的威胁，杀伤力亦较大。如"把枷椎"（汉语为"螯钳手"），它将四指并拢朝上，大拇指朝下，用食指与中指勾抓。因套有虎爪，十分锐利，此手若训练有素，杀伤力很大。"果摩斗"（汉语为"钩镰手"），以形似镰刀而得名。它先伸掌，四指并拢伸直再向掌内弯曲与掌心成120度，拇指压在食指二至三节指骨处，勾、抓、抠并用，威慑力极大。"果国转摆"（汉语为"猪蹄撞"），由钩镰手变形而成，即将四指全卷成拳形，拇指压处相同，指尖略翘，与食指平，并凸出于其他三指外。"果国间老"，（汉语为"钉子锤"），它将四指并拢向掌心卷曲，拇指压处相同，凸于无名指和小指处，无名指与小指尖紧顶掌心。这两种手形主要是对付敌手气功训练有素者，且用平掌难以击垮对方的一种拳术。实战时应见机而行，使出猪蹄撞与钉子锤手形，集中自己的劲力，以泄对方所运之气，口诀为："敌方气功练得狠，平掌无法伤其身。改用猪蹄钉子锤，按穴打点能取胜。重捶击身气必泄，功劳归我蚩尤神。"

原载:《中华民族传统体育志》　广西民族出版社 1990 年 8 月出版

抢花炮

蒋松卿

抢花炮是流行在侗族、壮族和仫佬族等民族中间的一项具有浓郁的民族特色的文娱体育活动，据考证已有五百余年历史。据民国时期广西《三江县志》记述："花炮会，届时男女成集。其竞赛以冲天铁炮内装铁环，若实弹然。燃炮后，铁炮直冲霄汉，观众闻炮声，即以铁环为目标蜂拥争取，以夺得铁环者按头、二、三炮一次颁奖，其友族皆簇拥庆贺，欢声若雷。"位于湘、桂、黔三省、区交界之处的湖南通道侗族自治县，侗族同胞有时到广西三江、龙胜一带去参加抢花炮活动，三江、龙胜的侗胞也来通道抢花炮。这种"甜如蜜、胶似漆"的友好往来，一直保持并有所发展。

抢花炮人称"勇敢者的运动"。农历三月三或秋收以后最为踊跃。侗乡流行着这样的诗句："侗乡三月好风光，天结良缘抢花炮；要得侗家姑娘爱，花炮场中逞英豪。"

湖南通道侗族自治县的岩坪一带，抢花炮已有 160 多年的历史。过去，抢得红炮圈，象征着村寨五谷丰登、人畜两旺，并可得到主持这项活动的村寨颁发的奖品：一头染红的大肥猪、一包银元、几个镜屏等。大家抢红炮圈时，激烈紧张，拼命地互相抢夺，但人人都严格遵守传统的不成文的规则，即不打人、不踏人、不弄虚作假，以智取胜，以力量和速度夺魁。

在抢花炮的日子里，远近侗寨的男女老少，穿上节日盛装，天刚亮就涌向岩坪，有的是为了本村寨的抢花炮选手呼喊助威。抢花炮活动由各村寨每年轮流主持。凡是主持抢花炮的村寨，事先请编织手艺高的人用青细竹篾或藤条编织三至五个茶杯口大的圆圈，外面缠以红布，再以红、绿丝线扎牢。主持人宣布抢花炮开始时，将红炮圈放在铁炮的炮筒口上点燃火药放炮，红炮圈被射上高空，各个村寨的选手争相抢夺，顿时全场欢声雷动。红炮圈有时落地，有时也可能落到水塘里或悬崖上、屋顶上、树枝上。不论落在哪里，大家争先恐后地跳到塘里，爬上悬崖、屋顶、树上去寻找，个个奋不顾身，人人勇往直前。

抢到红炮圈之后，还必须在人人争抢中“过关斩将”，将其送到庙里的裁判台上才算胜利。因此，一炮一般要争夺两个小时左右。当选手把红炮圈送到庙里裁判台后，庙里响起钟声鼓声，并鸣铁炮三响，表示头炮胜利结束。接着还要进行二炮、三炮，有的抢到四炮、五炮。凡是抢到头炮红炮圈的村寨，来年的抢花炮活动由其筹办，也要准备一头染红的大肥猪和其他奖品，叫做“还炮”。

在保留民族特点的基础上，有关方面对抢花炮进行了适合正式比赛的改革：规定了比赛时间和场地范围以及参赛队人数，还增设了一个炮台区，同时不受三炮限制，在规定的时间内以抢到花炮积数的多少分胜负。改革后的抢花炮运动，花炮圈已改为直径 5 厘米的铁环，外缠红绸。赛场长 60 米、宽 50 米，两端各放一花篮。比赛以队为单位，上场运动员各10名。比赛时间为40分钟，分上下两个半场，各15分钟，中间休息10分钟。铁炮置于场中央，点燃铁炮，铁环冲至空中落下时，双方运动员蜂拥抢夺、突破、堵截，以抢到铁环并将其送至对方花篮次数多者为胜。争夺时可挤、钻、护、传、拦、抢以及做各种假动作，但不准踢、扭对方运动员关节，更不准以利器伤人。

原载：《中华民族传统体育志》　广西民族出版社1990年8月出版

哆　毽

蒋松卿

哆毽是侗族具有独特风格的体育项目。相传产生于宋代。当时，侗族人民从插秧时互抛秧苗的动作中受到启发，便用稻草扎成小球或小饼在寨前屋后或小坡上抛打，逐渐演变成今天的多种多样的形式。侗族青年男女非常喜欢拍哆毽，春节前后更是高潮期，户户拍哆毽，飞花传情意。

哆毽分青草毽、稻草毽、芦苇毽、鸡毛毽四种。青草毽用一种叫野鸡草的嫩草扎成；稻草毽用稻草扎成，形似葵花，底边绞成发辫型，中间以一束稻草作腰带，压瘪即成；芦苇毽是用芦苇秆剪成一样长的小棒，用线连成一体再插入底盘，形同百响鞭炮；鸡毛毽是最讲究的毽子，用各种颜色的鸡毛扎成，毽下用两层白瓜壳作底盘，鸡毛管上还穿上铜线和一种叫“茨谷”的珠子，这种毽子不但色彩艳丽，而且拍打起来铿锵作响。

侗族哆毽的打法与打羽毛球相似，但不用拍子只用手。以拍得最高最远，接得最稳、落地最少为优胜，其打法多样，依场地不同而定。有以鼓楼（侗寨举行会议的地方）旁为场地的男子单打；有以侗寨小巷为场地的女子单打；有以山坡为场地的男女对打；有寨与寨相邀，十多人围成圆圈的团体赛。带有竞技性的打法是拍毽者分两队对拍，中间站一人叫“寨工”，如一方被截住，则罚一方站在中间为“寨工”，直至其截住另一方毽子为止。

侗家哆毽能手一口气可连拍几百次，拍法多变，身段优美。双人对拍时，只见五彩哆毽在空中往返穿梭飞舞，毽子“铿锵”的响声，伴以“啪啪”的击毽声，令人赏心悦目。每当节日，年轻人总是邀请自己的情侣对拍，彩毽在两人间飞来飞去，所以人们又称对拍彩毽为“飞花传情”。哆毽在侗乡还是一种带社交性的体育活动，很少有人拒绝邀请。男女青年谁若不会拍哆毽，谁就会遭到人们的讥笑。

原载:《中华民族传统体育志》　广西民族出版社 1990 年 8 月出版

草　　球

吴明正　杨　锡等

草球在湖南省通道侗族自治县的道临口乡下一带最为盛行。每年的农历正月初一至十五日，身着盛装的侗族姑娘和小伙子，手拿草球，三五成群，聚集在鼓楼里、草坪上、田野里，你争我夺，奔跑追逐，笑语欢歌，相互表达爱慕之情。

草球用稻草精编细扎而成，球的直径在10厘米左右，场地要求较平坦，无坚硬杂物，参加人数无明确规定，十几人或几十人均可。过去，玩草球开始前，公推一批聪明能干、美丽出众的姑娘，首先将草球抛起，接着其他姑娘、小伙子一拥而上，你争我抢。按照不成文的规定，抢得草球者有权将其抛给意中人。如送球者不是接球者的意中人，出于礼貌，接球者也得先接住，但可以通过同伴将球还给抛球者。如送球者是几个人的意中人，那么其余几个同性者也可以阻拦送球者，送球者只能用快速奔跑、转换方向等动作摆脱阻拦，将球送给意中人。如接球者认为送球者是自己的意中人，也可以主动配合送球者摆脱拦阻者。整个活动气氛热烈，讲究文明礼貌。现在已改为一种体育游戏，分为甲、乙双方进行抛接竞赛。

原载：《中华民族传统体育志》，广西民族出版社1990年8月出版

耍春牛

杨　锡

每年新春伊始，湖南百里侗乡山寨便用竹子扎成牛的形状，糊纸后再描以色彩，作成春牛。“耍春牛”是各村寨之间相互报春讯、祝春耕、贺丰收的娱乐形式。当“春牛”到一个村寨时，首先由一小伙子装扮成种田汉出场唱“春牛歌”，内容是告诉当年二十四个节气，重点提示人们不误农时；接着由两人舞着春牛绕场走若干圈；然后，由一个小伙子装扮成农夫扛着犁耙，一个农妇

倒提饭篮，一个老农扛着锄头，一个懒汉提着鸟笼上场，另有男扮女装的四至五个侗家姑娘，穿新衣戴银饰，作为看“耍春牛”的观众。农夫和老农象征勤劳勇敢的侗族人民忙于春耕，老妇倒提饭篮是形容春忙起得早，因看不见而提倒了，懒汉则是讽刺少数好吃懒做的人。

全部人员出场后，以“春牛”耕田为中心，各自做着不同的动作，再现各种劳动场面，大家在锣鼓点子的催促下，动作越来越快，运动量越来越大。“耍春牛”达到高潮时，几位看“耍春牛”的姑娘高声吆喝着：“今年年成好，一切顺心如意!”周围的真正观众也跟着一起高声吆喝着，并模拟用鞭抽打“春牛”，然后一起跑到田里捧着稀泥往“春牛”和耍春牛者身上甩，耍春牛者也捧起稀泥抹在村寨人们的身上和脸上，泥巴越多越吉祥。一场男女老少在坪内奔跑、互相甩稀泥的运动，往往要持续半小时左右，直到把新衣变成泥衣后，才尽欢而散。第二天，人们便下田耕地，投入了紧张的春耕生产。

原载：《中华民族传统体育志》　广西民族出版社 1990 年 8 月出版

侗　拳

谭举平　蒋松卿

侗拳是流传于桂北和湘西南侗族民间中的一个古老拳系。据民国时期《三江县志》记载，明、清时期广西已有侗族武术流传。而湖南的侗族武术，据传以套路形式在民间传习的则已八代。参加过全国武术观摩交流大会的广西三江侗族老拳师梁同济收存的侗拳拳谱中记述：1942 年，其师杨朝英，系湖南人，为丰富侗拳的技术内容，吸收了形意拳、赵家拳的一些技法，侗拳的技击性和健身性有了一个大的革新和发展，并在广西三江和湖南的侗族民间广泛传授，从而形成了现在的侗拳拳种。

侗拳的风格特点是动作快速迅猛，手足并用，擅长用手足功夫近身短击，劲力猛烈。步型步法动时势频，定则沉稳，一般以步“四门”和“田”字为主。腿法不多，以隐秘踹击发暗腿为主。身法灵活多变，时高时低，错落有致。行拳时四方进击，八面兼顾。拳路短小紧凑，适合在庭院厅房和山地上演练，素有“拳打卧牛之地”之誉。

侗拳的练功方法有站桩走桩功：两脚分开屈膝下蹲成马步，头正颈直，挺胸塌腰，气守丹田。随后按“八步、八开”步法走桩功。抗打功：两腿分开屈膝半蹲成半马步，意守丹田，然后两掌相叠，一内掌掌心收按下丹田，另一掌掌心紧握压迫内掌掌背，两掌逆时针方向圆形揉按三十六圈，随即顺时针方向圆形揉按三十六圈复原位，此为一程序，按照此程序反复多次练功，至腹部感到灼热为度，此时可以拳、掌击腹部，每一拳、掌触击至腹时，即沉实聚气于腹部，久而久之，抗打功即告练成，以此方法程序习练身体各部抗打功。打木人桩功：以树代人桩，以拳击打，到树皮下脱，即换打新树，练至拳面力量和拳速都达到要求为功成。掌指功：先以满筐糯米放置地面，用掌力反复插入糯米，待掌力增强和掌皮粗厚时换成油尖细米插之，功力增强后再换成桐油浆过的铁砂插练，至功成为度。

侗拳的拳种理论有：以培精、气、神为本，以意导引动作，以气聚成力量，使一招一式都含有内气的吸蓄与奔泻。在攻防上主张先发制人，看准拳路迅猛出击，故有“上山牛摆尾，一棍九脱皮”之说。

湖南新晃等地的侗拳徒手有玉头拳、棒坛拳、塘冲拳、牙屯堡拳、独坡拳、六步拳等。器械有单刀、双刀、枪、棍、弯刀、护身剑、镰刀、锄头、扁担、扦担、板凳、三叉、木耙等。

原载：《中华民族传统体育志》 广西民族出版社 1990 年 8 月出版

文章有删节

毛莱球

周 克 万光辉

湖南江华地处湘粤桂交界处，为古代楚地咽喉。这里的瑶族人民盛行毛莱球活动。

瑶语“毛莱球”即木头球，传说源于明代成化年间，已有500多年的历史。一天，瑶胞在上游乡渡州寺欢度传统节日“万人缘”时，一伙歹徒窜入会场捣乱。一位手持拐棍的瑶族老人与这伙歹徒说理，歹徒们不但不听劝阻，反而向会场扔石头。老人随即举棍将石头一一打了回去。歹徒们见势不妙，只好逃之夭夭。从此，瑶胞们认为棍击石头有防身作用，并兼有游戏乐趣，便相继练习起来。后来有个年轻人觉得石头容易伤人，便用硬杂木削成桐子苞大小的圆球以代石头，并将木棍改为一头弯曲的形状，打起来更得心应手，木头球从此诞生了。

木头球在空坪、禾场、河滩、岗坡、干稻田内均可进行比赛，球与木棍就地取材，应有尽有。起先对木头球比赛的场地器材，并无具体规定，场地常因地形而定，器材则因人而异，制作时规格并不一致。在比赛时，双方各选一名优秀队员相对站立，互击“礼棍”，即先击地面一下，再将棍由外向上、向下成弧线互击两下，然后开始角逐。球棍一般用自备的，或事先将双方球棍放在一起，由一个人蒙上眼睛将其分放两处，再抽签选定。

木头球运动在江华日益发展。1983 年该县将之列为正式比赛项目，并制定了试行的比赛规则以及场地器材的有关规定。经过多次修改，日趋完善。规则规定：比赛双方有 10 名队员，7 人上场，3 人替补（非正式比赛，双方队员少为 3 人，多可达 20 人）。每队以一人为首，指挥夺球攻球。场地长 40 米至 50 米，宽 25 米至 30 米，中线中心挖一个 6 厘米至 7 厘米深的锅形洞，并设中心点争球圈、罚球线。球门高、深各 1 米，宽 2 米，用网围住三方，似足球球门。木棍弯成 120°。球由硬杂木削成，圆周为 24 厘米至 26 厘米。比赛开始，木头球先放于中心线锅形洞内，裁判员发令后，由双方的一名能手用球棍从洞中争夺挑出球来。球出洞后，双方队员用球棍击球，互攻对方球门，击球入门多者为胜。赛前两队协商，定一个总的进球数，一旦某一队达到原定进球数，比赛即告结束。

木头球以其场地器材简便、运动效果良好，不但深为瑶族人民喜爱，且具有推广价值。

原载：《中华民族传统体育志》　广西民族出版社 1990 年 8 月出版

人 龙

万光辉 周 克

湖南江华瑶族自治县白芒营乡一带，流行着“人龙”的传统体育活动。相传明代嘉靖七年（1528），瑶民因忍受不了当地官绅的压迫与剥削，便推举17名代表上京告状，终于废除了“不准瑶民摆桌子吃饭”和“逢年过节要宴请官绅”的两条陋规。17名上京的代表回到家乡，受到热烈欢迎，歌舞动山寨，欢乐溢瑶乡。17名代表互相拥抱，骑上肩膀集体舞了起来，便形成了“人龙”的体育活动。它一般由17人组成，构成八节。每两人一组为一节，一人站立，一人跨于其肩，向后仰头搭在后一组跨者的腿上，并双手扶住其双脚，后一组站立者双手扣住前一组仰卧者的胸部，这样各组前后互相连接是为“龙”身。最前边一组的站立者由另一人紧贴胸前，双腿反夹其腰下部，是为“龙”头，有时站立者肩上还坐一小孩。最后一组的骑跨者身向后仰，悬空摆动，是为“龙”尾。运动时，由“龙”头领先，做“之”字形、圆形、弧形的路线走动，速度或快或慢。每个人靠脖、肩、脚的横贯力和腰、腿的伸缩力互相配合，运动量很大，可以培养人们坚忍不拔的品质和集体主义精神。

“人龙”一共有“人柱、宝塔、串牌坊、雄鹰展翅”等18套动作。一般于每年的春节期间和10月16日的“盘王节”举行。新中国成立后，每逢盛大节日也进行表演。

原载：《中华民族传统体育志》 广西民族出版社1990年8月出版

播　公

万光辉　周　克

播公俗称“打长鼓”。长鼓按其形状大小可分三种：一是小长鼓，亦称短鼓，长约70厘米至90厘米，中间鼓腰直径约4厘米至5厘米，两端鼓面直径约8厘米至10厘米；二是中长鼓，又叫长腰鼓或黄泥鼓，长约110厘米至130厘米；三是大长鼓，也名赛鼓，长约180厘米至200厘米，中间鼓腰直径约20至25厘米，两端鼓面直径约30厘米至40厘米。均用木质较轻的树作材料，牛、羊皮蒙鼓面，涂上油漆，绘上龙凤和花纹图案。

长鼓的击鼓动作有72套。大多是表现生产、生活内容。如建造房屋、模仿禽兽动作等，形象生动，富有生活气息。短鼓的击法是左手握鼓腰，并不断转动，右手击两端鼓面，脚、手配合按击鼓套路做蹲、跳、走、旋转等动作。人数分四人一组或两人一组对打，并有文打、武打之分。文打动作柔和而较缓慢，武打动作粗犷且带跳跃，速度较快。技艺高超者可两人同在一方桌上对打，互相旋转腾挪而不露破绽。击鼓风格各地不同。如江华两岔河的瑶族打长鼓，蹲得特别低而且动作沉稳缓慢，宁远九嶷山和新田门楼下的瑶族则与之相反，江华涛圩区的平地瑶族则是站着打。短鼓多流行于江华、宁远、蓝山、新田等地的过山瑶族中。长腰鼓则是将鼓用绳系在颈上悬于腰间，两手分别拍击两端鼓面，动作与上述同，由两人或四人对打，也可一群人围成圆圈打。赛鼓打时由二至四人抬着，近年来已改为用绳索吊在大树枝上，只由一人扶住，击鼓者用由棉布缠成长方形、手掌大小的击鼓布垫，绑在手上击鼓，以鼓声最洪亮、余音最长者为优胜。赛鼓的鼓皮与鼓身平时分开收藏。这种鼓多流行于江华县涛圩区一带。

长鼓历史悠久。南宋绍兴二年（1132）五月十三日颁发的《十二姓瑶人进山榜文》载：“天子殿前，国王长衫大袖，长腰木鼓，斑衣赤领，琵琶吹唱。”南宋景定元年（1260）颁发的《评皇券牒》载：“动旨恩敕……赐龙犬盘获（瓠）为始祖盘王……三年一庆，五年一乐，聚集一脉男女，摇动长鼓，吹唱笙竽鼓乐。”宋代沈辽《踏瑶曲》载：“湘江东西踏盘王，清烟白雾将军树。社中饮酒不要钱，乐神打起长鼓。”明代顾炎武在《天下郡国利病书》中载：“衡人赛盘鼓。赛之日，以木为鼓，圆径一斗余，中空两头大。四尺者，谓之长鼓；二尺者，谓之短鼓。”

传说瑶族始祖盘瓠上山打猎，与一野牛搏斗时跌落悬崖，死在一棵树的杈桠上。人们便挖空树心，剥下牛（羊）皮，蒙成长鼓，日夜敲打以祭盘王。

瑶族打长鼓大多在农历的三月三日、六月六、八月十五、十月十六日举行。特别是十月十六日的瑶族“盘王节”最为盛行。“还盘王愿”三年一小愿，十二年一大愿。小愿打长鼓三天三夜，大愿为七天七夜。新中国建立前由同姓宗族举行上述活动。新中国建立后，以村寨或山乡为单位由政府或有关部门组织，而且打长鼓亦不限于节日，国庆节、庆新年、贺丰收时，也打起长鼓。1951 年、1964 年国庆期间，江华县瑶族长鼓手盘天丰、盘永明与周德成、赵庚妹先后进京表演，在人民大会堂受到了党和国家领导人的接见。1982 年 9 月，江华瑶族长鼓手在第二届全国少数民族运动会上作了表演。

原载：《中华民族传统体育志》　广西民族出版社 1990 年 8 月出版

打飞棒

秦可国

每当秋收季节，居住在湘西桑植、永顺、龙山等地的土家族人民，特别是青年，身背鸟铳、弓箭、棍棒，昼夜守护在田边地头。遇有鸟兽前来偷吃粮食，就用鸟铳、弓箭射杀，或迅速扔出手中木棒，以击走鸟兽。有时以棒击棒，不仅掷得远，而且能发出响声惊走鸟兽。勤劳勇敢的土家族人民，从小就练成了木棒掷远的本领。一些掷棒能手将木棒掷出 60 米开外，准确地击毙飞禽走兽。以后逐步形成一种体育运动。

相传“打飞棒”的运动源于明代嘉靖（1522—1565）年间。当时湘西土家族士兵应征赴江浙沿海抗倭，士兵们便将木棒携带至战地，临阵当做武器，发挥了很大作用。抗倭胜利后，土家族士兵又用它做掷远的游戏，当时带领士兵抗倭的明代昭毅将军彭尽茝，也操起一根红木瓜树棒打了一套“秦王扫江”棍。红木瓜树常常作为制作“飞棒”的材料，取其木质坚韧，且富历史意义。

打飞棒一般为两人对抗赛，人多可分几组进行。每场比赛时间以打满事先约定的棒数为限。比赛在一块长不限、宽 5 米以上的平地进行。甲方手持一长 20 厘米左右的打棒，粗细以手握住为宜，另有数根约 30 厘米长的飞棒，每赛一次用 1 根。场地的一端挖一菱形小坑，深 10 厘米左右。第一步为“挑飞棒”。甲将飞棒横放在菱形小坑上，用打棒将其向前方的空地挑出。乙站在甲对面约 50 米处尽力抓住挑出的飞棒，乙如抓住时则双方互换；未抓住则仍由甲将打棒横放在小坑上，再由乙站在飞棒的落点处，用飞棒击小坑上的打棒。乙如击中则与甲互换位置，未击中则甲获第一步的胜利。第二步为打飞棒。甲将飞棒抛向空中，然后持木棒用力将飞棒击向前方，乙仍在甲的前方约50米处抓甲击出的飞棒，抓住了则与甲互换位置，未抓住则乙拾起甲的飞棒扔回小坑处，甲则用飞棒回击，击得越远越好。甲回击乙扔回的飞棒，乙仍可设法抓住，抓住了则仍可与甲互换位置，未抓住则甲用“打棒”作尺量飞棒落点与小坑的距离。第三步为“宰鸡头”。甲量完距离后，又将飞棒置于小坑内，飞棒一端凸出地面，表示“鸡头”，并以打棒击“鸡头”，使飞棒向上弹至空中，待其落下时以打棒击，乙方仍可在对面抓接飞棒，抓住了甲无成绩，未抓住时甲方再次量距离。两次丈量之和为甲取得的成绩。然后乙依前轮比赛进行，最后计算距离，长者为胜。团体赛时，甲队、乙队按两人一组依次进行，然后计算各队的总成绩。输者要受到“学鸡叫”的惩罚，以表示飞棒击中了目的物。假如甲乙双方事先约定各击5棒，则以5棒的两次丈量之和的长度来分胜负。团体赛则以每队5棒两次丈量之和定输赢。

原载:《中华民族传统体育志》 广西民族出版社1990年8月出版

抢贡鸡

彭 慧

抢贡鸡是湘西土家族人民的传统体育活动。“贡鸡”有四种，由青草、稻草、细篾编制而成的分别叫青草鸡、稻草鸡、竹篾鸡；

另一种鸡毛鸡制作讲究，先用两层白瓜壳做圆球，并嵌以一定数量的铜钱，外面用布缝好露出钱眼，然后在钱眼上插上各色鸡毛，穿上彩珠，踢起来发出清脆的响声。

抢贡鸡在唐代以前就在土家族聚居的地方盛行。清雍正“改土归流”前所撰《永顺县志》记载了抢贡鸡的活动。抢贡鸡以农历正月最为盛行，其方法类似篮球，可分“帮赛”（即团体赛）、个人赛和表演赛三种。

团体赛。一般各为五人以上。有男女对抗赛，偶尔也有男女混合赛。如只有姑娘参加，则可自由组队或猜拳成队。比赛开始，首先由一人用脚尽力将贡鸡踢到十六七米的高度，贡鸡落下时，双方一拥而上，全力拼抢。

贡鸡是负方向胜方进贡“鸡”的意思。如甲队抢得贡鸡立即抛向对方除头部以外的身体任何部位，如被击中，则乙队应向甲队初次进贡。初贡时应轻而稳地把“鸡”踢到对方队员怀里，使之易于接住。甲队接住“鸡”后为再次获得受贡鸡的机会，全队密切配合，将“鸡”踢得时前时后，忽高忽低，变化莫测，负方则要想方设法将“鸡”截住。这时双方队员斗智斗勇，各献技艺，做到打得准、踢得高、掷得远，直到一方“吃”到贡鸡，第一轮比赛结束。团体赛比赛轮次及时间无严格要求，由双方临时商定。比赛中，负方向胜方第二次贡鸡时，则可运用真真假假、虚虚实实的方法迷惑对方，使其难以接到贡鸡，从而失去再次受贡的权利。常用的有“倒拽九牛尾”、“九鬼拔马须”、“回旋运转”、“假抛真掷”等，统称为“漏鸡”。

个人赛。一般在五人以下时采用，男子个人赛，大都在土家吊脚楼前村寨集会的空坪上进行；男女混合个人赛，一般限未婚男女青年，大都在山坡上进行；女子个人赛，多半在土家村落中的空坪或房前屋后举行。个人赛以踢得高、变化多、失误少为优胜，其动作有一串二踢、内外踢、三面内外踢、四面内外踢、前后踢、倒勾踢、后旋踢及手脚并用、手围圈的“踢漏鸡”等。比赛激烈，需要有一定的技巧，且气氛欢快，为广大青年男女所喜爱。

表演赛。是帮赛或个人赛的前奏，以表演各种动作为主，分单人和多人两种。动作有滴鸡、绕鸡、垫鸡、传鸡、滚鸡、扣鸡、鸡绕“8”字等。

抢贡鸡一年四季均可进行，但以农历正月参加的人数最多。土家山寨多从农历腊月二十八日开始，一直到正月十五才收场。土家人民在腊月杀鸡准备过年时，家家户户都留下彩色鸡毛，为扎贡鸡之用。土家风俗，到土家做客的青年遇上抢贡鸡都要参加，否则为不礼貌。过去土家抢贡鸡还是男女青年择偶的方式，称之为“彩鸡传情”。

原载：《中华民族传统体育志》　广西民族出版社 1990 年 8 月出版

抵　杠

蒋松卿

抵杠为湖南农村广泛开展的一项传统体育活动，尤以湘西土家族为甚。

抵杠为男子两人对抗赛。参加者系上腰带，各持圆木杠子的一端由胸抬到肩，表示“请”，接着各自将杠子的一端抵在腰胯一侧，一手扶住杠子，另一手向前握杠，下肢站稳。裁判员发令后，双方用力向前推杠。将对方抵倒在地，或对方杠子从腰胯滑落双手脱杠均为获胜。一般为三战三胜，失败者自动离场，获胜者可继续与其他选手较量。

抵杠是力量和耐力的比赛，更要运用智慧与技巧。要求根据力学原理掌握力点与支点，使对手重心产生偏差而倒或杠脱手。

抵杠的方法多种多样，有以腰腹部抵杠的，有用膝盖抵杠的，更有用前额或肩窝抵杠的。湘西土家族的抵杠，有其独特的民族形式和起源。传说有次外族部落要在过年这天进犯土家山寨，于是土家族首领通知各家各户提早一天过年。到了除夕，男人们埋伏在寨外要口，其他人则在家装成真过年的样子。敌人来后全被歼灭在寨外。正月初一共贺胜利，于是用抗敌用过的棍棒做抵杠的游戏。土家族新年走亲访友，女婿首次给岳父拜年，进屋都要与主人抵三杠作为见面礼。土家族姑娘挑选对象，也要看小伙子抵杠的能力如何。举行结婚仪式，男方迎接新娘的人们至女家吃“戴头酒”前，要进行抵杠。男方迎新娘的人抵不过女方的抵杠手，虽也可喝一点“戴头酒”，但到了晚上山歌对唱时，却要受到女方歌手无情的“挖苦”。至今湘西还有不少土家山寨，仍然保留着这种风俗。

原载:《中华民族传统体育志》，广西民族出版社 1990 年 8 月出版

八人秋

邱勇 彭慧

“八人秋”是湘西苗族人民的传统体育项目。农历每年“立秋”这天，为苗族的“赶秋节”。这天一大早，打着青布伞、戴着银项圈、穿着花边衣的姑娘，挎着褡裢与挎包的小伙以及其他苗族人民，都来参与或观看赶秋节的各项文娱体育活动，如歌舞、舞狮、武术、八人秋等。

八人秋相传是一位名叫巴贵达惹的苗族青年设计的。他为人正直，相貌英俊，武艺超群。在一个秋高气爽的日子里，巴贵达惹进山打猎，射下了一只山鹰，山鹰脚爪上抓着一只做工精巧的绣花鞋。巴贵达惹认为能做这样精美绣鞋的姑娘，一定聪明美丽而善良。为了寻找这位做绣花鞋的姑娘，他便设计了八人秋。这种秋千能同时坐八人，故叫“八人秋”。

八人秋由一根 4 米长、直径 20 厘米的圆木为主轴，然后将其划分为 5 段，每段相距 80 厘米。从两端的 80 厘米处起，依次凿两个对穿孔，再插入长 3 米左右的杂木棒，形成 4 个对称的“十”字架，并在各“十”字架顶端以 90 厘米长的杂木棒相结固紧，是为横轴。横轴上套上两根用篾或藤条制成的粗绳，绳索下安上踏板即成。使用时，用两个三角架将八人秋悬在空中，以人力推动其旋转，秋千架上的人亦用力蹬板，以加快其旋转速度。

巴贵达惹造好了八人秋之后，便邀请百里苗寨的青年男女在赶秋节对歌荡秋千，借以寻找穿同样绣花鞋的姑娘。果然，一次赶秋会上有位叫乜琅的姑娘，不仅貌美歌甜，且所穿绣花鞋与从鹰爪上获得的绣花鞋一般无二。接着二人对歌传情，结成了百年之好。

苗族秋千有八人的，亦有十二人的，赶秋节有规矩，凡是打秋千的人都要会唱歌。调整旋转的秋千在其转速均匀时，青年男女便开始了对苗歌。男女双方盘歌对唱交流感情、表达身世。通过打秋千并在秋千架上做各种动作，不仅是苗族青年男女锻炼身体的方法，更是寻找理想配偶的一种方式。

原载：《中华民族传统体育志》 广西民族出版社出版 1990 年 8 月

文章有删节

脚踩独木穿急流

蒋松卿　李天申

独木，旧时为湘西一种水上捕鱼和交通的原始工具，演变为一项体育活动。

脚踩独木穿急流的竞赛，必须赤足踩在一根长 8 米、直径为 15 厘米至 20 厘米的圆木上，利用手中 5 米长的竹竿划水掌握方向，在奔腾咆哮的江河上航行，比赛分“撞龙门”和“冲滩”两种。

“撞龙门”以勇敢机智和娴熟的技巧取胜，类似现代的冲浪运动。它要求参赛者在 300 米的距离内撞过八滩五湾，跃过“龙门”，“龙门”为指定的终点处。八滩五湾需事先找好有滩有弯的急流河道。竞赛紧张激烈。竞赛者如落入水中则算失败，不计名次。这项竞赛一般只限男青年参加。“撞龙门”为“脚踩独木穿急流”第一阶段比赛。

“冲滩”是青年男子都可参加的一项比赛，但男青年只有顺利通过“撞龙门”这一关，才有资格参加“冲滩”比赛。冲滩要求在流急而较直的河面上进行，赛程一般为500米。终点处放鱼叉、鱼网一类的奖品。谁先取到奖品谁为优胜者。这种比赛类似现代划艇，它除了借助水的冲力外，还必须用力快速撑水推动独木前进。

原载：《中华民族传统体育志》　广西民族出版社1990年8月出版

倒挂金钩

蒋松卿

“倒挂金钩”是湘西土家族一项传统的体育活动。

据土家族古歌传说，在明清两代实行“改土归流”以前，土家族有位名叫“惹帕”的姑娘，长得如花似玉，聪明伶俐，且善良忠厚。她爱上了当长工的汉族小伙子龙望。当时的土司想霸占惹帕，设下一条毒计想拆散这对鸳鸯。除夕时，土司命家丁在宽60米的酉水河上横拉了一根粗绳，然后把龙望叫来说：“如果你能用脚尖倒挂在绳子上过河，我就成全你与惹帕的婚事，否则休想。”忠于爱情的龙望毫不犹豫地答应了。惹帕含着眼泪为她的心上人祝福，数百乡亲站在两岸为龙望鼓劲，龙望沉着地双脚倒挂在绳索上，一步一步往前移，双手还表演各种武术动作。强壮勇敢的龙望只剩下五米的距离了，乡亲们欢呼着，惹帕双眼闪动着喜悦的泪花。凶狠的土司眼看毒计将要失败，就命家丁砍断了绳索，龙望跌入了滚滚的酉水河里，悲痛万分的惹帕撕肝裂肺地一声呼喊：“龙望哥，我跟你一起走吧！”也跟着跳进了酉水河，后来，土家族人为了纪念这对不同民族的恋人，便把“倒挂金钩”作为节日的一项传统体育活动，流传至今。

土家族的倒挂金钩分为大挂（用膝盖关节挂）、小挂（用脚背挂）两种，表演和比赛的形式有单人、双人和多人三种。比赛前由各寨挑选代表，参加夺魁。选手们身穿绣有“银钩”的花条胸衣，下着青色镶金边的裤子。在一块空坪里竖起两根高高的木杆，系上用葛藤绞成的绳子，下面烧着熊熊的炭火，并放上十几种不同大小的方石。参赛者一边倒挂着前移，还要双手表演挖土、种包谷、插秧、割草、打谷子、砍柴、收桐茶子、打糯米粑粑以及“海底捞针”、“双龙抢宝”、“双凤朝阳”、“青龙探爪”、“出爪亮翅”、“持弩射猎”、“持叉围猎”、“持棒赶虎”、“关公挑袍”、“老鼠翻车”、“骑马翻车”等动作，反映劳动、打猎等日常生活情景。

原载：《中华民族传统体育志》　广西民族出版社 1990 年 8 月出版

高脚马

孔祥瑾　李天申

湘西土家族苗族自治州一带的土家族男女青年喜爱踩“高脚马”。高脚马原名“竹马”。“马”实为两根长及肩部的竹子或杂木做成。起初取于有树杈的小树干，底端约 50 厘米处以自然形成的短树杈供脚踏，因而又叫“自生马”。经过加工制成的叫“再生马”。双手各持一杆，脚踩踏杆，浅水行走不湿鞋袜。少年儿童们除用做游戏外，雨天则踩着去上学。

高脚马已正式列为比赛项目，并拟定了《竞赛项目及其竞赛通则》，分男、女 50 米竞速、4×100 米男女混合接力及男、女对抗赛。

50 米竞速，在宽两米的田径跑道上进行。运动员骑高脚马的方法可踏板双向内，双向外，一只外一只内（俗称犟骡子）。4×100 米男女混合接力，接力区为 3 米长，运动员必须在接力区交换竹马。

另外，还有高脚马角斗、高脚马花样赛和高脚马障碍赛等。

角斗。先于地面画出直径为 5 米至 10 米的圆圈边线，通过圆心画出中线，两人于圈外中线两端处准备，裁判员发令，双方即入圈内进行角斗，可用身体各部位撞、顶、拐、挤或用竹马下端绊、扫等方法，迫使对方下马或出边线为胜，但禁止击对方头、腹、裆部位，更不准以踏板以上部位弹击对方，亦不准用拳、腿、膝、足撞击对方。双方进攻时都不能脚离踏板。每局为九斗五胜或五斗三胜，胜一局得 5 分。高脚马以人踩上后顶端与肩齐，踏板离地面高度为男子 30 厘米，女子 25 厘米。

花样赛：踩高脚马的姿势很多，有单脚跳、换脚走、倒走路、一双内、一支外、单打塘、双打塘、夹夹脚、鹤鹰展翅、乌龙绞柱、观音坐莲、蜜蜂入巢等。比赛以花样多、失误少、姿势美评分见高低。

障碍赛：一般于野外进行，在一定距离的路线上，通过山林、田间小道、上下坡梯坎、小沟壑、溪水等。可逐个进行，根据时间记录，评定名次，也可众人同时出发，先到为胜。

原载：《中华民族传统体育志》　广西民族出版社 1990 年 8 月出版

鸡形拳

蒋松卿

鸡形拳为湖南永顺张海全所创编。属象形拳的一种，流行于湘西各县的土家族山寨。张海全从小习少林拳，青年时参加过义和团运动。义和团失败后，他隐居深山，养着数十只雄鸡，观其搏斗时的蹦跳、闪躲、嘴啄、站立姿态，结合所学的少林拳术，加以创编整理，形成了独具一格的新拳种。

鸡形拳内容丰富，其第四代传人彭继祥又据师传套路结合现代武术特点，择取雄鸡出笼、鸣啼、寻食、啄食、拍翅、展翅、扑灰、追逐、合翅的形象化动作，进行了再创编，使其更具有健身的作用。例如仿鸡的连续拍翅、起落，可使膈肌不断舒缩，有按摩肝脏、肠胃，促进肝内血液循环，提高肠胃消化与吸收能力的作用。

鸡形拳主要有头碰、肩打、胯靠、爪抓、脚弹等技击动作。身法大开大合，颈部时伸时缩；步法以弧形步、矮子步、击步、垫步为主；脚法以弹腿、前踩、侧铲、弹踢、跳跃为辅；手法以勾手代替鸡嘴，有抓、啄、点、叉、削等。讲究爆发劲，要求快速准确，气沉心稳，借鸡鸣之声发力。

鸡形拳的基本功法有鸡爪功、鸡嘴功、闪翅功。鸡爪功先练鸡爪形，再练提桩法。其方法是：将钉在地上的木桩抓起来，再将其钉入地下，再抓起来……如此这般，每天练数次并逐步增加，抓起一次在抓的部位削去一块，直到将木桩削成尖形仍能抓起。

练抓葫芦：将葫芦或木制水瓢放在水里，天天抓球形的一面。鸡嘴功先练鸡嘴形，再练啄砂袋，每天数百次，再改啄砖块或墙壁。闪翅功先两脚分开略宽于肩，直立站定，两手侧平举，四指并拢用力上翘，大拇指弯曲用力，两眼平视；两脚不动，膝盖里平，两臂爆发用力下落，两掌拍打两胯，如同鸡拍翅状。接着假设左右两人拉住双臂，迅速屈臂下沉，内夹双膝，然后突然快速用力分膝并向两侧插掌，用劲下沉，用抖动弹开。

鸡形拳练功时要运足气，意守丹田。除练好三种功法外，还要锻炼速度、柔韧、弹跳、力量、耐力、平衡等身体素质。鸡形拳的技击法则是“有形无形假假真真，形内藏针是其妙门”。临阵与人交手时，“敌进洪门把钟撞，神爪前伸去投梁；敌抢偏门把草卷，雄鸡踩花定遭殃”。另有12字口诀：“洪门闯，偏门逼，吞而吐，虚实清。”

鸡形拳有徒手鸡拳一套，含起势、雄鸡伸腿、雄鸡啄米、雄鸡闪翅、雄鸡叱口、飞爪戏珠、雄鸡挠尾、雄鸡寻食、雄鸡地坎、金鸡独立、寒鸡抱蛋、雄鸡撩腿、雄鸡扑面、雄鸡折翅、雄鸡过坝、雄鸡拦门、左右金鸡独立、雄鸡拘翅、鸡形步、雄鸡踩花、雄鸡扑灰、矮子步、雄鸡扒地、雄鸡展翅、雄鸡合翅、虚步十字手、雄鸡拍翅、左右后撩腿、雄鸡拍灰、合翅等招式，另有鸡爪棍一套，攻防兼备，有实战价值。

原载：《中华民族传统体育志》　广西民族出版社 1990 年 8 月出版

五　学校体育

前国立师范学院体育系科简史

易桂森 丁非杰

1937年卢沟桥事变后，抗日战争爆发，京、沪等地的高等学校纷纷迁往内地。当时教育部择定湖南省安化县蓝田镇（今属涟源）筹办国立师范学院。院长由教育界名流廖世承担任。初创时设国文、英文、教育、史地、数学、理化及公民训育七系，于1938年秋开始招生开学。次年秋增设体育童子军专修科及大学选修班。1941年又增设国文、数学两专修科。1942年夏增设音乐科及体育师资训练班。1943年受湖南教育厅委托，设有中心小学教师进修班。

1938年"八一三"沪战爆发，江、浙等省有名学者，大都避乱来内地任教。廖世承借此时机，竭尽心力，延聘了不少名流学者来院，组成了各系科的坚强教师阵容。其时全院上下一心，生气勃勃，秩序井然，一派兴旺景象。至1943年在校学生发展为775人，为该院的全盛时期。

1944年日本侵略军进犯长沙、衡阳，学院被迫西迁于湖南省溆浦县。临时借用民房、祠宇为院舍。因房屋简陋分散，场地设备困难，不得不缩小规模，停办音乐科、体育师资训练班和小学教师进修班。虽值困难加深，而全院教职员工艰苦奋斗的办学精神不减当年。保留下来的各主要系科学生，在此艰难情况下，仍孜孜不倦地学习。但因社会动乱，交通不便，其时在校学生锐减为419人。在溆浦办学的一年期间，为该院的艰苦时期。

1945年抗日战争胜利，又增设体育系与博物系，并将公民训育系并入教育系。院址由溆浦迁至衡山南岳，将原湖南省立商业专科学校的全部校舍，加以修葺扩充，于1946年上期在南岳复课。1946年秋末，廖世承离院去沪，院长职务由史地系主任皮名举博士代理。南岳为天下名山，风景优美，气候宜人，学院迁此后，复兴伊始，万象更新，为本院的中兴时期。

1949年8月，湖南和平解放，秋季未招新生。解放后旋即由湖南省军管会派员接管。1950年春并入湖南大学，迁院于长沙市韭菜园原圣经学院旧址开学。因湖大原已决定设立的文教学院撤销，该院原有体育系四年级和体育科二年级学生宣布毕业，体育系二、三年级学生进行转学转系处理。

因国立师范学院体育系科是整个学院的组成部分，故先简略叙述全院的变迁始末，以便从中窥见体育系科的梗概。

一　系科设置

体育童子军专修科，系1939年6月8日奉教育部指令核准添设，修业期限为三年，当年秋季开始招收新生。1943年夏奉教育部电："该校三年制体童专修科，自三十二学年度（1943）起，改为二年制专修科。招收高中或同等学力毕业生，原有三年制旧生，仍照原规定办理，至毕业为止。"1945年增设体育系，修业年限为四年。首先开办四年级，招收本院原三年制体童科毕业生回院学习，当时参加学习的有留在本院或附中任教的教师章巨林和从外地赶回参加学习的张友龙等16人。从1946年秋起，体育系开始招收新生。

二　教师阵容

体育专家金兆均教授任体童科主任，教授有赵敏学、江良规两博士，副教授、讲师和助教有徐汝康、俞晋祥、曹庸芳、葛衢康、文进之、胡均升、蔡官秦、张登魁、董承良、周崇淑（女）等10余人。1942年增聘体育界名流陈奎生教授，1943年又增聘涂文教授。增设体育系时，金兆均改任系主任，科主任由涂文担任。

学院迁南岳后，教师的变动较大，部分教师相继离院去京、沪等地。赵敏学博士赴南京任中央大学教授。金兆均赴沪任上海市体育专科学校校长，但仍兼任本院系主任，改聘为特约教授。金兆均离职期间，系主任由涂文代理，科主任由陈奎生担任。原有教师蔡官秦、曹庸芳、文进之等仍留院任教。另增聘了副教授和讲师刘志燮、程绂、李雨山、涂傅龠、刘己鸣等，并新聘体育界名流吴蕴瑞、章辑五为特约教授，定期来院讲学。同时将本院体育系科历届毕业生中成绩优良的校友陆续留院或聘请回院任教，先后有章巨林、张世锡、梁广训、房惠康（女）、宋佩珍（女）、罗布、刘德象、张友龙、何梅英（女）、刘运秀（女）、陈乃真、俞贵芳、童载新、张谷泉、罗承勋等10余人，不断为体育系科的教师阵容，注入了新的血液。

体育系科的教师，除担任本系科全部教学与课外活动指导外，还担任其他系科一、二年级的体育课教学和课外活动的组织、指导。学院规定普通系科的学生，凡体育成绩不及格者要重修；重修不及格者不得毕业。所以全院各普通系科的体育课每周两节，上课很正规，要求很严格。课外体育活动也开展得很活跃，全院体育风气浓厚。

三　场地设备

学院初创时期在蓝田光明山，只开辟了小运动场一处，约占地两亩。次年学院添设体童科，深感场地不敷，又在学院门前新辟运动场一处。计有篮球场（兼作排球场）6个，器械体操场一处，棒垒球场一处，网球场两个。学院还利用后面溪流的自然条件，开辟了天然游泳场，溪水宽约40米，深则1~4米左右，均为沙底，利用溪边岩石设有跳台一处。

运动场建成后，于1939年7月8日举行了盛大的开场典礼。1940年又扩建占地20亩的大运动场，内有350公尺圆圈式跑道，运动场可进行足球、手球、棒垒球等项活动，还设有沙坑五处，投掷区两处。

在溆浦时期则利用民房之间的空坪隙地，开设小型的田径活动场地和篮排球场、器械体操场，并利用学院附近的溆水开展游泳活动。迁南岳后，先将原商专校门前的大操坪加以扩建，砌了两米多高的石堤护坡，拓宽了面积四十余平方丈，场内设有篮排球场四处，田赛和器械体操场各一处，并可容全院师生在场内做早操。原商专院内的小操坪，也设有篮、排球场各一处，器械区一处。另将南岳西操坪加以修整，辟有400米跑道一圈，内可供田径、足球、手球、棒球、垒球活动之用。学院原有长20米、宽8米之小游泳场一处，也是利用溪流修建的，后扩建为长50米、宽12米、深1~4米的游泳池，并新增高低跳台各一处。各项体育器材设备，也较充裕。

四　课程设置

体育系科的课程设置，基本上是按当时教育部的规定，但有时也兼顾教学力量的实际情况作些变通，或提前开设，或推后讲授，或将两门有关联的课程合并。遇有变动，由系科主任与教务处洽商确定。当时各门课程，均无统一的教学大纲，教材内容多由主讲教师根据国内情况，并参照外文资料编写。课程主要分普通课和专业课两大门类。三年制专修科的普通课有国文、英文、三民主义、社会学、生物学、教育概论、教育心理学、军事训练、音乐。以上为全院各系科共同必修课，由有关系科的教师讲授。专业课又分基础理论、应用科学、运动技术（术科）三个方面。三年制的基础课，有人体解剖学、生理学、运动生理学、卫生教育概论、体育原理、体育概论、体育行政、体育史、小学体育、体育教材教法、童子军教育概论、童子军行政。应用科学有健康检查、医药常识与急救、按摩术、体育建筑与设备、体育测验与统计、裁判法。术科有田径、器械体操、垫上运动、球类、游泳、国术、韵律活动（舞蹈）、摔跤、徒手体操与游戏、童子军训练。此外还有实习。以上课程均为必修课，由本系科教师或外地特约教师来院讲授。

体童科由三年制改为两年制时，课程设置大体相同，只是某些相近的学科，紧缩内容，减少课时，进行合并。如体育建筑与设备、体育测验与统计并入体育行政内讲授，生理学与运动生理学合并讲授。个别学科如社会学不开。四年制体育系的课程，前三年与三年制的体童科课程相同。到四年级增设的普通课有高级国文、高级英文、伦理学。专业课有生理化学、人体机动学、体育视导、体育史研究、教材教法研究以及论文与实习。术科方面增设练琴课（钢琴）。以上除练琴课为选修外，其余皆为必修课。

体育系科的学制，系学年制与学分制并行。即体育系必须读完四年，修满 146 学分。体童科必须读完三年或两年，修满 134 或 125 学分，方能毕业。

五　新生入学

体育系科的职责是培养高、中等学校体育师资、体育行政人员和公共体育场的业务人员。考生必须具有高中文化程度。师范学院所需全部经费，概由教育部拨发，学生食宿等费用，一概由公费供给，每年还发给学生零用金和制服津贴。这就给家境贫寒而有志深造的学生，提供了一个极好的学习机会，所以每年报考的人数都十分踊跃。

每年招生均由学院按当时情况，自行在各地设置招生点。除湖南省内各地外，重庆、成都、桂林、贵阳、丽水、恩施等地，均曾设过招生点。入学考试很严。体育系科新生的考试科目分必试与选试两项。必试科目有：公民、国文、英文、本国史地、外国史地、数学（代数、平面几何、三角）。选试科目有：物理、化学、生理，任选一科。还有运动技术测验。测验项目有田径运动中的百米、跳高、跳远、推铅球；篮球运动中的运球、投篮；器械体操中的引体向上；最后进行口试，学院按考试成绩，择优录取。录取的学生，除在本院出榜外，还在招生地区的报纸上公布名单，并给本人寄发录取入学通知书。入学时在学院医务室进行体格复查，发现身体条件不适合从事体育专业者，不准注册入学。

六　考核制度

全院读书风气浓厚。体育系科的学生，均能恪守纪律，敦品励学，勤俭朴实，蔚为风气，无论课堂听讲或课外自习，都十分认真。每日晨曦初上，同学们即奔赴操场锻炼，待早操完毕后，即执卷吟诵于林间水边。课余则出入于图书馆、阅览室。学院规定新生入学后，即举行甄别考试，国文、英文成绩在中等程度以上者，可学习基本国文、英文。成绩较差者，编入补习国文、英文班学习，不计学分，补习一年后，经复试及格者，方可参加基本国文或英文班的学习。每学期结束前，学院将修完的课程进行考试，及格者方取得该项课程的学分，不及格者重修。无论是学科和术科的考试，一律严格执行。遇有舞弊行为，一经发觉，该项考试即行作废，情节严重者，即予除名，不稍宽贷。最后一学期，学生在实习导师的指导下，前往学院附中或附近师范学校，担任实习体育教师一至两个月，实习成绩，由实习导师评定。

七　学术活动

学院创办了《国立师范学院旬刊》和《国师季刊》两种，由全院师生写稿。各系科还有各系科的刊物。体育系科有“体育学会”和“体童学会”的组织。为宣传体育的重要意义，增进学术研究的兴趣，先后创办了《体育与健康》、《健康教育月刊》。迁南岳后，《健康教育月刊》停办，又创办了《行健》特刊。这些都是体育理论与实践相结合的刊物，作为体育系科师生发表教学研究和学习心得的园地，也刊登校友和院外教师的来稿。这些刊物内容丰富，持论严谨，发行范围广泛，当时在全国体育界影响很大。学会还间常敦请特约教授和名流学者，作专题学术讲演，积极开展体育学术的研究。

体育系科的术科课，不分专项，全是必修课，学生在晨间、课余和星期日，采取个人或结伴的形式，根据自己的爱好与特长，自选运动项目，进行刻苦锻炼。并与教师、同学互相切磋琢磨，以提高专项运动的技术水平。

八　课外活动

课外活动，关系学生品德和才能的发展甚大，学院对此一贯重视。体育系科的学生除参加全院组织的学生自治会、学生膳务委员会外，并按各人自己的爱好，参加合唱团、话剧社、京剧社、诗社、联谊社等院内的社团组织。体育系科的学生爱好话剧活动的人较多，积极参加演出和担任导演，曾与其他各系科同学合作，先后演出过《雷雨》、《日出》、《北京人》、《风雪夜归人》、《为祖国飞行》等名剧，给全院师生留下了深刻的印象。

学院坚持晨会早操，十年如一日。学生黎明即起，一声号角后齐集操坪，自行整队，由体育系科教师轮流领操，并实行点名制度，教职员工也多数参加。院内以系科或年级为单位，经常组织球类、游泳、爬山、远足、拔河等竞赛活动。体育系科师生组织了篮球队，先后赴桂林、衡阳、耒阳、邵阳、长沙等地进行远征，每次都取得较好的战果，载誉而归。全院共举行五次大型院运动会（在蓝田举行四次，南岳举行一次）。在院运动会中，体育系科的师生，既是运动员，又是大会职员、裁判员，既提高了技术水平，又学习了专业知识，诚为一举两得。

以体育系科师生为主体，组织体育代表队，参加湖南省在耒阳举行的第十五、十六两届全省运动会及在长沙市举行的第十七届省运会，竞赛成绩甚佳，引起广大群众瞩目。在第十五届省运会时，体童科的学生单独做了器械体操、垫上运动、集体舞表演，花样新奇，变幻莫测，博得各方赞誉。

九　人才培养

体育系科自创办以来，共培养了四年制体育系毕业生四届共35 人，三年制和二年制体童科毕业生十届共 158 人，一年制师训班两届共 15 人，总计 208 人。还有在体育系科肄业后，仍从事体育工作者 27 人，实际应为 235 人。学生毕业后，政府虽不负责安排工作，但由于学习成绩优良，全国各地来函争相延聘。体童科第一届毕业生，仅 28 人，毕业时有 9 个省的 150 余所大、中学校来函征聘，结果分配去川、黔、滇、桂、湘、鄂、闽 7 省，在专科以上学校和中等学校任体育教师者各占其半。以后各届毕业生的分配情况，均大致如此，总是来函征聘的多，毕业生少，很难满足社会的需求。

抗日战争期间，本院体育系科与西北师范大学（原北平师大）和重庆的中央大学（原南京中大）的体育系科，同时被誉为国内有名的三大体育系科。

国立师范学院的体育系科，从始创到结束，历时 10 年，正值战争年代，烽火连天。建院后一迁再迁，在此期间一些创办较久的高等学校，维持现状犹感困难。该院为新办的学院，能在短期内做出如此成绩，实赖广大教师的苦心孤诣，惨淡经营，筚路蓝缕，功不可没。

原载:《湖南体育史料》第一辑　1982 年

湖南省立第一师范学校体育简史

梁涤青　宋迪松

湖南省立第一师范学校（以下简称“一师”），自 1903 年即清光绪二十九年，由城南书院改为“湖南师范馆”。不一年改为湖南全省师范学堂。1904 年 11 月，又改为湖南中路师范学堂。辛亥革命后，1912 年 3 月始改为湖南公立第一师范学校，第一任校长是文启泉。1914 年 4 月，最后改为湖南省立第一师范学校。回溯城南书院，更可说是悠悠湘水，源远流长。它是宋朝张南轩创建的，历宋、元、明、清诸朝，讲学之风不绝，到现在有将近 800 年的历史，是湖湘文化的发源地之一，是培育人才的中心。特别是近百年来，为中华民族的复兴，为新中国的缔造和成长培养了大批杰出的人才，为中国现代史写下了可歌可泣的光辉篇章。一师不仅是一个文风很盛的学校，有很高的教学质量，而且有浓厚的体育运动风气，在各个时期的体育竞赛中，在开展群众性的体育活动中，都取得了比较突出的成绩。现将几个时期体育活动开展的情况分述如下。

一　建校后至马日事变前(1912 年至 1927 年)的体育概况

(一) 体育运动的兴起

一师原来是一个文风很盛的学校，对体育并不十分重视。它的前期，正是民国刚成立，百废待举，旋即袁氏称帝，南北军阀混战，政局极不稳定，要办好一所公立学校是十分艰难的。孔昭绶恰于此时，前后两次出任一师校长。他是湖南高等师范毕业的，后留学日本，为法学士，早期受到湖南维新派谭嗣同、唐才常等时务学堂的影响，是一个富有爱国思想、有高尚伦理修养的知识分子，为学校披荆斩棘、建树颇多。他带来了民主办学的风气，聘请方维夏、王邦模、王季范、王昌麟等为学监，杨昌济、徐特立、易培基等担任教师。他第二次担任校长时，正从日本留学归来，全面考察了日本教育，认为日本明治维新是首先从教育入手，知耻近乎勇，以国耻鞭策学生，极力提倡尚武精神，把“知耻公诚勤俭”作为一师校训，要求在德、智、体各方面都得到发展，注重人格教育、军国民教育。当时兵式操是体育课的重要内容。体育课的实施，有详尽的规章制度和考核制度。延聘学有专长的体育教师担任教学，一个学期由两人增至六人；组织志愿军，进行野战演习；发动师生员工分甲乙丙丁四组轮流参加劳动，开辟操坪，掘土 8650 立方米。新操坪长 290 尺，宽 138 尺。为了发展学生的兴趣爱好和特种才能，学校成立了技能会，后改为自进会学友会。学友会有 14 部两组，有过半数的部是属于体育锻炼的，如拳术、剑术、架梁蹴球、庭球、野球、水陆运动选手。这些部把全校学生都组织到学友会中来，按个人的兴趣爱好和特长报名参加。但每个学生必须参加一个或两个体育项目，这样就把全校学生的体育课余活动组织起来了。各部都制订规程，有了严密周详的考查制度。学生缺席迟到，都有记录员登记扣减操行成绩体育分数，学生慢慢养成了运动习惯，借此推动了体育运动的普及。由于群众性体育活动的广泛开展，学生体育成绩显著提高。还请了李石岑老师教游泳。当时校际之间的体育竞赛活动也开展起来了，如足球比赛，长郡中学的八大球王曾称霸一时，一师在战败之余，仍然发愤图强，后竟组织了 20 多个球队，勤学苦练，居然把王牌的长郡足球队打败了。为了开展这些活动，充分利用学校附近的空坪隙地，还争取利用了教育会坪、协操坪的场地。这就是当年一师的“足球热”。为了不局限于在室外开展体育活动，还千方百计为雨天的室内活动精心策划。在没有适当的房屋设备，又缺少经费的情况下，要解决这个问题是很困难的。他们提出了打乒乓球的办法：由学友会做了 12 台木架和竹布网，每班领一套，利用礼堂、会客室、楼上走廊，以见缝插针的办法，把球台安置好，形成一时的所谓“乒乓球狂”。时间上，早起后的晨间锻炼，上午一、三两节课后的十分钟课间操，下午课余，有些活动延续到晚餐前，甚至晚餐后、晚自习前的自由活动时间都利用了。空间上，学校内外，妙高峰上下，橘子洲头，湘江之畔，教育会坪，协操坪场地，都被一师的学生占领了。一师在孔昭绶主校时，课外体育活动已打好了基础，易培基上台不仅继承了传统，而且加以发扬光大。

（二）20 世纪 20 年代迎来体育运动的高潮

五四运动前，《新青年》传播了新文化的思潮。五四运动后，反帝反封建的革命浪潮风起云涌。1920 年“驱张”（驱逐张敬尧）之后，湖南的教育界扬眉吐气。“驱张”代表易培基是一师的国文教员，当上了湖南教育委员会的委员长，并兼任了一师的校长。他在五四前后是进步的民主派人物，决心把一师办成一个新型的学校。一师的教育方针，贯彻了民主与科学、反帝反封建的精神。易培基从省内外各地特别是沪、杭一带延聘了许多进步教师。1920 年 9 月，毛泽东被聘为一师附小主事，并在一师兼教语文和担任一个班的班主任。陈昌担任国文教员，熊瑾玎负责学校总务。一师还先后延聘了一批参加五四运动或受五四运动熏陶的新人物来校任教。一时间，学校形成了各种“新思潮”，几乎各派“新思潮”都可以找到其代表人物。如沈仲九、匡互生、陈启天、余家菊、夏丏尊、田汉、周谷城、王鲁彦等。易培基废除不合理的管理制度，彻底改革教学内容和教学方法，培养民主与自由的校风。由于学友会的活动在前一阶段把各部的体育活动打好了坚实的基础，此时群众性的体育活动更加轰轰烈烈地展开，因为在孔昭绶时期的大批学生像毛泽东、陈昌等都已登上了一师的讲台，他们卓越的领导才能和光辉的体育实践，对这个学校体育风气的形成与发展，在广大学生中的影响是十分巨大的。

（三）毛泽东在一师的体育实践

毛泽东在一师先后度过了 7 年的峥嵘岁月，较长的学生生活是在一师度过的。后来他对人说：“一师是一所好学校。”他最敬佩的教师有杨昌济、黎锦熙、袁仲谦、徐特立、方维夏等。这些老师的道德文章、为人处世都使他钦佩，特别是杨昌济先生。杨昌济曾留学日本、英国9年。他在伦敦听到了推翻帝制、建立民国的消息，马上返回祖国，想把平生的学问都献给祖国和人民。他谢绝了公署任命他为教育司长的聘请，却选择了这个师范学校的职务。他是一个具有高尚道德、富有爱国热忱的知识分子。他反对封建的腐败生活，提倡民主的科学的新生活。杨先生锻炼身体的三件法宝是："废止朝食，行深呼吸，成年行冷水浴。"毛泽东选择了冷水浴并加以发展。1916年暑假，杨昌济先生介绍的柳午亭先生是一位体育运动的热心倡导者和实践者。当时毛泽东正悉心研究体育问题，亲自访问了柳午亭先生，他们进行了广泛的交谈。毛泽东回来时对杨昌济谈了此行的印象，称赞柳先生在体育的研究和实践上有较高的造诣，许多地方值得效法。一师于1913年秋创建技能会，目的在使学生培养各种生活技能。1914年改名自进会；1915年改为学友会。学友会的宗旨是："砥砺道德，研究教育，增进学识，养成职业，锻炼身体，联络感情。"会长由校长担任，但实际上负责任的是总务。毛泽东自1915年起至1918年上期毕业为止，每期都担任了学友会的重要工作。1915年至1917年上期四个学期都担任文牍，1917年下期至1918年上期，担任总务兼教育研究部部长。自毛泽东担任总务这一期起，体育活动开展得特别有声有色，轰轰烈烈的局面展开了，学友会有八个部开展各项体育活动。各部部长由高年级学生担任，再聘请教师担任辅导。各部的活动是每周一次，唯有体育活动则三次二次或一次不等，都是排在每天的课余时间，有些学术活动是放在晚间的。

毛泽东在体育方面的光辉实践，惊人的领导能力，为一师的体育活动谱下了新的篇章。他的体育实践，包括冷水浴、风浴、雨浴、日光浴、游泳、登山、野外宿营和长途旅行等。他认为冷水浴足以练习勇猛与不畏，又足以练习敢为，是一种很好的锻炼方法。通常在清晨冷水浴之后，再做自编的徒手体操“六段运动”。盛夏时率领同学到南湖港、橘子洲头游泳，在沙滩上进行日光浴。“自信人生二百年，会当水击三千里。”这是他当年的豪言壮语。登山露营和长途步行，也是毛泽东锻炼身体的方法。在星期日或假日，毛泽东和蔡和森、陈昌等攀登岳麓山。在爱晚亭畅谈，在丛林中露宿，借以锻炼胆量。为了进行社会调查，曾作几次长途旅行。他认识到体育的发展关系到国家的盛衰、民族的安危，做一个革命者必须是“文明其精神，野蛮其身体”。他有感于当时学生负担过重而体育往往被人忽视的情况，在1917年4月1日《新青年》第三卷第二期上，以“二十八画生”的名义，发表了《体育之研究》，这是一篇充满着唯物主义和辩证法思想的极其出色的文章。文章一开始，即用唯物主义观点：物质第一性，精神第二性，阐明了体育之意义，认为身体是从事一切活动的物质基础。“体育之道，配德育与智育，而德智皆寓于体，无体是无德智也”，“体者，为知识之载，而为道德之寓者也”，说明了德智体的关系是相互依存、互相影响的。中国由于几千年来受“劳心者治人，劳力者治于人”的影响，重文轻武的积习很深，学校往往以多如牛毛的繁重功课压在学生头上，而体育往往被忽视。一师有一年先后死了7个同学，开追悼会时，毛泽东写了一副对联：“为何死去七个同学，只因不习十分间操。”当时师生震动很大，这是他写《体育之研究》的时代背景。文章进一步阐述“天地盖唯有动”，批判了宋明理学家的主静论，认为动才是养身的要义。“动之属于人类而有规律可循者曰体育”，解释了体育的意义。“目不明可以明，耳不聪可以聪，虽六七十岁之人，犹有改变官骸之效。”说明人的身体是不断变化发展的，是可以因体育锻炼而改变的，说明了身体强弱这一对矛盾的辩证关系，在一定条件下是可以转化的。文章指出“坚实在乎锻炼，锻炼在乎自觉”，“欲求体育之有效，非动其主观，促其对于体育之自觉不可。”这里面有可贵的辩证唯物观点。

二 复校后一师体育概况

1927 年 5 月“马日事变”之后，一师的共产党员和革命青年先后被国民党反动政府所杀害的尚无精确统计，据估计有百人左右。学校停办了一个时期之后，就迁离了城南书院旧址。据校史记载罗驭雄当校长是 1927 年 1 月至 1927 年 9 月，大概半年多的时间，复校的校长是谢祖尧。1927 年 1 月至 1932 年 9 月，中间停办有一年多一点。1927 年重办一师时，认为老一师出“暴徒”、“过激派”，为了“端正趋向”、“挽回风气”，于是选择了教育会坪为校址，班次从头开始，面向全省招生。1938 年春，迁湘乡西阳杨宅，1939 年再迁安化桥头河，改为临中师范部。1941 年恢复省立第一师范名称。1945 年复校到岳麓山左家垅，因旧校舍已于 1938 年焚于文夕大火。1949 年，中国共产党为了纪念这个历史悠久、富有革命传统的学校，迁回城南书院旧址，按原来规模重建校舍，并扩大了范围。复校后的一师，体育方面仍然继承了 20 世纪 20 年代的光荣传统，群众性体育的规模以及学生会的体育组织，都有所继承，有所发展。如 1930 年至 1943 年，多数时间是在烽火频繁、转徙颠沛之中，在这样的艰苦环境中，居然召开了 8 次校运会，而且竞赛成绩一次比一次提高，规模一次比一次增大，并在各届省运会中取得好成绩。1931 年由一师学生张盛钟、何瑶、傅耀生、黎茎等所组成的乐斯篮球队，在长沙所向无敌，并击败了远征长沙的武汉队。1937 年 1 月陈奎生为校长，极力提倡体育，招收音体组学生一班，并决计建筑健身房，扩充运动场地，增设体育器械，拟订计划，确定预算，呈请教育厅增加经费。后事与愿违，除音体组一班准予招生外，其余均未获批准。1938 年春，音体组学生刘本宏等组成了篮球队，叫轰队；毛先河、吴西平等组成排球队，叫健群队。每周与春元中学作友谊赛，十分活跃。1939 年迁安化桥头河，组织了 20 多个球队，以健群队最强，曾经击败了以原省立一中为主力的各个球队，称霸桥头河。同年下期远征蓝田，与文艺、长郡、大麓及国师等校作友谊赛，均每战必克，可与昔日之乐斯队比美。健群队学生毕业后，继起者有同济队、七七队、白浪队，以白浪队最突出，曾经战胜蓝田各中学以及春元中学，载誉归来。1941 年 3 月，一师学生彭显庭、喻子安等三人，参加安化县运动会（选拔十五届省运会运动员），有一中、大麓、长郡、明宪、周南等校参加，实为安化空前盛举。一师有陈清璜、颜若愚等十余人获得竞赛最优成绩。唯因毕业离校，未去耒阳参加省运会，实属可惜。

附表一　第一师范参加省以上体育比赛优胜成绩表

（1917—1936）

时间	运动会名称	比赛地点	参加比赛运动员姓名	优胜成绩	备注
1914 年 4 月	第三届省运动会	长沙		列为优胜单位	
1916 年 11 月	第四届省运动会	长沙		最优 2 名，优等 37 名，中等 28 名	

续表

时间	运动会名称	比赛地点	参加比赛运动员姓名	优胜成绩	备注
1917 年 4 月	选拔参加远东运动会选手	长沙		湖南预选 6 名，其中一师占 4 名	
1930 年 3 月	第十届省运动会	长沙	郭玉汀	800 米第一名成绩 2′16″8	
1930 年 3 月	第四届华中运动会	安庆	郭玉汀	1500 米第一名，成绩 4′48″6	
1931 年 5 月	第十一届省运动会	长沙	郭玉汀	400 米成绩 57″、5000 米成绩 4′43″、800 米成绩 2′15″，三项均得第一名	创四项湖南新纪录，破三项华中纪录
			杨瑞昌	50 米游泳成绩 28″、400 米成绩 8′32″、1500 米成绩 29′45″	得团体竞赛个人三项锦标
1932 年 11 月	第十二届省运动会	长沙	郭玉汀	800 米第一名	
			杨瑞昌	50 米游泳成绩 28″4、1500 米成绩 26′21″7	

续表

时间	运动会名称	比赛地点	参加比赛运动员姓名	优胜成绩	备注
1933年9月	第十三届省运动会	长沙	杨庆和	跳高1.55米、跳远5.75米	
			杨瑞昌	50米游泳成绩30″4、400米成绩6′52″4、1500米成绩30′25″	
1934年5月	第五届华中运动会	武昌	杨瑞昌	50米游泳成绩28″4、400米成绩6′11″3、1500米成绩26′21″7	
1936年10月	第六届华中运动会	长沙	王洪循	800米第四名	有谭植棠等六人参加
			李荫南	十项全能第六名	

建国前湖南田径、游泳最高成绩保持者：

田径：郭玉汀，800米，成绩2′11″

游泳：杨瑞昌，50米，成绩26″4

400米，成绩6′11″3

1500米，成绩26′21″7

附表二　第一师范历任体育教师表

（1909—1945）

项目	姓名	时间	项目	姓名	时间
体操	周召南	1909 年上期、下期	武术	洪福胜	1917 年上期、下期
体操	尹炳麟	1909 年上期、下期	体操	李廉翘	1918 年上期、下期
体操	周伸怡	1910 年上期、下期	武术	王志群	1916 年下期—1917 年下期
体操	袁仲衡	1912 年上期、下期	兵式操	蒋宝山	
体操	曾　君	1912 年上期、下期		柳午亭	
体操	徐　凯	1913 年—1917 年下期		王鉴伍	
体操	陆　桄	1913 年上期　1915 年下期—1917 年下期	体育	张家勋	1929 年—1931 年下期
体操	张　健	1913 年上期、下期	体育	杨文敏	1931 年—1932 年
武术	李兼善	1914 年上期、下期	体育	陈　凌	1931 年—1932 年
体操	王子兴	1913 年下期—1914 年下期	体育	阎家笃	1932 年上期—1933 年下期
体操	朱卓伦	1914 年上期、下期	体育	盛国俊	1933 年下期—1949 年上期
体操	陆吉霈	1914 年下期—1915 年下期	体育	何家声	1934 年—1935 年
体操	黄公诚	1915 年上期、下期	体育	陈海帆	1936 年—1938 年
体操	雍凿华	1915 年上期、下期	体育	曹　安	1939 年上期—1949 年下期
武术	杨修真	1915 年上期、下期	体育	李琬华	1941 年—1945 年
体操	雷明亮	1916 年下期—1917 年下期	体育	李蔚春	1941 年—1945 年

原载：《湖南体育史料》第三辑　1983 年 12 月

湖南私立明德中学体育简史

黄萃炎

湖南私立明德中学由胡元倓于1903年创办，至1949年历46年。该校自创办以来，体育成绩卓著，在长沙市、县运动会、省运动会及华中运动会上多次夺得篮、足、排、网、棒球冠军。学校体育活动热烈活跃，毕业学生约七千余人，多系品德、学问、体育兼优。

明德中学，是为湖南省私立学堂设立之始。胡元倓（字子靖）湘潭拔贡，1902年由湖南抚署选赴日本留学，入宏文师范学院。时清政府腐败无能，各帝国主义国家纷纷入侵，胡深感救亡图存迫在眉睫，又极慕日本福泽谕吉办庆应义塾对该国之贡献，决心以教育救国以复兴民族为己任。第二年回国，得攸县龙砚山、萸溪兄弟及其叔芝生（曾任刑部侍郎）出资2000元，又由谭延闿出资1000元，办明德学堂于左文襄祠，以“坚贞忠诚”为校训，自任监督。胡在日本常与革命党人接触，受民族革命洗礼，思想开明，反对当时守旧派视新学为异端、不重视体育等错误办学指导思想。因此，胡废弃旧学，拥护新学，认为强国必须强身。他聘请黄兴、张继、周震鳞为教员，鼓吹民族革命，倡导言论自由，大为旧绅所痛恨，遭多方诬陷与肆意诋毁。由于他艰苦办学，成绩卓著，学校渐得各方支持，逐步发展。1912年民国成立，改学堂为学校，改监督为校长，胡改任校长。1919年，学校将体育与教务、训育、事务四者并列，开展工作。1933年更并设教务、训育、体育、事务四部，各部设主任一人，专施其职，使体育一科从思想、组织两者得到保证。1940年胡元倓逝世后，由胡迈继任校长至解放。

明德学堂原设左文襄祠，1907年迁泰安里。1929年得庚子赔款15万元为建筑校舍之用。1932年建成宏伟教学楼“乐诚堂”(胡元倓校长自称乐诚老人，因此为名)。有物理、化学、生物实验场所，生物标本及理化仪器多种，图书馆存书约1.8万余册。体育场地方面，建有300公尺田径场一个，网球场一个，篮、排球场各三个，与单杠双杠区、溜冰场、游艺室、武术室、器械场等。体育场地是保证体育活动开展的先决条件之一，在建教学楼、实验室的同时建如此面积广阔、设备齐全的体育场，同样表明该校体育一科的适当位置。体育经费专款专用，也属难得。

辛亥革命元勋黄兴，1912年任教该校，先教地理，后教体育。学生受革命思想熏陶，体育技能提高很快。黄兴当时组织扬子江野球队（即今棒球队）作革命团体外围，利用省教育会开展革命活动，上午在该会前坪练球，下午在室内开会，以掩人耳目。扬子江野球队的组织活动，不仅对武昌起义与光复湖南做出了贡献，且为明德中学体育活动的开展，奠定了良好的基础。继黄兴之后，有一批学有专长、谦逊严谨的体育教员，被该校聘任，如陈奎生、贺国栋、何泾渭、何家声、陈海帆、郑扬新、阎家笃、涂传龠、李国继及国术教师楚嵩山等，他们均毕业于体育专科院校，学业专精，工作负责，对明德中学的体育工作立有功绩。一度兼任体育主任的陈奎生，毕业于南京高等师范体育科。他事业心极强，性格朴实、爽快，恶虚华、守信义、爱勤俭，是一位德高望重、堪称楷模的体育教师。他曾采取多种办法，活跃学校的体育活动。先是增设各种球场与游艺场，开展课外活动，如游泳、野球、弓术等项目，全体学生晨起早操，为补体育之不足，课余开展园艺、洒扫之类活动。当时全校成立足、篮、排、网、棒球及田赛、径赛、国术、器械、游艺等十余个队，校医开展全校体育保健工作，课堂内外体育活动的开展非常活跃。各期体育工作计划，由学生自治会体育股在体育教员指导下制订，严格执行，认真考查。学生一律住宿，实行门禁，规定每星期六、日方可外出。课余活动时，自修室及宿舍全部锁闭，学生不得入室，由值周生点名，分别参加各种训练和比赛。各个项目的校队，一般每星期训练两次，田径晨起练习。学生经常举行班级赛、师生赛、校外友谊赛、队际赛；每遇校内、校外运动竞赛，观看者非常踊跃，拉拉队呐喊助威，赛前出海报，赛后在校旬刊、旬报、季刊及省报上评论报道，广为宣传。学生自治能力与集体荣誉感，通过开展各种活动，逐渐得到了加强。

1918 年该校举行校运动会，规模之大、项目之多是空前的，为当时各中等学校运动会之冠。在竞赛项目中，径赛有 50 码、100 码、220 码、440 码跑；田赛有跑步跳远、立定跳远、跑步跳高、立定跳高、撑竿跳高、12 磅铁球、8 磅铁球；球类有篮、排、足球，还有体操、国术等项比赛。程序安排合理，竞赛规则严明，宣传有方，秩序井然，对湖南中等学校开展现代体育，影响很大。自 1924 年至 1934 年的 11 年中，该校学生在长沙市、县运动会、省运动会、华中运动会上多次获得冠军，计有排球九次，网球八次，棒球五次，足球四次，田径两次。其中得三个以上锦标而取得全省第一名的计有六次。1930 年明德学生队代表湖南省参加在安徽安庆举行的第四届华中运动会，夺得了男子排球和棒球冠军，1934 年在武昌举行的第五届华中运动会上，又蝉联排球冠军，为湖南人民争得了荣誉。该校将排球列为校球，“泰安球王”誉满省内外。1935 年湖南第一纱厂厂长范长度，以当时明德体育成绩卓著，发起组织以明德师生为主的南强体育会，积极倡导各种体育活动，并组织篮、排球队，远征武汉等地，队员潘基硕、黄炳烈、李永延、谢继先、刘兴衡、范裕海等均系明德学生，该队屡战屡胜，名噪一时。学校在强调体育的同时，非常重视学生学业，有一科不及格者，不得选为校代表队队员。“泰安球王”的主力队员，大都品德、学问、体育兼优，他们先后为祖国做出了有益贡献。明德毕业生德智体兼优，当时有“北南开，南明德”之誉。

明德中学校代表队参加省以上体育比赛优胜成绩表

（1924—1934）

编号	公元	民国	运动会名称	出赛地点	优胜成绩
1	1924 年 5 月	民国十三年	湖南省第七届运动会	长沙	男子网球冠军
2	1925 年 4 月	民国十四年	湖南省第八届运动会	衡州	夺得男子组总锦标
3	1925 年 4 月	民国十四年	湖南省第八届运动会	衡州	男篮、足球冠军
4	1930 年 3 月	民国十九年	湖南省第十届运动会	安徽安庆	男子足、排、棒、网球冠军
5	1931 年 3 月	民国二十年	第二届华中运动会	长沙	排球、棒球冠军
6	1931 年 5 月	民国二十年	湖南省第十一届运动会	长沙	排球、棒球冠军
7	1932 年 11 月	民国二十一年	湖南省第十二届运动会	长沙	篮、排、棒球冠军
8	1933 年 9 月	民国二十二年	湖南省第十三届运动会	长沙	篮、排、网球冠军
9	1934 年 5 月	民国二十三年	第五届华中运动会	湖北武昌	排球冠军
10	1934 年 11 月	民国二十三年	湖南省第十四届运动会	常德	排球冠军

原载：《明德春秋》　专辑 1993 年 11 月

岳云中学体育简史

易桂森

岳云中学原名南路公学，1908 年（宣统元年）由旅省湘南人士何炳麟、刘光前、唐瞻云、邓国勋等 14 人，筹集私款数千元，开始创办。1912 年奉令改为湖南第二公学。1914 年复遵令改为岳云中学。校址设长沙市经武门口，抗日战争时期迁衡山白果。1944 年日军犯长、衡，又迁安化蓝田镇（今属涟源）。抗战胜利后，定校址于天下名山南岳。解放后，改为衡山县第一中学。

岳云为湖南私立中学创办较早之学校。校长何炳麟数十年运筹谋划，苦心孤诣，惨淡经营，不畏险阻，日夜为办好学校而奔波。后来又获得校友之大力支持，学校办得蒸蒸日上，毕业学生之质量，为全省中学中之佼佼者。现国内外许多名流学者专家，出自岳云者不乏其人。岳云学生不但成绩优良，特别是体育活动开展得好。自创办以来，学校领导一贯提倡体育，以增强学生体质，同时培养了不少体育人才，在我省各中等学校中，堪称首屈一指。

何炳麟校长常以“体育救国”之口号，鼓励学生参加体育锻炼。他说，“国家之强弱，赖乎国民之健全，国民之健全，恃乎体育之普及”，因而岳云学生之体育活动的开展，是以普及为主，在普及的基础上，提高学生的体育技能。

一　体育行政机构

学校行政机构中，设体育部与教务、训导两处平行的权力机构。体育部设主任一人，主管全校一切体育事宜，有职有权。每周体育课两小时，按三段教学法教授，有教学计划，并有全年和全期的课外体育活动实施计划。学生会设体育股，各班设体育委员。在体育部领导下，分工负责，协助体育部，推行学校课外体育活动实施计划。学校明文规定：学生凡体育不及格者，不得升级和毕业。运动员在省级以上运动会取得优良成绩者，免缴下学期学费，以资鼓励。

二　优秀体育教师

何校长为了搞好学校体育工作，聘请体育教师非常慎重，非行家不聘。在20世纪20年代初期，学校聘任的体育教师有朱宜三、张家勋、朱恩德、李高珍、宋绍乾等，均系国内各大学体育系科毕业生及国内体育界知名的健将。以后即由本校体育科毕业，成绩优良的校友邝书枢、杨一南、胡国春、李珍等任教，都是事业心很强的教师。特别是杨一南，在岳云任教体育，几十年如一日，一心扑在体育事业上，茹苦含辛，起早摸黑，不分节假日，终日不离操坪，成绩斐然，深受师生爱戴，诚可为体育教师的楷模。

三　课外体育实施

1. 清晨运动：每晨全校学生分田径运动与晨操，自由报名参加。参加田径运动者，5时起床，跑步赴协操坪，在教师领导下练习。参加晨操者，5:30起床，在学校操坪集合，按一定位置排列，由教师领操。冬季即改为晨跑，由学校操坪集合出发，跑至协操坪，绕场一周，然后跑回，全程约1500公尺。后迁南岳，改为沿马路跑至汽车站折回学校，距离长短，仍不相上下。清晨运动，检查学生出勤很严，由值日体育教师负责，无故缺席者，作自由旷课一小时论。缺席满 18 次者，即为体育不及格。

2. 课外运动：学校规定每日下午第二节课后，为课外体育活动时间，强调学生都上操场，教室寝室同时落锁不得留人。体育部按学生自已的爱好特长，编为各种运动队。除球类外，一般 15 人为一队，每队有正副队长各一人。队长负责技术指导，副队长负责出勤检查及领送器材。并各有指定的场地，进行运动，互不相扰。体育教师全部出动，作巡回指导。故每当课余之后，运动场上，龙腾虎跃，生气勃勃，而又秩序井然。迁南岳后，场地设备日益扩大，有400 公尺跑道的田径场与足球场，还有游泳池、体操场，专用排球场四个，篮球场11 个。其时的课外体育活动，更开展得有声有色。出勤检查亦严，与清晨运动一样，无故缺席者，作自由旷课一小时处理。

3. 代表队训练：体育部选拔在校运动会中涌现出来的各项优秀运动员，组成各种代表队，代表学校对外比赛。每周定时在体育教师指导下，进行训练。各队员须准时到场，不得缺席，否则警告。青年体育教师，必须以身作则，与代表队员一同练习，并规定各种球类代表队，每星期与他校作一次友谊比赛，以便联络感情，提高球艺。对外比赛时，学校对队员有戒条数则，必须严格遵守。违犯者，严重处罚，直至开除队员资格。戒条如下：

①不得违犯运动道德，有野蛮之举。

②不得违抗裁判员之命令。若裁判有错，由队长和颜悦色，请求更正，不得有反抗辱骂之事。

③他校队员，任何野蛮无理，不得以无理报答之。

④本队队员有运动错误，或因此而失败者，不得横眉怒目，或出言不逊，任意斥责。

⑤胜负非所计，当始终努力，勇往直前。

⑥胜不骄，败不馁，保持谦虚态度。

⑦对他校之优胜者，当表示钦佩赞美，不得存心嫉妒。

⑧不得夸耀个人之技能与锦标之获得。

4．体格检查：学校于每学期开学后两三周内，由体育部、校医室联合举行全校学生体格检查一次。结束后，做出年龄、身高、体重比较表，以备查考。如发现体质弱者，加强体育锻炼，其体格姿势不佳者，用医疗体操矫正之。患慢性疾病者，设法治疗；如有特殊疾病者，令其休学治疗，候痊愈后，方能复学。

5．体育考试：学校体育考试项目，规定下列几种：

A．径赛：100 公尺、800 公尺、低栏。

B．田赛：跳高、跳远、三级跳远、标枪、铁饼、铁球。

C．器械：双杠、单杠。

D．球类：篮球投篮。

每人于初入学时，选定一项自己成绩较好或爱好者，作为考试项目，自认定后，每期不得更改，但每期考试测验成绩，须较上期稍优，方能及格。

四　学校运动会

学校运动会自 1917 年起，除抗日战争年代几度迁校，限于条件未能举行外，基本上每年举行一次，有时每期举行。每届校运动会举行时，都很隆重，全校师生均投入这一工作。校长及其他领导人始终主持大会。第一、二、三届，只有一些简单的竞走与跳跃及各种游戏体操项目。1920 年举行第四届校运动会时，由曾参加远东运动会之健将朱恩德主持，各种运动项目，均依照远东运动会规定，裁判规则亦采用远东运动会规则，为我省学校中第一次新式运动会。第十一、十二两届，因办有体育专科，人才极盛，成绩最佳。第十五届以后，在杨一南主持下，规模渐大，参加人数更广泛。其最大特点是，规定每个学生至少参加一项，至多参加四项比赛。按身高、体重分组。高中分甲、乙二组，初中分甲、乙、丙、丁四组进行比赛。比赛时如点名两次不到者，以旷课论。三次不到者，加重处罚。每届运动会必须请长沙市各中等学校体育教员参加裁判工作。事先准备充足，组织严密，在比赛进行中，自始至终，秩序良好，成绩颇佳。

五　创办体育科

校长何炳麟因感国民体质孱弱，体育师资奇缺，拟创办体育科。在初创时期，困难重重，政府无专款，场地设备缺少，师资来源困难等等。但经何校长东奔西走，各方乞援，终于将体育专修科办起来了。学制两年毕业。1922 年 8 月，开始招收第一班学生杨一南、马祥波等 20 余人，毕业时 13 人。1924 年 8 月，招收第二班学生李珍、雷光华等 30 余人，1926 年 7 月毕业。后因“马日事变”奉令停办。岳云开创体育科，虽只招生两班学生毕业人数约 40 人，但对我省中学体育师资的培养及以后中学体育活动的开展，都起到了一定的作用。特别是训练了一批优秀运动员，曾代表我省参加华中、全国及远东运动会，取得了优异的成绩，为我省争光不少。现将体专的师资场地课程等情况分述如下：

1. 师资：1922 年招收第一班学生时，朱恩德任主任，次年聘请体育专家金兆均任主任。并罗致国内体育界名流陈奎生、祝家声、蒋湘青、蔡泽萌、曹慧和等来校任教。又聘请湘雅医学院戴子思教授讲授生理卫生、人体解剖学、肌肉学、急救法等课程。

由于当时大多数体育教师必须兼教音乐，又聘请名音乐教师郑其年教声乐、乐理、弹琴等课程。

2. 场地：当时因限于经济来源与校址居城市中心，无隙地可辟运动场等困难，故体育场地与器材设备是很简陋的。校门前有一块长约80公尺、宽40公尺的操坪，内有篮、排球共用球场两个。单双杠各两副，跳高跳远沙坑各一个，另有健身房一座（内有篮、排球共用球场一块，单双杠、吊环、跳箱、木马各一个）。布垫六块，肋木八架。体育科宿舍下，有水泥地一块，专供练习滑旱冰之用。同时协操坪当时虽未辟为运动场，然广阔平坦，离校又近，即利用为足、垒、棒球及中长跑、投掷等项目上课及练习之用。此外中学部学生宿舍前有小操坪一块，内有篮、排球场，专供中学生之用。

3. 课程：由于教员系陆续延聘来校的，所以开设课程，也因人而设，并侧重术科。课程一律为必修，考试甚严，不及格者不得毕业。学科有体育学、体育史、体育教学法、裁判法、人体解剖学、生理学、运动生理、肌肉学、按摩术、急救法；音乐有声乐、乐理、弹琴等。术科有田径、器械体操、垫上运动、球类（篮、排、足、网、垒、棒球）、舞蹈等。一般是上午上学科，下午上术科，早晨自由练习。

六 人才培养

从1914年的第三届至1948年的第十七届湖南全省运动会，每届均有岳云学生参加。特别是第六、七、八、十四、十五、十六、十七届省运会，岳云运动员成绩突出，田径总分居全省第一，遥遥领先，无与匹敌。第十五届男子排球与第十六届男女排球均夺魁首，棒球屡得冠军，为我省盟主。第一届至第六届华中运动会，每届都有岳云学生参加，并为我省主要力量。1923 年第一届华中运动会在武昌举行。岳云学生马祥波、邝书枢、胡国春、杨一南、朱恩奎等 10 余人参加，我省总分名列前茅，全省得总分 65 分，岳云学生占 26 分，马祥波独得四项冠军，为华中个人总分第一。1924 年第二届华中运动会在长沙举行，我省田径居总分第一。岳云学生所得分数，较上次更多，马祥波又以 22 分，得个人总分第一。会后马祥波、邝书枢、胡国春等又代表华中出席第二届全运会。马祥波获跳高第一、标枪第二，邝书枢获十项全能第四。1925 年第三届华中运动会举行于江西，岳云学生李珍、黄波、杨振瑛等均取得优异成绩。闭幕后，李珍、黄波被选送参加第七届远东运动会上海预选会。李珍获万公尺跑第三，黄波获 400 公尺第二，获出席菲律宾远东运动会资格。以上代表湖南出席华中运动会的健儿，大多系体育科学生。1934 年第五届华中运动会又在武昌举行。岳云棒球队为我省捧杯，并和田赛选手伍骏、刘式乔、陈嘉实、左宗燧等十余人代表出席第六届全国运动会。

岳云体育科还培养了一批优秀体育教师。如杨一南、朱恩奎、胡国春、卢政清、邝书枢、李珍等，均从事体育教学几十年。马祥波毕业后，任教中山大学。至于中学部毕业后，输送到高等院校学体育者，更不可胜数。岳云体育，猗欤盛哉，其功不朽。

原载：《湖南体育史料》第二辑　1983 年 6 月

湖南女子体育的先锋——周南女中

李淑元

1905年（清光绪三十一年），著名教育家朱剑凡先生创办了“周氏家塾”，开湖南女学之先河。1908年改名为“周南女学堂”，1916年再改为“周南女子中学”。

该校自创办以来，已历80余年，先后为国家培养了众多的优秀人才。如革命先烈向警予、杨展、杨开慧、覃士先等。她们出生入死，为妇女的解放、人民的翻身，献出了宝贵的生命。妇女领袖蔡畅、作家丁玲，名驰海外，誉满中华。周南女中还为我国培养了一大批早期的体育教师，如杨仁、向大威、彭泽芬、李婉华、罗学礼、易宪、石琛、陈嘉钧、陈淑芳、彭爱蒲、李淑元等，都是湖南女子体育界的前辈。她们不仅桃李遍及大江南北，而且培养造就了一大批优秀运动员，为振兴中华体育运动，洗雪“东亚病夫”之奇耻，起到了一定的作用。

一 毁家兴女校，雪耻重体育

朱剑凡先生1904年自日本留学回国后，正当慈禧专政，明令严禁女学。朱先生痛感女子沉沦于黑暗深渊，非教育无以自拔，封建枷锁于妇女尤甚，无知识焉能自强。于是，他决心冲破重重阻力，毁家产兴女学。计先后变卖田庄租千余石（担），捐赠房地产十余万金。后来办学经费更加困难，他夫人魏湘若又变卖嫁妆及金银首饰，资助办学，一时传为佳话。

在办校之初，朱校长还提出“强国必先强种”的口号，号召学生积极开展体育运动，以雪“东亚病夫”之耻。当时，男老师上课时，女学生要垂帘听课。可想而知，当时要开展女子体育运动，需要何等的毅力与勇气！然而，周南女中恰似一株寒梅，迎风斗雪，绽开了女子体育的朵朵鲜花，香溢四水，艳冠三湘。1915 年春季开办音乐、体操专修科，招生 20 人，学制为一年。1916 年毕业后，省内外各女子中学争相聘请，是为我省女子体育师资之始。在此前后，朱剑凡先生不惜重金从日本聘来佐藤超子和春山雪子两女士执教音体，并自任翻译；1916 年从江苏聘来体育专家蒋婉静女士；1918 年复聘从上海女青年会所设之体育师范学校体育学科毕业的王佛曼女士回母校任教；此外还先后聘请了蔡畅、范慕英、陈伊文、杨起权等女士任体育教员。一时人才荟萃，周南女子体育运动蓬勃兴起。学校除每周开设两小时体育课外，每天还有早操、课间操，下午还有课外活动。当时，女子受封建礼教的束缚，“行莫乱步，话莫高声，笑莫露齿，坐莫摇身”的封建规范，仍深入人心。朱剑凡先生在这种情况下，不仅开办了女校，而且要开展女子体育运动，真正是一次妇女解放的革命行动。

二　群体开新花，锻炼结硕果

20 世纪 20 年代，周南女中体育课的内容，以韵律活动、队列操练、柔软操、轻器械操为主，一般为表演性的，但对增强体质很有好处。1908 年 10 月，周南举行首届校运会，为湖南省女子运动会之始（湖南自 1905 年至 1922 年共举行了六届省运会，均未设女子比赛项目）。校运会的召开，大大推动了群众体育活动的开展。徒手操、哑铃操、球竿操、混合体操等更为普及，各种舞蹈与游戏活动，广为盛行。

1927 年“马日事变”后，周南女中被国民党反动派查封，朱校长被通缉，革命学生姚韵梅等被捕。1928 年始启封发还校产，由原教导主任李士元先生继任校长。李先生秉承朱校长办学方针，对开展体育运动十分重视。他每天亲自检查早操，并请来男体育教师阎家笃任教，对学生进行球类训练，相继又开展了田径运动。为普及这些运动，提高运动技术水平，还相应地开展了 5 人弹圈赛和发球比赛，一分钟投篮、运球比赛，三角传球比赛。1932 年后，陈嘉钧等回母校任教体育，群众体育活动又有新的发展，除举行校运会外，每年还举行一次班级篮、排球赛，并开展了集体舞、跳绳、拔河等项活动。周南学生还自发组织起足球队，以排球当足球，以篮架当球门，开我省女子足球运动之先河。1929 年长沙市秋季运动会上，女子足球列为比赛项目，周南、南华、明宪、省长女中四校参加，周南获冠军。在 20 世纪 30 年代初，自行车国内不能生产，因此单车在长沙并不多见。学校买来了 8 部旧车，供学生练习，当时在全省亦属首创。

群众体育活动的开展，不仅锻炼了学生的体质，培养了德、智、体全面发展的人才，而且为解放妇女的思想、开发妇女的智力创造了条件。据 1917 年《周南杂志》载："检查师范、中学两部学生体重，比开学时平均每人增加一磅有奇；考验师范、中学两部学生肺活量，发达者占十分之八，退缩者无有。"由于周南重视体育，学生健康水平日益提高，1933 年省成立健康教育委员会，指定周南首期举办健康教育试点，为推动全省学校的健康教育做出了贡献。

三　竞赛屡夺魁，巾帼勇争先

女子参加省运会比赛，我省自 1924 年第七届省运会开始。周南女中在 1925 年 4 月第八届省运会上，首次夺得女子篮球冠军。1930 年 3 月，周南又获第十届省运会女子组篮、排球冠军。1931

年5月，自周南毕业后至上海两江女子体育专科学校深造的杨仁、向大威、石琛三人，随两江女子篮球队远征日本、朝鲜。该队在日以十战九胜一平的成绩，名扬海外，为我国女子球队出国竞技之始。1934年周南代表湖南参加在安庆举行的华中运动会，力挫群芳，篮、排球独占鳌头。1935年由陈嘉钧率周南运动员共19人，代表湖南参加在上海举行的第六届全运会，女排击败马来西亚华侨队、南京队、北平队，夺得全国季军。尤其是三战马来西亚华侨队，郑培坤发球，硬而有力，队员互相配合，刘兴珩、曾拾华、王静宜、鲁景秋等关、扣、压、杀，手灵眼快，龙腾虎跃，一时使沪城球迷为之倾倒。1936年至1937年，先后参加“湖南省青年杯、芸樵杯、治中杯”排球赛，周南女排均蝉联冠军。

上海之赛告捷，一时誉满三湘，名扬全国；几次省内比赛夺魁，更是遐迩闻名，群情激动。这样，周南女中出现了“排球热”。陈嘉钧为使后继有人，成立了校队一队与二队，以期培养新手，再夺桂冠。抗日战争爆发后，周南女中于1938年夏内迁蓝田（今属涟源）。1941年至1943年间，代表湖南省第五行政督察区（辖益阳、湘乡、安化、汉寿、宁乡、沅江六县）参加省第十五届运动会，获学生女子组篮、排球冠军；参加第十六届省运会，排球获学生女子组冠军。1948年4月，又代表湖南出席第七届全国运动会，周南女排以3∶1胜上海队。顷刻之间，沪城为之轰动，人们纷纷赞叹：三湘巾帼，确实身手不凡。此次运动会上，湖南、上海、台湾并列女排榜首。

周南的田径、游泳等项运动，也多次在省运会上夺魁。1925年4月在第八届省运会上，女子首次参加径赛的角逐，周南学生赵恒懿100米获第一名。在第十届省运会上，周南学生杨仁投掷铅球、垒球，分别以7.42米和25.99米的成绩，夺两项之冠，并获个人总分第一名。1931 年在第十一届省运会上，周南的彭爱蒲 200 米以 32 秒 4、邝湘 80 米低栏以 16 秒 6 的成绩获第一名。在第十二届省运会上，周南的彭爱蒲 100 米以 15 秒的成绩获第一名，钟英 80 米低栏以 16 秒的成绩获第一名，陈嘉杰铅球以 8.175 米的成绩获第一名。1933 年至 1941 年举行的第十三、十四、十五届省运动会，周南均获学生女子组总锦标。个人成绩：在第十三届省运会上，周南学生彭爱蒲获 50 米、100 米、200 米第一名，陈淑芳获 80 米低栏、铅球、铁饼第一名，鲍淑霞获跳远第一名，陈崇濂获掷垒球、100 米自由泳第一名，女子参加省运会游泳比赛，亦自此始。在第十四届省运会上，周南的邝湘获 100 米、80 米低栏第一名，陈嘉杰获铅球、铁饼、掷垒球第一名，其中掷垒球成绩为 39.73 米，破华中运动会和省运会纪录。鲍淑霞、彭爱蒲、陈淑芳、陈嘉杰，被当时报纸誉为“周南四杰”。在第十五届省运会上，周南获女子组游泳总分第一名，陈沧淑获跳高第一名，刘湘宜获铅球第一名。

周南女中自创办以来，一直重视学生的体育运动。周南在反对封建礼教的束缚，举起叛逆的旗帜，甩掉裹足布，走上运动场，开展女子体育运动等方面确实起到了先锋作用。

原载：《湖南体育史料》第五辑　1986 年 6 月

长沙楚怡小学体育简史

龚　杰

长沙楚怡小学为陈润霖先生于光绪三十二年（1906）四月创

办。陈先生号夙荒，湖南新化人，生于1879年，殁于1946年。1901年陈先生赴日本留学，受到日本明治维新的影响，学成归国后，决心以教育救国为己任，故将全部精力投入创办新学。

楚怡小学创办之初，在长沙市营盘街佃屋教学，学生仅7人。民国二年（1913）陈先生购长沙市储英园劳氏宅第为校舍，并大加修葺，学生亦逐年增加，至民国二十六年（1937）下期，学生增至700余人，校舍扩至900多平方丈。一时名师云集，设备充实，成为一所六年制12个班的完全小学，并附设幼儿园。楚怡小学与陈先生1914年创办的楚怡工业学校、1923年增办的楚怡中学及幼儿园，四部联合，形成楚怡三校一园的体制。

楚怡小学历来重视体育，体育设施亦很齐备。民国初年，该校就兴建了体育馆，馆内有肋木、吊竿、吊环、单杠、双杠、平衡木、哑铃、竹木刀剑，篮球场、排球场、足球与救护用具；外操场设有浪桥、秋千、沙坑、篮、排、网球场、小足球场；教室走廊设有乒乓球台，楼房上下安有梭板，还有供学生进行体格检查的全套设备。进入20世纪20年代，学校除露天操场外，还兴建了风雨操场。露天操场增设了撑竿跳高、跷板、爬竿、滑梯等，风雨操场备有旱冰鞋，可供学生学习滑冰。此外还新修了一座规模较大的体育馆，可进行篮、排球比赛，增设了爬梯、横梯、跳箱、垫子等。体育馆几经灾难，第一次是在20世纪20年代因放映无声电影起火被焚，重建后又因1938年12月长沙“文夕大火”被毁。

正因为楚怡小学十分重视发展体育运动，培养德、智、体全面发展的人才，所以该校自创办以来，在体育设施上总是不断添置修建。长沙“文夕大火”使该校共损失约15万多元的财产，其中体育设施就达4万多元，占全部校产的31.41%。

楚怡小学对于体育教学，首先聘请有良好品德修养，有较强业务能力的体育教师。解放前在该校任教体育的有著名体育教师黄醒、陈奎生、张白黄、黄凤岐、杨展、李蔚春、杨国勋。据1915年曾在楚怡小学读书的唐力修回忆说："黄醒老师多才多艺，不仅擅长体育，而且对于音乐、诗词也很爱好。黄老师上课比较注重走步、队形变换、徒手体操、攀缘、跳跃、器械操等。"黄醒还主编《体育周报》，在全国发行60期，产生了较大的影响。

1923年2月至1925年7月，陈奎生老师任楚怡小学体育部主任。他把该校的体育教学改革向前推进了一步，即在过去注重走步、徒手操、队形变换、攀缘、跳跃、器械操的基础上，大力开展球类和田径运动。1923年入楚怡小学至1928年毕业并在楚怡初中读书一年的李锐说："楚怡确实是德、智、体、美四育并进，有各种完善的专科教室，有体育馆……"，又说，"我至今喜欢运动，爱好美术，追求知识，也是在楚怡受的熏陶。"1924年入楚怡幼儿园，从小学、中学，一直读到楚怡工业学校毕业的黎茂才在回忆中说："下课了，从楼上坐梭板直滑而下，在走廊上争相打着乒乓球，或是去东侧的运动场活动，那里有篮球、排球、跳高、跳远……北面还有体育馆，陈奎生老师教我们打球，教我们如何锻炼。"

1924年第二届华中运动会在长沙市协操坪举行，陈奎生率领楚怡小学的团体操运动员240人参加表演，并担任全市国民学校2818名学生组成的团体操指挥员。张白黄、黄醒率领楚怡高等小学部90人参加表演，并担任全市高等小学1821名学生组成的团体操指挥员。黄醒还在这次大会上任编辑部总干事。

黄醒、陈奎生在第七届省运会后，倡议省运会应在全省各地轮流举行，获当局同意。第八届省运会便改在衡阳市举行，第九届省运会在常德市举行。

楚怡小学的体育课，由于黄醒、陈奎生、张白黄等老师的锐意改革，为全省的小学体育教学树立了一个榜样，起到了示范与推动作用。1947年楚怡小学迁回长沙市区后，省立一师毕业的杨国勋来楚怡小学任教体育，他对小学体育教学摸索了一套较完整的方法。低年级按照儿童各阶段身体发展需要安排教学内容，特别注重不良姿势的矫正及卫生习惯的养成，以训练其初步运动技能为原则，每周授课120分钟。在中年级上课时，除准备活动外，多采用团体竞赛性游戏的方式，训练其遵守操场规则、维护集体纪律的良好品德，增进其爱护集体的精神，每周授课80分钟。高年级主要分组轮流进行各种球类、田径运动，务使其对各项运动具有基本的认识及最正确的姿势。对运动的规则及秩序，要求严格遵守，并经常用比赛方式以提高学生对运动的兴趣，每周授课亦为80分钟。对低、中、高年级的课外体育活动，除每日上午第二节课后举行课间操外，高、中年级多做步伐操练及徒手体操，低年级多做团体游戏及韵律拍掌15分钟。此外，各年级每日课余运动40分钟，高、中年级分班分组轮流进行各种器械、球类活动，低年级组在老师指导下，自由活动。

楚怡小学还经常开展各种运动竞赛：高年级常举行篮、排、乒乓球班级比赛；中年级举行跳绳、踢毽子、拔河班级比赛；低年级组进行各种游戏比赛。此外，该校还经常与兄弟学校进行田径、球类的友谊比赛，成绩往往名列榜首。1932年1月8日《大公报》载：长沙市小学篮球比赛，第一阶段于1月7日揭晓，市立三校、一中附小、长沙一高小、楚怡小学四校获胜，再由四校循环角逐，最后楚怡小学夺得总锦标。由于楚怡小学一贯重视学生的体育锻炼，所以学生受益终身。

原载：《湖南体育史料》第六辑　1987年5月　文章略有删节

抗日战争前长沙体育师资培养简况

易桂森

1903年（光绪二十九年）《奏定学堂章程》（又称“癸卯学制”），是中国第一个正式颁布在全国实际推行的学制，它规定了各级各类学堂都设体操科，小学堂每周三学时，中学堂每周二学时，高等学堂每周三学时。中国自兴办学堂之始，即有体操一科，“在畴昔之意旨，几不知体操为何义；一若既设学堂，必有体操，无体操几不成其为学堂矣。”① 但是体操教师十分缺乏。鉴于当时学堂体操一科，以尚武为唯一目的，以兵式操为必要的教材。“此风一开，弊窦丛生，一般无知识无道德之营弁兵士，竟一跃而为学校教师，品类不齐、非驴非马，既不识教授为何物，又不知学校为何地，酗酒狂赌，好勇斗狠，无所不为，不一年学校之名誉扫地，社会之信仰尽失，学生父兄，多仇视体操一科。”② 因此，办学人便不得不从各方面设法，以图改良体操教学。除了不惜重金，聘请外国人教授体操课外，就是派遣留学生到日本等国专攻体操，回国后担任体操教学。但是最根本的办法还是创办体操专门学堂，以培养体操师资。现将我省早期体操师资的培养情况简述如下。

---

① 徐一冰：《二十年来体操谈》，载1919年长沙《体育周报》特刊。

② 徐一冰：《二十年来体操谈》，载1919年长沙《体育周报》特刊。

一　清末民初时期

（一）我省第一所体操研究所，创办于1904年（光绪三十年甲辰），由武备学堂兼办。据1904年《湖南官报》五百八十八号“招习体操研究学生示”：“照得尚武为自强之本，体育为教科之源。现奉抚宪设立体操研究所，讲求武备，欲为湘省开通风气，养成教员，扎筋本道总其事。”这所学堂系由政府拨专款设立的。校址在长沙市白马巷，借用游击衙门箭道为操坪，教习多由武备学堂教习兼任，并聘请日本人任教。是年秋，招收一年制正科生200人；又招附设速成科学生100人，学制为半年，名附科生。学生全为男生，每三个月为一期，一年制为四学期，半年制为两学期，无寒暑假。如预先陈明，只愿习一期者亦可。学习课程，学生有选修之权，本籍及客籍学生，均可报名入学。但须年龄在14岁以上，曾读经史，文字通顺，身体强健，身家清白，并有确切保人，本人出具志愿书者方能入学。

课程配备：术科有柔软体操、器械体操、兵式体操及各科游戏。学科有修身教育、历史、地理、生理卫生、算学、图画、测量学等。每日分上下午两班上课，轮流教授。学习时间由学生自认，一经编定，不得更改，一律通学。每人每期缴学费6元。操衣靴帽按学堂统一规定式样自备。学生学习生活，按军人管理。如学约、号令、值日、衣着、礼貌、请假等均有定章。做到学习有时，生活有纪，任何人不得越轨，违者记过一次，记过三次者，勒令退学。考试非常严格，每期由教习监督会同学堂总理，进行学术科各门课程考试一次。毕业考试，由总理与教习监督禀请抚宪及学务大臣亲临监考，以昭慎重。凡正科生三门不及格、附科生两门不及格者，均斥退学。凡退学学生，已缴学费不退，罚充公款。考试合格者，由学务处发给毕业文凭。如技术娴熟、品学兼优者，发给优等毕业文凭。毕业后，呈请抚宪派往各级学堂为体操教习，或派入军营充当教官。凡得优等毕业文凭者，可留校任帮教，或派赴东西洋各国留学，以资深造。

该学堂因限于当时条件，教师阵容不齐，设备简陋，教学质量不高。但由于政府重视，还是办得井井有条。惜开办仅一年，因从天桥上跌死一学生，抚宪衙门官员惊恐万状，遂因噎废食而停办。这是我省第一所正式体育专业学堂。

（二）1909 年（宣统元年）6 月 28 日《长沙日报》以"体育招学"为题，刊载的内容是："省垣司马里三公祠后昭忠祠内设体育学校，进行招学，定额一百二十名，分文学、普通、兵式、游戏四科。学龄以二十五至三十岁为合格，每学期收学费洋二十元，均于开学前缴清，操衣靴帽在内，一律通学。报名自六月二十四日起至七月二十日止，先交证金一元，入学时作为学费。定于七月二十六日开学，决不展期。"广告遍贴通衢，尚未发现此校的其他资料。

（三）民国元、二、三年所办之体育学校及短训班。

据 1925 年李惠迪写的《十年来之湖南体育》与 1935 年陈奎生所写《二十年来之湖南体育》两文载：宣统三年（1911），我省留日学生吴孔铎、王经武等，创办体育社于长沙市贾公祠。后民国成立，人员星散而停办。

民国元年（1912）6 至 8 月，湖南省教育会聘请王经武、张葆初等，借长郡中学校址，举办湖南第一次体育研究会（又名星期讲习会），参加学习的会员有：蒋宝三、徐荣甲、粟翼彪、李惠迪等 73 人。每天学习达 9 小时之多，星期日亦照常上课。术科内容，偏重国技（武术）。时间虽短，收效甚大。

民国元年（1912）12 月，由湖南省体育研究会聘日本留学回国之江西人王公诚任教。

民国元年（1912）7 月，湖南省教育会，又办湖南第二次体育研究会。参与学习的有陈奎生、周维箴等 80 余人，分作新旧两班上课。

同年从日本留学回国之周召南，开办湖南第一体育学校（私立）于坡子街，后迁织机街。据《湖南公报》1914 年 2 月 21 日刊载的第一体育学校公告："本校续招普通科一百二十名，有志向学者，携相片、证金至织机街本校报名。"是年吴作霖又办湖南第二体育学校于长沙市席公祠，还有杨兰阶办的尚武体育学校，王公诚办的精武体育学校于长沙通泰街，常德士绅梁君镜开办体育学校于常德。此时我省兴办体育学校，如雨后春笋，盛极一时。惜均因经费困难，人力物力维艰，大多不期年而夭折。至民国三年（1914），仅存尚武与第一体育学校。1915 年 12 月，袁世凯称帝，政体变更，这两所体育学校亦因此而告终。

（四）周南女校音体班。1905 年（光绪三十一年），周南女校校长朱剑凡，因学校体育一科，国内无体育教师可聘，以重金从日本请来两位女体育教员，一名佐藤超子，一名春山雪子，来校授课。后因学校经费困难，无法负担外籍教师高昂的聘金，便在师范班选择一名爱好体育的学生王佛曼，随日本教师学习，后又送日本留学，专攻体育，学成后回校授课。

1915 年，周南女校为了培养女体育教师，在校内增设音乐、体操专修科一班。据长沙《大公报》1916 年 1 月 2 日载："湘省各处，兴办女学，恒以体操教员难得为困。盖体操一科，必须女教员教授者，尤苦无人可聘。周南女校校长朱剑凡君有鉴及此，特聘请江苏之女体育专家蒋琬静女士。选择品端身健，各科均有程度之女生，开办音乐、体操专修科。”该班自1915年春季招生，校址设在长沙市泰安里蜕园。学制为一年，教材以日本体操、游戏及舞蹈为主，主任教师蒋琬静、王佛曼。第一班招收21人入学，1916年春毕业者16人。这班学生毕业后，省内外各女子中学争相延聘，大开我省女子体育之先声。无产阶级革命家蔡畅即是该班毕业的学生。她毕业后成绩优异，留校任教，在学校教学时，多次举办校运动会，把周南女校的体育活动，大大地向前推进一步。

（五）湖南高等师范体育科。据1916年2月14日《湖南公报》载：“岳麓高等师范学校校长吴君，现以体育一端，为强身立国要图。我国素尚文弱，迄今积困难拔，应宜筹设是项专修科，以养成中高等学校体育教师及体育场主任管理员，而为推广军国民教育之先声。呈请当局准予增设，并酌拨津贴，以策进行。”校址设岳麓山下（今湖大校址内），并拨校侧隙地一方作操场。同年春招收学生40人，学制为两年。课程设置：学科有伦理、英文、生物学、生理卫生学、解剖学、组织学、人体测量学、急救术、个人卫生、公共卫生、心理学、教育史、教育原理、体育史、体育哲学、体育管理、体育建筑及设备、游戏运动、身体审断法、个人运动之选配、社会学等；术科有柔软体操、器械体操、游戏、活泼器械体操、垫上运动、兵式体操等。入学资格，须中学或师范毕业生，身体强健，品行端正者，由地方官长或毕业学校校长保送，经考试后，择优录取；入学考试，须经身体检查、口试、学科试验。入学时须缴保证金10元，毕业后发还。不收学宿费，其余膳费、操衣靴帽及课业用品，概由自备。毕业后，由学校评定甲、乙两等，呈请巡按使公署发给文凭，并按成绩优劣分配工作。

（六）1918年，长沙县立高小校长狄昂人，组织“暑期体育会”，聘请省内一些体育名家讲学，按术科教材传授，培训了一批在职中、小学体育教师。

二 抗日战争前

（一）岳云中学体育专修科。岳云中学校长何炳麟，于 1922 年秋在校创办了体育专修科，前后共招学生两班，计 30 余人。

（二）女子暑期体育研究会。据 1925 年 8 月 10 日《大公报》刊载：民国十四年暑期，体育界人士彭泽沛、邓中枢、陈奎生等，以我省过去办体育研究会多为男子，而女子却少机会参加，特别是适合女体育教员的专业学习会，从未举行过，故女体育教师教学水平很难提高。此次特邀集体育同仁，假长沙高小校址，招收女体育教员 30 余人，于是年 6 月开办“暑期女子体育研究会”。该会由彭泽沛主持教务，袁荣生负责庶务，陈奎生教体育理论与方法，黄醒教音乐，邓中枢教生理卫生，周天扑教国技（武术），彭泽沛教柔软体操，曹羽仪、盛国俊教田径、球类，袁荣生教童子军，李惠迪教游戏，陆明教舞蹈，所有教师纯属义务性质，共学习 40 余天。并于 8 月 5 日举行隆重的结业仪式。

（三）湖南私立复初中学体育专修科。复初中学校长胡翼如，于 1926 年聘请上海华东体育专门学校毕业回湘的体育健将曾福盛主持，在校附设体育专修科一班，校址在长沙市培元桥，学制两年毕业，招收罗玠如、尹楠、欧阳超等 20 余人入学。取录学生偏重术科较好者，并聘请陈奎生任教务，许君飏教生物及生理卫生，曾福盛教体育理论、体育教材教法、运动裁判等课程。术科由曾福盛教田径、球类，曹羽仪教器械体操。校内场地设备非常狭小简陋，仅一个篮球场，一个沙坑，单、双杠各一副而已，所以经常就近借用教育会坪与第一中学操场上课。该专修科仅办一年，因“马日事变”发生，便奉令停办。停办后，部分学生转入上海东亚体专与苏州成烈体专继续学习，有的就在我省各地教小学体育去了。（根据曾福盛老师口述）

（四）湖南省立第一中学艺术体育科。1928年下期，第一中学校长吴剑中，在校内师范部创设艺术体育科。地点在长沙市书院坪，招收龙竟雄、伏辉儒、皮勃等两年制学生10余人。学习内容有音乐、美术等课程，但以体育为重点。该科仅办1年，因难以延聘合适的体育师资而停办，除一部分学生去上海东亚、两江等校继续学习外，其余在校学生就转学音乐、图画了。（根据曾福盛、龙竟雄两老师口述）

（五）乙丑游泳讲习会。1925年暑假，湖南金工厂厂长李待琛热心提倡体育，邀集湖南体育界人士陈奎生、黄醒等，举办“乙丑游泳讲习会”，招收一批中、小学体育教师及游泳爱好者参加学习，利用长沙便河一段水域进行游泳训练。河水污秽呈绿色，同时有当地驻军进行干扰，有时甚至发生争执，大大地影响教学进行。陈奎生为此曾在《全民日报》上撰文向当局呼吁。

（六）湖南私立日新女子美术学校图、音、体速成科。据《大公报》1933年11月“学校概况调查”载：日新女子美术学校校长徐山立，于1929年在校创办图、音、体速成科，先后招收两年制女生2班，共40余人，校址在长沙市文庙坪。第一年聘请曾福盛任主任，第二年聘皮灿主持，还聘请中学体育教师谭涤青、李家清、伏辉儒等来校兼课。该科学生多来自外县，生活朴素，学习刻苦，成绩较好。第一班毕业生，有陈仕勤、金华宪、佘景云、刘连珍、罗泰南等十余人，均在我省各地担任中学体育教师，解决了当时部分学校缺乏女体育教师的困难。后因经费困难，师资缺少而停办。

（七）第一师范学校音体班。1937 年，第一师范学校校长陈奎生，极力提倡体育，在校招收音体科一班，计梁涤清、甘校怀等 40 余人。陈亲自讲授体育理论课程，术科由体育教员盛国俊任教，音乐由刘已鸣教授。术科偏重球类、田径。学制三年。学生毕业后，多任我省各中、小学音乐、体育教师。长沙师范重视体育学术科的教学，校址最初在北门城隍庙，后迁荷花池。革命先辈柳午亭、徐特立曾先后任校长，也先后培养了不少体育师资，特别是 1921 年，学校附设的二部师范班，招收的是全县进修的年轻小学教师，两年毕业。后来如我省 20 世纪 30 年代著名的中学体育教师黄凤岐、盛国俊、袁荣生、唐力修、陈海帆、杨大展、杨维亚等，都是长沙师范培养出来的。

原载:《湖南体育史料》第四辑　1984 年 12 月

国民体育学校速成班迁至湖南

程登科

1937 年秋，抗战军兴。原办在南京的“国民体育学校速成班”，被迫迁来湖南，借长沙岳麓山湖南大学校舍及运动场地继续训练。因当时湖南大学无游泳场地，游泳课教学就在橘子洲头的湘江中进行，天寒水冷，从不间断。

“国民体育学校速成班”是当时的训练总监部举办的，专门培养全国各省、市高中以上学校学生集中进行军事训练时的体育教官。学员由全国各省、市教育厅局选送具有体育专业技术的人员参加，学习刻苦，体育专业知识和技术水平提高很快。该期速成班湖南教育厅保送了阎家笃、黄凤岐、谭涤清、任民元参加学习。教师阵容中有中央大学体育系教授程登科任教务主任，并兼授体育行政、游泳、田径运动等课；湖南大学体育教授袁凌，任体育建筑设备、田径运动等课；留美回国的体育博士张泳教授，任教运动裁判法、体育教学法；中央大学体育系教师胡耕九、徐家增担任器械体操的教学。该班在湖南训练结业后，于1938年春全体师生调至武昌珞珈山，假武汉大学东湖游泳场，开设游泳速成班。调来军队中的将、校级军官约1500余人，专门从事游泳训练，以解决战争时期的作战需要。在武昌训练三个月后，因武汉战事紧迫迁往重庆。

原载：《湖南体育史料》第三辑　1983年12月

常德学校体育史上的一鳞半爪

郑扬新

常德是湖南较大的城市，在以往的省运动会上，常与长沙市争夺冠亚军。如1925年第八届省运会在衡阳举行时，足球决赛就是在长沙明德中学和常德省立第二师范学校（以下简称“省立二师”）两队中进行，结果明德仅以一球获胜。第十四届省运会在常德举行时，篮球决赛也是常德对长沙，此类情况还多。这具体说明了常德体育运动在历届省运会上占着较重要地位，运动成绩和长沙、衡阳、岳阳等不相上下。

常德体育的发展，首先是学校，而学校开展得好的，首先是省立二师。这个学校有81年的历史，招收湘西29个县的学生，对湘西各县教育与体育的发展影响甚大。从当时体育教学的内容来说，也是经历过柔软操、木棍、哑铃操等阶段，而后才有田径、球类、游泳等项。就体育师资来说，全国久负盛名的陈奎生先生亦在此校任过教，还聘请无锡朱烝洪教过课。直到20世纪20年代初期，湖北贾子铮老师到校，体育教学内容，才转向田径、球类方面。贾身材高大，篮球技术精良，是南京东南大学体育系的高材生，教学有方，因而同学们对从事田径、球类等项活动的兴趣大大增加。

当时在常德和省立二师同级的学校，有省立二中、甲种工业学校、敬德中学（教会办的）。这些学校都有足球队的组织，常在县公共体育场举行友谊赛，由此便引起学生对足球的喜爱。

省立二师由于同学们对足球兴趣较浓，足球技术有所提高。1925年在衡阳举行的第八届省运会上获得决赛权，最后虽以一球之差而败北。但从技术上看，没有显著的高低之分，因而同学们心里都有些不服气，想争取第九届省运会在常德举行时雪耻。所以一回到学校就表决心，将足球队分成甲、乙两组，每天下午课毕，就整队到距校三里远的小西门外足球场练习，从不间断。经过一段时间苦练，个人技术都有所提高。田径各项也同样组织练习。同学们这种自觉苦练、奋发图强的精神是十分感人的。

在第八届省运会上，省立二师学生宁仕斌，游泳成绩突出，代表全省出席了在南昌举行的第三届华中运动会，后来又选上国家队出席同年在菲律宾首都马尼拉举行的第七届远东运动会。这一振奋人心的喜讯激起了同学们对体育活动的爱好，也增强了光荣感。所以1926年在九届省运会上，省立二师在田径、球类、游泳等项，均名列前茅。虽长沙、衡阳等地因故未能前来参加比赛，但常德运动员的成绩确实有明显提高。

第十二届省运动会于1932年11月初在长沙举行，大家想为湘西人争光，在运动场上多得点分，常德各校组成较强的队伍，努力练习。学校没有场地的就到公共体育场练习。隽新中学仅有两个球场，距大西门很近，任教该校的体育教师郑杨新每日清晨率领运动员出城跑马路。当时常德尚有城门，朝启夕闭，有专人住城楼管理，郑杨新老师因每天必须赶回指挥全校的早操，所以出发时间很早，经常到城门口时，门尚关闭，要爬上城楼向城门管理人取钥匙，因而城门开得较早，便利了运动员，也方便了早行人。

在出席省运动会前，常德举行了一次预选会，运动员以省立三中（省立二师前身）、县立男女中、隽新中学等校为主体。因无游泳池，游泳项目是在北门外七里桥小港边举行，参加的都是各校学生。当比赛完毕时，有人介绍该地一卖菱角的小孩张某，当场和比赛获胜者较量，结果张某一一领先，震动当地和全城。后带领他参加省运会，创造了优异成绩，报纸也刊登了“卖菱角”孩子参加运动会的消息。后来这个孩子在隽新中学读初中，取名张超群，一时传为佳话。

由于事前做了充分准备，在省运动会上取得不少好成绩。隽新中学粟周光以56秒的成绩获400公尺第一，并破华中纪录；省立三中向绍炎以26秒获200公尺冠军；县男中王植仁跳远成绩达到6米，其他项目取录的还很多。常德在省运会上得分之多超出以往各届。

在省运会上获胜的消息传到常德，各界人士兴高采烈，感到莫大光荣。当运动员返回时，学校领导亲到轮船码头迎接，并举行文艺晚会以示庆祝，给运动员以莫大的鼓励。从此各校体育活动更加蓬勃发展，形成热潮。

20 世纪 30 年代后期常德公私立中学达十余所，在体育师资方面也尽量聘请专才，阵容较为整齐，乃当时学校体育开展较好的重要因素之一。下面是当时部分学校体育教师的姓名和学历：

校　名	姓　名	学　历
省立三中	刘德超	东南大学体育系毕业
	王悠然	东亚体专毕业
	王子载	成烈体专毕业
	袁亟达	成烈体专毕业
省立男中	李先治	成烈体专毕业
省立女中	刘孝坤	全能运动员
隽新中学	郑扬新	成烈体专毕业
	刘正纬	东亚体专毕业
	张诗楷	东亚体专毕业
渔父中学	蒋植义	东亚体专毕业
白云中学	沈同伦	东亚体专毕业
	刘景发	东亚体专毕业
移芝中学	成泰山	田径优胜运动员

原载:《湖南体育史料》第三辑　1983 年 12 月

旧中国时期的衡阳学校体育

杨永坦

一　晚清时期

清代书院造士、科举取士。衡阳书院除宋代所建石鼓书院、明代所建西湖书院外，又先后兴建了莲湖、东洲、船山、白沙、岳屏等书院。

清末废科举，办学堂。光绪二十八年（1902）颁布了《钦定学堂章程》。同年，衡州府改莲湖书院为衡清官立高等小学堂，石鼓书院为衡阳高等小学堂，岳屏书院为清泉官立小学堂。光绪三十年至三十二年（1904 年至 1906 年）又举办南路师范学堂、衡清师范学堂、衡清官立中学堂。当时学堂均设有兵操课程，并规定了授课时数和简要的教材内容。

二　五四前后

辛亥革命后，民国推行新教育，以所划学区设立学校。衡阳为第三学区，设有第三师范、女师、甲种工业学校、中等学校等。私立学校先后有成章、道南、船山等学校以及岳屏、莲湖等小学。

1919 年五四运动后，新文化思潮波澜壮阔。兴学以通民智，强身卫国，洗雪“东亚病夫”之耻，成为当务之急。一时间，衡阳的中小学如雨后春笋，先后又办起了县立师范、省立五中、六中，私立的有新民、大同、广湘、振新、广汇、含章、衡群、民生、豫立、达济、陶淑等学校。这时，学校的体育课开始从东洋兵式操练中走出来，进而开展了田径、球类、体操等项运动。这些运动项目从沿海大城市进入衡阳，并首先在衡阳美国基督教会开设的仁济医院和意大利、西班牙天主教堂合办的仁爱医院中开展，再逐步进入衡阳中小学校，受到了青年学生的喜爱。

1921 年 6 月，民国政府教育部颁布新学制，将各级学校的体操课改为体育课，小学低年级称“唱游”课。这一时期，衡阳各中小学由争聘保定军校学生、留日生、退伍军官过渡到聘请师范和体专毕业的学生。当时在衡阳形成了以夏仲恭、陈文元、盛国俊、邓介中、王悠然、张述良、杨一南、朱恩奎等为主体的体育教师队伍。

20 世纪 20 年代初，我国去欧美留学学习体育的人，学成回国后，大多从事体育教育。他们培养体育师资，著书立说，对当时全国的体育界产生了一定的影响。这种影响在衡阳则表现为两个方面：以王悠然为代表的一部分人，崇尚美国体育家威廉姆斯的学说，重视体育教育的精神作用，忽视增强体质；以盛国俊、杨一南、朱恩奎为代表的一部分人，他们本人擅长体育运动，较为重视增强体质与运动竞赛。他们认真教学，加强业余训练，甚至牺牲自己的业余时间，组织培训学校运动代表队。特别是盛国俊、杨一南等人，深感中国体育基础薄弱，运动技术落后。他们教书育人，对有培养前途的运动员，关怀备至；对勤奋好学却家境贫困的学生，解囊相助。他们竭力倡导体育运动从学校走向社会，并身体力行，以学校为阵地，辅导学校附近的机关、企业、居民中的青年开展各种体育活动。

三　抗战前后

1931 年 9 月 18 日，日本帝国主义侵占我东三省，举国同仇敌忾。广大青年学生尤为义愤填膺。湖南省教育厅遵照中央法令，发布了《湖南各级学校抗日救国实施纲要》。纲要中提出了三点，严令各校实施：（1）小学及初中，注重童子军训练；（2）高中以上学校，加强军事训练，其办法另定之；（3）高中以上女校，注重看护训练。衡阳各中小学校在当地教育行政部门的督促下，普遍实施了以上三点。

1932 年湖南省主席何键在湖南设立国术馆，以后陆续在省内少部分市、县建立了国术馆，并将国术列入了中小学体育课。这一时期，衡阳的学校体育，有美国、德国的体育教学内容，也有我国传统的国术内容。三者交叉并存，推动了学校体育的向前发展。

当时衡阳各学校为了提高学校声誉，便在体育竞赛中争名次、夺锦标。为达此目的，学校对体育成绩好的学生给予种种优惠待遇，体育教师也着重于培训选手，以求在竞赛中夺魁。这样，当时曾一度出现了所谓“选手运动”的不良倾向，而且存在的时间较长，影响体育运动的普及，不利于全面提高学生的身体素质。

1937 年“七七”卢沟桥事变后，日本帝国主义者举起血腥屠刀，杀我同胞，掠我领土，夺我资源。民国政府在军事上节节败退，北方及沿海城市的学校和工商业者纷纷南迁。1938 年 11 月 12 日长沙大火后，衡阳成为了西南各省军事、政治、经济、文化中心，国民教育事业有了相应的发展。当时的一部分军界政界人物，由于种种原因也转而兴办教育。据统计：当时仅衡阳市区就有公、私立中学小学 150 所左右。

大批知识分子南徙衡阳，各学校廉俸聘请上海、南京各院校体育专业毕业生执教体育。当时谋职者多，求职不易。已被聘教师为争取连聘，便拿出自己的绝招，从心理上征服学生。例如道南中学体育教师向少炎，擅长跳高。每当在一个新班上首节课时，他便让两个身高1.5米左右的学生站立沙坑边，头搁一横竿，然后他助跑起跳越竿，学生无不惊叹佩服！又如成章中学体育教师朱恩奎擅长足球，便在新生面前表演自己的足球技艺。这样的例子不胜枚举。

基于上述原因，衡阳市当时的体育教学在一定程度上，存在着按体育教师专长而定教材取舍的偏向。同时衡阳当时还存在着收徒的实际情况。上述朱恩奎就将自己重点培养的优秀运动员称为“大徒弟”，一般培养对象称为“小徒弟”，并嘱咐学生尊自己为师傅。朱恩奎自1925年在衡阳成章中学任体育主任以来，前后20余年，培养出了刘子智、陆科贤、龙建平、傅秀平等优秀体育教师。他注意学生德、智、体全面发展，语文、数学、英语等成绩不及格的学生，体育成绩再好也不准参加运动队。

抗日战争胜利后，国立师范学院由蓝田迁至南岳。该院体育系科教授陈奎生等注意研究教材，强调拟订教学计划和课时计划，每堂课应分为准备、基本、结束三个阶段等，在衡山县各中等学校产生较大影响，使体育教学起了质的变化。后来这一影响也波及衡阳市各学校，但效果不是很明显。

抗日战争前后这一时期，衡阳各学校的课外体育活动也较为丰富多彩。星期天与节假日，各学校常常组织校际、班际竞赛。抗战后期，成章、道南、新民等学校虽已迁至衡阳乡下，但星期天体育教师带领球队凌晨出发，下午赶回，往返三四十里，仍坚持校际间的竞赛。

原载:《湖南体育史料》第九辑　1988年7月

六　近代竞技体育与体育竞赛

湖南体育会与体育协进会史略

易桂森

因受维新思想影响，清廷于光绪二十八年（1902）8月下诏各省督抚，改书院为学堂。时湘抚俞廉三得诏，即严札各府、州、县筹款设立。各学堂所设课程，全按《癸卯学制》规定设置。它规定各级学堂都设体操一科，小学与高等学堂每周三小时，中学堂每周二小时；教材内容为兵式体操、器械操及游戏等，教习多为军人与少数外国人。辛亥革命前后，我省才有一批专习体操的留日学生回省任教，并兴办体操学堂。当时，体操一科在学堂仅作为点缀品，形同虚设，加上当局极不重视，且无统一领导机构，体育界同仁深感开展工作困难。宣统三年（1911），由留日回省任教的体育教员王经武等，自动发起设立湖南体育会，会址在长沙市贾太傅祠，是为我省体育会之始。

民国元年（1912）又由张葆初等组织体育会于长郡中学内，打算培养体育师资，大力发展我省体育事业。与此同时，还先后办起了一些体育学校。惜因经费困难，政府又不予支持，有的体育学校创办不久便行夭折；有的也只是办学一两年，亦被迫停办。

民国三年（1914），湖南省教育会呈报巡按使公署批准，在教育会内设立湖南体育会，并拨给开办费800元，常年经费1200元，以资应用。该会制订了《湖南体育会简章》十条（附后），并协助政府开展了一些学校体育工作，举办过我省学校第三次、第四次联合运动会。

民国六年（1917）11月，湖南省教育会又发起组织体育研究会，并订有研究会章程（附后）。民国八年（1919），蒋宝三发起成立女子体育会，同年11月狄昂人组织人生体育学会。民国九年（1920）黄醒等发起组织长沙体育学会。

以上各体育会均因办事人员不能持之以恒，加上缺乏群众基础，还有其他种种原因，故先后自行解散，对我省体育事业建树无多。

民国十二年（1923），我省各级学校体育活动开展较普及，比赛亦较频繁。教育界有识之士也初步认识到体育的重要作用，谋求扭转“文人以体弱为荣”之积习，一雪“东亚病夫”之耻。是年6月16日，长郡联立中学校长彭国钧，借学校举行运动会之机，特邀教育界知名人士光临指导，并召开座谈会，讨论决定成立湖南体育会，推曹羽仪、李惠迪、彭国钧、方克刚等18人为发起人，由李惠迪起草《体育会简章》，向各方呼吁，积极筹备。

次年5月在武昌讨论成立华中体育会时，我省代表方克刚、李惠迪、方扩军、曹羽仪等提出成立湖南体育会之刍议，大家一致赞同，特别是得到熊希龄的赞许，更增信心。代表回湘后，即于6月16日邀集体育界人士共商成立体育会之事。会上推陈奎生、李惠迪、黄醒、曹羽仪、文国勋、盛国俊、方扩军、袁荣生、毛秉实、梁建德、王存粹等人为筹备委员，先后四次召开筹备会议商讨如下事宜：一、通过筹备处组织大纲共五条；二、互推方扩军为筹备处主任，李惠迪、曹羽仪副之；三、逐条研究讨论《体育会简章》，俟开大会时通过执行；四、确定7月27日召开成立大会；五、发出致各界函，并通知全省各县中学体育教员如期赴省参加成立大会。各县教育机关亦派员参加。

1924年7月27日，一切筹备就绪，大会如期在省教育会召开，到会者共70余人。大会由方克刚主持，李惠迪报告发起筹备经过。接着，逐条通过会章，并票选方扩军为湖南体育会主任，李惠迪副之；选方克刚、陈奎生、袁荣生、曹羽仪、盛国俊、狄昂人、朱凤文、周天璞、陆吉沛等九人为评议员，方克刚任主任。8月2日，筹备处开会欢迎新职员及筹备处结束会议上，又推李剑农、刘武、曹典球、酆明纲、何炳麟、童维键、马续常等知名人士为董事，梁建德为执行部干事，李惠迪兼任驻会干事。一个组织较健全而又群众基础较广泛的湖南体育会正式诞生了。负责人即日开始办公，制定工作计划，积极开展各项工作。

此届体育会成立后，由于执事人员办事得力，团结一致，共谋我省体育事业之发展，在一年之内，做了大量工作，成绩卓著。据1925年12月21日《大公报》载："湖南体育会昨开会员大会，李惠迪报告一年来会务，略云：本会成立以来，得到各方面大力支持，取得了下列成绩：一、发行《体育特刊》十一期；二、发行《体育季刊》两厚本；三、设立体育教员介绍处；四、调查各中等学校体育现状；五、请愿省议会恢复公共体育场经费；六、请各县体育教员成立业余体育组织；七、邀请各区代表议决第八、九两届省运会地址，并催促成立筹备处；八、举行省会各种球术比赛；九、发起湖南童子军联络会；十、办理湖南运动员赴华中、全国、远东之运动会事宜。"

上述十项系就显著成绩而言，其余均详载湖南体育会会务报告中。在这次会员大会上，还补选何泾渭、张白黄、朱凤文为评议员，规定各级学校体育教员均为会员，并联络各界成立精武体育会湖南分会。这届湖南体育会对开展湖南的体育运动，繁荣湖南体育事业，确实起到了领导与推动作用，使我省学校体育与社会体育大大向前推进了一步。

民国十六年（1927）因"马日事变"之故，国民党政府惊惶万状，下令各大、中学校停课解散，所以体育会亦行中止工作。次年2月何泾渭、李惠迪等又召开体育会会员大会，讨论恢复体育会活动，确定体育会方针，编写体育课教授细目和军事训练计划，出版体育刊物等项内容。与此同时，中华精武体育会派刘金声来湘创办湖南分会，湖南体育会推彭泽沛接洽有关事宜。

民国十七年（1928），湖南体育会改组，修改了会章，将体育会完全纳入教育会领导，取消了董事会及正副主任，仅设总务、技术、交际三部，不仅体育会所有职员均由体育教师担任，而且各项工作的开展，亦全部由有关体育教师负责。

民国十八年（1929）4月30日，又由何泾渭、黄凤岐等召开体育会会员大会，改组湖南体育会为湖南体育协进会，设董事、评议、执行三部。为了保证新旧组织交替期间的各项工作照常进行，大会暂推黄凤岐、李浴春、王健吾、龚业雅、曾福盛等五人负责组织近日开展的各种球类比赛；推王健吾、何泾渭、龚业雅三人起草《湖南体育工作开展计划》。

湖南体育协进会从1929年至1930年内，先后举办了各种体育比赛，如1930年省游泳比赛、秋季球术比赛等。此外，协进会还举办了体育教师业余运动会，开展了体育教师定期学习会等项活动。

民国二十年（1931）又改组湖南体育协进会，推彭泽沛为主任干事，黄凤岐为交际干事，积极进行工作。1932年协助政府举办湖南省第十二届运动会，出力最多。特别是在此其间，协进会与长沙市民众国术俱乐部合办或自办各种大、中、小型运动会，或举行各种单项比赛，先后不下数十次。

通过上述各项活动，我省体育活动由学校推广到了社会，开展了多种多样的群众性体育运动，达到了一个全盛时期。直至抗日烽火燃起，长沙“文夕大火”之灾，民族面临虎狼入侵，古城变为一片焦土，体育协进会人员星散，工作无形停顿。

至民国三十年（1941），全省第十五届运动会在耒阳举行，体育协进会委员及会员云集于此。首由曾福盛、黄凤岐等发起，重新恢复体育协进会，借抗战俱乐部开会员大会，到会者五十余人，会上改选体协负责人，公推黄凤岐为总务干事，曾福盛、阎家笃为竞技干事，袁浚、王悠然为研究干事，盛国俊、欧阳超为编辑干事，彭泽沛、胡国春为介绍干事。又推朱经农、胡庶华等11人为董事，并向省政府提出开办体育专科学校、暑假体育教师讲习会、发展军事体育、发行定期体育刊物等建议。但会后所选出之负责人各返原单位，难以集中研究开展工作，所有建议，政府亦未予采纳。

民国三十三年（1944）省教育厅接中央教育部与社会部代电云：“查原有之体育会条例业经中央明令废止。兹制定《体育会组织办法》附发，仰即遵照。”自此我省体育协进会原简章作废，一切按中央发下之办法开展工作。

民国三十五年（1946）正值抗战胜利之后，各级学校均先后迁返长沙，体育界人士又纷纷集中省垣，力图恢复体育协进会，首由曾福盛以体协会干事名义发起，于10月15日借学宫街湖南省童子军支会会议室召开会员大会。计到会者有盛国俊等42人。会上选出曾福盛、何泾渭、黄凤岐、张家勋等18人为理事，曾福盛任理事长。又选李树森、张炯、胡庶华、曹典球、陈奎生、龚励初、李士元等7人为监事，并通过了重新起草之《省体育协进会简章》，积极开展工作。

民国三十七年（1948），全国解放形势明朗，我解放大军南下，势如破竹，我省人民积极响应毛泽东的号召，以迎接解放作为头等大事。新的中国即将诞生，体育协进会遂随旧中国的毁灭而告终止。

附各个时期的体育会及体育协进会章程。

一、民国三年（1914）湖南省教育会向省巡按使公署呈报批准之省体育会简章

第一条　会名：湖南省体育会

第二条　宗旨：以研究学术、练习技能，交换智识，力促国民体育之改良发达为宗旨。

第三条　会址：附设于省教育会内。

第四条　会务：本会设研究与练习两部及公共体育场，条举如下。

甲　研究部：应研究之事项如次：

1. 关于体育上之学理。

2. 关于体育之方术。

3. 关于体操教授法之改正及一统。

4. 关于体操教科书之选择及编辑。

乙　练习部：应练习之科目如次：

1. 国技科；2. 体操科；3. 游技科；4. 马术科。

丙　模范公共运动场设置次之各项器具

1. 杠子；2. 秋千；3. 平台；4. 木马；5. 荡桥。

第五条　职员及职务：

1. 会长一人：综理本会要务，以省教育会兼之。

2. 主事一人：司保管器具、接待会员、布置场所及其一切事宜。其人员由省教育会聘任。

第六条　会期

甲　普通会

1. 研究会；2. 练习会。

乙　特别会：

集会研究部会员每周开会一次，于定日曜日举行之。集合练习部会员每周开会一次，于子日曜日举行之。

1. 竞技会：本会团体与他团体联合竞技时，由会长或主事定期举行之。

2. 演讲会：中外体育大家莅会演讲时，由会长或主事临时召集会员举行之。

丙　常年会：考察本会各项成绩，并解决各项问题，于年假内由会长定期举行之。

第七条　会员：

甲　普通会员：愿研究体育经本会认可者。

乙　特别会员：富有体育学识经验并热心维持本会，经本会认可者。

第八条　会金：

甲　普通会员，应缴入会金一元、常年捐一元，每学年第一学期开会之日缴纳。练习部会员：每年应增收练习金。其金额由本会酌定。

乙　特别会员，免纳会金。

第九条　会规：另订

第十条　附则：本简章如有未尽妥善之处，得于开常年会时修正之。

湖南巡按使公署批（摘要）：查阅简章，大致尚合。唯第四条练习部之科别，未免缺略，应改为军事体育科、学校体育科、社会体育科。第五条职员之规定，除会长及主事外，应就研究练习两部各设部长一人，均系名誉职。

二、民国六年（1917）湖南省教育会发起组织体育研究会简章

（一）本会定名为湖南省教育会体育研究会。

（二）本会以研究体育原理及方法，以求体育进步为宗旨。

（三）有下列之一者得为会员：

甲　现在湖南省之体育教员职员。

乙　对于体育向有研究者。

丙　有志研究体育者（乙、丙二项，须有本会会员一人以上之介绍）。

（四）本会之职员：主任一人、副主任二人、文牍二人、交际四人、评议员若干，以上各员由会员推举，任期一年，每年九月改选。

（五）职务：

甲　正主任总理一切事务，代表本会全体。

乙　副主任协助正主任处理会务。正主任因故不能主持会务得代理之。

丙　文牍收发往来之文件书信，保存文件及重要书信，执掌本会各种图篇表簿，总理本会一切报告，主持开会时一切记录。

丁　交际员主持本会调查、接洽、招待之事宜。

戊　评议员解决一切待议之事、审查本会应用图书及其他应付审查之件。

（六）会务：调查、研究、提倡。

甲　调查：调查学校社会之体育状况及进行方法。

乙　研究：讲习会、研究会属之。

丙　提倡：观摩运动会属之。

（七）每月至少开职员会二次、全体会员会一次。有特别事件，得开临时会。

（八）本会一切报告及关于研究之文件，随时登入省教育周报及杂志。

（九）不收会费，遇特别需要时，得临时募集之。

（十）本章程如有未尽事宜，须经大会修改之。

三、民国十二年（1923）湖南体育会章程

第一章　总　则

第一条　本会由湖南省体育界人士及热心体育者组织之，定名为《湖南体育会》。

第二条　本会以提倡体育，研究体育科学及技术为宗旨。

第二章　会　务

第三条　本会会务分下列各种：

甲　促办湖南公共体育场。

乙　调查各县社会体育状况，并谋社会体育之普及。

丙　指导普通健身运动及卫生方法。

丁　筹备联合运动会，举行研究会，演讲会，并以各种方法促进体育。

戊　开办体育专修科或学校，以养成体育领袖。

己　参与国内外体育事业。

第三章　会　员

第四条　凡各界人士，热心提倡体育、或研究体育、赞成本会宗旨，缴

纳会金者，得为会员。

第五条　本会会员分下列三种：

甲　名誉会员：每年纳常年经费十元。

乙　特别会员：每年纳常年经费五元。

丙　普通会员：每年纳常年经费一元。

第六条　本会会员逾期不继续纳会费者，即作为退会。

第七条　本会会员行为有碍本会名誉，评议部四分之三同意议决，得令其出会。

第四章　经　费

第八条　本会经费，除征收会员应纳会金及募集各种捐款外，并呈请省政府补助之。

第五章　职员与组织

第九条　本会职员分下列三部：

甲．董事部；乙．执行部；丙．评议部。

第十条　董事部负维持计划本会会务之责，设董事七人，互选主任一人。又以实力资助本会，及一次捐助基金洋二百元以上者，本会认为名誉董事。

第十一条　评议部设评议员九人，互选主任一人，负计划议决本章程第三条所列各会务之责。

第十二条　执行部设正副主任各一人，办理本会董事及评议部议决各事项干事若干人，由正副主任邀请之。

第六章　会　期

第十三条　本会会员会分常会、特别会两种。常会定每年九月举行。特别会有要事由评议部议决行之。

第七章　职员选举及任期

第十四条　董事由评议部推举之，评议及执行部正副主任，均由常会投票选举之。

第十五条　董事执行部正副主任任期均以二年为限。评议任期三年，每年改选三分之一。但第一届任期，以抽签定之，得连选连任。

第八章　附　则

第十六条　本会事务所，暂设省教育会。

第十七条　各部细则，由各部拟订，经评议部决行之。

第十八条　本章程如有未尽事宜，由会员二十人以上之同意，交评议部召集大会，经出席过半数之同意修改之。

四、民国三十二年（1943）八月九日，国民政府教育部社会部颁发《体育会组织办法》

（一）宗旨：体育会以普及体育，增进健康，发挥民族精神及研究学术为宗旨。

（二）任务：

1. 关于会员的体格锻炼事项。

2. 关于体育之研究、设计及改进事项。

3. 关于健康运动之推行事项。

4. 关于体育调查统计及编纂事项。

5. 关于民间固有体育之改良及推行事项。

6. 关于体育讲座及竞技会之举办事项。

7. 关于主管官署委办及询查事项。

8. 其他关于体育倡导与推行事项。

（三）会员资格：

1. 团体会员：凡境内依法成立各种人民团体及机关学校之体育组织及人民自由组织之各种体育团体、队，均得为团体会员。

2. 个人会员：凡中华人民，年满十六岁以上，热心体育者，均得为个人会员。

（四）系数级数：以行政区域为组织区域。分乡镇体育会，县、市体育会及省或院辖市体育会三级。

（五）发起人数：

1. 乡镇体育会，由十五人以上发起组织之。

2. 县、市体育会，由过半数以上之乡镇体育联合组织之。

3. 省体育会，由过半数县、市体育会联合组织之。

（六）主管官署：组织训练为目的事业外，一般活动之主管官署，为各级社会行政机关。目的事业主管官署，为各级教育行政机关。乡镇体育会，应受乡镇国民体育指导处之指导监督。

（七）通用法规：非常时期人民团体组织法及其他有关人民团体组训法令。

五、民国三十五年（1946）湖南体育协进会章程

第一条　定名：本会定名为湖南体育协进会。

第二条　宗旨：本会以提倡体育事业，增进人民健康，发扬民族精神为宗旨。

第三条　任务：本会任务如下：

1. 促进湖南实施男女普遍的体育训练，发扬民族精神。

2. 遵照中华全国体育协进会所颁布之业余运动规则，主持全省业余运动及规定运动统一规则及运动标准，并增进运动员仁侠精神。

3. 关于全省及华中全国运动大会时，由本会联合各区负责进行。

4. 筹办湖南体育馆及公共体育场。

第四条　会员：凡各界人士，热心提倡体育事业，赞成本会宗旨并缴会金，并经本会会员二人以上之介绍，由董事部审查合格者，均得加入为本会会员。如有下列情事之一者，不得为本会会员：

1. 违背三民主义之言论或行动。

2. 褫夺公权。

3. 患精神病。

4. 嗜好赌博或吸食鸦片。

第五条　组织：

1. 本会组织，遵照中央党部颁布之文化团体组织法规组织之。

2. 本会组织分董事、干事两部，其职员均由全体会员大会中依照中央党部颁布人民团体职员选举通则，选举董事十一人。其中一人为董事长，任期三年。干事七人，其中一人为主任干事，任期二年。

3. 凡热心赞助体育事业，声望夙著，而合于本会会员之资格者，得推为名誉董事。

第六条　职员职权：董事部负维持计划及本会会务之责。干事部负办理第三条所规定之事及执行董事部所议决之案件，并须于每半年将会务呈报省

党部及教育厅一次。

第七条　会期：

1．董事部半年开会一次。其时间由董事长及主任干事酌定之。临时会必须有董事三分之二请求，方得开会。

2．干事部每季开常会一次，遇必要时，得由主任干事召集临时会议。

3．会员大会，每年暑假举行一次。但须呈请省党部核准，并呈报教育厅备案，方可举行。

第八条　经费：本会经费，除收会员应纳之入会金及常年金外，遇必要时得由会员自由募集捐款补助之。会员会金除入会金均为一元外，常年金计分下列三种：

1．名誉会员纳常年金五元。

2．特别会员纳常年金一元。

3．普通会员纳常年金五角。

第九条　会址：本会会址设湖南省教育会中山堂。

第十条　附则

1．本章程自经省党部核准，教育厅备案之日起，公布施行。

2．本章程如有未尽事宜，经会员大会到会人数三分之二以上认可修改之，但仍须呈请省党部核准、教育厅备案。

原载：《湖南体育史料》第五辑　1986 年 6 月

华中体育会的前前后后

丁非杰

一　华中体育联合会的起源

我国运动健儿，参加 1917 年 5 月在日本东京举行的第三届远东运动会时，运动成绩较上届大为落后，体育界引为奇耻，策动全国学界，奋起图强。我国加入远东体育协会的执行委员，提议全国分为华东、华北、华南、华中四个运动区，定期举行运动会，推动全国各区体育运动的发展与技术水平的提高，广泛拔选真正能代表我国体育水平的优秀运动员，参加远东运动会的比赛。当时华北区有华北运动联合会的组织（1928 年改为华北体育联合会），每年 5 月在华北各省区轮流举办全区性运动会一次。华东区于 1919 年组织了华东八大学体育联合会，由东南、南洋公学、复旦、圣约翰、沪江、东吴、之江、金陵八大学组成。华中区尚无一定的体育组织，落后于华北和华东地区。1921 年 5 月 30 日，在上海举行第五届远东运动会时，有吴任之博士、武昌中华大学校长陈时和湖北教育厅路任甫厅长等人，发起组织中部运动会。但因华中区在上海参加第五届远东运动会预选赛的只有湘赣两省，运动员不足百人，事前无充分准备，时间急促，各省出席的人员不齐，只得草草毕事。待至 1923 年 1 月，我国体育代表团将赴日本大阪参加第六届远东运动会，全国各地体育界名流在南京开会，希望能在全国范围内广泛网罗人才。会议决定，华北仍照往例进行，华东开会于南京，华南开会于广东，华中则指定在武昌开会，其区域定为湘鄂赣皖四省。此时，华中体育联合会的雏形就基本定下来了。

二　华中体育联合会的建立

华中体育联合会的组织，既经南京会议的决定，复经湖北省陈时、宋如海等人的奔走宣传，引起了湘鄂赣皖四省教育界人士的关注。1923 年 3 月，四省教育界和体育界代表在武昌举行会议，成立了华中运动会筹备处，确定第一届华中运动会于 5 月 4 日至 5

日在武昌举行，四省体育代表团届期汇聚于武昌。5月3日晚，华中运动会筹备处召开四省代表会议。参加会议的鄂省是李步青、张继煦、陈时、江颐德、胡钧和、周之翰、曾慎基、刘树仁；湘省是方克刚、方扩军、曹羽仪、李惠迪、陆吉沛、盛国俊、黄光荣、袁荣生；赣省是王熙寿、朱美香、吴秀穆、胡凤英、桂仲觉、唐新民、龚芳、邓济川；皖省是李寅恭、李爱伦、范烂如、陈韦民、严具清。会上报告了发起组织华中运动会的经过，讨论了运动会的各项事宜，并确定第二届华中运动会于1924年在湖南长沙举行，由湖南省负责筹备，同时责成湖南省的代表起草华中体育联合会的章程草案，以便日后照章办理。

湖南省为了筹备第二届华中运动大会，1923年12月26日，湖南省教育会召集各中等学校体育教员开会，除讨论运动会的各项筹备事宜外，并就李惠迪拟订的华中体育联合会章程草案，推定陈奎生、金兆均、方扩军、李惠迪、曹羽仪五人进行审查。审订后，将草案印发鄂赣皖三省征求修改意见。第二届华中运动会于1924年5月9日至10日在长沙顺利召开。大会期间，聚集四省代表举行会议多次。通过会议，确定第三届华中运动会于1925年由江西承办，从运动会上选拔优秀运动员，组成华中区体育代表团，出席同年5月在武昌举行的第三届全国运动大会。华中体育联合会章程草案，经这次四省代表讨论通过，并函准湖南省教育司备案，发送有关各省执行。

第三届华中运动会，于1925年4月21日至23日，在南昌如期举行。运动会期间，四省代表召开多次会议，通过主要的决议如下：①第四届华中运动会，于1926年在安徽举行；②从第五届大会起，改为每隔两年举行一次运动会；③以华中体育联合会的名义，向全国运动会建议，请将今后的全国运动大会，亦改为每两年举行一次，以便与远东运动会相衔接；④华中运动会自第四届大会起，试行增设女子田径和游泳项目，其竞赛规则，交由湖南代表陈奎生拟订，于下届代表会议通过后施行；⑤陈奎生、黄世农等提议，联合华中四省，创办华中体育大学，经费由四省分担，地址设在武昌公共体育场。当时华中各省高等学校中，均无体育系科的设置，更无体育院校。可惜此案通过后，未能获得有关当局的重视，无法付诸实施。

原定1926年在安徽召开第四届华中运动会，因受北伐战争的影响，安徽省以时局动乱、经费拮据为由，致函湘鄂赣三省，要求延缓举行。华中体育联合会的活动，亦随之陷于停顿。

1930年4月，第四届全国运动大会在杭州举行。同年5月第九届远东运动会在日本东京举行。在这种客观形势的推动下，湘鄂两省于1929年，先后函电安徽省，催促筹办第四届华中运动会。经安徽省教育厅报请省府第96次会议通过，决定第四届华中运动会赶在第四届全运会以前，于1930年2月中旬在安庆举行。为了开好这次运动会，1929年8月22日，安徽省府分电湘鄂赣三省政府，请各派代表二人，于12月10日以前莅皖，共同磋商举办运动会的一切筹备事宜。在此次会议期间的12月19日，修正了华中体育联合会章程，并通过了华中体育联合会董事会简章草案。

修改后的章程，略有变动。如将第一条分为两条，故章程由12条增至13条。原章程中的“书记”改为“干事”，“执行委员”改为“筹备委员”。原章程第九条运动项目，分为男子和女子两个部分，在男子部分中，把五项运动和十项运动，800米和1600米接力，从田径中分出来，单独列为全能运动。原章程的第十条计分法，也随之增订为全能运动，每项取四名，第一名10分，第二名6分，第三名4分，第四名2分；球类不计分数。除此之外，文字上也稍有改动。

三　改组为华中体育协进会

1924 年 8 月，中华教育改进社在南京开年会时，发起组织中华全国体育协进会。协进会章程第三条规定："本会会员，以区为单位，暂分华东、华南、华西、华北、华中五区。"因此，1930 年在安庆举行第四届华中运动会时，就有改组华中体育联合会为华中体育协进会的倡议。1934 年在武昌举行第五届华中运动会时，四省代表集议，一致主张改建华中体育协进会，重新草拟华中体育协进会的章程。1935 年 10 月 10 日，第六届全国运动会在上海举行时，湘鄂赣皖四省代表及总领队，均聚集于上海，决定于 10 月 17 日，借全运会会场，召开华中体育协进会第一次代表大会。参加会议的有鄂省刘昌和、陈时、宋如海、柯南山，湘省黄凤岐、曾福盛，皖省罗良铸、吴中俊，赣省贺鉴千、邓堪舜。黄凤岐为会议主席，吴中俊记录。会上讨论通过了华中体育协进会章程。选出了湘省的朱经农、方克刚、黄凤岐，鄂省的程其保、刘昌和，赣省的程时煌、余永祚，皖省的杨廉、桂丹华九人为执行委员。陈时、邓堪舜、吴中俊三人为候补执行委员。方克刚、刘昌和、余永祚三人为常务委员。宋如海为总干事，会址暂设汉口中山公园。华中体育协进会，宣告正式成立。

1936 年 10 月 10 日至 16 日，第六届华中运动会在长沙举行。运动会期间，除召开两次四省代表的联席会议，商讨运动会中的各项问题外，另于运动会结束后的 10 月 17 日，借湖南省府招待所，召开华中体育协进会第二次代表大会。出席代表有鄂省程其保、刘昌合，赣省程时煃（贺鉴千代）、余永祚（龚镇藩代），皖省杨廉（乌以凤代）、吴中俊、陈竹贤，湘省朱经农、方克刚、何泾渭、黄凤岐。主席朱经农，记录方克刚。会上修改了章程，并议决了协会的工作：①订定各级学校学生体育成绩标准；②促进各地方普设公共体育场；③建议全国体育协进会，请积极筹备1940年参加第十二届世运会（注：该届世运会即奥运会，后因第二次世界大战爆发未举办）；④由本会派专家赴各省调查体育实况，并分别报告各省教育行政长官以资比较，还议定了下届华中运动会的应兴应革事项。

1937年“七七”事变后，日本帝国主义举兵侵华，抗战爆发，国内时局动乱，交通不便，华中体育协进会的活动，就此陷于停顿。经过八年浴血奋战，1945年抗日战争胜利，举国欢腾，但因国民党挑起内战，华中体育协进会的活动，人们很想恢复，却又很难实现。1947年2月，由湖北省体育界人士发起，通知原华中体育协进会有关各省的成员，在汉口召开第一次常务理事会议；重新建立了华中体育协进会的组织，并接纳河南省加入。湖北省政府应允承办第七届华中运动会，拨出法币二亿四千万元为运动会经费，定于1947年11月12日在鄂举行。新当选为华中体协理事长的宋如海，邀请湘鄂赣皖豫及汉口市六单位体育界人士，于1947年8月29、30两日，在汉口举行第二次常务理事会议，磋商运动会各项筹备事宜。后因解放战争节节胜利，时局急转直下，国民党政府濒临崩溃前夕，人心浮动，第七届华中运动会的召开，只能是一句空话，根本无法实现。华中体育协进会的工作，也随之告终。

通过1929年12月在安庆举行的四省代表会议后，停顿了五年的华中运动会复活了，于1930年3月18日在安庆胜利揭幕，23日圆满结束。在修改章程时，汉口市尚未脱离鄂省，到举行运动会时，汉口市改为特别市，与省平行，要求自成单位加入运动会。

故第四届华中运动会共有五个单位参加竞赛。

第五届华中运动会，原定1931年秋季举行，由汉口市承办，是年汉口市教育局负责组成了大会筹备处，准备按期举办。后因汉口大水为灾，才函告湘鄂赣皖四省，决定延期举行。1931年秋，国民政府明令取消汉口特别市，汉口市仍归鄂省统辖。故第五届华中运动会，周而复始，再次轮到鄂省主办，原定1932年11月举行。后来一延再延，一直拖到1934年5月16日，方在武昌公共体育场开幕，21日顺利结束。

附一　华中体育联合会章程

第一条　名称：本会以中华民国中部各省组织之，定名为华中体育联合会。

第二条　宗旨：

1. 促进中华中部各省体育之进步，并为远东及万国运动会之预备；
2. 联络中部各省体育界，以发展互助之精神；
3. 养成运动员优良的品性。

第三条　会员及区域：本会会员以省为单位，暂由湘鄂赣皖四省组织之，每省应得一表决权。

第四条　开会：

1. 常会：本会常会，由每省代表四人，于该届运动会所在地点举行之，议决各事，以出席省份过半数到会为法定人数。遇有特别事故，得以邮电表决之。
2. 运动会：定于每年春季举行之。

第五条　本会设下列各职员：

1. 每省代表四人，由各省教育行政机关会同省教育会选派之；
2. 会长一人，以运动会所在省份之最高级长官任之；
3. 副会长三人，由其余各省份最高级长官任之；
4. 书记一人，会计一人，由各省代表会于下届运动会所在省份之代表中选出之；

5．运动执行委员三人，由运动会所在省份选举之，但须富有体育学术及经验者。

以上各职员，均于上届常会时报告之，除书记由各省酌给津贴外，其余概为名誉职。

第六条　任务：

1．代表会：①修改会章，②决定下届开会地点及时间，③支配奖品，④处理执行委员不能解决之事项，⑤执行违犯本会章之处罚。

2．会长：总理本会一切事项；

3．副会长：襄助会长一切事项；

4．书记：掌理本会一切文件及运动成绩表册，于每届常会移交下任；

5．会计：司本会经费出纳事项，于每届常会时，报告决算并移交下任；

6．运动执行委员：①于每届运动会前三月，组织运动会筹备处，并通告各省，②布置会场，③聘请运动会各项职员，④招待各省代表、职员及运动员，⑤编印运动会各种表册、新闻及报告书，⑧处理其他事项。

第七条　运动员资格：除有下列各条之规定者外，无论何界男女，均可加入本会运动。①凡加入运动不以德育、智育、体育及消遣为目的者，②以金钱及受其他相当之报酬为目的者，③以体育为生活者，④典卖奖品者。

第八条　运动员报名：

1．田径及游泳：每单项每省各以四人为限（先由各省预赛，然后选派）；

2．团体运动（分两类）：①球类，各省得派代表男女各一队（先由各省预赛，然后选派），②团体操，由运动会筹备处酌量参加。

本项除团体外，所有运动员，须由各该省先行预选出之。其报名书，由本会于会期前二月印发，运动员须照式缮就，按照规定期寄交运动会筹备处，过期不得补报或改变。

第九条　运动项目：本会之运动项目分下列各项：

1．田径赛：100米、200米、400米、800米、1500米、万米、110米高栏、200米低栏、跳高、跳远、铁球、铁饼、标枪、撑竿跳高、三级跳远、800米接力、1600米接力、五项运动、十项运动。

2. 球术：篮球、队（排）球、足球、网球、棍（棒）球。

3. 游泳：50米竞泳、100米竞泳、400米竞泳、1500米竞泳、100米背（仰）泳、200米胸（蛙）泳、200米接力竞泳（注：竞泳即今之自由泳）。

4. 团体操。

5. 柔软操、跳舞、国技（武术）、器械操、游戏。

6. 童子军表演。

第十条 记分法：

1. 田径赛及游泳，每单项取四名：第一名5分，第二名3分，第三名2分，第四名1分；

2. 球类，每项取第一名5分。

第十一条 费用。

1. 本会经费，由各省代表，于每届常会时，决定下届预算，由各省分担，于常会后一月内，寄交会计；

2. 运动会费，由运动会所在之省份负担之；

3. 关于代表及运动员旅费，均由各该省自行担任。

第十二条 本章程如有未尽事宜，于常会时讨论修改之。

附二 华中体育联合会董事会简章（草案）

第一条 定名：本会定名为华中体育联合会董事会。

第二条 宗旨：

1. 依据华中体育联合会第二条之宗旨一、二、三项；

2. 制定运动统一规则及运动标准；

3. 发行体育刊物，办理体育学校。

第三条 组织：

1. 本会组织，以省为单位，每省由省教育会、体育会，推选有体育学识及经验者二人为董事，互选一人为董事长，每省年纳会费百元；

2. 董事任期两年，于每届运动会时期改选之；

3. 董事会聘请主任干事一人；

4. 凡热心体育事业、声望夙著者，得另推为名誉董事。

第四条　职员：董事负维持、计划本会会务之责任，主任干事负办理第二条规定之事项及执行本会所议决之案件。

第五条　会期：

1. 常会：每两年开一次，其时间及地点，由董事长及主任干事酌定之；

2. 临时会：遇有重要事件须从速解决者，得开临时会，开会通告须在一月前寄出，如有特别事不能开会时，得以邮信或电报表决之。

以上各会开会时，以到会过半数为足额，会中一切问题，由到会之多数表决之。

第六条　本简章之修改，于各省代表及本会常会时，经到会三分之二以上之同意者，得修改之。

原载：《湖南体育史料》第二辑　1983 年 6 月　文章次序有调整

湖南国术训练所史略

万天石

湖南省国术训练所（以下简称“国训所”）是 1931 年冬开始筹备，1932 年 2 月正式成立的。当时经著名武术家杜心五向何键（当时的湖南省主席）介绍他的徒弟万籁声担任所长。万系北京农大毕业生，能文能武，年仅三丨，湖北武昌荔店镇人。所里的代理秘书为曹伯清（长沙人）；总务科长为万籁鸣（湖北武昌人）；教务科长兼总教官为顾汝章（江苏武进人），教官为万国铭、刘光泽、陈闻经、王成章、张永清、李树甫、白振东、郭岐凤、时汉章、刘朝美、赵荣林、郭嵩山、徐瑞英（女）、刘景春、黄金标、丘代文（女）、左振英（女）、阎凤英（女）等，均系外省人，因而引起湖南武术界人士的不满。曾闹过顾（汝章）柳（森严）比武事件，经何键制止，没有比成。但足以说明南北之争，确属存在。

国训所成立之后，首先于1932年3月开办第一期男子师范班，分三次招考，共录取学生143名，进行国术训练，培养国术师资。接着又开办女子师范班，招收了50多名女学生入所训练（原来均系高中或初中毕业生），培养女子国术教员。男子师范班第一期只训练一年半就毕业了，其余都是两年毕业，男女师范班都只办三期就没有办了。此外，还办了社会国术训练，如妇女班、儿童班等则是利用业余时间传授国术，不收费用。

万籁声当国训所所长的时间不长。原因是何键的女儿要求万籁声教她的拳术，故与万籁声过从较密，因而引起生事者的非议，实际上只是师生关系而已。为了平息谣言，万籁声不得不辞职离湘，遂于1932年7月去沪，所长职务改由何键自兼，另又聘请写《江湖奇侠传》的作者平江不肖生（真名为向恺然）担任秘书，所务由向恺然实际负责。顾汝章改任教官，因不愿干而自动离开国训所，在长沙市史家巷开了一家伤科诊所，专治跌打损伤。教务科长改由刘靖武（别号洪杰）担任，同时加聘湖南武术家范庆熙、师志良、陆占山等为国术教官，并增聘湖南著名文学家、湖大教授李肖聃为国文教授，柳午亭（革命烈士柳直荀的父亲）为生理卫生学教授，随后又从北京聘来纪绶卿担任摔跤教官。纪绶卿系摔跤专家，当时已68岁，曾任清朝廷的供奉。慈禧太后每次宴请外宾，都指定纪受卿当场做摔跤表演，甚受慈禧的青睐。湖南人的摔跤技术都是纪受卿与常东生（也是北京人，有名的摔跤家）传授的。国训所又聘著名太极专家吴鉴泉的儿子吴子镇和吴公藻担任教官，传授吴氏太极。此时的国训所，阵容极为整齐，南北教官都有，还将第一届省考冠军唐徽典安排在湘潭担任分所所长。至此，南北之争，也就烟消云散了。

1934 年 1 月，何键又请中央国术馆总务处长竺永华（浙江绍兴人）来湘，担任国训所的副所长，是年九月，经竺永华建议，在又一村组织湖南省会民众国术俱乐部，推广民间国术。俱乐部的董事长由何键担任，总干事则由竺永华兼任，秘书由向恺然兼任，总务股长为杜传之，游艺股长由李丽久兼任，教务股长由刘洪志兼任，并聘我为宣传干事（后又给了我一个代理宣传股长的名义）。此一时期，国训所与国术俱乐部水乳交融，国术教官互相交换使用，不分彼此。

竺永华、向恺然、李丽久三人，曾经结拜为兄弟，都是湖南国术界的头头，原来相处极好。1935 年 1 月以后，李丽久与竺、向二人，意见丛生。原因是：1. 李丽久是四路军技术教导总队的少将总队长，将他安排在国术俱乐部当一名游艺股长，地位太低；2. 俱乐部的人事安排，全系竺、向二人一手包办，李丽久的人事安插不进去；3. 俱乐部的一切活动，全由竺、向二人布置，李丽久无从过问。加之，技术教导总队与国训所的学生在各项武术比赛中互不相让，教官则各自袒护自己的学生，不时发生暗中冲突。久而久之，遂形成两派了。一派以竺永华、向恺然为首；一派以李丽久、张响武为首，明争暗斗，甚为激烈，不过没有向社会上公开而已。

1936 年 1 月起，何键与李丽久更为接近，李丽久每天清晨到何公馆与何键对练太极推手，利用这一机会，李丽久向何揭露了竺、向二人的一些问题。从此，何键对竺永华、向恺然不感兴趣了。2 月 30 日那天，何键亲到国训所宣布了一项命令，改组国训所，更名为湖南省国术馆，馆长由何键自兼，副馆长则改派技术教导总队少将总队长李丽久兼任。教务主任改由技术教导总队教务主任张响武（上校）兼任。总务科长改由李如桂兼任。指定竺永华和向恺然专门负责搞国术俱乐部（民间组织）的工作，免去其原副所长和秘书职务。这样一来，李丽久和张响武这一派占了上风，而竺永华和向恺然则与何键越来越疏远了。两派斗争，愈演愈烈，一直闹到 1937 年 10 月何键垮台时为止。

李丽久任国术副馆长期间，将技术教导总队的教官，调兼国术馆的教官，原来竺、向派的教官，除极少数人外，均被清洗出去了。那时，又聘我兼任防空教官，并担任国术刊物编辑。由于我系新闻记者，国术俱乐部与国术馆我都兼有职务，双方对我都很好，我也没有参加他们的派系斗争，居于中间人的地位，有时起点调解作用，所以双方都对我很客气。

湖南国术馆是 1937 年 10 月因何键调离湖南后而停办的（是年 11 月张治中来湘接任湖南省主席职务）。李丽久离开湖南后去了上海。国术俱乐部因系民间组织，张治中没有接收。但因靠山已倒，成为有气无力的烂摊子了，后由杜传之担任总干事，勉强撑持残局而已。直到 1939 年才全部移交给励志社。

国训所（后改为国术馆）教学课目有：国文、党义、生理卫生学、国术理论、音乐、体育（包括体操及各项球类）、拳术（内功、外功、气功、轻功、搏击、摔跤等）、器械（枪、刀、剑、戟、鞭、锏、锤、抓、拐、流星、铛、链、钗、斧、棍、钩、铲、耙）等项。担任体育教员的，先后有黄凤岐、杨文敏（女）、易灿（女）、李森（女）等。音乐教员为黄源洛。其所址设在长沙市皇仓湾旧关帝庙内（解放后已拆，修成五一路）。

原载：《体育研究》第二期　1982 年

长沙基督教青年会体育部概况

唐力修

前 言

长沙基督教青年会（Young Men's Christian Associstion，简写为Y. M. C. A.），在当时为一国际性基督教的基层青年组织。因为它的基本工作之一为体育，所以有必要将其体育活动的历史情况记述，以窥湖南近代体育历史的全貌。

1840 年鸦片战争帝国主义列强侵华，敲开我国闭关自守的大门。清光绪年间，美英等国的基督教会随其政府侵略扩张势力，渗入我国若干大城市，设立教堂，宣传教义。接着又有基督教青年会在各省的港埠城市先后成立，最早的是天津，成立于 1870 年左右。帝国主义的魔爪，一向配合文化侵略来进行，所谓耶稣基督的“博爱”，资本主义国家的“平等、自由”，不过是一种经过装潢使人难以认清的麻醉剂而已。但是，任何东西都不是绝对的，事物要一分为二，作为基督教青年会的体育活动也不例外，它对我国体育发展所起的积极作用，应该如实记叙，不要因噎废食，这对我们今后体育工作的开展，有历史的借鉴作用。所以赘此数语，亦端正视听之意云耳。

一 基督教青年会的组织系统

世界基督教青年会协会创建于 1857 年，那时各国青年会代表集会于巴黎，会议选举成立协会，负责领导全世界基督教青年的活动，并在瑞士设立机构，当时除阿拉伯地区各国因信奉伊斯兰教没有参加这一组织外，世界各国凡有基督教组织的都有青年会，受到世界基督教青年会协会的指导。

我国各大城市，大都设有基督教青年会，也有分男、女的，女子青年会冠以“女子”二字区别之。青年会设有董事会，董事会的成员，在该会的名誉会员、赞助会员或特别会员（当地军、政、士绅、巨商及各界知名人士，且多为基督教会的教友）中遴聘组成。董事会聘任总干事一人，总揽青年会会务，同时对青年会会务计划有批准权；执行以后报会备查时，有审核权。在隶属上，董事会与全国基督教青年会协会（设于上海北四川路昆山花园）同为对该地青年会有约束权力的机构，全国基督教青年会协会，受设在美国的世界基督教青年会协会的监督指导，而各地青年会董事会，则不与世界青年会协会或其分会发生直接关系。这是我国各地方青年会组织系统的一般情况。

长沙基督教青年会成立于 1912 年左右，由当时的湖南省省长谭延闿、雅礼大学（预科）负责人胡美博士（美国人），巡道会监督英国人任修本和社会名流曹典球（子谷）等出面，向上海全国基督教青年会协会申请成立。开办经费由世界基督教青年会协会北美分会（美国与加拿大国）拨款，全国基督教青年会协会转交。

青年会的主要业务部门设有德育、智育、体育三个部，以对会员、学生和群众开展三育活动。每个部有主任干事一人，副主任干事、干事、职工若干人，视业务的繁简而定。总干事主管全会所有事务，为青年会本身的最高负责人。总干事和各部主任干事，多由外国人担任；创设日久，亦间有国人充当者。干事一般来自教会学校或教友，多由外国人物色推荐，长沙青年会创设时期的总干事为美国人饶伯师，并兼任德育部主干。副总干事为我国湘潭县人谭信一，兼总务与会计之职。智育部主干亦为美国人。体育部主干为挪威人夏义可，干事为浙江人王毅诚。

德育部以宣传耶稣基督的教义为主要任务，设有圣经研究班，讲读圣经；唱诗班，歌颂普天赞美圣德；做礼拜，祈祷祝福上帝，有时配有电影、幻灯，扩大宣传影响。总的目的是劝导会员、学生、群众认识基督真理而信教，进而支持教会和青年会工作。德育工作的内涵，实际是青年会整个活动的灵魂，亦即它的宗旨所在。

智育部办有青年会中学和各种补习班，补习班是根据需要设置的，如英文、数学、会计、理发、缝纫、提琴、木工等，都是利用夜间进行教学。青年会中学则是常设的机构，须向地方教育行政机关立案，并接受指导。课程除与一般中学相同以外，且必读圣经，以扩大信教影响。遇有机会，还邀请著名人士或学者到会作学术性讲演。

体育部分对内、对外两类工作。对内有青年中学体育课，辅导会员的体育活动，主持节日或星期六的文娱晚会和邀请来湘的中外体育专家、学者讲学或表演、示范等。但后者必通知外界体育人士也来参加。对外，接受市区中、小学校的邀请，义务进行教学，组织体育工作者来健身房开展体操活动，如木马、吊环、单双杠、哑铃等，后来发展到成立球队加以训练，参加比赛。此外还经常主办各项球类比赛及应邀协助筹备运动会并担任裁判等工作。

除上述德、智、体三部外，还有会员、群众、总务等部，会员部是一年一度征求会员和募捐。群众部抓社会福利工作，如照相、澡堂、餐厅、旅舍、影院等服务行业。总务部管职工生活福利、房屋维修、会计出纳、报表等。只有会计、出纳和问事处可以经手银钱，余不沾手。

二　长沙青年会的会员与经费

青年会业务经费的来源，主要靠一年一度征求会员所得的捐款和缴纳会费所得充当。其办法，先拟出计划，提请董事会审议决定，然后组织“征求会员大会”的领导班子，再举行开幕式，正式宣布大会开始进行。开幕式相当隆重，因为它聚集全体董事、征求小组成员、各部干事以及受到邀请的会员，济济一堂，听取会长讲述该次征求会员的意义和内容，并举行娱乐活动以张声势。如1932年3月，青年会第十八届征求会员大会，是推选省主席何键为会长，并将征求人员分为26个队，分头进行的。这些队的队长人选，均为各界著名人士，他们在社会上，都各有其活动范围，所以征求活动相当深广。有了他们出面，自然生财有道了。而队长本人，则在会长的号召下，率先解囊黾勉从事，不好懈怠。在26队之间的战果，从开始到闭幕止，又天天在光荣榜上公布，借以鼓励士气，刺激竞争心。征得会员最多、捐款最多的小组，算是优胜者。优胜队的姓名，要用金色字镌刻在小方形石板上，嵌在青年会显眼的墙壁上永留纪念。

青年会普通会员缴纳会费，并不每年一律，民国八年（1919）为五角，民国二十一年（1932）为四元。荣誉会员或赞助会员一年交付会费三四十元银币以上不等，也有一次捐千元的，特别会员为20元。会员可以全免费或部分免费使用沐浴室、更衣室、健身房、图书阅览室、礼堂等。征募会费得来的款项，专做事业费用的开支，行政费和工资等，规定是自行筹措，即靠青年会本身的收入作为开支。

青年会遇到政局不宁，难以征募会金，业务无法开展的时候，则申请全国协会补助，全国协会无法补助，则上报世界基督教青年会协会请求拨款，但这种情况是极罕见的。

会员从性质上可分为宗主会员和普通会员，信教的人入会叫宗主会员，非教徒入会叫普通会员，宗主会员有选举权和被选举权，董事会从而产生。

三　长沙青年会的会址迁移与场地设施

长沙青年会的体育活动，很大程度是根据会址所在与场地设施的许可而进行的。长沙青年会三易会址，才选定市中心区小四方塘（现五一广场万代大酒店旁）为会址。

会所初设在市东区浏阳门正街路姓公馆旧址，搬入后，只就可利用者略加修理，内有一个大轿厅改作健身外场，后院火巷旁边的两间大房间，将它拆除改作德智体三个部的办公室。初建会所的规模甚为简陋，体育工作的开展，只好多采取向外进行辅导，即分赴各校辅导体育。1919 年迁至西牌楼雅礼大学预科原校址，将旧校舍改修，建成了一所比较大的健身房和更衣室，房内置备了多种轻重体育器材，便于各校体育教师来会参加练习。

1920 年左右，青年会购买了小四方塘地皮 800 余平方丈，兴建了会址，小四方塘原系北洋军阀政府拨给湖南地方政府兴建黄兴祠的，黄兴的儿子黄一欧未建祠，而以八万元银洋出售给青年会。青年会的这笔巨款从何而来？地皮价款与建筑费，共需要 20 余万元，全国青年会协会拨发了大部分，不足的小部分系从地方军、政、富绅、巨商募捐而来。1923 年开始动工，1925 年基本建成，除田径场地与足球场外几乎各种常见的体育设施都具备，冯崇毅接任体育部后，仅几年的时间，就把长沙市的体育，带进了抗日战争爆发以前的鼎盛时代，会址的迁定与体育设备的完善，是个有利的因素。

四　长沙青年会体育部的人选与活动情况

长沙青年会从创建到解放初期，历任体育部主任干事的，有挪威人夏义可、浙江人王毅诚、湖南湘潭人冯崇毅等。冯崇毅干得最久，从1931年起到解放初期结束时止。

夏义可，原为湘北信义会教徒，为长沙青年会创始人之一。冯崇毅回忆说："我年轻时在湘潭市三育会健身房，看过他的一次器械操表演，动作惊险，干脆利落，精彩迭出！"又说："他擅长游泳，而竟死于游泳，这是非常可惜的事。"

王毅诚是最初在青年会担任体育干事的中国人，他1914年考入长沙雅礼大学预科，1917年因家贫不能续学。他平日爱好体育，足球打得出色，被选为队长，为校长盖葆耐、英文和体育教师史强（均美国人）所器重，适青年会体育部需物色一练习干事，史强遂将他介绍给夏义可，见习月薪为银币14元，王乐从之。1919年冬，王被派往上海全国基督教青年会协会主办的体育专门学校学习，肄业两年，回到长沙改任干事，直到1931年冯崇毅接替时止。

王毅诚任干事的十余年间，可说是湖南体育风气的启蒙期，民国肇兴，废私塾，兴学堂，课表上虽有"体操"一门，内容究竟是些什么，连体操教师也模糊不清。王毅诚回忆当时青年会体育工作的开展和实施，写道：体育分对内对外两类工作。在会内，除完成青年会中学学生的体操课外，着重辅导来会参加各项体育活动的会员。运动项目有足球、排球、室内手球、举重、拳击、游泳、垒球，此外，遇有会员喜练跳箱、单双杠、吊环、木马等项器械操者，体育干事尤须加倍注意辅导，以防事故发生。

为了积极促进和提高会员群众与青年学生爱好体育活动的习性，体育部常举行体育文娱晚会，利用表演，讲述各项活动的姿势，使到会者易于理解其原理及方法。有时邀请中外体育运动专家、健将到会表演，以增教益。每年在会内健身房举行一两次小型的体育活动表演。事前，邀约爱好体育运动而经常到会内坚持锻炼的会员，分别组成某一项目的小组。在小组排练纯熟之后，进行表演，表演会多在夜间进行，邀请会员及其家属前来参观。因此，会场内气氛相当热烈。

对外服务：遇某校或地方举行运动大会，即应邀前去协助筹备并担任裁判工作。对于某些中、小学校，需要青年会体育部协助辅导学生课外体育活动或充任体操、球类教练时，体育部必应邀派干事去尽力辅导，不领报酬。此外，中、小学体育教师自动组合体育运动教学研究班，每周集合到青年会健身房，由体育部干事和他们一同进行理论与实践的研究，因为教师们每周前来共同研究一两次，费时不多，既不妨碍他们的教学时间，又可获得研究的实惠，故很受校方教师们的欢迎。当时体育教师参加青年会体育研究班的，如曹羽仪、李惠迪、黄醒、黄风岐、傅仲钺、盛国俊等，后来都成了长沙市体育界的中坚人物。

王毅诚回忆道，在长沙市浏阳门路姓公馆，最初所建的会所，规模甚是简陋，在那种情况下，是怎样进行工作的呢？他们采取了“向外”的计划，即首先和城内外公私立中小学校负责人联系，了解该校体育运动教学方面有无需要青年会协助辅导者。开始仅有少数几处中、小学同意体育部派人协助，月终校方酬报薪金，他们婉辞相谢，声称是纯义务性的辅导，这么一来，要求协助的逐渐多了。初，夏义可和王毅诚同往一校，后来一人担任几校辅助还忙不过来，只得用跑步如时赶到学校上课，竭尽全力进行辅导，深受各校师生及教育界的赞扬和好评。夏义可辅导第一师范的体操课，王毅诚辅导周南女子中学打垒球，都卓有成效。

在1919年，王毅诚去上海体育专门学校学习之前，有一天，他从小吴门马标营地广场参观运动会回来，把他看到的篮球比赛告诉夏义可说："两根木杆的上方，扎紧一个竹制的圆圈做篮，并无网子，相距五六十步的地方，竖起另一个篮架。比赛人数每方约十人，互相争抢一球，持球跑动或传与同队的人，待近篮时，投球入圈，作为得分……观看这种球赛，却属生平第一次。"夏回答说："虽已听说上海等地方以及美国已有篮球运动，但不知其详。"直至1921年12月30日《大公报》载《青年会赠奖大会记略》："篮球各团体比赛，美国海军第一，本城各中等学校篮球比赛为明德、长郡、雅礼三校，分数相等，惟雅礼未领奖，仅明德长郡各得省教育会与体育俱乐部合赠的奖旗一面。"由此可以看出长沙篮球的发展，远远落在足球、网球之后，参加比赛的仅三个学校，如此之少，说明尚未普及。三个学校分数相等，这不是一种偶合，只能说明技术水平太低。

球类如此，那个年代的田径情况又怎样呢？

1919年5月16日长沙《大公报》载青年会发起的《学校之联合竞赛》，可以看出当时湖南的田径项目发展情况："长沙基督教青年会为提倡体育起见，特发起学校联合运动竞赛会，于本月十七号午前八时，在北门外雅礼大学操场举行……（一）高等小学一圈接力跑；（二）中学以上一圈接力跑；（三）高等小学停位跳远；（四）中学以上急行跳远；（五）高等小学野球击远；（六）中学以上掷铁球；（七）高等小学急行跳高；（八）中学以上急行跳高；（九）高等小学急行跳远；（十）中学以上撑竿跳高；（十一）高等小学百码竞跑；（十二）中学以上百码竞跑；（十三）中学以上八百八十码竞跑……”可见我省20世纪20年代以前的田径项目，还很不完备，只有男生没有女生；只有短、中距离一两个项目，没有长距离；跳部有停位跳远而没有三级跳远；三铁只有铁球一项；接力跑是以圈计，跑完一圈算数，更没有长短距离；没有跨栏，更没有五项十项之类，也没有计时表，只凭先后名次等。

从20世纪初到20年代初期的10余年间，足球运动实开湖南球类运动的先河，首先盛行于教会学校之间，接着，湖南高工、一师、长师、明德、长郡等校也都开展起来了。

冯崇毅（1906—1983），湖南湘潭县人，幼年住下摄司外祖父家开的郭复泰店子里，向外祖父郭七十学拳、玩刀、玩石锁等武艺。稍长，回到家里，祖父又聘请拳手罗二踵在家教他易筋（一种内功拳术）。罗见小冯力量好，又主动教他一路少林拳，三路少林棍。后出来读书做事，他又向辰州排客张东皋学气功，向雅礼大学校长劳启祥的师傅杜寅阶学三步八拳。学艺的路子越走越宽，进一步懂得一些诀窍。13岁入湘潭市益智（教会学校）读高小。莫看他年轻个子小，踢起足球来，脚头硬得很，中学同学和老师都看中了他，把他编入校队。升入中学两年后不满18岁的时候，校长蒋嵝便派他去南京东南大学暑期体育辅习班学习。他在班上受到麦克洛、卢颂恩、崔峙如、吴蕴瑞等教授的熏陶，进步很快。毕业回校以后，学制改了。他以高中一年级学生的资格，承校长之命，兼初中低班的体育课，受到免缴高中三年学杂费的优待。高中毕业那一学期，学校举行运动会，他在12个田径项目中，获得100米、200米、低栏、铅球、铁饼、标枪、跳高、跳远、撑竿跳高9个项目的第一。体育成绩这么好，但他的学业成绩也不错，高中毕业取得第三名，老师赞扬他：“武为状元，文为探花。”

1926年秋，校长蒋嵝向苏州东吴大学体育科，缄报了冯崇毅的毕业成绩。冯崇毅取得了东吴大学的入学资格，并领到学校保送的补助金200银元，正要整装待发的时候，交通为军阀混战所阻，只得改变计划，借读于长沙雅礼大学的文科。是年秋，雅礼大学举行校庆20周年纪念运动会，冯获田径运动中的5个单项的第一名和总分第一。1927年教会学校停办，冯考入中央军校第三分校。肄业期满，以黄埔六期步兵毕业看待，分配在安徽蚌埠顾祝同师，他亲眼看到顾抽鸦片烟，认为国民革命军一样腐化，便辞官不干，脱离了军队生活。1931年夏回到长沙，这时长沙青年会体育部主任干事一职出缺已久，冯以汪伯平、汪西林兄弟的介绍，中学校长蒋嵝的担保推荐，接任了这个职位。

冯崇毅接任主任干事之初，觉得一周只有青年中学每日两节体育课和一个每周练习两晚的会员篮球班，工作很不过瘾，他便邀集各学校部分体育教员加入会员班混合练习。他们虽不是会员，却作会员优待，打球洗澡，概不收费。他又组织周南女中、省二女中、明德中学、雅礼中学等校的男女网球队员，以及在长的沪江名将凌志扬、昆仲，青年会董事长胡承豪等网球爱好者，经常来会练习。青年会的体育空气，随着冯的到任顿显活跃。特别是1934年至抗日战争前期间，长沙青年会的体育活动开展得很有起色，每年都主办篮球、排球、网球比赛，是利用星期六下午和星期天整天举行的，不影响学习和工作，而且连续持久。

五　抗战期间长沙青年会的体育活动情况

“七七事变”发生以后，一变而为战争时期。民族存亡，在此一举，事事以服从抗战为第一。长沙青年会的体育工作，也不例外。那时平津京沪大专院校，迁来或道经长沙的不少，加上某些战争服务团体，使长沙热闹繁忙起来。在这种情形之下，长沙青年会把体育工作的重点，摆在为抗战服务的基础上来。据长沙《大公报》1937年9月24日报道：青年会举行慰劳篮球赛。国立体专与清华大学篮球队，昨日在青年会健身房，分别练习。本市各校学生，曾作壁上观者，甚为踊跃。本日下午三时，两队均应青年会之约，作友谊比赛，参观门券，楼上二角楼下三角，以券之收入，购置衣物，慰劳前方抗敌将士。国立体专素以篮球著称，队长唐宝坤，队员张长江、吴文忠等，俱为国内有数之才。清华驰誉平津，已非一日，届时双方必有一番精彩表演也。次日又报道了慰劳篮球赛的门票收入41.6元，全部捐献。《长沙力报》1938年1月9日报道了军校对青年篮球公益赛的消息：“吾国参加世运篮球队队长王玉增，昨偕军校健将赵志华、郭震、高凌昭、王义昭、董桂森等数人，于昨日午后抵长，昨晚在青年会练习。青年会体育部为协助筹募伤兵俱乐部经费起见，特约该队与青年队，于今晚七时半在该会健身房作一次表演比赛。前此世运选手王士选，在青年会表演时，一般观众对王君之球艺精湛，无不赞服。今晚世运选手王玉增等之出场，当更有一番盛况也。闻王等因任务关系，在长仅有一月勾留，则此次球赛更属难得矣。”

自抗战开始至1938年长沙文夕大火以前，长沙各家报纸刊载青年会组织的各种体育活动，为抗战服务的消息很多，这里不一一转录。

日本帝国主义凭借它的空军优势，大举破坏后方，战时的长沙市一日数惊，受害惨重，机关、学校被迫迁离市区的日益增多。在长沙大火前数月，湖南省政府以下的主要机关、团体，纷纷西迁沅陵。长沙青年会派黄志杰、李学东为前站，亦迁往沅陵设立长沙基督教青年会沅陵分会。会址租用“湘西王”陈渠珍的公馆，沅陵考棚街原中央银行旧址。冯崇毅数月后才去沅陵，张以藩总干事以沅陵工作正待发展，但自己又急于去重庆，便将沅陵会务全交冯崇毅代理。长沙青年会沅陵分会，在沅陵办了难童学校、伤兵医院各一所，还办有难民浴室、难民豆浆厂、难民鞋厂、军人服务部四个附设机构。迁沅陵后的青年会工作，主要转入为抗战服务的慈善事业，体育活动只能兼顾。

1943 年秋第十六届全省运动会在耒阳举行，总干事张以藩要在衡阳设一个分会，打开湖南的局面，又便于全省运动会的筹备与召开，故此在抗战胜利前夕，增设长沙青年会衡阳分会。长沙青年会在衡阳的主要工作，就是冯崇毅承衡阳市市长的指定，以衡阳市总领队的身份，组织了一个实力相当的衡阳体育代表团，参加在耒阳举行的全省运动会。

省运会结束后，长沙青年会衡阳分会的大队人马仍回沅陵。未几，日寇投降，中华同庆！迁沅机关，纷纷回迁长沙。青年会仍在沅陵，担任难民服务处的工作，催船遣送各滞沅难民并发放沿途伙食，送往常德后，再接着往下送。

1947 年，张以藩总干事从重庆回湘，就救济总署湖南分署副署长职，拨救济物资巨万，修复被战火破坏的长沙青年会大礼堂、健身房、游泳池、乒乓室等，这些建筑，次第恢复。青年会在长沙复会不久，随即举行横渡湘江游泳比赛、新马路赛跑、青年杯篮排足网比赛，都是按季节举行的。

1947 年 9 月起，上海全国基督教青年会协会在杭州西湖玉泉山召开全国青年会干事大会，历时半个月。代总干事谭信一派冯崇毅、相履翱二人代表长沙青年会参加。当时已接近全国解放的形势，大会商讨今后的工作，认为青年会要继续发挥体育辅导作用。

1949年8月长沙和平解放，青年会总干事张以藩组织各教会与医药界迎接解放军进城，受到军民两方面的好评，被推为长沙市政协秘书长。他从长沙市团委负责人那里得知，长沙市将筹备组织体育会，便推荐青年会的体育干事冯崇毅参加体育会的筹组工作。筹委会成立后，青年会与市体育场继续举行篮、排球比赛以及舞蹈、体操、游戏表演。1952年春季，青年会大改组，缩小青年会的本身业务，将基督教“三自”爱国会移入会中，并将青年会大部分房屋包括健身房、游泳池、乒乓室、露天球场、沐浴室一概租与合作事业管理局，青年会的体育干事就无用武之地了。

原载:《湖南体育史料》第四辑　1984年12月

新中国建立前长沙体育运动概述

阎家笃

前　言

湖南素有武术之乡的美称。民间多以武术、投壶、蹴鞠、骑射、划船、舞狮、玩龙等作为锻炼身体的主要活动内容。从1840年鸦片战争失败后，列强相继入侵，割地赔款，丧权辱国，莫此为甚。洋人进入我国，除以炮舰政策镇压人民外，又以怀柔政策笼络人心，借传教办学为名，行文化侵略之实。自此，我国门户开放，西洋体育运动亦随之传入。各教会学校及传教机构开展田径、器械体操及各种球类运动。我国留学生回国，亦以体育运动为强身之道。新创办的各级各类学校，均开设体育课程。民国初年，有位留学日本的上海人王怀祺回国后，编著了含走步、体操、游戏的《五段教材》一书，由上海商务印书馆出版，流行全国，传入长沙，从此就有了体育教材。

体育事业在长沙的兴起

1901 年，在长沙有野球（即棒球）训练班。1912 年，周召南由日本留学回来，办了一所私立体育学校，另有尚武体育学校及女子体育学校，周南女校也办了体育科，后来因教学人才及经费缺乏，不久都停办了。从 1912 年至 1924 年，每年都有暑假体育讲习会或研究会的组织。1929 年市政处委托彭泽沛办小学体育教师讲习会，我也参加了教学工作。

教育界人士重视体育

1905 年前后，清廷废书院改办学校，课程中即有体操课目一项。教材多系由日本传来的，有各种体操、唱歌、游戏、兵式操及我国固有的拳术。湖南最高学府是北宋时代始创的岳麓书院。在清末改为湖南高等实业学堂，辛亥革命后改为湖南高等师范学校。它的体操课程是聘请了留日回来的柳午亭教兵式体操。1906 年还在学校前坪开了第一届联合运动会。长沙的中、小、女学校参加了竞赛。竞赛项目中有团体操、兵式操和武术表演。校长符定一在开会时演讲，阐述了体育的重要性。在长沙城内还办有南路、中路、西路及长沙师范学校，长郡中学聘请了留日的蒋宝山教兵式体操课。胡子靖创办明德学校，聘请了留日的黄兴教体操课。朱剑凡创办的周南女校，聘请了日本女士佐藤超子、春山雪子教体操、音乐课程，后又请了江苏蒋婉静，办了音体科。蔡畅就是该班毕业生，后留校任体操教师，1918 年 11 月主持了全校运动会，成绩大有可观，1919 年她才去法国留学。

1914 年陆吉霈在日本学体育回来，传授了柔软体操、唱歌游戏及轻器械体操，如哑铃、球杆、棍棒等。1917 年至 1918 年，长沙基督教青年会体育部挪威人夏义可，举办了两届器械体操、田径赛及体育教学法的训练班，体育教员李惠迪、曹羽仪、黄醒、袁荣森、彭泽沛、黄凤岐、盛国俊等人参加了学习。1921 年南京高等师范学校体育科第一班毕业的陈奎生回长沙，特别重视器械体操，在楚怡学校修建了第一所健身房，设置了单杠、双杠、跳箱、垫子等进行教学，李德群、周怒安、李国继、谢继先等人即当时的学生。

1919 年五四运动后，湖南的体育教材随全国趋势，向球类、田径方面发展。1923 年前后，湖南田径及球类在历届华中运动会中迭获胜利，参加的运动员多系长沙的中学生，各中学校长见到当时体育活动的发展形势，主要是缺乏教学人才，就千方百计不惜重金向江浙、华北一带聘请在国内有田径、球类运动专长的人士来湘任教。如岳云中学办有体育专修科，先后请了朱恩德、金兆均、祝家声、蔡泽荫、周敦夫等，明德学校请了杜荣棠，第一中学请了魏树桓，第一师范请了王鉴五，长郡中学请了王健吾，兑泽中学请了张铁珊，周南女校请了范慕英、陈伊文，省一女中和稻田师范请了曹慧和、冯球、冯文襄等。以上的外地教师在 1926 年北伐战争及 1927 年大革命时期，相继离去。当时有北师大体育系毕业的张家勋到第一师范，东南大学体育系毕业的何泾渭到明德中学，南京金陵女大体育科毕业的吴学芹到福湘女校，上海东亚体专毕业的曾福盛、王悠然到一中、兑泽；方季平到妙高峰中学，上海两江体专毕业的彭泽芬到周南女校，岳云体专毕业的杨一南、胡国春到岳云中学，还有长沙师范毕业的盛国俊、杨大展、杨辗、黄凤岐、彭泽沛、袁荣森、曹羽仪、黄醒等分别在长沙各校接替体育教学工作。由于体育运动的发展，学生人数的增加，各方对体育更加重视，各学校仍感体育教学人员不够。到1927年5月，大革命失利，有少数体育教员为党做过工作，有的随党离去，有的被反动派杀害，此时，各学校又奉令停办，到1928年春季复学时，各校体育教员更形缺乏，其时幸有江浙一批体育院校毕业回湘的何家声、阎家笃、刘正伟、李浴春、谭涤青、蔡晋年，并有长沙毕业的唐力修、陈海帆、金洪声、杨维亚等充实了体育教师力量，与原在职的体育教师通力合作，把湖南省垣各校的体育事业搞得轰轰烈烈。

1928年秋季，黄凤岐、彭泽沛出面，以长沙励志体育会名义，邀请各中、小学校体育教员，在楚怡学校集会，研究体育教材教法问题和今后长沙市体育活动应如何开展事宜，决定以后每周星期日轮流到各学校进行练习研讨。当时，各校的体育教材绝大多数以田径、球类为主，队列练习、土风舞、柔软操、拳术为准备活动。此后各校开展晨操、晨跑或课间操活动，下午课后开展课外活动，班际球类比赛，校代表队的训练。多数学校到下午课后，将自修室、教学室的门上锁，促使学生参加体育锻炼至晚餐时为止。从上述情况纵观湖南体育运动的开展，得力于教育界人士的重视、倡导。当时的教育界以朱剑凡、方克刚、胡子靖、何炳麟、黄衍钧、曾省斋等最为积极。

1928年复课后的湖南体育活动

1927年5月大革命时期，长沙各校奉令停办至1928年复学，由于体育界人员变动大，力量减弱，要举办运动会实在困难。

1929年湖南体育协进会受市政处委托，筹办长沙市第一届秋季运动会，由彭泽沛、黄凤岐主持，裁判、组织部门由何泾渭、阎家笃、何家声、曾福盛、胡国春、张家勋等人组成。竞赛项目有男、女各种球类，田径赛。男子球类及田径以身长、体重分甲、乙、丙三组，女子只一组，球类先期分场预赛，11月在协操坪举行田径项目比赛，四天完毕。这次运动会开得较为成功，因为筹备时间短促，适逢大革命后，局面还未完全稳定，加之经济、人力、物力都很缺乏，幸工作人员和裁判员认真负责，社会各界大力支持，新闻界广为宣传，才取得良好的效果。运动会期间，每日比赛完毕，各场执行人员及工作人员不辞劳苦，都集中到湖南省体育会会议室进行汇报，讨论有关场地设备与当场裁判执行规则的情况。会议开至夜深，无中途退席者。由于每日赛后召开研讨会，大家对运动会的场地、设备、编排、记录、运动规则、裁判方法等方面增长了不少知识。因当时大多数人员对工作不太熟练，对大规模运动会缺乏实践经验，在讨论会上，体育工作者相互帮助，收效甚大。后来评价认为，1929年长沙秋季运动会是比较顺利而有成效的，也为湖南省后来各届运动会制定竞赛规程、比赛纪律、运动员须知、裁判员公约、比赛特定规则等提供了经验，为以后各届运动会的组织工作，能有条不紊、秩序井然地进行，奠定了良好的基础。我是当时的参加者，认为是非常值得回忆的。

1931年后，又有从江浙体育院校毕业回湘的体育教师近二三十人，如刘冠东、皮灿、李国继、郑扬新、李婉华、杨仁、向大威、龙竞雄、陈嘉钧、魏炳文、罗学礼等，还有到外县工作的。那时省内得到这股新的力量，对我省体育事业的发展有明显的推动作用。

以后，各学校分别召开运动会，举行球类比赛等，体育活动盛极一时。后来湖南体育会、基督教长沙青年会体育部、长沙湘青体育会相继举办各种球类公开赛，逐渐普及到社会。各行业、机关、团体风起云涌，组织球队，参加公开比赛。如邮联、银联、盐务、教联、纱厂、南强、复兴银行、震队、乐斯队等，广大体育运动爱好者，亦争先恐后观看比赛。各报刊、杂志争相报道，广为宣传。在这个时期，由学校体育活动转向社会，群众体育蓬勃发展，外县亦纷纷组队来长沙参加比赛，交流经验。后来复兴银行球队远征香港，南强球队远征武汉，体育运动得到广泛开展。

1937 年抗日战争开始，外省各机关、工厂、学校等单位内迁，大多数经长沙停下来进行整休。其中有不少全国的运动名手，如天津南开大学篮球队“五虎将”唐宝堃、王玉增、李振中、郭克等及训练总监部国民体校学员张毓才、王士选（后转汽四营）等，随机关内迁来长沙，适逢青年会举办篮球公开赛，他们得以参加比赛，使球迷及观众得饱眼福。球员们在技术上得到提高。可惜好景不长，日本飞机常来空袭，各单位继续内迁。1938 年文夕大火，把长沙烧个精光，原在长沙的机关、学校、工厂等单位，均迁到边远各县。抗战八年期间，湖南省的文化教育和体育运动在边远地区得到了较为迅速的发展。

抗日战争胜利后，百废待举，长沙的体育事业，也随着各机关、学校、工厂的迁回，渐次得到恢复，但深感体育师资缺乏，幸抗日战争期间，国立师范学院体育系科在湖南培养了一批专业人才，其中绝大多数输送至湖南的体育和教育机关、各大专院校及中学任职。这股新生力量为湖南解放前后的体育人才培养、运动成绩的提高、群众体育运动的普及，做出了一定的贡献。

武术普及时期

武术一项原在民间（如农村、工商界）有公开招徒授业者，也有自由组合聘请老师教学者，但不普及。1928 年广东人张文德及明德中学拳术教员楚嵩山成立精武体育会湖南分会，会址设长沙怡长街广东会馆内，武术器械齐全。当时各行业、单位、机关、公务员参加学习者颇不乏人。1929 年湖南省政府筹办了湖南国术（武术）馆、湖南国术训练所、技术大队，并推广到各县，也纷纷开办训练机构。1931 年在长沙举办了第一届武术省考，连续办过二届，盛况空前，社会武术得以普及。1933 年我省参加了在南京举行的武术国考，获得团体和个人冠军，名振全国。

运动器材、球类图书的供应

1930 年前，所有的体育用具，除商务、中华两书局有少量代售外，各学校用球多向天津的“利生”、“振亚”两球厂邮购，诸多不便。1931 年有沪江大学毕业的凌志扬，他是上海的一名网球运动员，来长沙后见此情况，就在先锋厅开设了一家体育用品商店；精武体育分会张文德在药王街开设广昌商店，供应体育用品。铁制器材，由少数体育教师绘图设计，交红墙街谭福泰铁铺，照图样制造，如篮球圈、单杠、绞手等；球类由府正街陈美华皮鞋店仿制，开始质量较差，经各学校体育教师提出意见，反复改进后，与外地来货无异。尤其在抗日战争时期，湖南的用球完全靠该厂供应，那时已取名为强华球厂，即现在的长沙体育用品厂前身。

体育用书，开始只有商务印书馆有少量体育小丛书及运动规则出售，后来上海勤奋书局出了大量体育用书，由长沙南阳街正中书店经销。

运动胶鞋由陈嘉庚分店在长沙八角亭出售，运动衫由上海三友实业社分店在八角亭出售。

关于上述记载，大部分都是我亲身经历的回忆，难免有些遗漏或失真之处，望各位老体工及关心爱好体育的老前辈予以指正，是幸。

原载:《湖南体育史料》第三辑 1983 年 12 月

长沙南强体育会始末

易桂森

20 世纪 30 年代，是长沙市体育运动的全盛时期。那时不但学校体育开展得好，各机关团体、企事业单位，均有球队组织，如银行、邮电、盐务等，由于比赛频繁，吸引了广大的群众观看，社会各阶层群众参加体育活动的人越来越多，出现了不少群众自发组织的球队与体育团体。其组织形式多样，有以同乡会、校友会、家庭为单位组织的球队，也有混合组成的，如雨后春笋，遍及全城，大大推动了长沙市体育活动的蓬勃开展。其时组织较大、参加人数较多而项目较全面的为南强体育会。

1934 年号称“泰安球王”之明德学校男子排球队，自第五届华中运动会夺魁归来后，声名大噪。其中主力队员谢继先、刘业昭、潘基硕、黄炳烈等，每逢假日，均集中在队友刘兴衡家练球，因刘家辟有球场，使用方便，故从未间断，是以球艺大进。当时湖南第一纺纱厂（即现在的长沙纺织厂）厂长范新度，喜好体育活动，常往刘家做客，观看球队训练，有时随队外出参观比赛，他提出以明德球队为基础，并邀请长沙市部分体育界名流参加，共同组织一个南强体育会。

南强体育会成立于1935年7月14日，并在湖南第一纺纱厂会议室召开会员大会，到会者有潘南顺、冯崇毅、杨芳、张镜先、谢继先、左大杰、刘业昭、刘兴衡、陈嘉俊、张孝德等数十人。会议通过了组织章程，推选了负责人，有会长范新度，总干事刘久彝，文书干事张孝德，交际干事陈嘉俊，财务干事谢继先，篮球干事张镜先，排球干事刘业昭，足球干事李国继，网球干事刘虚舟，田径干事潘南顺，游泳干事钟达三，各项体育活动的干事为组队人，并兼任教练。大会还规定了各项体育活动的练习场地与时间，制定了比赛活动的计划，作出了扩大组织发展会员的决定。

南强体育会成立后，各组开展活动非常积极。每周星期一、三、五下午为游泳、田径训练时间，地点在青年会游泳池与公共体育场；二、四、六为球类训练时间，地点在湖南第一纺织厂与明德中学。体育会有组织有计划地进行训练，很少自由缺席者。每当寒暑假，京、津、汉等地大学生回长参加活动，南强体育会更为活跃。据长沙《全民日报》1935年8月10日载："南强排球队与雅礼队，在青年会球场进行比赛，结果以三比零胜雅礼队。"8月11日载："南强篮球队以四十二比二十九之优势，大胜长沙篮球劲旅兑泽队。"又讯："南强排球队以三比二战胜久负盛名之岳云队。"8月20日载："岳云排球队再向南强挑战，又以零比三惨败。"再讯："南强足球队与我省足球盟主雅礼队激战，以一比一握手言和。"9月28日载："南强网球队以'南强杯'名义，发起双打公开赛。"南强球队在当时与长沙市篮、排、足、网球各路劲旅比赛，所向披靡，名声大振。

同年8月下旬，南强体育会与长沙市各球队几经较量，无有对手，便有远征武汉之举。据长沙市《市民日报》1935 年 8 月 26 日载：“久负盛名之南强球队，为观摩球艺起见，特派篮、排球各一队共十六人，由总干事刘久彝率领，远征武汉。”22 日在汉开始排球比赛，首战湘鄂路局励志排球队，观众甚为踊跃。比赛结果，南强队以绝对优势，直落三局获胜。23 日则与名震全汉之警备旅排球队交锋于中山公园球场，观众更多，有万人空巷之势。南强队以三比零大获全胜。24 日对湖北省师范队，该队是当时武汉之菁华，上场时盛气凌人，目空一切，结果又以零比三惨败于南强队之手。原拟继续举行篮球比赛，因主力队员谢继先突患重病，潘基硕、周怒安两人又未能如期赶到，是以作罢。遂于 29 日乘车返长，会长范新度率领左大杰、许定诚等十余人到车站欢迎，并在三和酒家设宴为之洗尘。

1936 年以后，南强体育会成员多数离开长沙。次年卢沟桥事变，会员聚合不易，会长范新度亦离长沙，因而南强体育会的活动，遂告终止。

南强体育会的活动时间虽短，但因组织健全，领导有方，兼之经费充裕，会员训练刻苦，对外比赛频繁，各队菁华荟萃，每战必胜，在长沙市人民脑海中至今仍留下了深刻的印象。

原载：《湖南体育史料》第三辑　1983 年 12 月

湖南早期的体操运动

皮　灿

体操在我国有悠久的历史，据文献记载，古代医学名著《内经》中就有“导引养身术”，能强筋健骨，祛病延年。又东汉末期医学家华佗编有“五禽戏”，即模仿虎、鹿、猿、熊、鸟五种动物的动作，用以锻炼身体，增强体质。宋末有徒手操“八段锦”传于民间，流行一时。1973 年在长沙马王堆西汉墓出土的帛画《导引图》，距今两千多年，其操练动作包含有呼吸、四肢、持械、歌舞、杂技及个人和集体动作，内容丰富，锻炼全面。鸦片战争以后，有欧美式体操传入我国。在新中国成立前，我国宝贵的体操遗产以及国外引进的各式体操，均未得到应有的发展。

我省体操分继承宝贵遗产与国外引进的各式体操两类。前者是我在 1916 年至 1923 年所见的体操形式，其内容有龙舞、斗狮、方桌、叠罗汉等，造型美观，每逢春节连续演出半月，最受广大群众欢迎。此外还有文艺团体如长沙市苏家巷的同春园、育英街的新舞台，他们不独趁春节演出，平常也在舞台上表演体操技艺，常见的表演内容有鱼跃、高空翻下、连续后翻、前后腾空翻等动作，结合剧情适时演出。

国外引进的体操是我在 1920 年起陆续看到的，当时长沙市除部分学校有一点点体操器械设备外，北门外雅礼大学的雨操坪安装有平梯、单杠。以后又在岳云体专、明德中学、第一师范、长郡中学发现有单杠、木马等设备。八角亭鱼塘街有一个消防大队，他们的主要任务是救火，救火必备攀登、腾越、平衡等技术设备，设有天桥、爬竿、单杠、跳马等器械。队员一日两次苦练基本功，在灭火救灾中成绩显著，深受市民钦佩。

原载：《湖南体育史料》第四辑　1984 年 12 月

新中国建立前长沙的棒球运动

田开穗

大约从20世纪初起，长沙就有了棒球运动，到30年代有三个男子棒球队，即雅礼中学队、明德中学队，岳云中学队。我是属于岳云中学队的。岳云中学队后来居上，接连击败了雅礼与明德两个队，于是在以后的运动会中，虽有棒球比赛项目，但雅礼与明德都不参加。当时雅礼中学在学校体育课中还是教一点棒球技术，而明德中学根本连玩棒球的人都没有了。

岳云棒球队的鼎盛时期是1930年至1936年，这时高中十二、十三、十四班都出现了一些有名的棒球运动员，如投手杨德功、捕手杨一楚等，后来为培养生力军，各自带徒弟，十二班的杨德功带了十三班的黄志澹，后来又带了十四班的肖远光。十三班的杨一楚又带了我当捕手。我们的投手与捕手之间配合是很好的，能根据对方攻击的情况，制订各种暗号，发出上、下、左、右的旋转球。

当时岳云棒球队的教练是杨一南老师，但也得到其他学校体育老师的协助，如兑泽中学的刘正伟老师。刘是沪江体院的毕业生，会讲英语。我们多次与外国棒球队比赛，总是刘老师与外籍教练轮流担任裁判。除此之外，岳云棒球队还得到某些外籍人士的帮助。每当我们在协操坪训练时，总见有一外国人在旁观看，经与交谈，方知他是一位日本人，热爱和熟悉棒球运动。这人后来成了我们岳云棒球队的义务顾问。

1934年5月，岳云中学棒球队代表湖南省参加了第五届华中运动会，当时由于江西、安徽两省没有成立棒球队，湖北队又不应战，于是在比赛规定时间内改由湖南队进行表演赛。

1935年秋，上海江湾体育场落成，上海举行了第六届全国运动会，岳云中学又代表湖南参加了棒球比赛。我队在全国范围内水平较低，初战菲律宾华侨队，由于我们发球手发球技术独特，守垒队员灵活稳定，竟使他们有一局一分未得，赛后他们称我们是后起之秀。

当时美国驻华舰艇中有一艘“蒙诺卡西”号小炮艇，每年春汛期间来长访问，一住就是几个月。来长后，经常和我们比赛棒球，大约每月两次。

原载:《湖南史志动态》第三期　1981年11月

复兴银行篮球队始末

丁子骙

20世纪40年代初，湖南篮球运动在学校里开展得比较普遍，中等以上学校都有自己的代表队，经常组织比赛。职工业余篮球队却为数不多，比较有实力的有震队、光华队等。1945年日本投降后，长沙先后有由银行职工组成的“银联队”和中学教师组成的“教联队”。湖南复兴银行是由私人集资开设的一所银行。1943年在衡阳市就成立了一个复兴银行的男子篮球队，借以宣传业务，扩大影响。该行总经理江国璋是一个体育爱好者，善武术、喜看球、好胜心强，在他的倡导下，从各地分行物色球队队员，并利用银行会计班招生之机，对具有篮球技术的人，都优先录取，如身高1.90米的江迪安、1.80米的赖印才及程德贞、郭选茂、周本兴等都是会计班招进来的，另由分行调来杨闻道、邹云等7人，是篮球队的基本固定人员。我是总行仓库主任，任球队队长兼教练员，全队12人，除我当时已30多岁外，队员的年龄大都为22岁左右。

在衡阳建队初期，我队曾与湘桂路、粤汉路及衡阳中学生队多次交锋，屡获胜利，与驻衡美空军联队打成平手，并代表衡阳县参加湖南第十六届省运动会的篮球比赛，获膺亚军。

1945年日本投降后，总行由衡阳迁到长沙朝阳巷，复兴队经常在基督教青年会体育场进行训练，并经常与当时实力较强的“银联”、“教联”队比赛，每战必胜。那时由篮球国手王士选带领的汽四营篮球队，远征长沙与我队多次交锋，互有胜负。

1947年的汽四营篮球队在驻地汉口，组织一次篮球邀请赛，复兴队应邀参加，经与中南地区篮球强队的几天激烈争夺，战绩是三胜二负，尚称上乘。

1948年4月，复兴队代表长沙市参加湖南省第十七届运动会，获篮球冠军。后又代表湖南省出席了在上海举行的第七届全国运动会，在强手如林的比赛中，仅胜一场就被淘汰了。

全运会后，湖南复兴银行总经理江国璋准备亲自率篮球队出访广州、香港等地，借以开展业务。复兴篮球队在行前进行了一个月较系统的篮球基本技术、战术和身体素质的训练，如每天早晨跑5000公尺，上午练习投篮、抢篮板球及攻防战术。经过较严格的训练，队员的体力、技术、战术意识都有明显的提高。因此在广州市八场比赛中七胜一平；在香港进行的四场比赛，取得了三胜一平的好成绩。当时广州、香港的篮球技术，不论集体配合、个人技术都比复兴队高一筹。但我们能取胜的主要原因，是队中有江迪安和赖印才两个高个子控制了两边的篮板球，防守严密，队员身体素质亦较好，往往在上半时比分落后的情况下，下半时我队用全场紧逼，打乱了对方的阵脚，反败为胜。

1948 年底，随着国民党的政治腐败，经济萧条，湖南复兴银行也难以继续撑持局面。曾称雄一时的复兴银行篮球队，亦随之“星散鸟飞，各奔东西”了。

原载：《湖南体育史料》第二辑　1983 年 6 月

长沙乒乓球史话

蒋建甫

乒乓球进入我省是在 20 世纪 20 年代初期，由英国传教士在长沙“基督教青年会”开始的。当时只有两张老式球台，拍质为木板，中间有小孔，椭圆型。20 年代末 30 年代初在长沙几所小学逐渐传开，球质乃塑料花色。30 年代初进化到全白色。后来有上海出产的盾牌硬质与软质两种，盾牌“101”为硬质，“102”为软质，比赛就采用了盾牌“102”球，此球一直用到 50 年代中期，在此其间，还有“光荣牌”软硬质两种球同时使用。

1933 年我省中小学乒乓球竞赛开展较为普及，校与校之间经常进行比赛。当时一师附小最为突出，占有绝对优势。1935 年长沙有几个成人名手，以李棵、胡中熬为代表，由于两人各有千秋，不能相容，两人各自发展自己的势力，组织球队，成立了以李棵为首的长风队，胡中熬为首的秋水队，这是长沙最初仅有的两个球队，竞争性非常强，名誉感也特别重，谁也不能输，由于长风队实力较强，秋水队始终不能取胜，至1937年，该队就解散了，胡中熬随之也退出了乒坛。长风队的李棵由于找到了当时政界后台，经济上也可以维持，就发展了长风乒乓球成人男女队、少年队，由李棵任总队长，我任少年队队长。少年队的队员均系一师附小的学生。由于长风队盛极一时，省内无对手，相约汉口、南昌等外地球队来长比赛。1938年，由于抗日战争爆发，南京电信局南迁途经长沙时，该局职工打乒乓球的人多，技术水平较高，与长风队交锋时，打败了长风队。从此李棵退出了乒坛，长风队也随之解散。当时南京电信局留下了部分职工，在长沙电信局工作。其中有龙国梁等乒乓球好手，我与龙打球很相称，个性也相投，每天在民众俱乐部乐群厅打球。1943年7月，由在长沙的浙江商人与衡阳的广东商人争市场，两家约定在衡阳市举行乒乓球比赛，长沙商人特邀了我和龙国梁，衡阳商人则邀请香港乒乓球手相对抗，双方交战，打得很精彩，轰动了衡阳市，结果，长沙商人队获胜，最后广东商人离开了衡阳市。1944年长沙沦陷，被日本人占领，我离开了长沙，从此，长沙的乒乓球活动出现低潮。

原载：《湖南体育史料》第十二辑　1989年11月

当年湖南足球“出不得湖”

黄萃炎

新中国成立前40年里，先后举行了七届全国运动会。湖南省曾组成代表队参加过第三、四、五、六届全运会的足球赛。

岳阳湖滨大学足球队在湖南省足球选拔赛中先后险胜长沙联队（由湘雅医学院与雅礼大学组成）和益阳信义大学等队后，于1924年5月代表湖南参加在武昌跑马场举行的第三届全国运动会。第一场就遇上以李惠堂、戴麟经等名将组成的华东足球队，结果以0∶12被淘汰。当时《大公报》湘版评述："湖滨队在湖南尚不能一出头地，亦不能不佩其勇气也。"该队由湖滨大学教务委员会秘书何谓英（英国人）担任教练，主力队员有袁凌（队长）、卢惠霖、周代新、李昌林、李湘亭、鲍正洪、贾能光、王文瑞、刘新民等。

1930年第四届全运会在杭州梅东高桥举行，湖南以长沙明德中学学生为主，由李国继等组成的足球队出场应战，初遇实力强的南京队，上半时先输5球，下半时湖南队攻入两球，由于体力不支，南京队再攻入4球。最终湖南队以2∶9被淘汰。

1933年10月第五届全运会在南京中央体育场举行，10月13日上午9时湖南队对本届冠军上海队，双方实力相差很大。上半时上海队以10∶0领先，下半时又连进5球，湖南队终以0∶15惨败。这次湖南的教练是阎家笃，队员有刘泰松等。

1935年第六届全运会在上海江湾体育场举行，湖南选派第十四届省运会的足球冠军队——长沙市队（以雅礼中学为代表）参加。该队由雅礼中学体育教师何家声任教练，率领张培禄等披甲上阵，首场遇人高体壮的浙江队，以0∶13负蛋而归。推究湖南足球队屡遭败北的原因，是由于代表队员多系中学生，在省内就同龄人的技术、体力来说尚可，但代表湖南参加全国运动会与各大城市的成人队较量就逊色多了，因此每场比分悬殊，惨败收兵，真是"出不得湖"。

原载：1989年7月2日《长沙晚报》

长沙最早的女子足球赛

阎家笃　陈嘉钧

1928 年湖南省的女子篮、排球运动，虽然在各中等以上学校已逐渐地开展起来了，但因封建礼教的束缚，对女子参加球类运动，社会舆论的压力很大，认为球类运动太野蛮，女孩子应该文秀一点，不宜加入。而有些性情活泼、思想开朗的女同学，看到男同学踢足球非常向往，跃跃欲试，于是她们就自发地组织起女子足球队，把排球当足球，篮球架作为球门，兴致勃勃地踢起来了。阎家笃是当时周南女中的体育教员，他看到学生足球队非常活跃，十分高兴地说："我来当你们的教练吧。"在他的热情辅导下，周南女中足球队的技术也有了些进步。有一次与明德中学初中一年级男同学足球队进行一场友谊比赛，周南女子足球队队员苏镜、杨仁、罗孟芳、陶云等都不示弱，轰动了全校。

1929 年，长沙举行秋季运动会，女子足球列为比赛项目。报名参加的有周南女中、南华女中、明宪女中和省长女中四个足球队。比赛规则基本上与男子规则相同，唯场地改为 70 公尺 ×56 公尺，比赛地点在雅礼中学小足球场。大家都是新组成的队伍，球艺虽不高，但精神抖擞，干劲十足，争夺激烈。经过比赛，周南女中获得冠军，南华女中获得亚军。

这几个女子足球队的出现，对当时冲破封建制度，争取妇女解放起了积极的作用，同时在湖南女子体育运动史上，也留下了难忘的一页。

原载：《湖南体育史料》第二辑　1983 年 6 月

湖南省参加旧中国全运会概况

丁非杰

旧中国在1949年前近40年中，先后举行了七届全国运动会。

清宣统二年（1910）10月，在南京的南洋劝业会会场举行了“全国学校区分队第一次体育同盟会”，简称“全国学界运动会”，实为南洋劝业会扩大影响的附带集会。民国三年（1914）5月在北京天坛举行“全国联合运动大会”，并为次年4月在上海举行的第二届远东运动大会选拔运动员。这两届全国运动会的筹组与举办，均为基督教青年会的美籍体育干事，主要职员与裁判员多系外籍教士担任。文件用英文刊印，裁判用语亦为英语。参赛的仅少数几个城市。运动员大都来自教会学校。湖南未派运动员参赛。以后因第一次世界大战爆发，国内袁世凯称帝，全运会于10年后才举行。

湘军首战，游泳夺魁

民国十三年（1924）5月22日至25日，第三届全国运动会于武昌跑马场举行。这届全运会由教育界名流倡办，体育界人士鼎力协助，并得到两湖巡阅使肖耀南的支持，拨款3 5万元。大会除游泳与棒球尚有三四个外籍教士任裁判外，余皆由本国人担任。全运会由国人自办，自本届始。裁判规则依远东运动大会的规定施行，田径、游泳项目的丈量由码制改米制。竞赛项目设田径（19个单项）、游泳（7个单项）、足球、篮球、队球（即排球）、棒球、网球7项，均为男子参加。另设国术、团体操、童子军表演。女子篮球、队球、垒球为表演赛。参加单位分华东、华南、华北、华中四区，实际参加的有江苏、浙江、福建、广东、陕西、贵州、直隶（今河北）、山东、河南、山西、湖南、湖北、江西13省和小吕宋（菲律宾）华侨团体。田径、游泳各单项取前四名，以“5、3、2、1”计分；五项、十项全能和接力赛加倍计分；球类采用淘汰赛，只取冠军队；团体总分按区和省分别计算成绩。

湖南省以参加第二届华中运动会（1924年5月上旬）的胜利之师组成代表队，共男女运动员94人（不含足球队队员），由省教育司视学姚孟宗、湖南省教育会调查主任何炳麟（岳云中学校长）、湖南体育会评议部主任方克刚（妙高峰中学校长）率领，于5月18日乘车赴武昌。受聘为大会裁判员的湖南省各校体育教师陈奎生等10余人，同车赴会。

湖南体育代表队参赛田径、游泳两个项目，另有女子队球、篮球参加表演赛。足球原定第二届华中运动会的冠军安徽省队代表华中区参赛，后因该队未赴会，改由湖南岳阳湖滨大学足球队参加。田径赛：岳云中学的马祥波获跳高第一名（成绩为1.72米），掷铁饼第二名，三级跳远第三名；其他运动员还获得1600米第二名，5000米、1500米，110米高栏、200米低栏和十项全能第四名，共得22分，总分按省排列居第三位。游泳：兑泽中学的傅启述获50米自由泳第一名（41″4）、100米自由泳第三名，该校另一学生龙翥获1500米自由泳第一名（39′45″）、100米和400米自由泳第二名；龙翥、杨克暄、傅启述、潘齐修获200米接力泳冠军（2′25″）；其他运动员还获得50米自由泳第二名、100米仰泳第二名和第四名、200米俯泳第二名、400米自由泳第四名，共以39分获游泳团体冠军。足球，湖滨队首战被华东队以12∶0淘汰，华东队获冠军。《大公报·湘版》评述："湖滨队在湖南尚不能一出头地，亦不能不佩其有勇气也。"女子队球共四队参加表演，湖南队首战以21:1、21:3胜江西队，再战胜武昌师大队获冠军。女子篮球，湖南队以13:34被华东队战败。

杭州再战，成绩欠佳

民国十三年（1924）8月，"中华全国体育协进会"在南京成立，并初定民国十五年（1926）暑期在广州举行第四届全国运动会，委托广东省教育会筹办。因"时局不靖"而中止。民国十八年（1929）秋，浙江杭州举办盛大的"西湖博览会"，该省主席张人杰倡议在杭州举行全运会以扩大博览会的影响，并报国民党中央193次政治会议讨论，考虑到筹备不及，故决定民国十九年（1930）4月1日至11日在杭州梅东高桥举行，并选拔运动员参加在日本东京举行的第九届远东运动会。这是首次由政府筹办的全国运动会。裁判及工作人员全由国人担任，大会经费实支16.2万元，其中中央补助3万元，各省（市）资助一部分（湖南资助1万元），余由浙江省负担。

大会竞赛项目，田径：男子组与上届同，增设女子组7个单项；游泳：增设男子入水（跳水）比赛；球类：增设女子篮、排、网球赛。全运会中设女子竞赛项目自本届始。竞赛计分方法与上届同。竞赛规则除女子田径、篮球为以前远东运动会所无，由大会另行制定外，余皆依远东运动会的规则施行。游泳因之江大学泳池原池身计量为码制，只好又由米制改为码制。参赛单位改大区为省、市和华侨团体，计有14省6市和香港地区以及日本神户华侨团体共22个，运动员1629人，其中女运动员464人。

湖南省代表队系通过第十届全省运动会选拔组成，并由黄风岐率领先赴安庆参加第四届华中运动会，继于1930年3月23日抵杭州。曾福盛、阎家笃、何家声、彭泽芬（女）等为指导，陈奎生、何泾渭应聘为大会裁判。代表队共有运动员152人（其中女运动员31人），参加大会所设全部项目的比赛。田径：女子杨仁（周南女中学生）棒球掷远获第二名，得3分，罗惠林跳高获第四名，因与天津、湖北的选手并列，得1/3分；湖南女子田径总分列第七位。男子1600米接力，湖南队获第三名，得4分；十项全能何印环获第八名；五项全能赵润吉获第十名。游泳：男子160码接力湖南队获第四名。足球：初战遇实力较强的南京队，上半时先输5球，下半时湖南队攻入两球，南京队攻入4球，终以2∶9被淘汰。篮球：男队初赛对北平队，湖南队弃权；女队对江苏队，上半时4∶14，江苏队领先，下半时湖南队的杨仁力图挽回败局，惜独木难支，终以14∶26败北。网球：男、女队均以0∶5为南京队和北平队所败。排球：男队以1∶21、3∶21败给上海队；女队以19∶21、10∶21败给天津队。棒球：初战遇上海队，第一局为0∶11，未赛完便退下阵来。

南京三战，湘军不利

杭州全运会后，国民政府中热心体育的人士，认为“提倡体育为振兴民族之要图，举行全国运动大会又为促进体育之良好方法”。经国民政府会议决议，民国二十年（1931）10月10日在南京举行全国运动大会。后因长江泛滥成灾、“九一八”事变突起，延至民国二十二年（1933）10月10日至20日在南京中央体育场举行，定名为“二十二年全国运动大会”，经费14万元全由国库支付。运动员凭大会证明，往返时只付车船票价的四分之一，裁判员、职员则全免。

大会竞赛项目，田径：男子19个单项，女子11个单项；游泳：男子7个单项和入水比赛，女子5个单项；球类：男子有足、篮、排、网、棒球，女子有篮、网、排、垒球。国术：设拳术、器械（刀、枪、剑、棍）、摔角、射箭、弹丸、踢毽、测力七项，男女均参加，计分方法与上届同。参赛的有25个省（青海迟到未赶上比赛，另有广西、察哈尔、西康省和蒙、藏两地未参加）、4市（天津归入河北省），还有哈尔滨、香港以及菲律宾、巴达维亚（今雅加达）两华侨团体共33个单位，运动员2295人（其中女运动员706人）。大会规定各单位选手必须是中国国民，男子年满18岁、女子年满16岁的业余运动员。东北各省虽已沦陷，仍组织旅居平津等地的东北选手参加了竞赛。

湖南省通过第十三届省运会选拔出152人（其中女运动员41人），参加了除国术以外的全部竞赛项目。代表队由黄凤岐、何泾渭（兼裁判）、胡国春领导，陆吉霈、张家勋、盛国俊、杨一南、王悠然、彭泽沛等为指导员，于1933年10月3日乘车出发，受聘为大会裁判员的陈奎生同行。代表队离长时，代省主席曹伯闻、省教育厅长朱经农、省财政厅长张开琏、长沙市市长何文元等以及长沙市各中学校长与学生共千余人到车站欢送。湖南大学校长胡庶华作为省府代表出席了大会开幕式。

湖南代表队在11天的角逐中，田径：女子铁饼获亚军得2分，团体总分排第六名；女子50米、80米低栏以及男子400米中栏、110米高栏均取得复赛权，在复赛中全被淘汰。游泳：男女选手均在预赛中被淘汰。足球：初赛遇上海队，以0∶15惨败。篮球：男队以23∶73为北平队所淘汰，女队初赛对上海队以3∶63败北。排球：男队以0∶3为北平队淘汰，女队初战以3∶1（16∶21、21∶6、21∶8、21∶10）胜南京队，复赛时先以21：14胜香港队一局，后香港队连胜三局（21∶19、22∶21、21∶14），丧失了进入半决赛的资格。棒球、垒球在湖南开展不广泛，棒球以0∶32败给河北队，垒球初赛遇北平队，临时决定弃权。

以上五次全运会举办时名称各异，亦无届次顺序。民国二十四年（1935）5月5日，经国民政府行政院会议决议，追认上述五次全国运动会，并依次排为第一至第五届全国运动会。

上海角逐，国术居首

民国二十四年（1935）5月5日国民政府行政院会议，通过了由教育部制订的《全国运动大会举行办法》，其中规定全运会每两年举行一次。并在首都及各省、市适当地点轮流举行。第六届全运会定于民国二十四年10月10日至20日在上海江湾体育场举行。竞赛项目与上届同。另设举重、竞走、马术、小足球、蒙古式摔角、自由车（自行车）等表演项目。田径、游泳、国术的各单项由上届取前四名改为取前六名，以“7、5、4、3，2、1”计分；球类仍为淘汰制，改以前只取冠军队为取前四名。冠军以下的名次，由半决赛和决赛失败的三队再行比赛决定。

参加这届全运会的有28省（仅甘肃、宁夏未参加），南京、上海、北平、青岛4市，威海卫、哈尔滨两特区，香港地区以及马来西亚、菲律宾、爪哇三华侨团体共38个单位，运动员2286人（其中女运动员645人）。东北五省虽为日寇侵占，但旅居各地的难胞仍选派运动员参赛。东北五省总领队王卓然语记者：“东北五省（市）参加的目的，不在竞争胜负，唯希国人勿忘东北而已！”

湖南通过长沙、衡阳、常德三地设预选站。选拔运动员140人（其中女运动员55人），由方克刚任总领队，黄风岐、阎家笃、何家声等16人为指导和工作人员，于1935年10月3日赴沪，参加了除男女游泳、女子垒球外的其余项目的角逐。田径：男队在预赛中被淘汰，女队何梅英（明宪女中）取得跳高第二名，得5分，女子团体总分排大会第八位。足球：初赛以0∶13败给浙江队。篮球：男队初赛遇菲律宾华侨队，以22∶90败北；女队被福建队以30∶8所淘汰。网球：男队单打因安徽队弃权进入复赛，复赛对马来亚华侨队，两个单打选手均以0∶2被淘汰；双打初赛湖南队以2∶1胜安徽队，复赛以0∶2输给马来亚华侨队；女子单、双打初赛都以0∶2败给南京队。排球：男队以0∶3败给福建队；女队初赛以3∶0胜马来亚华侨队，再以3∶2胜江苏队，半决赛遇广东队，前四局打成18∶21，21∶19，15∶21，21∶19，第五局广东队以22∶20险胜，湖南队痛失决赛权，在与北平队争夺三、四名时，指导员陈嘉钧（周南女中体育教师）决定仍按原阵容迎战，第一排是陈嘉杰、刘兴珩、郑培坤，第二排是鲁景秋、曾拾华、王静宜，第三排是成在德、黄兴明、孙慧，结果湖南队先以5∶21、21∶23连败两局，后三局湖南队一鼓作气，以21∶18、21∶14、21∶14反败为胜，取得第三名。棒球：初赛对上海队，以0∶35败北。国术：男队仅射箭（射中）获一个第四名；女队阵容整齐，双人拳术获第三、四、五名，单人器械获第四名，双人器械获第二、五、六名，摔角（属国术中的竞赛单项）获第二、四、六名，射箭（射中）国术指导兼运动员王家桢（省国术训练所）获冠军，另二人获第五、六名。踢毽（盘踢）获第二、三、四、五名，测力获第三、四、六名，女队以62分的总成绩获大会国术比赛冠军。

沪城再战，女排夺冠

第七届全运会原定民国二十六年（1937）10月10日在南京举行。教育部于1937年初着手筹备。6月向国内外有关单位下达了竞赛规程。正当各单位积极准备的时候，“七七卢沟桥事变”发生，日寇大举侵华，全运会被迫中止。抗战胜利后，教育部决定于民国三十六年（1947）10月10日在沪举行全运会。后因国库空虚，只好延至1948年5月5日至16日在上海江湾体育场举行，并为同年中国参加在伦敦举行的第十四届奥运会选拔运动员。参加第七届全运会的有29省（云南、宁夏、绥远、西康、青海五省未参加）、12市、1个区、7个华侨团体和5个军警部门共54个单位，运动员2233人（其中女运动员495人）。竞赛项目较上届减少了男女国术，增加了男女乒乓球单打以及男子举重和拳击。表演项目有打靶、摔角、器械体操（单、双杠）、入水（跳水）、水球、棒球、小型足球、万公尺竞走、3000公尺障碍跑、链球、射箭、拳术（包括器械），临时又增加羽毛球。各项竞赛取前四名，田径、游泳各单项取前六名，计分方法与上届同。球类先用淘汰赛，进入半决赛后的四队再以循环赛决定名次。为使参赛队有较多的竞赛机会，凡在首轮中被淘汰的队，均另行组织落选赛。

湖南省于同年4月6日至10日在长沙市举行了“第七届全运会湖南选手预选会”，选拔运动员59人（其中女运动员28人），参加了全运会的男女田径、篮排球竞赛。湖南代表队由黄凤岐任总领队，张家勋、伏辉儒、杨一南、陈嘉钧等为指导员，于4月25日赴沪参赛。男女田径均在预赛中被淘汰，篮球男队初战以33:59败于香港队，落选赛又以43:55败于哈尔滨队；女队初赛战上海队，以9:16败北，落选赛以18:14胜江苏队，次赛对贵州队，上半时以10:6领先，最后贵州队以22:13获胜。排球男队初赛0:3为上海队所淘汰，落选赛初遇陆军队，因其弃权进入次赛，次赛为吉林队所败；女队初赛以2:0（21:12，21:10）轻取浙江队，次赛以2:0（21:3，21:9）胜广州队而进入半决赛。湖南女排队在半决赛中迎战上海队，头两局打成平局，决胜局双方13、14、15、16迭成平手，沪队增至17分时，湘队认为该球为四击过网，提出抗议，纠纷遂起，比赛中止。大会决定取消前赛成绩，由排球裁判长许民辉执法重赛，湘队郑培坤劈杀得心应手，以21∶14、21∶16获胜。湖南女排在循环赛中遇上第二个劲旅台湾队，以21∶15、10∶21，17∶21败北。湖南、上海、台湾三队各得4分，并列为女排冠军。湖南女排的主力队员是：郑培基、刘兴珩、郑培坤、刘蕴珊、曾育媛、秦本泽、刘竹兰、廖志强、陈纯秀、石延龄，替补队员是：邓文辉、谭德安、杨识琴、陈嘉杰。

建国前历届全运会，湖南省选拔的运动员大都是中学生，虽难以与大都市的选手相抗衡，但三湘健儿不畏强手、顽强奋斗，仍取得了女子排球、女子国术、男子游泳的冠军及其他一些项目的较好成绩，既有可借鉴之处，又值得引起反思，吸取有益的教训，推动今后的竞技运动，振兴湖南体育事业。

原载：《湖南体育史料》第八辑　1987年12月

历届华中运动会概况

丁非杰　彭政蒲

华中运动会的由来

甲午战争之后，丧权辱国，上下震恐，国人知道非尚武不足以图自强，于是在全国各学校逐渐设置体育课。但当时体育师资十分缺乏，只有少数教会学校对体育运动的倡导不遗余力，在我国近代体育史上，实占一定地位。1910 年 10 月，由外国传教士倡办的“全国学界运动会”（即今之所谓第一届全国运动会）在南京举行。1913 年菲律宾邀请我国和日本组成远东体育协会，并决议每两年轮流在各国的大城市举行一届远东运动会。1913 年 2 月首先在菲律宾首都马尼拉举行了第一届远东运动会。为了在全国范围内遴选优秀运动员，参加远东运动会的比赛，国内的分区运动竞赛活动逐渐开展。1914 年华北体育联合会组成，华南定期举行六大学运动会。1919 年华东成立八大学联合运动会。这些情况，都是促使创办华中运动会的远因。

其近因，主要是 1921 年第五届远东运动会在上海举行时，国人鉴于以前历届远东运动会中，我国的运动成绩不佳，有奋起图强的决心；加之参加远东体育协会的我国执行委员，按当时国内体育运动的发展趋势，建议规定全国分华东、华北、华中、华南等运动区，各区定期举行运动会，积极发展我国的体育运动，广泛选拔优秀运动员，代表我国出席远东运动会。当时华中区在上海参加远东运动会预选赛的只有湘赣两省，运动员也不足百人，虽有建立华中区体育组织的倡议，但因时间迫促，人员不齐，又无充分准备，所以还是没有建成。至 1923 年我国为筹备参加第六届远东运动会时，全国体育界知名人士于 1923 年 1 月集议于南京，决议华北仍依往例进行，华东开会于南京，华南开会于广州，并定鄂皖湘赣四省为华中区，指定在武昌开会。1923 年 3 月鄂湘皖赣四省代表集议于武昌，推定湖北的陈时、湖南的方克刚、江西的王熙寿、安徽的李寅恭为华中体育联合会的执行委员，并议定同年 5 月在武昌举行第一届华中运动会，以后在各省轮流举行。运动会的经费，由承办省负担。体育会的经常费用，则由四省共同负责，会址设汉口中山公园。由汉口青年会总干事宋如海主持日常会务。至此，华中体育联合会的组织，才宣告创立，华中运动会也随之诞生。

第一届华中运动会

酝酿已久的华中运动会，于1923年5月4日至5日在武昌新建的公共体育场举行。推定鄂省督军肖耀南担任大会会长。并由湘省长赵恒惕、皖省长陈调元、赣省督理蔡成勋为名誉会长。大会所需经费两万元，全由鄂出。运动会期间经四省代表决议，第二届华中运动会于1924年在湖南举行，并由湖南拟就《华中体育联合会简章》，便于以后照章办理。

湖南省参加大会的运动员和护送人员等共239人，由方克刚为总领队，于5月2日晨五时集合于小吴门外火车站，乘车往武昌赴会。此次运动会的竞赛项目，设有男子田径、篮球、队（排）球，尚无足球、网球、棒球等项。女子方面只有小学生的团体表演，无比赛项目。计分方法是田径各个单项取前四名，按5、3、2、1分计算；球类各项取冠军队，以得5分计算。

比赛结果：湖南省获得总锦标（即团体总成绩第一名），球类获队球冠军，共得65分。湖北获篮球冠军，共得21分，为第二名。江西得6分。安徽未得分。

第一届华中运动会男子田径纪录

项　目	成　绩	姓　名	单　位
100码	11 $\frac{1}{5}$秒	王志鹏	鄂
200码	25 $\frac{4}{5}$秒	刘振武	赣
440码	1分2 $\frac{2}{5}$秒	李　精	湘
880码	2分27秒	张国柄	湘

续表

项　目	成　绩	姓　名	单　位
1 英里	5 分 $26\frac{3}{5}$秒	刘完尧	湘
5 英里	33 分 11 秒	曾福盛	湘
120 码高栏	17 分$\frac{1}{5}$秒	黄铁和	湘
220 码低栏	29 秒		
推铅球	42 尺$\frac{1}{2}$寸	马祥波	湘
掷铁饼	93 尺$\frac{1}{2}$寸	马祥波	湘
掷标枪	124 尺$\frac{1}{2}$寸	马祥波	湘
跳高	5 尺 6 寸	马祥波	湘
跳远	18 尺 $1\frac{1}{2}$寸	刘恩颂	湘
撑竿跳高	11 尺	马祥波	湘

第二届华中运动会

此届运动会于 1924 年 5 月 9 日至 10 日在长沙经武门外协操坪举行。湘省长赵恒惕担任大会会长，鄂省长肖耀南、赣省长蔡成勋、皖省长马少甫为副会长。方扩军任大会筹备处主任。总裁判是聘请南京东南大学体育科主任美国人麦克洛担任。大会经费一万四千余元，全由湘省负担。鄂赣皖三省的运动员、护送员、参观人员共 500 余人。参加竞赛的运动员，鄂省 50 人，赣省 43 人，皖省 30 人，湘省 56 人，共 179 人。运动员的总数虽稍逊于第一届，但赣皖两省的人数反而较第一届增多。

此次竞赛项目，较上届增设了男子游泳、足球、网球，田径项目中增加 400 米、1600 米接力和三级跳远以及五项、十项全能；

第二届华中运动会男子田径纪录

项　目	成　绩	姓　名	单　位
100 米	12 $\frac{2}{5}$秒	刘振武	赣
200 米	25 秒	刘振武	赣

续表

项　目	成　绩	姓　名	单　位
400 米	59 2/5 秒	杨　辗	湘
800 米	2 分 19 4/5 秒	曹祥恒	湘
1500 米	4 分 52 4/5 秒	曹祥恒	湘
5000 米	19 分 13 秒	李　珍	湘
10000 米	42 分 37 3/5 秒	戴洿溪	湘
100 米高栏	19 秒	黄铁和	鄂
200 米低栏	29 1/5 秒	王玉振	鄂
推铅球	39 呎 10 寸	马祥波	湘
掷铁饼	86 呎 7 寸	朱恩奎	湘
掷标枪	128 呎	马祥波	湘
跳高	5 呎 2 寸	胡国春	湘
跳远	18 呎 5 1/2 寸	刘崇恩	湘
撑竿跳高	10 呎	涂传篇	湘
三级跳远	39 呎 6 1/4 寸	马祥波	湘
4×100 米接力	1 分 50 1/5 秒	湖北队	鄂
4×400 米接力	4 分 33 3/5 秒	湖北队	鄂
五项全能	10 点	张海帆	湘
十项全能	3570 分	曾福盛	湘

第二届华中运动会男子游泳纪录

项　目	成　绩	姓　名	单　位
50 米自由泳	35 秒 3/5	龙　翥	湘
100 米自由泳	1 分 23 3/5 秒	龙　翥	湘

续表

项　目	成　绩	姓　名	单　位
400 米自由泳	10 分 46 秒	聂文彬	湘
100 米俯(蛙)泳	1 分 53 秒	杨光暄	湘
200 米仰泳	4 分 52 $\frac{1}{5}$秒	贺体仁	湘
1500 米自由泳	39 分 46 $\frac{2}{5}$秒	龙　翥	湘
200 米接力泳	2 分 28 $\frac{3}{5}$秒	湖南队	湘

女子组除增设了队（排）球外，还是以团体表演为主。径赛项目一律改为米制，唯田赛记录仍采用英制。大会期间每天上、下午比赛开始前，都有湖南省的中、小学生男女数千人组成的团体操表演。

各个运动项目的取录名次和计分方法，均沿用上届运动会的旧例。湖南省运动员在比赛中，又夺得总锦标和田径、游泳、男女队球及长距离跑五项锦标，共得 218 $\frac{3}{5}$分。特别是游泳项目，不仅团体总分和个人总分第一名均为湖南所获，而且囊括了所有八个单项的第一名。湖北获得篮球、网球两锦标，计得 52 $\frac{3}{5}$分，为第二名。安徽获足球锦标，得 7 分，为第三名。江西未获锦标，共得 18 分，屈居第四名。因本届运动会的团体名次，是按获得锦标的多寡排定，皖省的得分数虽较赣省少，但获得一锦标，故其名次仍在赣省之上。

第三届华中运动会

此届运动会轮至江西主办，大会由赣省督办方本仁为正会长，赣省长胡幼腴、湘省长赵恒惕、皖省长王揖唐、鄂省长肖耀南为副会长。赣省教育厅长朱念祖为大会筹备处处长。大会于 1925 年

4月21日至23日在南昌顺化门外大会场举行。执行总裁判及田径裁判长由东南大学体育教授卢颂恩一人兼任，游泳总裁判兼发令员为陈奎生，球类总裁判为郝更生。

竞赛项目除上届所设各项外，男子组增设了棒球，女子组增设了篮球、网球、垒球。各项运动的录取名次和计分方法，均与上届同。

第三届华中运动会男子田径纪录

项　目	成　绩	姓　名	单　位
100米	12秒	刘振武	皖
200米	25 2/5秒	刘振武	皖
400米	1分1 3/5秒		
800米	2分24秒	曹祥恒	湘
1500米	4分57秒	曹祥恒	湘
5000米	18分3 2/5秒	李　珍	湘
10000米	40分11 1/5秒	李　珍	湘
110米高栏	18 2/5秒	黄铁和	鄂
200米低栏	29秒	黄铁和	鄂
推铅球	11米33	蔡意平	湘
掷标枪	40米	邝诗清	湘
掷铁饼	28米13	涂传籥	湘
跳高	5尺2 1/2寸	黄铁和	鄂
跳远	5米67		
撑竿跳高	2米88 1/2	涂传籥	湘
三级跳远	11米83	尹锡凡	

续表

项　目	成　绩	姓　名	单　位
4×100米接力	1分44 $\frac{1}{10}$秒	湖南队	湘
4×400米接力	4分7 $\frac{1}{5}$秒	湖南队	湘
五项全能	2065分	刘振武	皖
十项全能	3458分	涂传籥	湘

第三届华中运动会男子游泳纪录

项　目	成　绩	姓　名	单　位
50米自由泳	39秒	龙　翥	湘
100米自由泳	1分43秒8	宁仕斌	湘
400米自由泳	8分59秒	龙　翥	湘
1500米自由泳	5分30秒	刘子升	赣
100米俯(蛙)泳	未游完全程		
200米仰泳	2分11 $\frac{4}{5}$秒	杨光暄	湘
200米接力泳	2分52秒8	湖南队	湘

湖南省由陈奎生、李惠迪等人，带领运动员159人（其中男124人、女35人），童子军16人，护送员21人，新闻记者3人，工人11人，共计210人，于4月15日离长，取道汉口转乘客轮赴赣。经过三天的激烈竞赛，湖南省运动员不仅蝉联团体总成绩第一名，而且取得田径、游泳、男女队球、男女篮球、棒、垒球和女子网球的冠军，共得133分。男子网球冠军为鄂省所获，共得55分。足球冠军仍为皖省所获，得41分。赣省得24分。此届运

动会田径成绩有八个单项较上届大有提高。唯游泳场地设在池塘中，因池水不洁，设备未周，且比赛时天气寒冷，故成绩不佳。

大会结束后，湖南省运动员从南昌回到长沙，携回大量奖杯、奖品，于5月6日在省教育会举行了优胜奖品展览会及慰劳会。

第四届华中运动会

此届运动会原定1926年春季由皖省负责筹备召开，嗣因时局变动，未能按时举行，延至1930年3月18日在安庆开幕，于23日圆满结束。停顿了五年的华中运动会，至此又告复兴。大会由皖省主席马福祥为会长，赣省主席鲁涤平、鄂省主席何成睿、湘省主席何键、汉口市长刘文岛为副会长（因当时汉口市改为特别市，与省平行，故华中运动会的比赛单位，变为四省一市）。执行总裁判兼径赛裁判长为吴蕴瑞，田赛裁判长为吴德懋，记时长为宋如海，总记录为吴中俊，总报告为李少陵，检查长为何泾渭。

竞赛项目除上届已设的外，增加了女子田径赛。各项运动的比赛规则，概按国民政府颁布的第四届全国运动会比赛规则执行。

第四届华中运动会男子田径纪录

项　目	成　绩	姓　名	单　位
100米	12秒5	殷德琨	鄂
200米	25秒5	殷德琨	鄂
400米	57秒8	尹侠民	赣
800米	2分15秒9	刘　锦	湘
1500米	4分48秒6	郭玉汀	湘
10000米	37分46秒6	曹承道	鄂
110米高栏	19秒6	陆现瑜	皖

续表

项　目	成　绩	姓　名	单　位
200米低栏	30秒	尹侠民	赣
推铅球	11米60	罗希舜	湘
掷标枪	41米01	何印环	湘
掷铁饼	29米04	何经道	湘
跳高	1米55 1/3		
跳远	5米69	于受禄	湘
撑竿跳高	2米85	何印环	湘
三级跳远	11米73	邓堪舜	赣
4×100米接力	1分37秒7	湖北队	鄂
4×400米接力	3分56秒7	湖南队	湘
五项全能	1669分	方泽恩	皖
十项全能	3592分	何印环	湘

第四届华中运动会女子田径纪录

项　目	成　绩	姓　名	单　位
50米	8秒1	冯浩然	鄂
100米	15秒4	冯浩然	鄂
推铅球	7米27	杨　仁	湘
跳高	1米22 1/3	罗惠霖	湘
跳远	3米80	胡在忻	湘
垒球掷远	31米68	杨　仁	湘
200米接力	31秒1	湖北队	鄂

第四届华中运动会男子游泳纪录

项　目	成　绩	姓　名	单　位
50 米自由泳	36 秒 6		
100 米自由泳	1 分 32 秒 4		
400 米自由泳	8 分 17 秒	罗运作	赣
1500 米自由泳	未游完全程		
100 米仰泳	2 分 17 秒 3	李谷椎	湘
200 米接力泳		湖南队	湘

比赛结果，湖南又夺得总锦标。男子队球、棒球和女子篮球、队球、网球的冠军，均为湖南所获。汉口市获得男子篮球冠军。足球和男子网球冠军为江西所获。

这次运动会湖南省夺得银盾、银杯约六十件，瓷器、绣品尤多，装成三大箱由安庆运回长沙，在长沙进行公开展览，用以激励群众广泛参加体育运动。

第五届华中运动会

华中运动会此次又轮到湖北承办，原定 1931 年秋季举行，因汉口大水为灾，故延至 1934 年 5 月 16 日至 21 日在湖北武昌省立公共体育场举行。经费一万五千元，由鄂省负担。名誉会长为蒋介石、张学良，名誉副会长为何成睿、钱大钧、徐源泉、何键、熊式辉、刘镇华。会长由程其保担任，陈时任大会筹备委员会主席。总裁判则为中大体育教授程登科。

第五届华中运动会男子田径纪录

项　目	成　绩	姓　名	单　位
100 米	11 秒 8	闵宇器	皖
200 米	24 秒 6	闵宇器	皖
400 米	55 秒 3	吴子声	皖
800 米	2 分 12 秒	吴子声	皖
1500 米	4 分 36 秒 2	杨相华	湘
10000 米	37 分 3 秒 7	沈传发	
110 米高栏	17 秒 4	谢绍文	皖
400 米中栏	62 秒 2	李传屏	湘
推铅球	12 米	潘南顺	湘
掷铁饼	30 米 78	潘南顺	湘
掷标枪	43 米 94	潘南顺	湘
跳高	1 米 77	葛　克	皖
跳远	5 米 26	王植仁	湘
撑竿跳高	3 米 18		
三级跳远	12 米 66		
4×100 米接力	48 秒	江西队	赣
4×400 米接力	3 分 50 秒 6	安徽队	皖
五项全能	2017 分 99	杨　芳	湘
十项全能	3990 分 08	周澄宇	

第五届华中运动会女子田径纪录

项　目	成　绩	姓　名	单　位
50 米	7 秒 4	粟伯兰	鄂
100 米	14 秒 6	彭爱蒲	湘
200 米	32 秒 4	彭爱蒲	湘
80 米低栏	16 秒	邝　湘	湘
推铅球	8 米 53	陈淑芬	湘
掷铁饼	23 米 07	陈淑芬	湘
掷标枪	26 米 71	乾鸿英	鄂
掷垒球	38 米 08	凌婉瑜	湘
跳高	1 米 23	凌婉瑜	湘
跳远	4 米 72	胡在忻	湘
4×100 米接力	61 秒	湖南队	湘

第五届华中运动会男子游泳纪录

项　目	成　绩	姓　名	单　位
50 米自由泳	34 秒 6	杨瑞昌	
100 米自由泳	1 分 32 秒	周汝川	
400 米自由泳	7 分 44 秒	杨瑞昌	
1500 米自由泳	32 分	强超群	
200 米俯泳	4 分 13 秒 3	汤国珍	
100 米仰泳	1 分 54 秒	李谷樵	湘
200 米接力泳	2 分 48 秒 2		

竞赛项目渐臻完备，除游泳、国术仍无女子参加外，其他项目均有女子参加。各省参加极为踊跃，四省的运动员共726人。湘

省运动员男 133 人、女 62 人；赣省运动员男 130 人、女 110 人；皖省运动员男 73 人、女 65 人；鄂省运动员男 88 人、女 65 人。

湖南选手团共 260 多人，由方克刚为省代表，陈奎生为总领队，于 5 月 13 日下午乘火车赴汉。

比赛结果，湖南又获团体总成绩第一名。此外男子组夺得田赛、游泳、棒球、排球、国术五项团体锦标；女子组夺得田径、排球、垒球、网球四项团体锦标，湖北男子组夺得足球、篮球、网球三项团体锦标，女子组夺得篮球锦标为总成绩第二名。安徽夺得男子组径赛、全能两项团体锦标，女子组无所获。江西男女组均未获锦标。

5 月 23 日湖南省选手由鄂返湘，下午在中山堂举行慰劳祝捷大会。此次湖南省所得总锦标和各项团体锦标，共二百余件。因集体项目的选手，非一个单位组成，不便分发。除将个人奖品分发运动员外，团体锦标一律摄取照片，分赠各选手留作纪念，实物陈列于省中山图书馆。

第六届华中运动会

此届运动会于 1936 年 10 月 10 日至 16 日在长沙市协操坪省公共体育场举行。大会由湖南省主席何键任会长，赣鄂皖三省主席熊式辉、杨永泰、刘镇华及中央国术馆馆长张之江任名誉会长。湖南省教育厅长朱经农任副会长兼筹备处主任，赣鄂皖三省厅长和湘省各厅、处长任副会长。袁浚任总裁判，张之江兼任国术裁判长。大会实际开支经费二万三千四百余元，全由湘省负担。

竞赛项目有男女田径、游泳、国术、篮球、网球、排球等项，还有男子棒球、足球、女子垒球。田径、游泳、国术的各个单项取前六名，以 7、5、4、3、2、1 分计分，但田径、游泳项目中的接力赛只取前四名，以5、3、2、1分计分。球类取冠军队。

鉴于以往历届运动会对参加比赛的运动员无年龄限制，这次规定男运动员必须年满16岁，女运动员必须年满15岁。参加大会的运动员共654人，鄂省178人，赣省134人，皖省90人，湘省最多为252人。各省参加历届运动会的选手团，多为在校学生组成，本届则不然，各省选手团中的成员，包括各界人士。湖北选手团中有学生、商人、公务人员。江西选手团中，除少数为学生外，多系航空人员及公务人员。湖南选手团各界均有人参加。安徽的网球选手，由该省省代表乌以凤亲自参战。足见此时的体育运动，已逐渐向各阶层普及。

第六届华中运动会男子田径纪录

项　目	成　绩	姓　名	单　位
100米	12秒	陈　劼	鄂
200米	24秒2	陈　劼	鄂
400米	55秒5	鲍得聪	皖
800米	2分11秒	周霞飞	皖
1500米	3分49秒4	黄树远	皖
10000米	38分20秒	黄树远	皖
110米高栏	18秒5	宋克伦	湘
400米中栏	61秒4	罗森华	鄂
推铅球	10米94	潘南顺	湘
掷铁饼	29米54	王　彬	湘
掷标枪	40米93	潘南顺	湘
跳高	1米46	冒国璋	赣
跳远	6米08	王植仁	湘
撑竿跳高	3米19	许锡瓒	赣

续表

项目	成绩	姓名	单位
三级跳远	12 米 84	王植仁	湘
4×100 米接力	47 秒 8	湖北队	鄂
4×400 米接力	3 分 52 秒 4	湖北队	鄂
五项全能	1872 分	王植仁	湘
十项全能	3399 分	冒国璋	赣

本届运动员比赛期间，新纪录相继产生，捷报频传，硕果累累。田径项目中的男子跳远、三级跳远、撑竿跳高、200 米、800 米、400 米中栏、400 米和 1600 米接力、女子跳高、八磅铅球、200 米、400 米接力，均破华中纪录；男子游泳项目，全部刷新了华中纪录。

历届华中运动会男子田径最高成绩表

项目	成绩	创造者	单位	届次	时间	地点
100 米	11 秒 8	闵宇器	皖	5	1934.5	武昌
200 米	24 秒 2	陈　劼	皖	6	1936.10	长沙
400 米	55 秒 3	吴子声	皖	5	1934.5	武昌
800 米	2 分 11 秒	周霞飞	皖	6	1936.10	长沙
1500 米	4 分 36 秒 2	杨相华	湘	5	1934.5	武昌
10000 米	37 分 3 秒 7	沈传发		5	1934.5	武昌
110 米高栏	17 秒 4	谢绍文		5	1934.5	武昌
400 米中栏	61 秒 4	罗森华	鄂	6	1936.10	长沙
跳高	1 米 77	葛　克	鄂	5	1934.5	武昌
跳远	6 米 08	王植仁	湘	6	1936.10	长沙
三级跳远	12 米 84	王植仁	湘	6	1936.10	长沙
撑竿跳高	3 米 19	许锡瓒	赣	6	1936.10	长沙
推铅球	12 米	潘南顺	湘	5	1934.5	武昌

续表

项目	成绩	创造者	单位	届次	时间	地点
掷铁饼	30米78	潘南顺	湘	5	1934.5	武昌
掷标枪	43米92	潘南顺	湘	5	1934.5	武昌
4×100米接力	47秒8	湖北队	鄂	6	1936.10	长沙
4×400米接力	3分52秒4	湖北队	鄂	6	1936.10	长沙
五项全能	2017分99	杨　芳	湘	5	1934.5	武昌
十项全能	3990分8	周澄宇		5	1934.5	武昌

历届华中运动会女子田径最高成绩表

项目	成绩	创造者	单位	届次	时间	地点
50米	7秒4	粟伯兰	鄂	5	1934.5	武昌
100米	14秒6	彭爱薄	湘	5	1934.5	武昌
200米	30秒4	资道灿	湘	6	1936.10	长沙
80米低栏	14秒7	胡淑芳	鄂	6	1936.10	长沙
跳高	1米32	何梅英	湘	6	1936.10	长沙
跳远	4米72	胡在忻	湘	5	1934.5	武昌
推铅球	9米45	胡淑芳	鄂	6	1936.10	长沙
掷铁饼	23米07	陈淑芳	湘	5	1934.5	武昌
掷标枪	26米71	乾鸿英	鄂	5	1934.5	武昌
掷垒球	38米08	凌婉瑜	湘	5	1934.5	武昌
4×100米接力	59秒8	湖南队	湘	6	1936.10	长沙

原载:《中国近代体育史资料》　四川教育出版社1988年7月出版

新中国成立前湖南省第一至第十七届运动会概况

丁非杰　彭政蒲

湖南省第一届运动会

1905年（清光绪三十一年），湖南省教育会发起并组织长沙当时为数不多的学校，在长沙小吴门外校场坪，创办湖南省第一届运动会。会长是张鹤麟（湖南学务处总办）。湖南自1897年（清光绪二十三年）开创学校以来，学校的体操教员，都是军营的官长和士兵，体育课的教学内容，也是以兵操为主。所以这次运动会的竞赛项目很简略，主要是从日本传来的部分兵操和少数竞争游戏及徒手体操。运动会用银1200元，除由各公私立学校酌量捐集外，余皆由政府补助。

湖南省第二届运动会

湖南省教育会于1910年（清宣统二年）冬10月，发起召开湖南省学界第二次运动会，地点在长沙经武门外协操坪。参加单位为省会所有的学校。大会会长为谭延闿（湖南省议会会长）和杨晋（湖南新军协统）。竞赛项目增多，有兵操、国术、团体徒手操、哑铃操、球竿操、竞赛游戏等。不过还没有球类与田径等项目，仅在下午闭会时，有驻湘的英、美领署人员，与一部分体操教员，作了一圈的赛跑，名曰“夺旗”。当时有一穿红绒衫的西洋人，奔跑迅速，夺得地上插的小旗，中国官员伸出拇指向之欢笑，表示奖励。这次运动会用银 1200 元，经费来源仍沿用上届旧例筹集。

湖南省第三届运动会

湖南省教育会于 1914 年 1 月 21 日召开干事会议，决定于 4 月 1 日至 3 日趁各校放春假期间，借用长沙经武门外协操坪，举行湖南学校第三次联合运动会。这次会议拟就了运动会章程（包括运动会总则十七条、细则四十一条），于 3 月 3 日备文呈请湖南行政公署核夺。3 月 16 日行政公署批准该章程。嗣因教育部特派视学员来湘，视察长沙各公私立学校，限期考查完备，故都督兼民政长于 3 月 28 日令运动会展期至 5 月 10 至 12 日举行。大会会长汤芗铭（湖南都督），副会长易克臬（湖南教育司长），筹备长符定一（湖南高等师范学校校长、湖南教育会会长），筹备员为熊非龙、方克刚等 31 人。大会用洋 1600 余元，政府补助 800 元，各学校捐献 800 余元。

竞赛项目：分团体运动与选手运动。

团体运动：

A. 初等男女学校参加的有：（一）普通体操（包括徒手、哑铃、球竿）；（二）特殊运动（包括扇子体操、手巾体操）；（三）动作游戏（如唱歌游戏）；（四）竞争游戏。

B. 高小以上女校参加的有：（一）普通体操（包括徒手体操、哑铃、球竿、木棒、木环、豆囊）；（二）特殊体操；（三）动作游戏；（四）竞争游戏；（五）行进游戏及舞蹈。

C. 高小以上男校参加的有：（一）普通体操；（二）器械体操（包括肋木、平均台、跳箱、水平杆）；（三）瑞典式体操；

（四）特殊体操；（五）国技（包括拳、棍、耙、凳）。

选手运动：

限于高小以上男校参加的有：（一）器械（包括平台、木马、铁杆、双杆）；（二）掷铁球及掷铁锤；（三）竞跳（包括跳高、跳远、持竿跳绳）；（四）竞走（包括障碍物竞走、算术竞走、图画竞走、百码竞走、四百码竞走、一里竞走）。

参加运动会的为省垣各级各类学校 76 所，其中初小和女校 42 所只参加团体运动的各个项目；高小以上 34 个男校，可参加团体运动和选手运动的各个项目。

5 月 10 日为选手运动，除雅礼学校未赴会外，余皆到齐。是日上午九时举行开幕式，观者摩肩接踵，广场几满。11 日为省垣各初小及女校团体运动。

湖南省运动会设田径项目，自本届开始。此次在田径赛中占优胜的单位，为湖南高等师范、第一师范、长郡公学诸校。

湖南省第四届运动会

1916 年 11 月，在长沙省教育会坪举行湖南省第四届联合运动会。大会由省教育会会长叶德辉主持，总指挥兼教练员为长沙基督教青年会体育部主任挪威人夏义可。参加单位全系省会各中等以上学校。竞赛项目以田径为主。因夏义可是世界运动会的优胜者，擅长各项运动，而且教授热心，故运动会的成绩尚佳。

湖南省第五届运动会

这次运动会当时名为湖南省第五次联合运动会，亦即第五次远东运动会湖南预选会。于 1921 年 5 月 5 日至 6 日，在长沙省教育会坪举行。大会会长为督军总司令兼省长赵恒惕，具体工作由省教育会与基督教长沙青年会联合筹备办理。教育会方面以方克刚、黄醒、蒋育寰、张锦云、胡庶华、李惠迪六人为筹备员，青年会方面以夏义可、高恩养、方扩军、王毅诚、曹羽仪、秦虑一六人为筹备员。推举方克刚为筹备主任。竞赛项目有田径（仅缺五项和十项全能）、游泳和女子的篮、排球表演等。各项运动规则，均依照远东运动会实施的规则执行。以前历届参加竞赛的仅省城各学校，此次还有常德第二师范和醴陵遵道中学等校。

5月5日上午10时10分举行开幕式。这次运动会仍未设女子竞赛项目，只有周南女校、福湘女校做了篮球表演赛，第一女子师范做了队（排）球表演赛，崇实女校、周南女校、第一女师表演了舞蹈游戏。现将运动会的男子田径赛成绩录后：110码赛跑的成绩11秒6,220码是26秒4,440码是58秒，880码是2分29秒6，220码低栏是31秒6，120码高栏是20秒6，跳远是17尺9.5寸，跳高是4尺11.5寸，持竿跳高是8尺9寸，掷铁球是29尺2.5寸，掷铁饼是70尺4寸，五英里赛跑是33分45秒2，一英里赛跑因评判员有争议，未定成绩与名次。游泳比赛在经武门外便河中举行，河水不洁，比赛成绩不佳。结果雅礼大学获团体总分第一名，得33分，省立第一中学得21分次之，明德中学得11分再次之。个人总分第一名为李信生（雅礼），第二名为江应达（一中）。

5月11日下午，在省教育会楼上举行给奖会。会上周南女校运动员周敦祜登台发言，略谓："承各界奖赠，愧不敢当。同学对此有乐观、悲观二种感想，此次运动会女学校参与其盛，自属乐观；所痛心者，大会秩序单中并未将女子运动项目列入，足见无重视之意，须知国家社会之进化，男女负同等责任。希望此后男女学校一律同等待遇。"大会筹备主任闻言，旋即登台说明情况：

因远东运动会的定章，原无女界参加，本会筹备同人，增加女界的团体表演，已属创例，请勿见责。俟今后再举行运动会时，女校应同等规定。

湖南省第六届运动会

运动会于1922年11月28日至29日在长沙教育会坪举行，亦即第六届远东运动会的湖南预选赛。省长兼总司令赵恒惕为大会会长，何炳麟为筹备主任，筹备员高恩养、方扩军、方克刚、李惠迪、黄醒、曹羽仪等系中学校长和教育会职员。

比赛项目主要是田径，无球类和游泳等项。田径竞赛规则按远东运动会的规定办理。参加单位仍是省垣各中等以上学校。运动会开始时，秩序尚称整肃，进行至29日下午，因某些评判员私心杂念太甚，运动员也有越轨行动，在800米决赛中名次发生争执，致使竞赛中辍，各评判员陆续离开运动场。后经评判会议，复经筹备会议讨论，终因各执己见，得不到协调解决，结果运动会不欢而散，竟就此流产，所备奖品和纪念品，全部封存于省教育会。

湖南省第七届运动会

这次大会为第二届华中运动会的湖南预选会，于1924年5月4日至7日，在长沙经武门外协操坪举行。大会会长仍系省长赵恒惕担任，筹备主任为方扩军。因即将在湖南举行第二届华中运动会，将成为湖南空前规模的一次运动会，筹备委员会中各个工作部门的人员，配备得相当严整，省运动会结束后，这班人马将承担华中运动会的工作。

竞赛项目有男子田径、游泳、球类（包括篮球、队球、网球、足球），并有女子的篮球、队球比赛。各项运动规则，均采用远东运动会新定规则执行。径赛各单项改为米制，但田赛的各单项成绩仍用英制。参加单位除长沙各中等以上学校外，还有衡阳、常德、湘潭等地的中等学校共47所，计763人。此外澧州镇守使唐荣阳，热心倡导体育，在澧州创办了体育学校，并派镇守使署的学生队来大会参加比赛和表演。湖南省运动会中设有女子比赛项目和有军界人士参加，均自本届始。可惜工农商政各界，尚无人注意及此。

鉴于上届运动会的不终而散，这次运动会竞赛规程详尽，筹备工作充分，大会期间，工作人员、裁判员均能开诚布公，运动员也谨守规则，顾全大局，运动会得以顺利进行。澧州镇守使的学生队在大会表演的棍拳术和器械等项，勇武活泼，为此次运动会增色不少。球类参加单位不多，男子篮球为岳云中学获胜，网球为明德中学获胜，队球、足球均为雅礼中学获胜。女子篮球为福湘女中获胜，女子队球为第一女师获胜。

湖南省第八届运动会

在第七届运动会时，有陈奎生、黄醒等人，倡议省运动会应轮流在省内各地举行，并为此在报刊上发表专论。结果获得有关行政当局和教育界人士的赞同。1924年12月8日，省教育会评议部议决，确定了全省运动会今后轮流在省内各地举行的原则。为了确定下届省运动会的具体地点，又函请衡州、常德两方面派教育界人士来省与教育会、体育会共同讨论，决定第八届省运会在衡州举行，第九届省运会在常德举行。

这次省运会于1925年4月1日至3日，按原定计划在衡州举行，会场设在衡州西门旧演武场。通过这次运动会，选拔优秀运动员，组成我省体育代表团，赴江西南昌参加第三届华中运动会。大会会长由驻衡督办唐生智担任。衡阳县长宾建极担任筹备处主任。名誉裁判长由何键担任。执行总裁判为陈奎生，祝家声为田赛裁判长，何泾渭为径赛裁判长，魏树恒、冯球（女）为球类裁判长，邝书枢为游泳裁判长兼发令员。大会共用经费3800余元，由省府拨款2800元，余皆由衡州督办署拨款补足。

竞赛项目有田径、游泳、球类。除游泳仍无女子参加外，球类中有女子的篮、排、垒球比赛，田径中有女子100米、200米跑。参加单位为长沙、常德、衡阳等地的各中等以上学校33校和警察传习所，共运动员639人。湖南省学生联合会代表会议议决，拒绝教会学校加入此次省运会，并函请大会筹备处。继而各校去函筹备处提出同样意见的有明德、兑泽、育材、复初、湘江等学校。大会筹备处致函通知省内各教会学校届时请勿加入运动会，同时发快邮代电致学联会谓："来函阅悉，具见爱国至情，本会同人，对于贵会主张绝对赞同。当即电达教会学校，拒绝与会矣……"湖南省基督教教育会，为此通电行政当局与有关部门，据理力争，要求加入，获得省长与教育司长的允诺，基督教教育会长赵运文率领学生赴衡与会，大会筹备处深恐影响团结，滋生事端，为了顾全大局，坚持只同意教会学校学生以个人名义与会比赛。结果此次运动会，教会学校无一人参加。

4月1日上午九时运动会举行开幕仪式。大会唐会长、筹备处宾主任讲话后，第三师范等七校学生约1500多人表演了团体操。上午竞赛项目结束后，第三女师表演了团体舞。

比赛结果：明德中学夺得总锦标。兑泽中学夺得田径、游泳两项团体总分第一名。田径个人总分第一名为长郡中学的涂传龠，游泳个人总分第一名为兑泽中学的龙翥。女子组径赛团体总分第一名为第二女师，个人总分第一名为第二女师的张维。球类参加比赛的队数很少。明德获男子篮球、足球冠军，长沙一中获队球冠军。女子组第二女师获队球、垒球冠军，周南女中获篮球冠军。

湖南省第九届运动会

这届全省运动会，早经省教育会议决，轮至常德举行。会期定于1926年5月21日至23日，择定常德北门外大教场坪为会址，游泳项目在教场坪后河举行。湘西督办贺耀祖为大会会长，常德县长成畏可为筹备处主任。胡国春为执行总裁判。大会需用经费5780元，除由湘西督办署承担一部外，余皆请省府发给。

竞赛项目有男女子田径、男子游泳、男子篮、排、足、棒、网球，女子篮、排球。全省学校大都报名参加。后因故湘南、湘中及省垣各校，均未到会。实际到会参加竞赛的为常德、桃源、石门、澧县等地的中、小学男女各校。

5月21日上午10时许，举行开幕仪式。大会期间除进行各项竞赛外，还有十七旅手枪连的拳术表演，宪兵队的剑术及柔术表演。当大会进行至最后一个项目万米赛跑时，由于临场裁判的疏忽，执行裁判两人对运动员跑过的圈数记录不一致，发生争执，几致中途停止。后虽经评判会议通过，协商解决了名次的排定，但无该项运动的成绩记录。

比赛结果：男子田径团体总分第一名为省立二师，个人总分第一名为二师的袁承述。女子田径团体总分第一名为省立二女师，个人总分第一名为二女师的祝永年。男子游泳团体总分第一名为省立二师，个人总分第一名为二师的宁仕斌。球类运动参加单位较少，省立二师获足球、篮球、网球、棒球冠军，省立二中获男子排球冠军。省立二女师获女子篮、排球冠军。

湖南省第十届运动会

这次全省运动会，为选拔优秀运动员，代表湖南省参加3月18日在安庆举行的第四届华中运动会和4月1日在杭州举行的第四届全国运动会。大会于1930年3月8日至10日在长沙协操坪省公共体育场举行。大会会长由省主席何键担任，副会长由教育厅长黄士衡担任，筹备主任由财政厅长张开琏担任。长沙警备司令范宿钟任总裁判，曾省斋任执行总裁判。径赛裁判主任曾福盛，田赛裁判主任张家勋，球类裁判主任何泾渭，游泳裁判主任陈奎生，总记录胡国春。各项运动规则，均按全国运动会审订的规则执行。省府核准大会经费为5026元，包括赴华中，全国两运动会的旅费1200元，修筑省公共体育场跑道的费用700元在内。

竞赛项目为男女田径，男子游泳，男子足、篮、排、网、棒球，女子篮、排球。参加单位除省垣各中等以上学校外，还有十多个县的中等学校加入。因当时天气甚寒，游泳比赛不能在户外进行，只得费款200余元，租用基督教长沙青年会室内游泳池进行，开创了湖南省运动会在室内举行游泳比赛的先例。可惜运动员平时在池内练习的机会少，池端转体动作欠灵活，影响成绩。

3月8日上午大会在协操坪会场开幕。市民前来参观的达3万人以上。开幕典礼结束后，长沙私立、国立各小学共74校，男女学生7000余人，一律青衣青帽，参加大团体操表演，10时许方开始竞赛。9、10两日细雨纷纷，每日观众仍在2万人以上。

比赛结果，男子篮球为省立一中获胜，足球、排球、棒球、网球均为明德中学获胜；女子篮球、排球均为周南女中获胜。男子组田径团体总分第一名为省立一中，得16分，个人总分第一名为教育厅的何印环，得18分；女子田径团体总分第一名为福湘女中，得34分，个人总分第一名为周南女中的杨仁，得13分。男子游泳的团体总分为省立三中，得26分，个人总分第一名为省立三中的张友能，得15分。

3月13日上午7时，假中山堂礼堂，举行了隆重的给奖典礼。领奖后当选为省代表队的男女运动员，整装待发。省教育厅派黄凤岐、何泾渭为领队，于当日下午4时，带队前往安庆、杭州，参加华中和全国运动会。

湖南省第十一届运动会

本届运动会于1931年5月24—28日，在长沙市协操坪省立公共体育场举行。省主席何键担任大会会长，教育厅长黄士衡任副会长，财政厅长张开琏任筹备主任。

竞赛项目有男女田径，男子游泳，男子足球、篮球、排球、棒球、网球，女子篮球、排球、网球。国术为表演项目。除游泳比赛在长沙青年会室内游泳池外，余皆集中在协操坪体育场内进行。自此次运动会开始，参加比赛的一律以市、县为单位。除长沙市、县外，到会的还有邵阳、湘潭、安化、醴陵、常德、衡山、衡阳、武冈、益阳、沅江、攸县、岳阳、澧县、桃源、湘乡、石门、平江、祁阳、宁乡共21个县市。运动员逾千人。

大会原定会期3日，后因参加各项运动的人数多，特别是参加球类比赛的男女各队，较以前历届大增，故延期两天，方进行完毕。本届运动会女子跳远第一名长沙市的胡在忻和第二名衡阳的李森，均破全国纪录。男子200米第一名邵阳的陈和衷，也打破了全省纪录。在每天的竞赛间隙，都穿插了国术表演，丰富了大会的内容。四路军总部技术大队学员300人，教官30多人，表演的对劈平刀、棍擒枪、大刀擒枪等27个武术节目，大都动作灵敏，步伐整齐。表演国术的还有 15 师士兵、31 师士兵、省政府卫士队、精武体育会会员、湖南大学、澧县第二女子联合中学、平大中学、澧县中学、信义小学等单位。

比赛结果，虽然大部分锦标仍为长沙市、县所获，但各地的运动成绩均有提高。男子田径团体总分第一名为长沙市，得 113.5 分，第二名为衡阳，得 22 分，第三名为常德，得 8 分，第四名为长沙县，得 7.83 分。女子田径团体总分第一名为长沙市，得 65 分，第二名为衡阳，得 22 分，第三名为长沙县，得 7 分，第四名为桃源、邵阳，各得 2 分。男子游泳团体总分第一名为长沙市得 42 分，第二名为衡阳、常德，各得 7 分，第三名为长沙县，得 6 分，第四名为邵阳，得 3 分。男子篮球、排球、足球、棒球、网球均为长沙市获胜，女子篮球、网球为长沙市获胜，女子排球为长沙县获胜。

湖南省第十二届运动会

这次运动会是 1932 年 11 月 2 日，在长沙经武门外省公共体育场开幕，经过 6 天的激烈竞争，于 11 月 7 日结束。8 日上午 10 时在中山堂举行优胜运动员的给奖典礼。运动会揭幕前，适逢蒋介石来湘，大会请他担任名誉会长，并出席了开幕典礼。参加开幕式的还有省主席何键，财政厅长张开琏，教育厅长朱经农，建设厅长谭常恺等人。会场四周观众拥塞，约在两万人以上。会场内外由童子军与军警维持秩序。

在这次省运会召开以前，不少县举行了预选赛。特别是长沙市、县举行的联合运动会，规模宏大，广泛深入地发动各基层单位，于 10 月 25 日至 28 日，在省体育场进行了 4 天的比赛，选拔优秀运动员，分别组织长沙市、县体育代表队，参加此次省运会。

其他各县如衡阳、常德、澧县、湘乡、岳阳、湘阴、桃源、沅江、慈利、零陵、攸县、邵阳、宁乡、湘潭、祁阳、益阳等16县，也选拔了男女运动员近500人来省参加各个项目的比赛。

竞赛项目分男女田径，男子游泳，男子足、篮、排、棒、网球，女子篮、排、网球。还组织了国术和团体操表演。比赛结果，男子800米、三级跳远破华中运动会纪录；男子万米、110米高栏、铁饼和女子200米、铅球、跳高破省纪录。长沙市获得男子田赛、篮球、足球、网球和女子排球的冠军，长沙县获男子径赛、游泳、排球、棒球和女子田径、篮球的冠军，衡阳获女子网球冠军。

湖南省第十三届运动会

1933年暑季国民政府通令各省市，规定10月10日在南京举行第五届全国运动会。因此，湖南赶在9月20日至25日，在长沙市经武门外省公共体育场，举行了第十三届省运会，选拔优秀运动员组成湖南代表队，参加全国的比赛。大会会长为省主席何键，副会长为教育厅长朱经农，财政厅长张开琏为筹备主任。竞赛项目和各个项目的竞赛规则，悉依全国运动大会所颁发的执行。

来省参加此次大会的有常德、桃源、零陵、益阳、岳阳、邵阳、湘乡、衡阳、沅江、宁乡、攸县、长沙市、长沙县等13个县市，共有男女选手704人。大会自20日开幕以后，均能顺利完成预期的竞赛。22日上午9时，因长沙县参加女子组50米竞赛的有5人，长沙市参加男子组跳高、跳远、铅球竞赛的各5人，均超过竞赛规程规定的人员限额。常德总领队郑扬新，联合沅江等10县的领队，向大会提出书面抗议，并相继带领选手离场。大会当即派员调解，终无结果，致使各项竞赛，陷于停顿。旋即召开筹备会议，朱副会长、张筹备主任均出席参加讨论。决议：（甲）取消长沙县女子50米和长沙市男子跳高、跳远、铅球的比赛资格。(乙)①本会编配部失察，引起纠纷；②长沙市县总领队报名逾额；③常德县等单位总领队擅自率队退出赛场，扰乱会场秩序，以上三者均予以申斥处分。至此，各单位方认为满意，遂于下午5时入场继续进行各项竞赛。一场风波平息后，连日来比赛进行顺利，于24日下午7时各项竞赛进行完毕。25日上午9时在中山堂举行给奖典礼。

比赛结果，女子组铅球破全国纪录，男子组100米、400米中栏破全省纪录。周南女校学生周崇濂参加100米自由泳比赛，为湖南省开创了女子参加省运会游泳比赛的新纪元。田径、游泳的团体锦标和男女各项球类的冠军，均为长沙县市所获。

这次选拔的优秀运动员，除两名大学生外，其余几乎全是年龄小的中学生，尤其初中生居多，就同龄人的成绩来说，固然不弱，但代表湖南参加全国运动会时，与各大都市的大学生较量，就显得差距很远。在第五届全国运动会中，湖南仅周南女生陈淑芳取得女子铁饼第二名，其余各项目都名落孙山，幸随后在南京举行的全国第二次国术考试，湖南国术选手大获胜利，也算是收之桑榆了。

湖南省第十四届运动会

本届运动会于1934年11月10日至13日，在常德小西门外飞机场举行。名誉会长何键（省主席），名誉副会长刘建绪（军长）、胡庶华（湖南大学校长）、黄士衡（省府委员）等14人。会长朱经农（省教育厅厅长），副会长张开琏（省财政厅厅长）、曹伯闻（省民政厅厅长）等5人。筹备主任蔡其璋（常德县县长）。大会期间，省方派黄士衡为代理会长，与省党部代表陈漱源、教育厅代表夏开权前往常德指导工作。

本届运动会有15个市、县单位，男女选手600余人参加，单长沙市、县运动选手就多达301人。本届运动会对于国术异常注重，参加国术比赛的有常德、长沙市（县）、益阳、桃源、慈利、澧县等10余个市县。

大会竞赛分男女两组进行。竞赛项目男子组有田赛7项、径赛12项、国术3项，篮球、排球、足球和棒球。女子组有田赛6项，径赛5项，篮球、排球。比赛结果，男女各项球类锦标均为长沙市队所获。男子国术、男女田径各项成绩亦为长沙选手占优。

本届运动会，原计划中之男女游泳、男女网球及女子国术、垒球6个项目，因值天雨，气候寒冷，场地湿泞，未能举行比赛，所备锦标和奖品，均保存移作下届运动会使用。其余各项，亦因上述原因，成绩不够理想。仅陈嘉杰之垒球比赛以39.73米打破华中纪录（38.08米）和省纪录（27.91米）；王植仁之三级跳远以12.95米打破华中纪录（12.66米）和省纪录（12.12米）；朱叔雄之男子标枪以41.33米打破省纪录（39.12米）；朱克伦之110米高栏以17秒3打破省纪录（17秒5），余均平平。

在本届运动会中，以长沙市选手成绩最好，所得锦标最多，计有：男子总锦标，女子总锦标，男子篮球、排球、足球、棒球、田赛、径赛和女子篮球、排球、田径及国术中之摔角、长兵、短兵等14个锦标。

湖南省第十五届运动会

本届运动会原定于民国二十六年（1937）举行，嗣抗战军兴，乃告停顿。为使停顿数年之全省运动会得以继续举行，遂于1940年11月4日，召开了第十五届全省运动会第一次筹备会议，决定民国三十年（1941）5 月 1 日为大会开幕日期。为普及民众运动，决议由省政府通令各区县举行区县运动会，分级选拔选手参加全省运动会。

本会筹备初期，事务概由教育厅主办，迄于民国三十年（1941）元旦，本会始在教育厅成立办事处，开展筹备工作。

本届运动会，于 1941 年 5 月 11 日至 18 日在耒阳举行。计到第一至第十行政督察区与第九战区、湘军管区、警察组、保安处、干训团等 15 单位职员、选手共 1300 余人。大会规模较之历届全省运动会有过之而无不及。大会奖品赠送之多，亦前所未有。这些奖品来自全省、全国各地，遍及党政军学各界。

本届运动会名誉会长陈诚（第六战区司令长官），会长薛岳（湖南省政府主席），副会长赵恒惕（省临时参议会参议长）、胡庶华（湖南大学校长）等 7 人，副会长兼筹备主任朱经农（湖南省教育厅长）。大会总裁判金兆均，副总裁判袁浚。

大会开幕典礼于 5 月 11 日上午 6 时，在耒阳县省立体育场举行。各单位选手、各机关职员、各校学生，环立场中，精神奕奕，入场观众 6 万余人。

本届大会竞赛，分学生（男女）、公开（男女）、军警三组。

军警组选手，以驻湘境内之各部队官兵，经正式任补期满三个月者，方得代表出席。其单位区分，以九战区、六战区、军管区、保安处、全省水陆警察及宪兵为限；军警之列为竞赛单位参加全省运动会，在湖南尚属创举。

学生组选手，以在湘境内之男女高初级中学学生及与其同等学力之学生为限。

公开组选手，以专科以上之各院校（军事学校及军事训练机关在内）男女学生及各地之党政人员与各界民众为限。

学生、公开两组，概以行政督察区为参加单位。

各参加单位职员、选手人数统计见表。

各组田径、游泳比赛项目，每项录取前六名，按7、5、4、3、2、1计分。各种球类比赛，均采用淘汰制，取冠亚军二队。其各项成绩见表。

本届大会除表内所列竞赛项目外，还设有自由车、1500米竞走、国术、童军、团体操五项表演。在本届运动会中有四人四次破三项华中纪录，即男子铁饼，彭商育（学男组）和吴殿三（公男组）分别以31.50米和30.95米破30.70米华中纪录；男子标枪，敖华明（公男组）以47.61米破43.92米华中纪录；女子掷垒球，彭贞兰（学女组）以41.40米破38.08米华中纪录。另有女子50米，欧阳凤翥（学女组）以7秒7破7秒8省纪录；女子标枪，彭贞兰以25.71米破19.19米省纪录；男子10000米，徐道生（军警组）以37分46秒破37分59秒3省纪录。

本届运动会，虽有上述项目打破了华中纪录和全省纪录，但多数项目成绩平平。

本届运动大会，虽设有精神锦标，但因评议无果，锦标保留。

湖南省第十五届运动会参加单位、人数统计表

单位	总领队	职员	选手		小计	单位	总领队	职员	选手		小计
			男	女					男	女	
第一区	陈世谟	11	114	29	154	第九区	喻友	18	57	18	93
第二区	赵君迈	17	133	61	211	第十区	宋绍昱	11	72	18	101
第三区	张君燮	11	59	24	94	九战区	方兴	8	41		49
第四区	卢起祥	5	80	18	103	湘军管区	杜本钊	13	34		47
第五区	胡毅	5	153	39	197	保安处	冯后勤	3	39		42
第六区	向嵩华	6	54	24	84	警察组	唐乘骝	6	69		75
第七区	曾省斋	7	68	0	75	干训团	肖冲	4	33		37
第八区	魏际昌	3	34	0	37	合计		128	1040	231	1399

湖南省第十五届运动会各项团体总分表

项别	名次	公男组		学男组		军警组		公女组		学女组	
		总分	单位	总分	单位	总分	单位	总分	单位	总分	单位
田赛	一	39	第十区	64	第二区	61	九战区	64	第二区	50	第二区
	二	32	第一区	27	第五区	40	保安处	37	第五区	49	第九区
	三	25	第二区	26	第七区	22	军管区	(田径)		45	第六区
	四	20	第九区	13	第六区	7	警察			38(田径)	第五区
径赛	一	55	第十区	62	第二区	40	九战区				
	二	34	第二区	37	第五区	35	保安处				
	三	30	第四区	28	第七区	13	军管区				
	四	27	第九区	19	第六区	13	警察				
游泳	一	33	第九区	48	第九区	48	九战区			25	第五区
	二	31	第七区	41	第四区	23	警察			21	第十区
	三	26	第二区	22	第二区	14	保安处			6	第二区
	四	21	第一区	19	第八区	4	军管区				
国术	一	25	第九区			69	警察				
	二	25	第二区			31	保安处				
	三	5	第五区			33	军管区				
	四	2	第一区			2	九战区				
武装竞技	一					59	保安处				
	二					29	九战区				
	三					14	军管区				
	四					10	警察				

说明：表内各行政区：

第一行政督察区：岳阳县、长沙县、湘阴县、临湘县、浏阳县、平江县、湘潭县、醴陵县。

第二行政督察区：耒阳县、衡阳县、衡山县、攸县、茶陵县、常宁县、安仁县、酃县。

第三行政督察区：郴县、桂阳县、永兴县、宜章县、资兴县、临武县、汝城县、桂东县、蓝山县、嘉禾县。

第四行政督察区：常德县、澧县、桃源县、石门县、华容县、南县、慈利县、安乡县、临澧县。

第五行政督察区：益阳县、湘乡县、安化县、汉寿县、宁乡县、沅江县。

第六行政督察区：邵阳县、新化县、武冈县、新宁县、城步县、隆回县。

第七行政督察区：零陵县、祁阳县、宁远县、道县、东安县、永明县、江华县、新田县。

第八行政督察区：永顺县、龙山县、大庸县、保靖县、桑植县、古丈县。

第九行政督察区：沅陵县、溆浦县、辰溪县、凤凰县、乾城县、永绥县、泸溪县、麻阳县。

第十行政督察区：会同县、芷江县、绥宁县、黔阳县、晃县、靖县、通道县、怀化县。

湖南省第十六届运动会

本届运动会于 1943 年 10 月 10 日至 16 日在耒阳省立体育场举行。

本届大会名誉会长陈诚（第六战区司令长官），会长薛岳（湖南省政府主席），副会长王光海（省政府秘书长）、赵恒惕（省临时参议会参议长）、王凤喈（省教育厅长）等 7 人。大会总指挥李树森（湖南省警务处长）。大会总裁判袁浚（国立湖南大学教授兼体育主任），副总裁判金兆均（国立师范学院体育系主任）。

大会开幕典礼于 1943 年 10 月 10 日上午 6 时举行。计到各单位领队、选手及各界民众3万余人。

开幕典礼结束后，由耒阳城区各中小学校及警官训练班，进行团体操表演。

大会各项竞赛除军警单位另有规定外，其余均以本省各县市为参加单位，但选手名额不得超过《各县市参加本届全省运动会选手名额限制办法》中之有关规定。本届运动会参加单位和人数见表。

大会竞赛分军警、学生（男女）、公开（男女）三组，各组竞赛项目如下：

军警组：田赛6项，径赛5项，游泳6项，武装竞技5项，国术3项，篮球，排球。

学男组：田赛7项，径赛8项，游泳7项，篮球，排球，足球。

公男组：田赛7项，径赛8项，游泳7项，国术3项，篮球、排球，足球，网球。

学生、公开女子组：田径赛10项，游泳5项，篮球，排球。

田径、游泳比赛项目，每项录取6名，按7、5、4、3、2、1计算之。各项球类均采用淘汰制，取冠、亚、殿军三队。

本届大会除安排有上述正式竞赛项目外，还设有自由车、1500米竞走、劈刺、国术、童子军、团体操6项表演。

为使各项竞赛进行有序，冀得完美之结果，本届大会还制定了特定比赛规约，对各单位，职员、选手在参加各项竞赛活动中，提出了具体要求，凡违反规约者，取消比赛资格。

本届大会还设有精神锦标，评判标准以县为单位，依照本会所制精神锦标评判记载表所列六项标准（即服从裁判、严守纪律、比赛作风、服装整齐、宿舍清洁、其他行动），选择成绩最优之三单位分别计分，依次排列。根据各评判员计分标准，精神锦标为益阳所得。

湖南省第十六届运动会参加单位、人数统计表

单　位	运动员人数	职员人数	合　计
九战区	36	9	45
警备区	54	2	56
军管区	39	2	41
特务团	24	2	26
耒　阳	91	7	98
长　沙	35	2	37
长沙市	40	4	44
醴　陵	40	4	44
常　德	22	2	24
平　江	15	2	17
益　阳	54	10	64
安　仁	14	1	15
靖　县	13	2	15
石　门	9	1	10
衡　山	104	9	113
溆　浦	17	3	20
城　步	8	1	9
新　化	37	4	41

续表

单位	运动员人数	职员人数	合计
道县	15	3	18
宁远	15	1	16
湘潭	47	3	50
浏阳	15	4	19
芷江	22	2	24
黔阳	24	2	26
桃源	27	3	30
澧县	14	1	15
常宁	4	1	5
沅江	10	2	12
汉寿	10	1	11
会同	52	5	57
邵阳	67	7	74
武冈	31	4	35
零陵	40	4	44
泸溪	16	2	18
宜章	15	1	16
资兴	7	2	9
衡阳	43	4	47
湘乡	48	3	51

续表

单 位	运动员人数	职员人数	合 计
安 化	79	5	84
衡阳市	43	8	51
祁 阳	24	5	29
茶 陵	40	3	43
古 丈	8	1	9
永 兴	40	4	44
临 武	7	2	9
郴 县	32	3	35
嘉 禾	7	1	8
辰 溪	71	9	80
宁 乡	15	1	16
东 安	6	1	7
沅 陵	33	5	38
汝 城	10	1	11
攸 县	28	3	31
桂 阳	20	2	22
合计：54	1637	176	1813

注：陈长沙、衡阳两市外，余皆为县。

湖南省第十七届运动会

湖南省为选拔选手，出席第七届全国运动大会，原拟先期举办第十七届全省运动会，但因湖南省政府以奉令时间仓促、经费支绌、举办全省运动会困难殊多，故将原定之第十七届湖南省运动会，改为第七届全国运动会湖南选手预选会。大会于1948年4月6日至10日在长沙市中山东路老督军署旧址（今长沙市青少年宫）省立体育馆前坪新建之体育场举行。

大会会长兼筹备处处长王东原（湖南省政府主席）、副会长兼筹备处副处长李锐（湖南省财政厅长）、王凤喈（湖南省教育厅长）。大会下设审判委员会和竞赛委员会，审判长和副审判长均由大会会长和副会长兼任。竞赛委员会主任委员李树森，副主任委员黄凤岐、彭泽沛，委员有陈奎生、方季平等10人。大会总裁判涂文。

大会开幕仪式，原定4月6日上午举行，嗣因天雨，会场泞湿，改至10日上午补行。开幕式上，首由王会长即席训话。会长训话后，由特邀来宾——国内有名之体育专家、国立武昌体育专科学校校长章辑五致词。最后是数千名童军大会操。

本届预选会没有制发锦标和奖品。

参加本届预选会的选手，虽有“须经县市预选会选拔并须达到规定标准”要求，但由于标准偏高，达标者为数极少，因此参加省预选会的选手除少数达标者外，多数尚未达标，但系各县市预选会中各项之优胜者。

本届预选会以县市为参加单位。各参加单位人数见表。

根据大会竞赛规程规定，本届预选会分男女两组进行。竞赛项目有：

男子组：田赛7项，径赛8项，篮球，排球。

女子组：田赛6项，径赛4项，篮球，排球。

本届预选会男子、女子篮球、排球均为长沙市队所获。男女田径赛成绩见表。

经过本届预选会，共选拔出男子田径 31 人，女子田径 28 人，男子篮球、排球各 12 人，女子篮球、排球各 15 人，组成湖南选手代表团，出席 5 月 5 日在上海举行的第七届全国运动会。

湖南省第十七届运动会女子田径纪录

项　目	纪　录	保持者	单　位
50 米	7 秒 4	李　芳	湘　潭
100 米	14 秒 9	游本建	长沙市
200 米	32 秒	欧阳秀梅	衡　山
80 米低栏			
400 米接力			
铅球	8. 33 米	喻路德	衡　山
跳高	1. 19 米	何沪生	长沙市
跳远	3. 93 米	欧阳秀梅	衡　山
标枪			
铁饼	22. 60 米	喻路德	衡　山
掷垒球	30. 23 米	蒋宗柏	衡　山

湖南省第十七届运动会参加人数表

单　位		安化	宜章	醴陵	耒阳	茶陵	永兴	常德	湘阴	郴县	浏阳	安仁	长沙市	衡山	湘潭	桃源	零陵	合计	备注
选手人数	男	16	17	22	2	12	11	20	15	22	20	12	37	42	29	2	10	289	
	女			2	2					3			36	16	21		3	83	
领队人数		1	1	1	1	1	1	1	1	1	1	1	1	1	1	1	1	16	
指导员人数				1	1		1	1	1	1	1	1	1	1	1			11	
合　计		17	18	26	6	13	13	22	17	27	22	14	75	60	52	3	14	399	

湖南省第十七届运动会男子田径纪录表

项　目	纪　录	保持者	单　位
100 米	12 秒 2	刘辉榜	衡　山
200 米	25 秒 6	刘辉榜	衡　山
400 米	58 秒 2	符尧程	湘　阴
800 米	2 分 20 秒 6	刘陈凤	耒　阳
1500 米	4 分 53 秒 2	李春初	常　德
10000 米	38 分 58 秒 8	左东元	衡　山
110 米高栏	20 秒 2	冯崇芸	衡　山
400 米中栏	1 分 11 秒 2	周致远	衡　山
铅球	9. 63 米	李傅丹	长沙市
铁饼	27. 72 米	青远生	衡　山
标枪	35. 22 米	郑华松	衡　山
跳高	1. 65 米	刘景发	常　德
跳远	5. 93 米	刘景发	常　德
撑竿跳高	2. 85 米	何显华	长沙市
三级跳远	11. 87 米	刘景发	常　德

建国前历届湖南省运动会男子田径最高成绩表

项　目	成　绩	创造者	单　位	届　次	时　间	地　点
100 米	12 秒	陶　立	长沙市	13	1933. 9	长　沙
200 米	24 秒 8	陈和衷	邵　阳	11	1931. 5	长　沙
400 米	56 秒 6	粟国光	长沙县	12	1932. 11	长　沙
800 米	2 分 11 秒	郭玉汀	长沙县	12	1932. 11	长　沙
1500 米	4 分 37 秒 8	杨相华	岳　阳	12	1932. 11	长　沙

续表

项　目	成　绩	创造者	单　位	届　次	时　间	地　点
10000 米	37 分 38 秒	沈瑞清	九战区	16	1943. 10	耒　阳
110 米高栏	17 秒 3	朱克伦	长沙县	12	1932. 11	长　沙
400 米中栏	1 分 3 秒 6	刘　锦	长沙市	13	1933. 9	长　沙
跳　高	1. 68 米	何印环	长沙市	11	1931. 5	长　沙
跳远	6. 57 米	胡德文	九战区	15	1941. 5	耒　阳
三级跳远	12. 95 米	王植仁	常　德	14	1934. 11	常　德
撑竿跳高	3. 50 米	李德群	长沙市			
推铅球	13. 63 米	毛一飞	零　陵	16	1943. 10	耒　阳
掷铁饼	34. 25 米	何径道				
掷标枪	49. 85 米	敖华明	九战区	16	1943. 10	耒　阳
400 米接力	47 秒 8		长沙市	12	1932. 11	长　沙
1600 米接力	3 分 58 秒 8		长沙市	12	1932. 11	长　沙
五项全能	2065 分	黄延义				
十项全能	4375. 31 分	皮　渤	长沙市	12	1932. 11	长　沙

建国前历届湖南省运动会女子田径最高成绩表

项　目	成　绩	创造者	单　位	届　次	时　间	地　点
50 米	7 秒 4	李　芳	湘　潭	17	1948. 4	长　沙
100 米	14 秒 8	阳凤翥	二　区	15	1941. 5	耒　阳
200 米	30 秒 8	李　森	衡　阳	12	1932. 11	长　沙
80 米低栏	16 秒	钟　英	长沙县	12	1932. 11	长　沙
跳　高	1. 26 米	陈淑南	桃　源	12	1932. 11	长　沙
跳　远	4. 145 米	胡在忻	长沙市	12	1932. 11	长　沙
推铅球	9. 25 米	郑佩坤	安　化	16	1943. 11	耒　阳

续表

项 目	成 绩	创造者	单 位	届 次	时 间	地 点
掷铁饼	22.60 米	喻路德	衡 山	17	1948.4	长 沙
掷标枪	25.71 米	彭贞兰	九 区	15	1941.5	耒 阳
掷垒球	41.40 米	彭贞兰	九 区	15	1941.5	耒 阳
400 米接力	1 分 02 秒 8		新 化	16	1943.10	耒 阳

建国前历届湖南省运动会男子游泳最高成绩表

项 目	成 绩	创造者	单 位	届 次	时 间	地 点
50 米自由式	28 秒 4	杨瑞昌	长沙县	11	1931.5	长 沙
100 米自由式	1 分 11 秒 2	汤国珍	长沙县	12	1932.11	长 沙
200 米自由式	2 分 50 秒			10	1930.3	长 沙
400 米自由式	6 分 11 秒 5	杨瑞昌	长沙县	12	1932.11	长 沙
1500 米自由式	26 分 21 秒 7	杨瑞昌	长沙县	12	1932.11	长 沙
200 米俯泳	3 分 10 秒 5	汤国珍	长沙县	12	1932.11	长 沙
100 米仰泳	1 分 26 秒 9			12	1932.11	长 沙
200 米接力	2 分 6 秒 4		长沙市	11	1931.5	长 沙

建国前历届湖南省（15、16 二届）运动会女子游泳最高成绩表

项 目	成 绩	创造者	单 位	届 次	时 间	地 点
50 米自由式	51 秒 9	黄云保	衡 山	16	1943.10	耒 阳
100 米自由式	2 分 37 秒 4	黄华英	二 区	15	1941.5	耒 阳
100 米仰泳	2 分 30 秒	黄云保	衡 山	16	1943.10	耒 阳
200 米俯泳	5 分 6 秒	黄云保	衡 山	16	1943.10	耒 阳
200 米接力	2 分 32 秒 2		安 化	16	1943.10	耒 阳

注：1～14 届、17 届没有女子游泳。

原载：《湖南体育史料》第一辑　1982 年

湖南省民众国术俱乐部主办的几项体育竞赛

青 峰

湖南省会民众国术俱乐部，在1936年中主办了多次群众性的单项体育竞赛，如摔角（即摔跤）、射箭、搏击（即拳击）、爬山、骑术、线车、游泳等。这些活动，都是以省主席兼国术俱乐部董事长何键为会长，由俱乐部总干事竺永华与其下属各股室负责人，如李丽久、向恺然、黄凤岐、杜传之等共同进行筹划的，成立了筹备处。筹备处设立办公室，有专人负责订制竞赛规程与规则，筹募奖品，聘请裁判及处理一切有关事宜。每次活动，俱乐部有数十人参加工作，上下一心，共同努力。各次活动负责总务以杜传之为主，宣传以罗心冰、周之舞为主，负纠察责任的是王守仁，救护聘沙古山负责，裁判由黄凤岐、李丽久、向恺然等总负责，有时也聘请本市一些体育教师参加。每次竞赛前，在长沙市各大小报上刊登消息，报道筹备情况，公布竞赛规程，以吸引广大群众报名参加。每次比赛，前来参观者众多，轰动一时。有时为了限制人数，还要购门票入场。兹将各次体育竞赛活动情况简介如下。

一 摔角竞赛

1936年元旦，在国术俱乐部大坪，举行了摔角比赛。摔角比赛在湖南还是创举。会期共3天，比赛组别分为男重量级、男轻量级、女子、儿童四组。参加比赛者，男重组28人，男轻组53人，女子组 8 人，儿童组 72 人，共 161 人。各组取前三名给奖。第一天为各组预赛，第二天复赛，第三天决赛。

大会制定的竞赛规则主要内容如下：

（一）以三赛两胜决胜负，每赛以五分钟为限。

（二）如三赛成平局时，得延长比赛一次，胜者得续赛权。

（三）摔倒对方全身或对方之手膝半身着地者为胜。

（四）取怠惰之态度、希图延时者为负。

（五）双方同时倒地，不分胜负，或称平局。

（六）有下列之一者为犯规，取消比赛资格。

1. 用扑击方法，加之对方者；

2. 用指袭击对方之口、眼、喉等部位者；

3. 用脚踢对方膝盖以上部位者；

4. 代替他人再参加比赛者；

5. 至规定时间，无故不到弃权者。

大会比赛每天均争夺激烈，极为精彩，比赛结果：

男重组名次：1. 王旭初，2. 阎凤祥，3. 晁保义。

男轻组名次：1. 赵东波，2. 刘杞荣，3. 赵凤鸣。

女子组名次：1. 陈振勋，2. 刘玉英，3. 李子良。

儿童组名次：1. 廖寿华，2. 李少林，3. 文咨政。

二　射箭竞赛

2 月 3 日在国术俱乐部大坪举行了长沙市第一届射箭比赛会。比赛分男、女两组，比赛项目有射中与射远两项。射中距离：男子 30 公尺，女子 20 公尺。射远距离：男子 80 公尺、女子 60 公尺为最短距离。赛期共进行两天。参加比赛的运动员，计男子射中 86 人，射远 88 人；女子射中 33 人，射远 40 人。共 247 人。第一天为男子组预、复赛，选出 30 人参加决赛。女子组以参加人数较少，仅三次淘汰，射中一项，即已成绩揭晓。第二天为决赛期，每组各项取前四名授奖。此次射箭赛中，有年逾古稀的老叟王致美、傅荣贵、谢泳龙等数人，登台献技，引人瞩目。赛后由平江不肖生、向恺然表演绝技，空中响箭，最为精彩，大开市民眼界。那时射箭比赛的规则，有下面几条：

（一）每人连射三箭为一回，至最后之一回成绩最优秀者为冠军。

（二）射中：第一回以两箭中环者为合格。第二回以两箭中四环以内者为合格。第三回以两箭中七环以内者为合格。第四回以中十环之次数多者为冠军。

（三）射远：以射逾最短距离之规定，而能以一箭最远中的者为冠军。

（四）其中箭次数相同，远近相等者，再决赛。

（五）有下列之一者为失误。失误两次者取消资格。1. 满弓走弦者；2. 扣箭落地者；3. 失手走箭者。

大会比赛结果：男子组：射中名次：1. 梁绍昌，2. 熊柏泉，3. 王旭初，4. 竺永华。射远名次：1. 姚良庆，2. 蒋新和，3. 黄涤泉，4. 竺秉成。女子组：射中名次：1. 李传明，2. 罗淑芳，3. 黄云晖。射远名次：1. 常业娥，2. 官让贤，3. 黄云晖。

三　搏击竞赛

3 月 14 日，举行了长沙市第一次搏击竞赛。比赛地点也在国术俱乐部大坪。分男子、儿童两组。男子组按体重分重量级（150 磅以上者）、中量级（130 至 150 磅以内者）、轻量级（130 磅以内者）。儿童组（100 至 60 磅以内者）。报名参加比赛的运动员，男子组重量级 30 人，中量级 52 人，轻量级 46 人；儿童组 45 人，共

173 人。比赛连续进行 3 天。第一天为男子组三个级别的预赛，第二天为男子组复赛，儿童组预复赛，第三日为各组决赛。大会订定的竞赛规则、主要内容如下：

（一）比赛以三回决胜负，如不分胜负，得增加一回，每回时间为三分钟，休息一分钟后，即继续次回比赛。

（二）比赛以得点多者为胜，如双方得点平均时，则以常出攻击而占显著之优胜者为胜。

（三）得点与减点：1. 将对方击倒者，得五点。

2. 明确攻击对方重要部位者，得一点（重要部位为头、胁、腹部）。

3. 被击倒后，由公正人呼数（一呼数为一秒）至十，尚不能起立者，无论得点多少为负。但未呼至十，而能起立继续比赛。每一呼数作为对方得一点。

4. 防御有方，能使对方攻击无效，且能反击者，得一点。

5. 凡犯下列规定者为犯规，减五点：

①以头、肩、肘撞对方，或以足蹴、齿啮对方者。

②拳击对方腰部以下或后脑者。

③对方倒地、未起立之前，加击对方者。

④一手按绳束另一手加击对方者。

⑤用一手抱持而另一手加击对方。

⑥未恢复正常状态，利用不意时机，加击对方者。

⑦比赛及休息时与外人交谈者。

（四）取消资格：

1. 比赛时不服从裁判，未经裁判许可，擅自离场者。

2. 于比赛用具内，暗藏物品者。

比赛结果：

男重量级名次：1. 晁元功，2. 王旭初，3. 智东成。

男中量级名次：1. 蒋新和，2. 姚良庆，3. 谢光汉，4. 李鸿明。

男轻量级名次：1. 蒋兆鸿，2. 彭东高，3. 李涤泉。

儿童组名次：1. 晏希云，2. 彭达珊，3. 彭作霖，4. 陆克佩。

四　爬山比赛

4 月 15 日，在河西岳麓山，举行了一次爬山比赛。设男子老年、壮年、女子、儿童四组。老人组因无人报名，实只有三组参加比赛。计男子壮年组 571 人，女子组 70 人，儿童组 281 人，共 922 人。大会规定爬山路线，儿童组由湖大操坪出发，经五轮塔、昆涛亭至云麓宫为终点。壮年组由湖大操坪出发，经五轮塔、昆涛亭、云麓宫至禹王碑为终点。比赛规则很简单：

1. 运动员必须在同一起点出发。

2. 运动员必须通过途中指定地点、领取凭证、到达终点，否则取消资格。

3. 比赛时不得有看护人，随同伴走，否则取消资格。

上午 10 时，由黄凤岐发令，分批进行比赛。女子组先出发，其次壮年组相继而上，最后儿童随后紧跟。近千健儿，爬行于羊肠小道，奋勇前进，有如万马奔腾之势，极为壮观。正午 12 时，全赛完毕，均返湖大操坪司令台（赫义亭）前授奖。凡参加者，每人发法饼两个以示慰劳。比赛结果：

壮年组名次：1. 李氏一（湖大工友），2. 王齐家（成智益湘小学学生），3. 刘自汉（市民），4. 潘钧鉴（妙高峰中学学生），5. 杨相华，6. 李舒藻。

女子组名次：1. 罗光华（明宪学生），2. 谭菊华（明宪学生），3. 黄前珍（民范学生），4. 李传明（国术馆学生），5. 王秀文（明宪学生），6. 王弟祺（日新学生）。

儿童组名次：1. 万维亲（濂溪学生），2. 晏希云（技术班学生），3. 魏启贤（楚怡学生），4. 莫鸿涛（一师附小学生），5. 罗铁雄（市民），6. 颜运昌（广雅学生）。

五　军民骑术竞赛

5月17日，国术俱乐部与四路军骑兵大队及省体育场三处联合发起，举行了一次军民骑术比赛，也是我省前所未有的一次创举。比赛项目有：

1. 竞走：1600公尺竞走、走马1600公尺竞走。

2. 竞跑：800公尺竞跑、2400公尺竞跑。

3. 障碍飞越：六种障碍飞越、四种障碍飞越、单一障碍飞越。

4. 骑术表演：装卸竞赛、取旗竞赛、拾物竞赛。

报名参加者，计军人组58人，民众组125人，妇女组4人（未赛），实际参加比赛的运动员144人。比赛地点在协操坪，赛前由骑兵大队长唐天德率百余骑，做教练和骑艺表演，动作整齐，颇得好评。大会订比赛规则18条，其主要内容有：

（一）每项竞赛均须用抽签分组，比赛时无马匹者，于骑兵大队预备之马匹中，抽签分配之。

（二）竞走竞跑定六人为一组，每组前三名参加复赛，复赛前三名参加决赛。如决赛人数过多时，得由评判者再行分组复赛，取六名决赛。

（三）竞走竞跑之位置，均抽签定位，从起点出发至一百公尺后，始能抢入赛道内圈，否则以犯规论。

（四）竞走竞跑时中途落马，得继续上马进行比赛。

（五）六种、四种障碍飞越，如中途落马或撞倒障碍两个以上者，便算落第。

（六）卸装竞走，距离为300公尺，如马鞍、马勒、马索装配完毕，速达终点后，又将马鞍、马勒卸于马下之左侧，安放订妥后，将马索解开，以右手牵马，左手执余索立正，以定胜负。如装卸不得其法，甚至错误两种以上，便算落第。

（七）取旗、拾物竞赛距离，均为300公尺，出发后，须将自己途中之旗物尽行捡去，速达终点，如途中遗落一件，便算落第。

（八）装卸取旗拾物，均以抽签分组，通过预、复赛，取前三名参加决赛。

（九）凡比赛中，为有妨害他人或别马之行动者，取消资格。

大会一日比赛完毕，结果如下：

军人组：

跑马赛快名次：1. 胡子中，2. 杨绍楚，3. 高斌。

障碍飞越名次：1. 吕节，2. 杨绍楚，3. 孔昭著。

快步竞走名次：1. 黎炳魁，2. 于光藻。

三种竞走名次：1. 吴德斌，2. 吴菊生，3. 吴标，4. 张凯，5. 朱湘彝，6. 罗斌臣（均骑兵大队队员）。

民众组：

跑马赛快名次：1. 康南保（俱乐部工友），2. 陈士华（大麓学生），3. 常钟陵（广益学生）。

六 线车竞赛

6月中，举行了一次线车比赛会，比赛分男、女两组。项目男子组有2万公尺长途赛快与骑车技术竞赛。女子组仅4000公尺长途赛快一项。

16日因天雨，在国术俱乐部大厅，举行了骑车技术竞赛。竞赛项目有拾物、丢车、提车、转轮、倒车、倒立、摇车等7项。参加比赛者21人。比赛时以凳上倒立行车最为惊险，观者为之失色。

21日，在协操坪举行线车长途赛快。参加比赛者，男子组52人，女子组24人。两组起点均设在协操坪公共体育场。男子组路线，出发时绕场一周，即由汽车引导，经50标马路，南经汽车站，直达新开铺折回，由原路至公共体育场为终点。女子组路线，也是出发后，绕场一周上马路，北向至黑石渡折回，循原途返公共体育场为终点。大会制定的几条主要规则如下：

甲、长途赛快：

（一）出发口令同径赛发令。呼“各就各位”时，各人按抽签之位，依次排列于起点线后。闻“预备”口令，即准备做上车姿势，至“哨声”已起，始得上车出发。未闻哨声，车辆任何部分，不得超过起点线。如经警告后再犯，取消比赛资格。

（二）中途如遇倾跌时，可下车休息，但不得妨害他人之进行。且继续前行时，必须在原处上车，不得携车前进。

（三）中途如欲超越他人之车辆时，必须在该车之侧面两尺外直冲越过，不得斜行。

（四）进行时，不得冲撞别人之车辆，或故意妨害他人。

（五）以车辆后轮越过终点线，而定名次。

乙、骑车技术：

（一）以各项技术表演得总分多少而定取录名次。

（二）各项技术表演，如第一次失败，得继续一次。但以两次为限。

通过两天竞赛，结果如下：

男子组：长途赛快名次：1. 苏振海（市民），2. 方健（电报局），3. 白海波（文艺学生），4. 罗雪生（电报局），5. 翁宪章。

骑车技术：1. 欧阳霖，2. 张汝洪，3. 黄庆余，4. 肖至德。

女子组：长途赛快名次：1. 周美兰（飞仙车行），2. 钟小春（明宪学生），3. 陈玉鸾（市一学生），4. 汤淑纯（金庭学生），5. 成渺然（周南学生），6. 刘助吉（明宪学生）。

七、游泳竞赛

9月6日，主办了一次游泳比赛。比赛地点在青年会游泳池。大会本来规定分男、女两组，因这次比赛，实际是长沙市为参加第六届华中运动会的一次预选赛，水平较高，故报名者，均怯而不前，女子组竟无人参加。所以与赛者仅男子39人。

比赛项目：50公尺自由式、400公尺自由式、1500公尺自由式、200公尺俯泳和入水比赛。我省参加第六届华中运动会选拔委员会的委员曾福盛、黄凤岐、杨一南、何家声、何泾渭、阎家笃、谭涤清等7人莅会并参加了裁判与评选工作。在比赛中，我省游泳宿将王仁元，在50米自由式中以27″6的优异成绩破华中纪录。

50公尺自由式名次：1. 王仁元（成绩27″6），2. 龙舆，3. 吴弟仁，4. 李涤泉。

400公尺自由式名次：1. 王仁元（成绩7′42″8），2. 陈俊，3. 杨京昌，4. 宋石泉。

1500公尺自由式名次：1. 龙舆（成绩37′12″），2. 李泽。

200公尺俯泳名次：1. 胡先仪（成绩4′54″），2. 王恩赐。

入水比赛名次：1. 雷再鸣。

其所以未按竞赛规程，取足前四名者，因以后名次成绩相差太远。

是年6月份，还筹备了一次龙舟竞渡。当时一切筹备工作均已就绪，各行各业及市郊农民均准备好了船只，有些单位还是新造的龙舟，准备在端阳佳节，大闹湘江，岂知赛前为水上警备局所阻，一场民间传统的体育活动未克举行，群众颇为不满。

原载：《湖南体育史料》第二辑　1983 年

七　记述与回忆

三十年代湖南的武术组织及活动

万天石

20 世纪 30 年代，是湖南武术运动的鼎盛时期。它对全国武术运动的开展，产生了较为深远的影响。回顾这一历史时期的武术情况，对加深湖南武术史研究，开展湖南今后的武术工作，不无裨益。

从 1930 年至 1937 年下半年抗日战争开始为止，这一历史时期，为时虽不甚长，却是湖南武术运动达到高潮的时期。当时湖南省主席是何键，他对武术的提倡，在湖南武术史上客观地起到了推动作用。原因有三：第一，何键本人从小学武术，具有一定的武功，他从军后，自当排长一直升任到总司令，在历次战役中没有受过伤，故他对武术有非常浓厚的兴趣与偏爱，因而乐此不疲。“上有好者，下必甚焉”，是故湖南各地练武之风骤然兴起。第二，何键企图将他的部队全部实现武术化，以适应军事上的需要。他提出的口号是：武术军事化，军队武术化。第三，何键利用武术作为他个人的政治资本，扩大其势力范围，以巩固其统治地位（他在湖南统治达 8 年之久）。

当时湘省政府提倡的武术运动，着重在以下三个方面进行。在军事方面，首先成立技术教导总队，培训军队武术人才，分配到各部队担任武术教官；在政府方面，成立国术训练所（馆），培训武术教练，开展公教人员的武术活动；在社会方面，成立省会民众国术俱乐部，举办各种男女、青少年武术班，义务教授各种拳术和器械套路，从而使社会上各阶层人民，能有练武机会。同时，又通过教育厅下令全省各级学校增设武术课，规定大学、中学、小学学生均须学练武术。通过以上办法推动了湖南武术的发展。

从历史的情况看，收到了一些效果。1936年12月，我在湖南国术馆兼任国术月刊编辑期间，曾经收到各县市报来的武术情况调查表。其中有一项是统计各县市接受武术训练的人数，全省总平均是15%。即是说：平均每县市100人中，已有15个人学会了武术。其中最突出的是东安县，该县会武术者占全县总人口的30%。次为新化县，当时会武术者占全县总人口的25%。再次是大庸县。至于军队方面则更多，当时四路军各部队的军人接受武术训练的人数达到了80%。从上面的数字可以看出，20世纪30年代的湖南武术，确已赶上各省，列为全国之冠。

由于湖南武术风盛，全国各地著名的武术家从四面八方涌来长沙，有的前来取经，有的前来送宝，有的即在长沙任教。如中央国术馆长张之江、副馆长李景林、马良，杭州国术馆长孙禄堂，著名拳师刘百川、王子平、修剑痴、吴鉴泉、李丽久、吴子镇、吴公藻、万籁声、顾汝章、朱国桢、朱国福、朱国禄、朱国祥、纪绶卿（慈禧太后御前供奉、摔跤专家）、常东生、常贺勋、白镇东、范志桂、范志良、张向武、阎凤英、阎凤麟等，都在长沙教过武术，培养出不少武术人才。这样，湖南的武术项目更加丰富多彩了。

那一时期，湖南流行的武术流派有三：一为少林派（河南少林寺的拳种，称为北少林；福建少林寺的拳种，称为南少林）；二为武当派（如太极、八卦、形意轻功等拳种）；三为峨嵋派（如硬气功、轻功等）。

关于武术组织和训练情况，大致如下：

（一）四路军技术教导大队，于1930年下半年成立。大队长为李丽久，教务主任为张响武，总教官为朱国帧。1934年改为技术教导总队，仍由李丽久任总队长，张响武任教务主任，朱国桢任总教官。总队聘白镇东、晁万珍、王之和、林存森、阎凤麟、常东生、常贺勋、王书泰、宫济成、郭世铨、张金龄、田学伟、靳文彬、朱荣、谭伯生、肖英琼、陈理熙、朱融章、宋瑞峰、汤崇烈、李崇有等担任教官。课程除文科外，有内功拳、外功拳、西洋搏击拳、中国式摔跤和日本柔道、器械体操、武术器械单练和对练等项，内设军士班、青年班、教官班、高级班等。有的为一年毕业，有的为一年半、两年毕业。总队在7年之内为军队培训了武术骨干约3000人左右。该总队至1937年年底结束。

（二）湖南国术训练所，是1931年下半年成立的。

第一任所长为万籁声，秘书为曹伯清，教务科长兼总教官为顾汝章。教官有：万国铭、王成章、张永清、李树甫、时汉章、刘朝美、赵荣林、郭嵩山、徐瑞英、刘景春、邱代文、左振声、黄凤岐等。首先开办男子国术师范班第一期，招收了50名学生从事培训。万籁声只干了几个月便辞去所长职务到外省教学去了，所长改由何键亲自兼任。聘请向恺然担任秘书，主持所务。向恺然到所后，聘请刘靖武（洪杰）为教务主任，并聘摔跤专家纪绶卿、常东生，搏击专家白镇东，太极拳专家吴子镇、吴公藻，棍术专家范志桂、范志良，大学教授柳午亭、李肖聃，猴拳专家沈致和、沈晶明等担任教官。同时继续开办男子师范班第二期和第三期；开办女子师范班第一期和第二期，又成立了教官班。有的一年半毕业，有的为两年毕业。先后培训了1000余人为武术骨干。1934年春，又加聘了原在中央国术馆当总务处长的竺永华为副所长，充实了领导力量。直到1936年，国术训练所改为国术馆，何键兼馆长，派技术总队长李丽久兼副馆长，张响武兼教务主任，朱国桢兼总教官，竺永华和向恺然则专任国术俱乐部职务。教官多已更换，大多系由技术教导总队的教官兼任。笔者也曾担任教官兼国术月刊编辑。1937年还加聘了驰名全国的女子短跑健将李森为体育教员。到1937年年底，何键调离湖南，国术馆原有人员绝大部分分散离开。张治中派人接收后，将国术馆迁至沅陵，不久即告撤消。

国术训练所和国术馆的课目，除文科外，有少林外功拳、武当内功拳、轻功、气功、西洋搏击拳、中国式摔跤、日本柔道、器械体操、武术器械单练和双练、各种球类等。男、女师范班毕业学员，有的分配到政府机关教武术，有的到各地分所分馆教武术。很多县市都设有国术训练分所（后改国术分馆）。

（三）湖南省会民众国术俱乐部，是1934年9月正式成立的，非官办性质。系由何键发起组织的，先设董事会，由何键任董事长，竺永华为总干事，向恺然为秘书，杜传之为总务主任，栗咏礼代教务主任，李丽久为游艺主任，罗心冰为宣传主任（因罗不能来，由万天石代理主任），诸锡久为会计干事，黄尚叔为总务干事，万天石为宣传干事，罗正伦为美术干事，竺秉成、梁贤昌为管理干事，杜伯钦为庶务干事，黄凤岐为体育干事，李如桂、王守仁为纠察干事，王建中、李叔岩、张杰、刘洪霖为游艺干事，常业成、杜肃雅为文书干事，刘杞荣、沈晶明、向为霖、李犹龙、彭善思、孙泊、张玉芳、周绍致等为教务干事兼教官。

国术俱乐部的经费系由各董事认捐，总共筹集了光洋两万多元作为开办费，后因开办了川菜馆、照相馆、戏院、澡堂、理发室、弹子房及高尔夫球场营业，这样收入就多起来了。

国术俱乐部设有礼堂（名乐群厅）、演武厅、练功房、国术大操场、射箭场、摔跤房、戏剧排练房等，专供练习武术及排演戏剧之用。

国术俱乐部开办了民众班、妇女班、青年班、儿童班，免费传教武术。每年还举办公务人员武术训练班两期，分高级、普通两组，聘请王润生等著名拳师教太极拳。先后举办过搏击、摔跤、散手、木马、爬山、越野及各种球类比赛。还举行过象棋比赛、女子田径比赛、婴儿健康比赛、书画展览、照片展览、花卉展览、集团结婚等活动。教的拳种有：太极拳、形意拳、八卦掌、练步拳、五行拳、通劈六合拳、自然门拳、西洋搏击拳、中国式摔跤和日本柔道及武术器械单练、对练等。

1937 年年底，何键调离湖南后，国术俱乐部虽仍存在，但大多数人员都已离去。俱乐部总干事改由杜传之接任。直到 1939 年国术俱乐部全部结束，所有设施与财产全部移交给长沙励志分社。

（四）精武体育会湖南分会。该会也是湖南武术团体之一。全系民办性质。于 1929 年成立，初由楚嵩山、张文德负责筹备。发起人为张炯、鲁之山、陈其祥、陈介石、左益斋、胡子靖等 10 余人。分会内另设董事会和参事会。由明德中学校长胡子靖兼任董事长，董事皆系社会名流。参事会内，设有总务、财务、宣传、国操等部，20 世纪 30 年代担任国操部长的为苏明，总务部长为朱梓馨，宣传部长为李运墀，财务部长为周景峰，武术教员系由上海精武体育总会派来。最初任教的是楚嵩山、吴雨山，后来任教的是吴元龙、刘金声等。

精武体育会会员，每年需交会费一元。经费不足时由董事捐助。该会 20 世纪 30 年代拥有会员 200 余人。借用青年会健身房为练武场。

精武体育会湖南分会会员习武的必修课为：螳腿、功力拳、大战拳（上、下两路）、群羊棍、抱月刀、五虎枪、纯阳剑、合战（即两人对练）等。直到1940年因受抗日战争影响而停办。1937年，该会曾聘请著名太极拳宗师吴鉴泉和王润生前去讲课并传授太极拳。

各县市设置国术训练分所（后改为国术分馆）的计有湘潭、邵阳、衡阳、岳阳、常德、洪江、保靖、郴州等28个县市。某些县市曾经设立过精武体育会，但为期不长，例如湘潭的精武体育会，后改为国术训练分所，1936年后又改为国术分馆。

湖南全省各地有如此众多的武术机构，将湖南的武术运动也推向了高潮。加之，湖南在20世纪30年代举办过两次全省国术考试，参加过一次全国国术考试，对武术运动的开展，起到了促进作用。第一届湖南全省国术考试是1931年10月在长沙市中山堂举行的。那次应考人数共129人，全是散手对打。用抽签轮赛的办法，决出冠军唐徽典、亚军陆占山、季军黄忠义。第二届全省国术考试，是1932年10月在长沙市教育会坪举行的。此次规模较大，应考人数共有280人。与上届一样，全系散手对打，采用轮流抽签淘汰制。决赛结果：取最优等8名、优等7名、上等15名、中等6名。冠军为刘心潜，亚军为刘过，季军为刘辉瓒（都系国术训练所学员）。在这两届国术考试中，全国各地武术界都派人前来观光，或派专家前来担任评判，起到了技术交流作用。

1933年10月，湖南全省派出了一个庞大的武术选手代表团，共计派出武术选手102名，前往南京参加全国第二届国术考试。由李丽久、向恺然任正副团长，我为随团记者。那次湖南选手获得了团体冠军，并有10人获得单项冠军，8人获得单项亚军，6人获得单项殿军。正式考试及格者54人，刘九生获得个人总分第一名（刘系湖南醴陵人）。从那次起，各省纷纷派人前来湖南取经，要求湖南代为培训武术人员者达100余起。同期，湖南省会民众国术俱乐部成立后，先后举办了散手、搏击（西洋拳）、摔跤、射箭、马术等单项比赛，选出了一批优秀选手。在1936年举办的第六届华中运动会上，所有武术项目，几乎全被湖南选手获得。

1936年，中央国术馆馆长张之江来到湖南。他在国术俱乐部的欢迎会上说："湖南的国术办得好，对全国国术的开展，产生了深远的影响。"

原载：《湖南体育史料》第四辑　1984年12月

我参加远东运动会的回忆

曾福盛

我今年83岁，湖南新化县人。我在青年时期曾参加过第七、八届远东运动会。

1924年暑假，我在湖南复初高中毕业后，考入上海华东体育专科学校，该校设在上海公共体育场内，场地宽广，设备齐全。我在校经过一年多的勤学苦练，各项运动成绩提高较快，撑竿跳高和十项运动，已超过第三届全国运动会的成绩和接近远东运动会的纪录。1925年初，第七届远东运动会预选会在上海圣约翰大学操场举行，预选会由中华全国体育协进会总干事、圣约翰大学校长沈嗣良主持，清华大学体育主任马约翰任总裁判。我代表上海参加预选，其结果是：撑竿跳高第二名，成绩3.70米；标枪第一名，成绩48.1米；十项运动第一名，成绩497分。我因此被选为国家选手代表中国赴菲律宾参加第七届远东运动会。中华全国预选会选拔的运动员计有篮球、排球、网球、棒球、游泳、田径、全能队等90余人。足球队没有参加预选，由香港足球队队长李惠堂率领，由香港径赴菲律宾参加比赛。中国体育代表团共130余人，总领队是沈嗣良，总指导是马约翰，我们于1925年4月10日由上海起程，乘提督公司之“格兰脱总统”号船出发，途经香港休息三天，再飘海到菲律宾马尼拉。上岸后住中华基督教青年会宿舍，休息约一周左右；大会于5月16日在马尼拉京城古园内隆重开幕。

我国参加撑竿跳高的选手，有当时东南大学体育科学生夏翔（现清华大学体育教授）和华东体专的徐维贤和我三人，比赛结果夏翔名列第四；参加掷标枪的选手是当时西北大学的尹商屏和我，比赛结果尹商屏获第四名；参加十项运动的选手有当时复旦大学的沈昆南、天津南开大学逯明和我三人，比赛结果我获第四名。其他项目篮、排、网、棒球、游泳等，均名落孙山。唯中国足球队荣获冠军，黄炎子孙，扬威海外，深得海外华侨的赞颂，因此华侨集资用黄金铸了一个踢足球的全像赠给足球队，每个足球队员也都赠送了纪念品。足球队队长李惠堂球艺卓越，被称为“亚洲球王”，这次又登上冠军宝座，声誉更高了。

1927年8月下旬，第八届远东运动会在我国上海劳神父路中华田径运动场举行，我当时已由上海华东体专毕业回长沙，在湖南省第一中学和复初中学任体育教员。这年5月21日长沙发生“马日事变”，中等学校一律停课，我就利用这个机会，每天到协操坪（现湖南省体育场）练习田径项目。后又值国民政府宁汉分裂，长江断绝交通，到7月底才通航。湖南参加第八届运东运动会的全国预选赛选手九人（游泳八人，田径一人），由湖南省体育会干事黄凤岐率领赴上海，因特殊原因，预选会同意湖南省选手单独进行补测，以成绩为录取标准，结果游泳全部落选，只取录我代表中国参加第八届远东运动会的撑竿跳高、掷标枪和十项运动的比赛。我在中国选手训练班经过约一周的集训就参加了比赛，第一天我参加十项运动的前五项，上午以11″3的成绩跑完了100公尺，接着是急行跳远，在第二次起跳时，由于用力过猛，将右脚踝关节扭伤，落坑后起不来，寸步难行，不能再跳了，因此我参加这次运动会的比赛项目就全部失败了。从此我就结束运动比赛生涯，一心从事体育教学工作了。

（黄萃炎整理）

原载：《湖南体育史料》第二辑　1983年6月

忆东征

龙竞雄

早在50年前，上海两江女子篮球队曾东渡日本、朝鲜，以十二胜一平的辉煌成绩凯旋，震动了体育界。几十年过去了，作为当年两江女篮的一个队员，东征的往事还时常萦绕在我的心头……

两江女篮是一支以长沙妹子为主体组成的球队。八名队员中有杨仁、石琛、向大威和我都是由长沙周南女中考入上海两江女子体专的学生。校长陆礼华，24岁创办两江体专。经她手创建的两江女篮经过艰苦的训练，一时间在国内竟无敌手，于是产生了出国比赛的念头。1931年4月25日，两江女子篮球队由校长陆礼华亲任领队兼教练，乘“长崎丸”海轮东渡日本。

我们在长崎下船几小时后，进行了东征的第一场比赛，对手是长崎女师篮球队。当时我们因为经费拮据，坐的是四等舱，吃的是糙米饭加几条萝卜干，旅途吃不好睡不香，加之我们在国内打的是女篮规则（即全场分为两个区，前锋、后卫互不许越过中线），而对方却要求打男篮规则，形势对我们非常不利，但队员们信心颇足。比赛开始，几经交手，对方就被我们打乱了阵脚。当时，我身高1.86米，是队里的“长人”，加上弹跳好，便担任中锋。我在跳球时，利用脚的站位和手势发出种种暗号，队员们根据暗号，熟练地发动凌厉的攻势，使对方顾此失彼，防不胜防。杨仁的切入上篮得分，向大威的中投也连连中鹄。其他如石琛、邵锦英等队员也表现不俗，配合默契。最后，我们以19∶10的比分旗开得胜。

首战告捷，日方人士对我们刮目相看。接着，我们又转战东京、神户、京都、奈良、大阪等大城市，与日本关东锦标队和关西锦标队等第一流的强队进行了较量，结果是所向披靡，取得了九胜一平的辉煌战绩。

尔后，我们移师朝鲜汉城，又三战三胜。这样，两江女篮作为第一支出国的女子篮球队，在当时极其艰苦的条件下，胜利地完成了东征的使命，载誉而归。

（黄萃炎　柳克君整理）

原载1984年10月6日《长沙晚报》

忆“远征”蓝田

刘齐贤

“远征”蓝田，那是1940年的往事。抗日战争时期，邵阳城区的中、小学校纷纷迁往农村，以避日寇飞机轰炸。有一所当地回族私立偕进中学，迁到了邵阳县小东乡弱子岩“朱氏宗祠”。这里不高的李家山，树林葱葱；不宽的邵水河，水流潺潺；蜿蜒的石板大路，穿过千百亩稻田，是一个读书的好地方，也是一个锻炼身体的好所在。

偕进初级中学，有三个年级六个班，男女学生300多人，多半寄宿。我当时在这所学校担任体育教师。学校体育场地设备非常简陋，只有两个篮球场，一个排球场，无法让几百学生开展体育活动。我便因地制宜，组织学生爬山，跑马路，夏季开展游泳活动，不仅提高了学生们的身体素质，而且在整个邵阳田径运动会上，我校篮、排球比赛多次夺得冠军。

由于当时偕进中学的校址偏僻，招生不易，毕业生能升高中者不多。为了振兴学校，创立声誉，我向学校献策，组织一支篮排球队，“远征”当时湖南的文化中心——蓝田。校长马鼎、主事张光南非常赞成，于是我订计划，选队员，进行严格训练，苦干半年，10名队员个人技术和集体配合都进步很大。在邵阳与一些较强的篮、排球队作友谊赛，胜多败少，说明远征条件已经成熟，决定出征。

球队远征前，学校给每个队员定制一件黑色牛皮夹克，两件白背心（印有“偕进中学”红字），两条青色短裤，一双白球鞋。

自己备一套黑色制服，两件白衬衣，一条花领带和一顶缀有校徽的黑制帽。此外，还特制了一面绣有“偕进中学体育代表队”的黄缎三角队旗。还印了十几张大型的名片，横排印有：领队兼指导刘齐贤，队长苏仁武，队员雷健、戴晃、唐中靖、罗建林、曹巍、石义方、蔡大年、戴治安、宁言。预计活动时间10天，徒步行军400里，比赛排球八场。每个队员带好自己的应用物品和课本、作业本（规定每日上午到约定学校参观并跟班听课两小时，下午比赛，晚上自习做练习）。

1940年10月的一天，我率全体队员，在全校师生的热烈欢送下，挺胸昂首走上征途。我们徒步两天，到达安化蓝田（现属涟源），下榻于环球旅社。翌日，我携队长苏仁武前往大麓、精炼、长郡、妙高峰等中等学校和国立师范学院拜访有关负责人，并且将拟订的日程与他们议定，按时参观和比赛。

第一天上午，全队前往妙高峰中学，由于我队服装威严，步伐整齐，路人表示惊奇和赞赏。在妙高峰中学，我们受到有关负责人的欢迎，队员到各自的年级班旁听了两节课，下午前往方园同该校初中部进行排球赛，我队以3：0胜，接着篮球赛又以较大优势战胜对方，我队旗开得胜，通讯员曹巍赶写捷报速寄回本校（以后每天都将情况邮寄回校，学生自治会体育部以大红纸书写张贴于食堂，全校学生纷纷争看捷报，欢欣鼓舞）。

第二天与妙高峰中学高中部比赛排球，打得比较艰苦。但我队仍以3∶1再次告捷。消息很快传遍蓝田，各校学生都想看看偕进中学这支名不见经传的球队。

接着我队与久慕大名的大麓中学的排球“炮”队交锋。“炮”队果然不凡，他们的发球、接传球、扣杀、拦网水平都高于我队，我队虽竭力反击，仍甘拜下风。接着进行篮球对垒，我队队员身材高大，斗智斗技，气势逼人，大麓队员虽然攻防有力，但仍被我队征服。

在蓝田的最后一场比赛是同威震三湘的“狮”队交战，该队曾遍访省内有名的篮球队，所向无敌。今日偕进中学这支初中篮球队竟敢挑战，真是初生牛犊不怕“狮”！这天下午，湖南国立师范学院篮球场观众十分踊跃，我国体育界权威金兆均先生亲临指挥，球场秩序井然。

比赛开始，两队队员握手后摆开阵势。裁判员一声银笛，双方队员龙腾虎跃，扣人心弦的争夺使人眼花缭乱！观众的“加油”声更增添了比赛的气氛。特别是“狮”队的个人技术十分精湛，战术配合非常默契，他们以丰富的经验、充沛的精力、能攻善守的谋略战胜了年轻的偕进中学篮球队。而我队全力应战，打出了风格，虽败犹荣。

偕中篮排球代表队访问蓝田，轰动一时。大麓中学校长黄衍钧先生设宴招待我们，体育界名流杨大展、方纪平等先生陪同欢谈。他们盛赞偕中球队，誉为“体育大使”，并欢迎偕中毕业学生投考他们的学校。接着国立师范学院和妙高峰中学都开茶点会招待，畅谈友情，我们备受鼓舞。偕中球队给蓝田留下深刻的印象，同时也带回了蓝田教育界的深厚友谊。

我们离开蓝田路经杨家滩，又同文艺中学进行了两场篮排球赛，该校体育主任金洪声亲做裁判，我队全胜。次日黎明我率全队在风雨交加中徒步跋涉百里，深夜赶到湘乡永丰镇（现属双峰县），队员连日比赛，加之冒雨行军一天，非常疲倦，憩睡一晚，消除疲劳，又盛情难却地接受了省立高级工校的邀请，做了一场排球表演赛。我队振作余威，以3∶0战胜高工。至此参观比赛任务全部完成。

我队高奏凯歌回到邵阳县，偕进中学师生列队，敲锣打鼓，鸣炮鼓掌，欢迎全队不辱使命的体育健儿载誉归来。

从此，偕进中学之名，被人刮目而视。

原载：《湖南体育史料》第十一辑　1989年7月

周南女排夺魁记

陈嘉钧

1948年4月，周南女排在全省运动会上夺得冠军。同年5月，周南女排代表湖南省赴上海参加第七届全国运动会。我作为该队指导，随队前往。

在上海，湖南女排都是些穿着周南校服、身带“土”气的中学小姑娘，没有其他各省女排的大都市“气派”。每人一套白大布的湖南运动服，很不引人注目。因此，那些新闻记者、摄影师一个劲地往广东、上海、台湾等代表队的宿舍跑，采访、拍照，热闹非凡。湖南代表队的宿舍里，却冷冷清清，无人问津。周南女排的姑娘们毫不计较，更不气馁，大家暗下决心，抓紧赛前训练，观察别省女排球艺，取长补短，立志夺魁。

第一场比赛对劲旅浙江队。赛前我们作了充分动员，鼓励运动员沉着应战，为湖南争光。当这支不起眼的湖南女排一鼓作气以3∶0战胜浙江队时，全场雷动。

首战告捷，士气大振。接着第二场比赛又以3∶0胜了安徽队。于是，湖南女排声誉大大提高，连周南的校服都成了受人喜爱的漂亮服装。湖南女排的宿舍顿时门庭若市，摄影师和记者纷至沓来。报纸上不断报道周南女排战绩，赞誉湖南中学生的球艺惊人，并祝愿湖南女排获得全胜。湖南教育厅和周南女中相继发电，鼓励我们戒骄戒躁，争取更大胜利。在上海的湖南老乡，特别是各大专院校的同学，纷纷派代表，拿着花束来队慰问，勉励女排力夺冠军。

决赛阶段，我们首战上海。上海队是全国有名的球队，她们实力雄厚、经验丰富，但这次面对初出茅庐的湖南小姑娘，反而有如临大敌之势。我们女排连战连胜，情绪高涨，斗志昂扬。赛前我们分析了双方的长处和短处，研究了有效措施，决心乘胜前进，击败对方。比赛前，我们给每个队员发了两个面包，两个熟鸡蛋，一杯白糖开水，作为鼓励。在当时，这已是非常优厚的待遇了。

比赛开始，湖南女排一个个昂首挺胸、雄赳赳进入赛场。比赛气氛极为热烈紧张，双方势均力敌，比分交替上升。当湖南队以 21∶17 赢得第一局时，看台上掌声雷动，欢呼四起。

第二局，上海队换人、暂停较多，湖南队不大适应，加之看台上拉拉队为上海队大喊助威，搞得湖南女排这些没见过大世面的小姑娘心慌意乱，结果是 19∶21 被上海队扳回一局。这时观众大为不平，特别是湖南老乡，自发地组织了义务拉拉队，拼命为湖南女排加油。结果湖南队连赢两局，最后以 3∶1 战胜上海队。当裁判员宣布比赛结果时，观众如潮水般涌向比赛场内，为湖南女排欢呼。我们都激动得流出了热泪，顷刻之间，周南女排的名声轰动了全上海。

最后，由湖南、上海、台湾三个队进行单循环赛，争夺冠军。当时由于裁判不公，赛场秩序无法维持，而整个比赛又不能延期，只好将湖南、上海、台湾三队并列第一名。

当湖南女排满载胜利喜悦和比赛奖品凯旋时，湖南省教育厅、长沙市教育局的负责人和许多体育工作者都到车站迎接，周南女中校长周昭怡率领全校师生员工列队夹道欢迎。

原载:《湖南体育史料》第一辑 1982 年

黄醒与《体育周报》

黄萃炎

长沙《体育周报》创刊于 1918 年 12 月 9 日，停刊于 1920 年 10 月 26 日，历时一年零 10 个月时间，共出刊 60 期。它时间不长，却在国内外产生了一定的影响。

《体育周报》由黄胜白（即黄醒）联合湖南体育界人士陆鸿仪、陈奎生、徐凯、蒋葆三、陆吉霖、徐荣甲、王运鸿等 30 多人筹组创办。该报以普及国民体育知识、研究体育学术、促进体育事业为宗旨。内容分言论、学说、研究、教材、调查、记事、讲演、音乐、小说、通讯、杂俎等。主办人黄醒，原是长沙楚怡学校的体操教员，辞职后办《体育周报》。当时湖南的体育活动显得十分活跃，《体育周报》一诞生，就受到社会的热情支持和帮助。如 1919 年 11 月 13 日《体育周报》特刊一号上，有陈独秀的《欢迎湖南人底精神》，玄庐（沈定一）的《人生一个大问题》等文章，有教育家北京大学校长蔡孑民（蔡元培）的通信。此外《周报》的代售员中有恽代英，以及新民学会会员陈奎生等。《体育周报》是湖南最早出版发行的全国性体育刊物，它的撰稿人遍及全国，有上海的徐一水、沈定一，北京的王鉴武、陈独秀，南京的傅廷栋、陈奎生，江苏的项高翔，江西的罗黑子等。国内发行点有17处之多。长沙的发行所，设在长沙储英园23号黄醒的家中，经费及发行事务均由黄醒一人经办。

《体育周报》每期6至12页，1万字左右，每周一期，全年48期，每期售铜元2枚。第二年起，每三个月增刊一期特号，主要是讨论体育上的重要问题，并广求当代名人对体育的意见。

《体育周报》虽受到读者和体育界人士的好评，但是由于该报是靠社会团体和私人资助的，经济时常拮据，同时张敬尧的警察厅又从中多方刁难、检查，致使其不得不于1920年10月停刊。

原载：政协《长沙文史资料》第12期

回忆夏义可先生

陈翊荣　陈治策

夏义可先生，北欧挪威人，生于1888年4月2日。毕业于挪威奥斯陆大学，任过挪威国会议员，精建筑学，获工程师职称，爱好体育，田径、球类成绩都很好，尤其对游泳有高深的造诣，曾以挪威国手资格，出席欧洲田径、游泳比赛，获得优胜，并曾三次游过英吉利海峡。

1912年由挪威教会派来我国传教，任长沙基督教青年会体育干事。青年会系由教会领导和组织的青年团体，向中国青年宣传耶稣教义，从中吸收教徒。体育干事主要是开展体育活动，还负责夏令营、游艺会等多方面的活动。长沙青年会设在四方塘，有健身房、游泳池、室内篮排球场、弹子房及体操器械，室外有个大操坪，可以进行篮、排、网球比赛。篮排球场还有木质看台，体育设备齐全。先生任干事后，积极开展青年体育活动，兼任体育教师。当时湖南体育事业处于初创阶段，体育项目很少开展，自夏先生抵达长沙后积极进行推广，并多次倡办省运动会。

1930 年，先生协理湘中信义会教育事业，1931 年被派到益阳基督教信义会主持工作，同时担任信义中学校董，在校教授体育、英语、物理等课。他不带家属，不住当时的华丽洋楼，而住在学校附近的平房内，虽系异邦人士，却能与学生打成一片。有次暑假他带领学生往安化天罩山过夏令营生活时，与学生同吃、同住、同活动、同锻炼，以身作则，不畏艰难。在学校除担任正课外，还组织教师业余足球队、游泳队，率领师生在资江河里开展跳水、游泳等活动。他夏季乘轮船去桃江时，在船上的时间少，在水里随船游行的时间多。益阳体育界开展游泳活动，是从夏先生开始的。他也是教会中慈善事业的负责人之一。1933 年洞庭湖发生水灾时，他任湘北赈灾委员会委员，到灾区慰问灾民、办理赈灾工作。

先生为人和蔼可亲，学生去访问时，他总是热情接待。学生请他照个相，有求必应，不收用费，他滑稽地说："我的照相馆，是蚀本的无限公司。"据说他妻住在美国，在经济上经常接济他，他却资助了很多贫苦学生，深受师生爱戴。当时益阳县立龙洲师范校长周昂僧，对先生的才德很器重，聘先生兼任龙师体育教员。先生将所得薪金，全部捐给龙师作添置图书仪器的用费。先生因久住中国，对中国产生了感情，常说："我爱我的中国。"家居时，喜穿中国服装，说中国话，读中国书，写中国字。有一次，他参观龙师学生成绩展览会后，在留言簿上写道：“好也，好得很也”，旁观的人都大笑起来。

1934 年 5 月 29 日（即农历四月十七日），信义中学童子军赴长沙参加检阅，先生本应率领学生一同前往，但他考虑到当天下午龙洲师范有两节体育课，便决定让别的教师领着学生先走，他于 30 日赶到。是日下午 2 时，他照常跑步至龙师，率领龙师六、八两班学生至电台山下江畔的可石园上游泳课。学生都坐在石矶上，先生更衣下水，边游边讲，传授技术。讲完动作要领后，上岸坐在学生群中休息，在闲谈中曾说：“我早年游泳能潜水数百米。”学生请先生表演，先生便潜入水中，但不远却冒出水面，返回石上说：“老了，不行了。”稍休息后，学生鼓掌，请先生再试。先生再潜入水中，少顷没有动静，学生正在凝视中，忽然发观对河木筏附近，有一黑头露出水面，以为先生潜水渡过江了，大家都鼓掌欢呼。过了一会，“头”不动，料为木头，知道已发生了意外事情，马上报告校长周昂僧先生，全校师生，奔到江边，一面寻找渔划和会游泳的人，悬重赏营救；一面通知桃花岭教会。教会人员率领信义医院医生赶到，紧张地站在江边，企望尽快捞出，以便实行人工呼吸抢救。可是时间一分一分地过去了，直到晚上仍没消息。满岸的人群，怀着沉痛的心情，望着江流叹息、焦急、流泪、抽泣，深夜不愿离开。捞救人员通宵工作，一直到第二天上午 10 时左右，才于可石园附近捞出，可是先生已两目紧闭，脸色惨白，腹内无水，师生围着痛哭。可叹一代游泳名家，何以失险于资江这样的小河里？令人费解。据信义医院医生说：“先生来龙师上课前，曾到医院检查，医生嘱咐莫做激烈运动。”但不知是入水后，身体发生了毛病，动作不方便，还是可石园潭深水冷，底部乱石林立，裂缝交错，妨碍了先生的动作呢？一个国际友人，为我国教育事业，献出了宝贵的生命，真是难能可贵！当时益阳县政府和教育局，讣告各方，于城内五马坊礼拜堂举行了追悼大会。后一天，桃花仑教育会及龙师、信中两校师生，又在桃花仑信义会大礼拜堂，举行了宗教送葬典礼。出殡时，送葬的有几千人，遗体安葬在桃花仑附近的教会坟山内。后来在坟山上竖了一块长1.6米、宽0.6米、厚0.2米的麻石墓碑，刻着先生的生卒年月日。又将当时省教育厅长朱经农以及先生生前友好所送的挽幛、挽联等汇编起来，印发了《荣哀录》。

噩耗传至长沙，省会各界人士愕然悲叹。为了寄托哀思，长沙基督教青年会等联合举行追悼大会三天，花圈、挽联挂满灵堂和外操坪，还延伸到小四方塘街畔。长沙各中等以上学校和机关团体，前往祭奠的人甚多。每日吊丧的队伍从礼堂一直排到一路吉祥街口，一片悲戚气氛。足见夏先生生前为人深得人们的钦敬。追悼会后，为夏先生镌刻了一块纪念石碑，竖立在青年会外操坪南面。

先生离开我们已整整半个世纪了，留给我们的印象是多么深刻。他为我国的教育事业以身殉职，这种国际主义精神，值得我们永远怀念。

原载:《湖南体育史料》第四辑　1984年12月　　文章有删节

八　体育场地与器材

新中国建立前湖南省运会长沙竞赛场地

陶 淑

新中国建立前湖南全省运动会，始于1905年，迄于1948年8月，共举行17届。省运会曾使用过的竞赛场地共八处：省会所在地——长沙市四处，常德两处，衡阳、耒阳各一处。现简介长沙市四处情况如下。

校场坪

校场坪位于小吴门外，1905年第一届省运会在此举行，为长沙市最早的体育竞赛场。

第一届省运会举行前两年，清政府诏谕省城设大学堂，各府厅直隶州设中学堂，各州县设小学堂，我省学堂自此普遍设立。当时体育之风初开，前来参加第一届省运会的学校不多。竞赛项目也限于游戏体操、武术表演、兵式体操，较为单一。校场坪作为第一届省运会竞赛场地，实际上是一个空坪，竞赛设备是临时搭起来的木竹棚架，极为简陋。

校场坪并非清政府明谕设立的体育运动场，而是执行极刑的刑场。四周住户稀稀落落，气氛阴森，平日无人前去运动游乐。第一届省运会在此举行，系临时计议。第二届省运会即改移协操坪举行。解放前后，校场坪陆续被用来建筑住房，坪面不存。

省教育会附设公共体育场

省教育会附设公共体育场，位于原省教育会前坪。第四、五、六共三届省运会在此召开。第四届参加竞赛者仍限于学界，偏重田径赛，第五、六两届由省教育会与长沙市青年会合办，为五、六两次远东运动会预选会。

省教育会所以附设体育场，主要有两个原因：一方面是1915年教育部咨行各省筹设公共体育场，巡署不列此项预算，而饬委教育司会同省教育会办理；另一方面体育界李惠迪等极力督导鞭策。省教育会成立于前清末年，地处贡院旧址，南起优级师范，东、西、北均抵贡院围墙，原计划南面北面的两端设四个出入口，南面建讲演台，东面为儿童器械场、儿童篮球场，西面为成人器械区，坪中左右各设篮球场一个，坪中设钢架花柱，高十余丈，作旗杆用，四周设圆圈跑道230米，跑圈中辟一条120米直径跑道。而实际建成仅一个圆圈跑道，一个直径跑道，一个篮球场，一个讲演台。直径跑道由于地形关系是条斜线，足球场无球门，讲演台为土砖底座，上盖木棚，来场运动或竞赛，自备球类器械。第四、五、六届省运会举行时，所需器械设备，均赛前临时备制，由于跑道狭窄，中学生运动会在此举行时，多次发生斗殴，平日来场练习足球的，因无球门，只好踢冲天球，小学生只在场内跑跑跳跳而已。场地面积既小，设备也极简易，省教育会曾一度考虑改称“省教育会附设简易体育场”。

抗日战争爆发后，省教育会无形消失，办公处改作“湖南人民抗敌后援会”会所。抗战胜利后此处又成为国民党省政府所在地，运动场改称社会处体育场。解放后，运动场撤销，省人民政府驻此，现为省农业厅所在地。

湖南省立公共体育场之一：协操坪体育场

湖南省立公共体育场位于经武门外协操坪原四十九标及五十标会操场地。第二、六两届华中运动会与第二、三、七、十、十一、十二、十三届省运会在此举行。1932年6月的女子网球赛、1934年3月的线车公开赛、6月的第一届游泳公开赛及中小学生运动会也在此举行。1932 年 10 月女子国术训练班也在此训练。

协操坪平衍宽广，很适合作公共体育场，参加第二届省运会的学校虽较第一届增多，但竞赛项目仍限于体操、游戏、武术表演、兵式操等。1914 年第三届省运会始有部分田径项目，临赛前始布置简易设备，权作竞赛场地。直到 1924 年第二届华中运动会定于长沙举行，体育、教育两界多方督促省府扩建此场，以作为湖南省立公共体育场，省长赵恒惕以此场作练兵习武之用，拒不同意。几经周折，一直延到 1929 年，何键主湘，寓军事于体育，才同意扩建，令练兵习武在时间上作恰当安排，不使冲突。1929 年动工，1930 年建成，命名为“湖南省立公共体育场”，隶属省教育厅，委黄凤岐为场长。从拟议建场到获准建成，费时 7 年。

协操坪东面傍山，西面临近铁路，南北面分别为四十九标、五十标驻地，西向建大门为出入口，大门左角建办公室、器械室、储藏室三间，大门右角网球场与游泳池并列，北向设指挥台，两个排球场，南向设两个篮球场，指挥台前东西向 200 米直径跑道，800 米圆圈跑道。足球场及田赛场均在圆圈跑道内，场地工程质量差，管理也欠完善，跑道未修筑沥水沟，仅地面覆盖煤渣。网、篮、排球场地的地面同为沙土搅拌滚压而成，办公室等房屋建筑也非常简陋。指挥台系临赛前搭的一个木棚，平日车辆、牲畜任意驱驰场内，滚压踩踏，遍地坑洼，并布满牲畜粪便与杂草，故每赛前必重加清理修整。球类门架、跳高架、栏架、单双杠均临时配制，但就当时而言，在体育、教育两界极力督导下建成的这一竞赛场，仍是我省的第一个规模较大、设备比较齐备的公共体育场。

抗战爆发，此场毁于长沙文夕大火，设备毁坏殆尽，光复后被空军占据用作飞机场。

湖南省立公共体育场之二：又一村体育场

抗战胜利，南京政府颁布“宽列体育经费，加强体育实施办法”。指令各省府应于 1946 年内完成省市体育场的设置。同时，第十七届省运会（后为第七届全国运动会的预选会）定于 1947 年举行，也急需场地，协操坪原省立公共体育场既被空军占驻，省府遂决定在空军未迁让前，就市区又一村（老督军署旧址）另建省体育馆、省体育场，函请救济总署湖南分署补助救济物资 2000 吨（工赈食粮）作建场工程费用，于 1947 年初动工兴建，是年秋建成。

先建馆、后建场，由主管部门教育厅会同财政厅、建设厅、社会处、地政局、长沙市政府等有关部门组成“湖南省立体育场建筑工程委员会”，负责筹划并督促建筑工程迅速完成。教育厅厅长兼主任委员。建筑工程计划表列周全，房屋建筑方面有体育馆、办公室、储藏室、停车站及厨房、小炉杂房一应俱全。场地建筑方面有游泳池、田径场、垒球场、篮球场、网球场、国术场、器械场并箭道、角力台、儿童游乐场。田径场跑道外建七层木看台，球类场地均建硬地，网球场硬地、草地各二。垒球场、器械场、儿童游戏场均建大型的，四个排球场、四个篮球场、四个沙坑，场地建筑确属齐备。而实际建成的体育馆、体育场均较简易。南面体育馆占地约 2000 平方米，包括篮球场、乒乓球室、办公室、器械室，男女运动员、裁判员休息室及浴室、更衣室等。体育馆木架平瓦顶，篮板系用两个铁架吊起，这样不占地面，馆的东、西、南三面设出入口，仅南北两面有看台，可容观众 500 人。体育场南面建大门。东南面另各有一出入口，仅西边有两个篮排球场。南面指挥台（临赛前搭的木棚）前有 400 米圆圈跑道，一个沙坑，圆圈跑道内为足、网球场。整个工程项目较原计划减少 2/5，据当时部分会议记录及报刊披露工程减少的原因主要是两个：一方面是金元券贬值，湖南救济分署工赈粮 2000 吨未如数拨给，另一方面是有官员从中贪污肥私。

1948年6月，第十七届省运会因需资过巨，改为第七届全国运动会的预选会在此召开。8月，此场馆均对外开放。体育馆的篮球场、乒乓球室、器械室、浴室等为便于管理起见，购券入场，每小时取损耗及茶水费数万元（金元券），每日开放8小时，运动场全日免费开放，每天来场运动的平均200来人。场馆从举办竞赛、组织训练与推广宣传多方面开展工作。为举行各类公开球赛，协办省会各种纪念大会体育事项，开展社教运动周体育日，联合省会各机关举行球类运动大会，邀约省内外球队来长竞技，做了一些工作。

此场馆隶属省教育厅，场长三易其人。1947年5月教育厅派张家勋兼任场长，1948年元月改派曾福盛任场长，并经省政委员会第八十七次常会决议通过，1949年5月曾福盛以母病告假，场长职务由黄俊六代理。

1949年8月长沙市和平解放，市军管会派黄萃炎接管后，场馆移归长沙市人民政府，改名为长沙市人民体育场，后将此场改建为长沙市青少年宫，仅在场东新建一体育馆，原有体育建筑均已撤毁。

原载：《湖南体育史料》第三辑　1983年12月

湖南省1928—1949体育场、馆分布情况（辑）

陶　淑

解放前体育场、馆分布情况，是根据省档案馆的档案及部分报纸杂志中查阅到的资料综合整理的，很不全面，其中也不无虚报或谎报，录此，仅供各县市编写体育史志时参考。

全省体育场、馆分布情况（1928—1949）

时间	省场	县场	资料来源
1928	1	15	①民国十九年湖南政治军鉴　②教育部各省市公共体育场统计表 附县市名：湘潭、平江、湘乡、衡山、桂阳、祁阳、蓝山、新田、临武、溆浦、常德、沅陵、永绥、辰溪、大庸
1930	1	55	①省档案馆：民国十九年度湖南全省体育场调查统计 ②湖南政治军鉴民国十九年 卷宗号码：22.1.801　493页
1933	1	48	湖南省文献委员会：湖南省公共体育场一览表 附县市名：湖南公共体育场、芷江、浏阳、平江、岳阳、益阳、安化、酃县、茶陵、攸县、醴陵、湘潭、湘乡、衡阳、衡山、临武、宜章、汝城、桂东、资兴、永兴、耒阳、常宁、桂阳、郴县、东安、祁阳、宁远、道县、绥宁、新宁、武冈、沅陵、溆浦、辰溪、麻阳、黔阳、会同、保靖、大庸、龙山、古丈、永绥、常德、慈利、石门、临澧、澧县、汉寿
1936	1	62	①省档案馆民国二十五年 ②湖南军鉴 卷宗号码：22.1.800　305页 附县市名：长沙市、浏阳、平江、岳阳、益阳、安化、宁乡、安仁、茶陵、攸县、醴陵、湘潭、衡阳、临武、宜章、桂东、耒阳、常宁、郴县、东安、零陵、宁远、道县、蓝山、靖县、绥宁、城步、新宁、武冈、邵阳、沅陵、溆浦、辰溪、麻阳、黔阳、会同、保靖、古丈、卢溪、永绥、常德、石门、临澧、安乡、华容、汉寿各一处，湘乡、汝城、桂阳、新田、澧县、南县等各两处，祁阳四处。长沙市、湘乡各一个游泳池
1940		30	①南京第二历史档案馆：湖南省各县体育场调查表 ②省档案馆民国三十六年五月：抗战时期之湖南教育 附县市名：辰溪、桂东、宁乡、城步、祁阳、古丈、临武、绥宁、靖县、溆浦、汉寿、武冈、平江、安仁、资兴、益阳、邵阳、湘潭、黔阳、攸县、茶陵、耒阳、常宁、湘乡、安化、乾城、麻阳、蓝山、卢溪。衡阳体育场辟为飞机场，长沙市体育场被焚于1938年11月文夕大火，永兴、郴县有场无设备，新宁、桑植、晃县正在筑建，湘阴、浏阳体育场被敌机轰炸，各种设备荡然无存

续表

时间	省场	县场	资料来源
1941	1	75	①省档案馆教育厅综合类：一、三十一年度湖南教育行政工作总检讨。二、三十二年度教育工作总检讨报告 ②本省省志教育年鉴（二） “各县民众体育场，均于三十一年度分别完成” “三十三年以后，本省大部分县市陷敌，所属体育场大部分损坏”
1946		53	省档案馆民国三十六年五月：抗战时期之湖南教育
1947	1	61	省档案馆民国三十六年：教育概况

原载：《湖南体育史料》第三辑　1983 年 12 月

湖南全省公共体育场一览表

陶　淑

1933 年省、县立 49 个体育场情况

名称	立别	地址	每年经费	成立年月（民国）	场长或主任姓名	职员数
湖南公共体育场	省立	长沙市协操坪	七〇〇元	十三年	黄凤岐	一
芷江公共体育场	县立	县苗圃		二十一年九月	张伯良	
浏阳公共体育场	县立	西城内教育局前坪	二〇〇元			
平江公共体育场	县立	城内景福山	七〇〇元	十八年	周士鹄	一
岳阳公共体育场	县立	中山公园		十九年春		
益阳公共体育场	县立	鲁肃堤侧		二十年		
安化公共体育场	县立	公大有沙坪	三八四元	二十一年一月	周绍廉	七
酃县公共体育场	县立	东城外孔庙前		十九年春		
茶陵公共体育场	县立	洣江书院侧坪	二四〇元	二十年	谭笃材	二

续表

名称	立别	地址	每年经费	成立年月（民国）	场长或主任姓名	职员数
攸县公共体育场	县立	老衙坪	八〇元	二十年	丁超群	三
醴陵公共体育场	县立	党部前坪	一六〇元	二十年	刘师陶	二
湘潭公共体育场	县立	教育局侧		十八年		
湘乡公共体育场	县立	东皋书院坪		二十年秋		
衡阳公共体育场	县立	演武坪	一、〇四〇元	二十一年		
衡山公共体育场	县立	初级中学后		二十年二月		
临武公共体育场	县立	小教场		十九年秋		
宜章公共体育场	县立		一〇〇元	十九年	李华春	二
桂东公共体育场	县立		一六〇元	二十年	黄先云	二
汝城公共体育场	县立	小教场	四一二元	二十年十二月	朱镇祥	二
资兴公共体育场	县立		一七五元	二十年冬	李静安	三
永兴公共体育场	县立		三〇〇元			
耒阳公共体育场	县立	文庙巷		二十年九月		
常宁公共体育场	县立		一〇〇元	元年		
桂阳公共体育场	县立	一在公园 一在财神庙坪	二四〇元	二十年十二月		
郴县公共体育场	县立	东门外		八年		
东安公共体育场	县立		一〇〇元	二十年十二月	谢怀珍	二
祁阳公共体育场	县立			二十年秋		
宁远公共体育场	县立	西门外大平	二〇〇元	二十年七月		
道县公共体育场	县立	城内寙尊亭		二十年下期		
绥宁公共体育场	县立	孔子庙旁	四二〇元	十九年十二月	袁子实	一
新宁公共体育场	县立	东城北旧书院	二八四元	二十年九月	王范超	一

续表

名称	立别	地址	每年经费	成立年月（民国）	场长或主任姓名	职员数
武冈公共体育场	县立		三〇〇元	二十年八月	毛仞翔	三
沅陵公共体育场	县立	中南门箭道坪	二〇〇元	十九年	杨秀湖	一
溆浦公共体育场	县立	城东寺坪	八〇〇元	二十一年八月	舒国霖	六
辰溪公共体育场	县立	大西书院后	一〇〇元	十九年	杨锡焯	一
麻阳民众公共体育场	县立	西门教育会后		十三年		
黔阳公共体育场	县立	城东郊		十九年十二月	黄本让	二
会同公共体育场	县立	县府后		十九年		
保靖公共体育场	县立	城内毛坪	一九二元	十九年	陈官斌	三
大庸公共体育场	县立	武庙前	一三〇元	十八年	郑昌堃	
龙山公共体育场	县立	关庙巷	二〇四元	十三年三月	肖高寿	二
古丈公共体育场	县立	西门外教坪	三〇〇元	二十年八月	游　泳	三
永绥公共体育场	县立	崇山公园	四〇元	十九年	宋祚礫	
常德公共体育场	县立	县泮池	五八〇元	三年	彭锡璋	二
慈利公共体育场	县立	中学前	六〇〇元		朱允常	二
石门公共体育场	县立	城内	二〇〇元	二十年十二月	屈典玉	一
临澧公共体育场	县立	同前		二十年下期		
澧县公共体育场	县立	教育坪	三〇〇元	二十年八月	龚子中	七
汉寿公共体育场	县立	教育局前	八〇元	二十年	青以庄	五

原载：《湖南体育史料》第三辑　1983 年 12 月

湖南球业生产的初创
——记陈家垣先生创建强华球厂

陈忠明

一　创业开端

20世纪20年代末期，随着湖南文教事业的蓬勃兴起，学校逐渐增多，体育活动日益发展，市场上出现了球类的供求矛盾。陈家恒先生有鉴于此，肯定球类的生产有广阔的发展前途，便将自产自销的华美皮鞋小店，改为生产球类的作坊，用手工生产各种球。1930年，当其创业开端之际，首先遇到的许多困难是，比如资金不足，技术资料缺乏，本人文化低，又没有生产球的专业设备和经验。在这种条件下要进行球业生产，真是谈何容易。可是陈家恒先生竟能迎难而上，立志要为湖南球业生产闯出一条新路。为了解决生产资金的不足，他邀请了陈子尧等7人在长沙市老照壁一间小小的店堂内，合伙开设“百炼强球厂”。为了解决缺乏技术资料的问题，他就“按图索骥”，从实践中摸索经验，将购进的球皮放入水中泡浸，然后用手绷开球皮的横直面，以了解球皮的延伸率。经过一番试制，球的圆度、重量、弹跳力以及露线等质量问题，一时都难以符合规格要求。若与天津利生体育用品厂生产的球相比较，差距甚远，因此销往各学校和书店的球，纷纷要求退货。不到一年光景，“百炼强球厂”只得被迫停产拆伙。

二　再接再厉

“百炼强球厂”被迫停产后，陈家恒先生并未因此而灰心丧气。他在失败的教训中，得到了许多教益，有了新的启示，始终认为生产球类是一项有发展前途的新兴事业，决不肯轻意放弃。因此他再度下定决心，要把球的生产试制成功，以解决湖南球的产需矛盾，为发展湖南的体育事业，活跃球类运动作出一点贡献。

1931 年，陈家恒先生在极其艰难的条件下，废寝忘食，夜以继日，仔细琢磨天津利生体育用品厂生产的篮球。首先观察外形外观，然后拆开，进行仔细的分析。精心研究皮革的性能（软、硬、厚、薄、重量）和八片球页的尺寸规格，并琢磨里层的衬布和针脚、收口等制作工艺，从中得出球的圆度不够的道理，是由于皮革本身的延伸率不均匀之故；球达不到标准重量，是由于皮革本身太薄；球表露线的问题，是由于皮革太硬的缘故；球衬物太多，就会使其弹跳力不够；球的外表不美观，是作色不艳和商标字迹印制不清晰所造成。诸如此类影响球的质量问题找出后，他带着问题去求教制革行家吴国仇、徐松和等人，要求从速解决球皮质量上存在的问题，得到吴先生的鼎力襄助。至于球皮的延伸率问题，他费了不少的心血，设计制作了一个土法绷皮机，经多次试验改进，才得以解决。对于球皮太硬而影响球面的露线问题，他又设法采用白薄皮做牙条，嵌于球页缝入线中，不但解决了皮质太硬带来的漏线观象，同时又增加了球的外型美观，真是一举两得，深受体育爱好者的欢迎。从此仿造的“强华牌”篮球问世了，“强华球厂”也就在家庭手工业作坊中诞生了。

三　不断改进

由于陈家恒先生对球业生产的多方努力，精心选料，专心致志地改进工艺，使得球的质量不断提高。为了挽回“百炼强球厂”时期所失去的主顾和信誉，他不惜代价，经常送球到岳云中学、周南女中、衡湘中学等校去试用，并虚心征求杨一南、陈嘉钧、刘冠东、何家声以及湘潭的朱传典等体育教师的意见，产品的规格、质量很快达到了各项指标的要求。

1932年至1937年的五年当中，正是“强华球厂”从家庭手工业作坊转变为手工业工场时期。因产品在用户中建立了信誉，畅销省内各地；而且还有湖北、江西、广东、广西、云南、贵州等省纷纷来信定货，经常出现供不应求的局面。为了进一步扩大生产，以便满足广大用户的需要，就在原有家庭自制的基础上，先后收带学徒5人，从此手工业作坊变成了手工业工场了。品种也从原来仅能生产单一的篮球，增加了足球、排球和其他体育用品。陈家恒先生便专做下料切片等技术性较高的工作，通过全厂人员起早摸黑，延长工时的努力，虽然手工生产效力不高，却每月产量由原来的200余只球，逐渐增产到400余只球。

四　抗战迁徙

1938年，正当“强华球厂”准备扩大再生产之际，在“焦土抗战”的号召下，长沙惨遭大火之难，“强华球厂”被迫迁往湘潭河东三角坪继续生产。当时国难当头，津沪早已陷入敌手，因此球类销路愈加畅旺，同时厂里的产品质量也相继有所提高，而且价格合理，于是川、滇、黔、桂等省争相购买，“强华球厂”信誉渐次驰名西南各地。为了再进一步发展生产，更好地满足外省需要，先后雇请客师5人，收带学徒十余人；产品数量也从月产400余只球，增至800余只，工厂规模较之在长沙时，尤有扩展。

1941年秋，日寇犯湘，长沙一度陷入敌手，湘潭紧急动员疏散。此时陈家恒先生不得不辞退客师，仅率少数穷苦学徒逃奔湘乡。同时市场皮革供应紧张，球的销路亦有困难，加之缺少一个安全生产的环境，因此每月产量不到200只球，仅能维持生活。1941年10月，日寇撤离长沙，“强华球厂”在湘乡度过四个月的逃难生活，仍回湘潭河东原处复业。时局似乎稍微平静，但因政府的苛捐杂税和地方派款多如牛毛，物价猛涨，货币贬值，致使工厂难以维持。1943年冬，日寇大举侵犯湖南，“强华球厂”只得将全部人员辞退，暂时停止生产，各自四散逃命。直到1945年日寇投降，国土光复，“强华球厂”始在长沙小吴门外杜家岭复业。由于杜家岭房屋狭小，又迁至南门外仰天湖生产，但因缺乏门市业务经营部，严重影响资金的周转，遂于1947年设法在府正街购置房屋一栋，用作前店后厂，以便加强经营管理。在这段时期中，陈家恒先生仍是自强不息，充分发挥自己的才智，试制成功了水球、垒球、网球、棒球、橄榄球和许多体育辅助用品，如帆布沙袋球、实心球等，花色品种渐次增多，深受我省广大体育爱好者的好评。

原载：《湖南体育史料》第四辑　1984年12月

九　体育考古

湖南省博物馆馆藏体育文物简介

何介钧

《导引图》

该图于1973年长沙马王堆3号汉墓出土，长约100厘米，高约50厘米，绢质。上面绘有44人，分列成4排，每排11人。人像高9厘米至12厘米。从形态和服饰看，有男有女，有老有少，有的穿短裙短裤，有的穿袍服，也有裸背的，都以黑色线条勾画轮廓，然后填以朱红或青灰带蓝色。除个别人像手持器械外，没有别的背景。

这幅彩绘帛画，图前没有总名，每个图像侧旁都有题字。从运动姿态和所标文字内容推定，应该是古代的《导引图》，这是迄今我国考古发现时代最早的一幅健身图谱，为研究我国独特的“导引”疗法的源流和发展，提供了很有价值的资料。

图上标示的文字，部分已经残缺，现在尚存引处。从能辨认的文字看来，大致可分为以下几类：

一类是描述运动的姿态，有伸展、体侧、屈膝、腹背、转体、全身、跳跃、舞蹈等肢体运动；有呼吸运动；有使用棍棒、沙袋、盘碟和球类的器械运动。图中“以丈（杖）通阴阳”画的是一个穿裙的妇女，手执长棍，弯腰下俯，利用棍棒使双手呈直线状极力展开，促使人体上半身位置下移，下半身位置相对上举，用以“调和阴阳”。“印嘑”（仰呼）绘着一个男子，直立，挺胸，两臂举向后上方，作仰天长啸的姿态。

二类是说明这类运动是摹仿哪种动物的动态，如“螸北”（鹞背）、“□狼”、“龙登”、“信”（“信”通“伸”，应即“鸟伸”）、“熊经”、“鹯”、“篓譁”（猿呼）、“沐猴讙”等。“熊经鸟伸”是先秦以来最常用的导引动作，但从未见过形象的说明，现在帛画中的图形恰好弥补了这个缺陷。“熊经”画着一个男子穿长袍，摹仿熊在攀援树木，“信”画一男子赤背穿短裤，向前弯腰，两手支地，两腿紧靠，头向前伸，两眼直视前方，就像鸟儿在舒展身体，呼吸空气。

三类数量最多，也最重要。它是说明这种运动方法所针对的病症，如“引聋”、“引项”、“引炅（热）中”、“引温病”、“坐引八维”、“痛明”等。“引”就是用导引术来治疗某种疾病。在“引膝痛”的画面上，画着一个男子，上身挺立，转体向右，下肢作屈膝状。

《黄帝内经》明确地把“导引”作为与按摩、灸、熨、针、药等并列的一种医疗方法。《汉书·艺文志》中就记有《黄帝杂子岁行》12 卷，但该 12 卷早已失传。东汉、三国时的著名医学家张仲景、华佗，也非常重视导引疗法。华佗在继承前代有关导引理论和实践的基础上，把导引术式归纳名为“五禽戏”，即虎戏、鹿戏、熊戏、猿戏、鸟戏，比较全面地概括了导引疗法的特点。汉墓出土的《导引图》还较多地保留着模仿动物的单纯动作，显示了其简朴的特色，固而极可能是华佗“五禽戏”的前身。

《博具》

1973 年长沙马王堆 3 号汉墓出土，高 17 厘米，边长 45 厘米。出于北边箱，大概是墓主人生前经常玩弄的，包括博具盒、博局、骰子、筹码、棋子等，是我国目前发现的唯一完整的六博（古书中又写作陆博）用具。博具盒上锥画着飞鸟、云气，并夹杂着红色漆绘的几何花纹；博局上有规矩纹，四角有用象牙薄片剪贴的鸟形装饰。盒里有方形、长方形和椭圆形的格子，存放着角质方块形的棋子，6 白 6 黑，共 12 枚。盒里还有一种角质的较小的方块，共 20 枚，据竹简上记载，叫“直食棋”。此外，盒内还放置 50 根箸状筹码（其中长 16. 4 厘米的 30 根，长 22. 7 厘米的 20 根）和角质环首小刀、木削、木锛等工具。骰子是木质的，上涂黑漆，共 18 面：从 1 至 16 面，每面刻一阴文篆体数字，另外两面刻有“骄、䙴”二字（“骄、䙴”可能就是现在常说的输、赢的意思），字内填红。博局在不使用时，嵌放在盒内，使用时从盒内取出。为了便于将博局从盒中取出，在盒的底部穿了一孔，安置了一个活动木栓。将木栓往上一顶，博局自然掀起。

六博起源很早，至迟在春秋时期已经出现，战国时已大为流行。东汉时有本《博经》，专门介绍六博的玩法，但早已失传了。马王堆汉墓出土了完整的博具，参考后代有关书籍上引用《博经》的片语只言，以及汉代六博俑、画像石、画像砖上的图象，可以推测它的玩法大概是两人对坐，一人执白棋，一人执黑棋（也有一方棋子画龙，一方棋子画虎的），分别布于棋局的 12 道上，然后滚动骰子，依出现的数字运棋。棋局当中的方框叫“水”，东汉时“水”中置鱼，二人互掷采（骰子）行棋，棋到处即竖之，名为骁棋，即入水食鱼，亦名牵鱼。每牵一鱼获二筹，翻一鱼获一筹（宋代洪兴祖《楚辞·招魂》补注引《古博经》）。最后谁得的筹码多，谁就为胜。马王堆汉墓出土的博具中没有鱼，或许西汉时还不兴用鱼而是用“直食棋”的缘故。到底如何运棋，现在仍不甚了然。

《足球纹铜镜》

湖南省博物馆收集，直径 11 厘米，南宋制品。镜面光洁，背面模铸浮雕式图画——足球游戏图。该图描绘青年男女进行球赛的情景。球场背景是一片草坪和一块耸立的太湖石。画面上有四个人物，两人正在赛球，两人在旁观看。一个男子头戴幞头，身着长袍，身子稍往前蹲，作防御的姿态。一个女子高髻大笄，作踢球的动作，球似刚落下并还在滚动似的。球上隐约可见瓜瓣状的缝合痕。右侧有一手执铃状物的青年，凝神探视着双方；左侧有一腰束百褶裙的女郎，在认真注视着球赛的情况。

足球是我国古代的一种体育运动，古人叫“踏鞠”、“蹴鞠”，起源可上溯到战国时代。汉武帝和大将卫青曾以这种运动作军事体育。宋代足球运动相当发达，宋太祖就十分喜欢这一运动。胡廷晖所绘《宋太祖蹴鞠图》就绘着太祖、太宗、赵普、郑恩、楚昭辅、石守信等君臣六人踢球的场面。“鞠”字从“革”，应是一种皮革制品。唐代有“八方尖皮砌作球”的诗句，说明晚唐以后出现了灌气的皮球。这面足球纹铜镜上的球形，正与诗意相吻合，可能也是灌气的皮球。

《青瓷围棋盘》

1976 年长沙咸嘉湖唐墓出土，长、宽各 5.5 厘米，高 2.1 厘米。青瓷质，敷黄釉，釉部分剥落。正方形，面上刻有双线边框和经纬线各 14 道。四边侧有圆弧形装饰。从这座墓其他伴随出土文物推论，时代当为初唐。

原载：《湖南体育史料》第六辑　1987 年 5 月

西汉帛画《导引图》考辨

沈 寿

1973年冬，从湖南长沙马王堆3号汉墓出土的西汉帛画《导引图》，曾引起国内外有关体育史、医史、医疗体育、养生气功等各界人士的充分重视，一些专家、学者也随之投入对西汉帛画《导引图》的学术研究活动。由兹而今，匆匆已过去14年，其中各种见仁见智的有关研探文章时有所见。笔者因自幼从师学练导引和武术，出于爱好，也曾涉足于此项研究，并据多年探求之心得，著有《西汉帛画〈导引图〉研究》①。正因为如此，我对有关《导引图》研究的文章都较关切。近阅《养生长寿术》一书所收《马王堆〈导引图〉溯源》一文②（以下简称《溯源》），感到稍有不同的看法，兹特略抒已见，以就教于该文作者和海内外广大读者，尤盼体育史专家、学者多加指点。

一、这原是一卷两文、一图的帛书

马王堆3号墓出土的《导引图》（以下简称"《导引图》"），是绘制在一幅长帛后段的导引图谱部分，而这实际上是一卷前文、后图的帛书。这幅长帛高50厘米，长133厘米，全书自右至左依

① 沈寿：《西汉帛画导引图研究》，该书收入沈寿发表的有关《导引图》研究论文10篇，原发表年代为1979—1983年。

② 《养生长寿术》，1986年《体育文史》和中国体育杂志社联合编辑出版，该书收入李国华、解山岭《马王堆〈导引图〉溯源》一文，其副题为"与《导引图》功法相同的陕西《导引吐纳功》"。

次为《却谷食气篇》、《阴阳十一脉灸经》（乙本）和彩色绘制的《导引图》。其中两篇古逸文所占长度为33厘米，而《导引图》长约100厘米。《溯源》说："《导引图》帛画长100、宽100、高50厘米。"想必系笔误或排印错讹所致，否则怎么会变成"立体图"呢？经查唐兰《试论马王堆三号墓出土导引图》① 一文，证实该图"高50厘米，长约100厘米"。

《导引图》之所以珍贵，是因为这是西汉前元十二年（公元前168年）的随葬品，是现存最古老的导引图谱了，据笔者考证认为：这两文一图的原著年代，可能远在西汉之前的先秦时期，例如：《却谷食气篇》可用《楚辞·远游》"餐六气而饮沆瀣兮，漱正阳而含朝霞"等句加以印证；《阴阳十一脉灸经》② 则是《灵枢经·经脉篇》的前身，其属先秦逸文自不待说；《导引图》也可用《庄子·刻意篇》中所说"吹响呼吸，吐故纳新，熊经鸟伸"等句来进行对照。

同时，以上两文一图的内容，还明显地存在着内在的联系。尤其是这卷帛书的编集形式，虽较后世的《导引图说》、《内功图说》等导引养生书古朴得多，但其总的结构却如出一辙。因之，我们早在1980年撰写《〈却谷食气篇〉初探》时，就已谈到：这由两文一图所组成的帛书，"合起来似乎也可称之为《导引食气卷》"③。

正由于这原本是一卷完整的导引养生帛书，因而在研究《导

---

① 唐兰：《试论马王堆三号墓出土导引图》，载《导引图论文集》，文物出版社1979年4月出版，第1～10页。

② 《阴阳十一脉灸经》，这原是帛书整理小组据文拟题的，而据我们研究认为：此篇实际上只在"少阴脉"一条后面提到疗法，而且不只是灸法，也包括导引行气在内。因此，其篇题以改为《阴阳十一脉经》更为贴切一些。

③ 吴超、沈寿：《〈却谷食气篇〉初探》，《北京体院学报》1981年第3期，此系1981年9月特邀出席长沙马王堆医书研究会南岳学术讨论会的大会发言论文之一。

引图》的时候，也不能不从全书的整体性来考虑它与两篇古逸文之间的关系。反之，如果把它们割裂开来，孤立地研究《导引图》，那就永远弄不清为什么《导引图》要采取十一式一个横列、共4个横列（即4×11）的数式。当然，也还涉及许多其他问题。

二 《导引图》残图与复原图辨析

1979年4月，文物出版社影印出版了《导引图》，全套包括彩印的残图和复原图各一幅，附《导引图论文集》一册，这就为对《导引图》进行研究探讨提供了极大的方便。但如在研究时，完全以复原图为依据的话，那肯定是容易出纰漏的。在《溯源》一文中就存在着这个问题。

《溯源》说："帛画《导引图》出土时，残破断裂严重，后经修复，但全图前后、上下已很难恢复原来的顺序。好在每个图像的运动姿势基本清晰，这就给研究者提供了较有利的条件。"其实全图前后、上下的顺序，帛书整理小组在拼接时，是不会不充分利用残图折送的断裂痕去仔细拼接和吻合的；即使有难以吻合的碎片，其所占式数的比例是不太大的。而无法挽救的问题倒在于：图像的运动姿势不仅有的因残碎而不清晰，而且有的已接近于完全残缺。对后者的复原，实际上属于"借图复原"性质，换言之，纵然有天大本领，也无法尽复其本来面目了。例如：图2［捶背］，就是由帛书整理小组仿敬慎山房《导引图谱》"理淤血"图式补阙的①，其余如图4、5、6、7、9、11、16、22、33、40、43等十一

① 沈寿：《西汉帛画〈导引图〉解析》，《文物》月刊1980年第9期第70套，该文图号与帛书整理小组所编的完全相同。式名用方括号者，表示原缺题名，系由沈寿酌情补拟，而并非原有的。本文所引《导引图》题记释文，均据此文。

式，其所存图像碎片或已无几，或已失却了关键性部分，这是从《导引图论文集》插页“马王堆出土导引图墨线复原图”中也不能辨析和判明的。因此，从残图分析，是无法得出“每个图像的运动姿势基本清晰”的结论的。

事有凑巧，《溯源》所举图例中，就恰好有“捶背”，这也就是把帛书整理小组从别处“借来的图”当做西汉《导引图》所固有的了（《溯源》的图号原是从左而右地编列的，与帛书整理小组原编图号的方向相反，如今本文为便于叙述起见，统一采用帛书整理小组所编定的图号）。

由此观之，在研究《导引图》的时候，最好以残图为主，以复原图为辅，如此合璧对照，才不至于发生混淆现象。而对民间有借马王堆《导引图》之名以自神其术者，也不妨两相对照，以辨其真伪。然而导引、行气和自我按摩的各种术式，由于数千年来一脉相承，虽然分支流派已极其浩繁，但各流派的术式仍不免会有大同小异之处；探究其功效，那也是大抵相同的。客观地说，这是共性所在而已，并不奇怪。

三 《导引图》当为每图一式、一题

《导引图》是由44个人物动态或静态姿势图式组成的。各个人物的相貌与服饰各异，其动作姿势也不是连贯一气的。按照一般的导引古谱，大都是每式一图，而不是一式多图。这一点从《导引图》中各图人物身旁或头旁原有的题记分析，就足以获得证明了。

《导引图》的题记，实即导引学中所称的“术式名称”，简称“式名”，由于《导引图》残碎严重，以致在全图44式中，缺题者有13式，虽留有残笔而已无法辨认者计6式，两共19式，占全图总式数的43%。尽管如此，但仍保存着25式的原有题记，占总式

数的57%，已足以验证《导引图》是每图一式的。

可是，有一些人却认为：《导引图》可能是若干图连成一式的，就像现在许多气功、武术杂志所载的功法连环动作图照一样，那可能是过高地估计了2000多年以前的绘图条件与水平了。

《溯源》一文中在把《导引图》与陕西的《导引吐纳功》作比较时，也谈到《导引图》的图13、12，“和《导引吐纳功》的‘游戏功’中的‘踏虎步’相同”；图15、35，“和《导引吐纳功》的‘导水泡浴功’起势相同，但系一个动作的两个阶段”；图25、24，“和《导引吐纳功》的‘循经功’的第五式‘疏通足三阳经’相似”。总而言之，这是为了说明一式《导引吐纳功》在《导引图》上找到了两个相似的图，从而去证明《导引图》“绝不是一套完整的导引术”。《溯源》又说：“使我们惊喜的是，就在这些单个的、无序的、不相连贯的四十四个导引术式中，居然有23个与陕西《导引吐纳功》中的动作，或者相似，或者相同，有的姿势还有一定的连贯性。”这话有点令人费解，先说《导引图》是“不相连贯的44个导引术”，又说在与《导引吐纳功》比较之下，“有的姿势还有一定的连贯性”。那么，请问《导引图》究竟是每图一式，还是一式多图呢？或者是既有每图一式，也有一式两图的呢？

而笔者坚信《导引图》是一式一图的。古代导引图谱即使有一式多图的连环动作图，一般也不会是人物相貌与服饰各异的，尤其是一些缺少文字说明的图谱，有时就不得不依靠画面来加以说明了。如《导引图》各式的功别和术别，那就是凭画面来鉴定和识别的。比如：（一）某一图属静功还是动功？（二）属导引学中的导引项、行气项还是按摩项？（三）此式作用于人体的哪些部位？有何种功效？所有这些，就得通过图像和寥寥数字的题记作出判断。因此，古代较珍贵的导引图谱的绘制，是无不遵循着这些约定俗成的规律的。正因为如此，《导引图》才是可以解析的。

当然，题记（式名）的辅助，往往起着画龙点睛的作用，例如，《溯源》所说与“导水泡浴功”起势相同的图15、35，这两个图式都有题记。一为“引喷”，一为“弥猴唤引戾中”[①]。那分明是两个静功站桩的术式。也许正因为是站桩，所以，看上去与任何导引功法或拳术套路的“起势”都有点相似。但这是外形，而不是内在的实质。这就像杏子与梅子在外形上都是圆的，黄梅时节的梅子也是黄澄澄的，但吃到嘴里的时候，味道却与杏子是大不相同的。

四 《导引图》是一整套导引套路图谱

笔者从1975年至1983年为止，经过多年寒暑不辍和废寝忘食的探求，走了不少弯路，最后才得出这样的结论：《导引图》和西汉《六禽戏》[②][③]、东汉《五禽戏》[④][⑤][⑥][⑦][⑧] 三者都是完整的导引

① 沈寿：《西汉帛画〈导引图〉解析》，《文物》月刊1980年第9期第70套。该文图号与帛书整理小组所编的完全相同。式名用方括号者，表示原缺题名，系由沈寿酌情补拟，而并非原有的。本文所引《导引图》题记释文，均据此文。

② 沈寿：《西汉刘安〈淮南子〉六禽戏的考释与研究》，《中华医史杂志》1981年第3期。

③ 沈寿：《重谱西汉六禽戏图说》，《北京体院学报》1983年第1期。

④ 沈寿：《古本华佗五禽戏考释》，《成都体院学报》1980年第2期。

⑤ 沈寿：《介绍一种秘传的华佗五禽戏》，《成都体院学报》1981年第3期。

⑥ 沈寿：《试论东汉华佗及其所创五禽戏的历史渊源》，《中医药学报》1981年第4期。

⑦ 沈寿：《传统华佗五禽戏的导引理论浅探》，《成都体院学报》1982年第4期。

⑧ 沈寿：《明代刊本五禽戏图说试释》，《四川体育科学学报》1983年第4期。

套路，而且是一脉相承的。具体地说，是六禽戏采撷《导引图》中有关术式，经过加工，组编成一套六段功，而东汉华佗又在继承《六禽戏》的基础上，创编了《五禽戏》。

然而《导引图》的编套方式，却是非常独特的，在后世只有《陈希夷导引坐功图势》① （以下简称《坐功图势》）与它在格局上是比较相类的。这是根据《却谷食气篇》、《阴阳十一脉灸经》和《导引图》等这卷长帛的二文、一图，与古今各种导引图谱、图说等大量史料进行类比考证的结果。最后终于发现《导引图》与《坐功图势》相类的是，两者的各个术式都是循经归类的。《坐功图势》是以《灵枢经·经脉篇》的十二经脉学说为依据的，每脉各占两个术式，并与全年二十四节气相合。而《导引图》则是以长帛前段所写的《阴阳十一脉灸经》中的十一脉学说为依据的，每脉各占一直行，计上下四式，而这四式极可能是与“四季”相合的。它不仅与《却谷食气篇》中所谓“春食”、“夏食”、“秋食”、“冬食”有一定的联系，而且与我国第一部医学典籍《黄帝内经》中要求人们适应季节变化等自然条件是完全相契合的。

《阴阳十一脉灸经》实际上并非“灸经”（见该注文），而是《灵枢经·经脉篇》的前身。这说明当时的十二经脉尚未确立，那就是现存最早的有关后世经络学说的原始篇章。从而也可证实《导引图》这幅长帛上原著产生的年代，无疑的远比帛画随葬入墓的西汉初期要早得多。

《导引图》原本是完整的、有序的，《导引图》自右而左，每直行四式与一脉相合，共十一脉，就构成了全图四十四式，从而

---

① 《陈希夷导引坐功图势》，明代高濂《遵生八笺》、胡文焕《寿养丛书》以及王圻《三才图会》等类书均收辑了这一导引图谱。

证明《导引图》绝不是随手采撷、无序的，而是经过刻意编排的综合性导引套路图谱。所谓“综合性”，则是就其广度而言，如：导引、行气和自我按摩等三个基本项目的术式都有采入，其中对导引项的“导气”和“引体”二项，也是兼收并蓄的。从而证明：导引套路在距今2100多年以前已经相当成熟和完备。

因限于篇幅，这里只能列表说明《导引图》、《坐功图势》分别与《阴阳十一脉灸经》、《灵枢·经脉篇》的关系，以供大家研究参考，至于其具体的归经原则，则请参阅拙文《西汉帛画〈导引图〉结合〈阴阳十一脉灸经〉综探》①，此处不再赘述。

《导引图》与《阴阳十一脉灸经》归属关系一览表

《导引图》		《阴阳十一脉灸经》之十一脉	相当于《灵枢经·经脉篇》之十二经脉	《陈希夷导引坐功图势》图号
行次	图号			
1	1、12、23、34	钜阳脉	膀胱足太阳脉	17、18
2	2、13、24、35	臂少阴脉	心手少阴脉	9、10
3	3、14、25、36	肩脉	小肠手太阳脉	5、6
4	4、15、26、37	少阳脉	胆足少阳脉	13、14
5	5、16、27、38	臂钜阴脉	肺手太阴脉	11、12
6	6、17、28、39	阳明脉	胃足阳明脉	15、16
7	7、18、29、40	太阴脉	脾足太阴脉	23、24
8	8、19、30、41	少阴脉	肾足少阴脉	21、22
9	9、20、31、42	耳脉	三焦手少阳脉	1、2
10	10、21、32、43	齿脉	大肠手阳明脉	3、4
11	11、22、33、44	厥阴脉	肝足厥阴脉	19、20
—	—	—	心包络手厥阴脉	7、8

① 沈寿：《西汉帛画〈导引图〉结合〈阴阳十一脉灸经〉综探》，《成都体院学报》1983年第4期。

五 《导引图》主张“扎缠腰带、力吐劲纳”吗？

《溯源》一文在“结束语”中说：“《内经》所说导引、按跻‘从中央出也’，当指陕西无疑。”又说：“特别是陕西《导引吐纳功》与马王堆《导引图》扎缠腰带、力吐劲纳、导引按跻、动作术式四大相同的历史存在和现实存在，不仅使我们确信马王堆《导引图》源出陕西，而且更使我们确信《导引吐纳功》与《导引图》功法一脉相承，完全相同。”这些结论是值得商榷的。

常言道：“天下导引是一家。”我国导引有数千年的悠久历史，虽然流派相当浩繁，但因同出一源，而且历来是相互借鉴、相互吸收其精华以充实自己的，因之，说它们是“一脉相承”，那是错不了的，仅仅是“亲缘关系”的远近疏密而已。至于说“完全相同”，那似乎是说过了头。

古人说：“仁者见仁，智者见智。”这种情况，在探讨《导引图》时就更为突出些，例如：研究民俗学的学者说《导引图》是“风俗图”；爱好气功者说《导引图》是“气功图”；精通猴拳的拳家说《导引图》中“猕猴唤”式是猴拳的祖式和雏型；打太极拳的人说《导引图》中有太极拳的“预备势”、“起势”和“倒撵猴”式。我曾对一位打太极拳的拳友出示古希腊的“搏斗图”，请他仔细观察这是不是太极拳的“手挥琵琶”式，他惊奇地说：“像极了！几乎是完全相同的。”当然，这只是巧合而已！

其实，说《导引图》主张“扎缠腰带，力吐劲纳”，这也与看问题的角度有关。与此相反，也有人曾提出《导引图》是侧重于“宽衣松带，呼吸自然”的，尤其是与《导引图》连写在一起的《阴阳十一脉灸经》中就有“缓带，被发，大杖重履而步”的引导方法。所谓“缓带”，就是放松衣带的意思，至于《导引图》的呼吸方法似是多种多样的。至少有自然呼吸法、发声呼吸法和闭息法等几种。从“弥猴唤”图像的口型，可以看出这是一式采用发声呼吸法的站桩式，根据长帛前段《却谷食气篇》一文中的“凡中息而吹”句①，也就可以联想到《导引图》中是可能有采用闭息法的站桩式的。当然，这也只是“联想”而已。若是突出地把“扎缠腰带的练功方式”，与“力吐劲纳的呼吸方法”，看成是《导引图》的特点和主张，那恐怕是不妥切的，这是有实物图像可供鉴定和探讨的。

六　关于“导引按跻者，亦从中央出也”

《溯源》一文中所引用的“古导引发源于‘中央’，流布于四方”一语，实际上这句话原本出于拙文《马王堆出土帛画〈导引图〉考释（上）》，原话是：“我国导引起源于上古，发源于‘中央’，流布于四方。”② 而我的这句话又是以《黄帝内经素问·异法方宜论》、《吕氏春秋·古乐》、《路史》等书记载为依据的。《异法方宜论》中写岐伯答黄帝问，说道：“中央者，其地平以湿天地所以生万物也众，其民食杂而不劳，故其病多痿厥寒热，其治宜导引按跻。故导引按跻者，亦从中央出也。”③ 而这里所说的“中央”，乃是指上古的中央，并且文内还明确地指出“其地平以湿”；而陕西在地理上地势较高，在历史上虽是“古代十三个王朝

---

① “凡中息而吹”句，笔者曾译其大意为：“凡吸满气后，要闭息微顿而后呼气。”见沈寿《〈行气王佩铭〉今译与研究》，《中华医史杂志》1980年第2期。

② 沈寿：《马王堆出土帛画〈导引图〉考释（上）》，《长沙马王堆医书研究专刊》1981年第2辑，第60页。

③ 《黄帝内经素问》，人民卫生出版社1979年版，第81~82页。

建都之地”，但毕竟不是上古的中央。

关于导引学中的分类问题，笔者曾在《导引学概论》一文中作了较为详尽的阐述①。导引学属于养生保健和自我不药疗法性质，相当于现代的医疗体育学。当上古的导引按跻随着社会发展分成自疗与他疗以后，其自疗部分吸取了行气，就成为导引、行气和自我按摩等三大项目。这三大项目既可单独应用，也可使两项或三项结合为用，就古今导引套路而言，综合应用的并不罕见，较著名的如古本《易筋经》、《十二段锦》，当代的如王子平《却病延年二十势》，以及在吸取《却病延年二十势》的基础上整编的《练功十八法》，或多或少地都有综合应用的内容。前文所提到的《陈希夷坐功图势》，也是三项兼备的，其实即使套路是单一的，但也不妨碍结合应用。何况导引养生家大都是主张“动静兼修，内外并炼”的，所以，我们常常能在公园里看到练了导引练气功、练完气功做自我按摩的人。这种情况在沿海一带的大中城市中是较普遍的，并不少见。倒是像《导引图》那样应用经脉原理，分别与十一脉和季节相合的导引套路，在今天却是罕见的，也乏人去深研精究了。

原载：《中国体育史论文集》第四集，1989年4月（辽出内登字93号）

---

① 沈寿：《导引学概论》，《成都体院学报》1987年第4期。

附录

附录一　体育人物简介

易芷媛　罗兴国

古　代

谭进顺（生卒年月不详），五代后唐时期湖南酃县人。官任佐殿大将军。

顾　成（1329—1414），字景韶。祖籍湖南湘潭，后徙江都（今江苏扬州）。少魁岸，膂力绝人，善马槊，文其身以自异。太祖渡江，以勇选为帐前亲兵。从攻镇江，与勇士10人转斗入城，被执，10人皆死，唯成跃起断缚逃之。大小数十战，皆有功，升坚城卫指挥佥事。从伐蜀，攻罗江，擒元帅以下20余人。洪武二十九年（1396），迁右军都指挥佥事。燕王即位，论功封镇远侯。卒后谥夏国公。

张　武（生卒年月不详），明代洪武、永乐年间湖南浏阳人。生性豁达豪爽，武艺超群。曾参加赣州农民起义，后归顺朝廷。因抗倭有功，升燕山护卫。建文二年（1400），随成祖朱棣起兵，功绩显赫，封成阳侯。后镇守北平以至终。

郭廷用（生卒年月不详），明代弘治、嘉靖年间湖南长沙人。嘉靖五年（1526）丙戌科武进士，后官至广西总镇。

张万年（生卒年月不详），明代正德、嘉靖年间湖南沅陵人。嘉靖十七年（1538）戊戌科武进士。官四川都司，封镇国将军。

谭敬承（生卒年月不详），明代嘉靖、万历年间湖南长沙人。

隆庆五年（1571）辛未科武进士，官贵州总兵都督。

郑维成（1573—？），湖南武冈人。自幼师承瑶族武功，更喜好习练硬气功，力大过人。明万历四十四年（1616），因闹蝗灾、旱灾，河南、山东等地民众纷纷起事，有首领平师王周尧德起事失败，其部潜来湖南武冈，以授武为生。郑从之习练北派武功，得其奥秘。天启二年（1622），岁次壬戌，熹宗初行武举殿试，郑中武状元。官至总兵都督。

李伯威（生卒年月不详），明代万历年间湖南泸溪人。万历二十六年（1598）戊戌科武进士，官至参将。

陈　瑚（生卒年月不详），明代万历、崇祯年间湖南茶陵人。崇祯七年（1634）甲戌科武进士，后官任广东都司。

刘　清（生卒年月不详），明末清初湖南长沙人。七岁始读《孙子兵法》、《鬼谷子》、《吴起兵法》等。与群童做游戏时，按兵法列阵布营，故有“神童”之称。八岁始习练武功，尤重射技，百米之外射飞鸟，一发即中。好使长枪，极有胆识。后应征入伍，屡立战功，官至总兵。

裴　鳟（生卒年月不详），清代康熙年间湖南武陵人。康熙三十三年（1694）甲戌科武进士，官湖北黄冈副将。

李世崧（生卒年月不详），清代康熙、乾隆年间湖南桃源人。乾隆七年（1742）壬戌科武进士，官江西参将。

罗廷弼（生卒年月不详），清代乾隆、嘉庆年间湖南沅陵人。乾隆四十三年（1778）戊戌科武进士，官陕西副将。

韩之烺（生卒年月不详），清代道光、同治年间湖南长沙人。官监生。勇力非凡，胆气豪爽，棍术精绝，喜为人解难。乡俗最重赛神，族属间各据其境，每遇争先不下，辄执械斗。某日，韩应约谋和，经狭路，乡人聚山掷石阻之。韩舞竿如旋风，石应竿而堕，同行者未伤一人。乡人骇之，敛手而退，械斗遂息。

吴八月（1728—1796），又名吴世宁。湖南吉首人。苗族。随父学苗拳，擅使青龙大刀（据传刀重 91 斤）。青年时误揭比武告示，迫与长沙清军副将高一靖之孙高雄比武。凭其胆量和臂力，在苗民的助威下，终获胜，名震湘黔。后在其岳父教导下苦学汉语，撰写了《苗家拳术秘诀》一书，系统地总结了苗拳理论、套路和基本要领，广为流传。清乾隆五十九年（1794），湘黔边区苗民不满清廷统治，首推吴八月为王，以“刀梯会”名义举行著名的“湘黔苗民起义”，历时 2 年，后被叛徒出卖被捕，嘉庆元年（1796）三月十五日在清军大营慷慨就义。

巫必达（1751—1812），字有能，又名巫黑。原籍福建连城人，后徙湖南湘潭。少年习武，青年时到山东、河南、河北、湖北等地寻师访友，颇领诸家之长，对少林、武当拳法造诣尤深。嘉庆年间定居湘潭，边教拳边钻研各种功法，创编了兼具少林武当攻防技击的巫家拳，在湘潭、株洲等地传授。后经代代传授演变，成为湖南有影响的著名拳种。

余世万（1795—1874），湖南大庸人。家贫，出家堡子界观音寺为僧，后为住持。曾云游到福建泉州少林寺，善拳术，创大庸南拳，尤擅“铁砂掌”、“一着胶”，名闻湘西。授徒甚多，高足有“三保二匠”，曰郑典保、张慈保、周福保、陈纱匠、张锅匠。

荣维善（生卒年月不详），字楚衍。清代咸丰、同治年间湖南东安人。身材魁梧，武功高强，臂力绝伦，有“手刃百头”之称。同治三年（1864）投楚军，因战功显赫，由千总逐升为沅州提督。

唐仁廉（1834—1895），字元甫，诨名“唐癞子”。湖南东安人。青年从军，作战勇敢，屡立战功。清咸丰十年（1860）升守备，继任游击，赐“壮勇巴图鲁”。同治十三年（1874），授通永镇总兵。光绪十年（1884），调任广东水师提督。

刘明灯（1838—？），湖南大庸人。幼时聪颖好学，15岁始苦读诗书，并朝夕练武。家资不裕，生活清苦，勤奋劳动，助其父操作农事。成年后，艺业有成，刀枪娴熟，尤精骑射。清咸丰五年（1855）乙卯科中武举人。咸丰十一年（1861）入左宗棠的楚军，同治七年（1868）升为总兵。

刘朝鹏（1850—1910），字凌汉，又名兆鹏。湖南邵东人。少从师练黑虎功，臂力过人，好打不平。曾为商贾行帮保镖，往返湘、黔、云、贵。光绪三年（1877）聘为镇湘营长，赏五品蓝翎，补江西把总。光绪二十八年（1902）九月，邵阳贺金声组建大汉佑民灭洋军，举旗反清灭洋。被清廷委为亲兵长，杀敌奋勇，建立功勋。后被叛逆出卖中弹身亡。1913年被咨部赠为陆军中将，入祀烈士祠。

近　代

（一）武术人物

黄瑞清（1842—1915），字新浦。湖南醴陵人。清代武将。自幼习武，功夫超群，入役后奉命镇守台湾，长达四十载，他指挥杀敌，无人可近，深得民心。由于战绩卓著，受清廷重用。回祖籍时，带回绣有黄字的“帅旗”及“虎令旗”、“万民伞”等。1915年8月逝世，葬于浏阳县珑骨冲。

诸殿元（生卒年月不详），清代嘉庆、道光年间湖南辰溪人。苗族。性格沉毅，喜研兵法，善谋略，深研苗族武功。道光十六年（1836）武冈倡导龙华会，清廷严查“会剿”，龙华会揭竿而起，称卫王。其时诸方会剿龙华会，殿元率弟子百余驰援。翻山越岭，飞堑逾垣，矫如猿鸟。人皆藤牌竹箭，衣被穿山鳞甲。武冈一役，奇兵制胜，穿山军名声大振。后被清廷招抚。

杨卓林（1865—1907），又名杨七。湖南醴陵人。同盟会会员，孙中山的得力助手，辛亥革命先驱，湖南醴陵、浏阳和江西萍乡起义领导人之一。从小拜高师习武，武艺高强。庚子之役，他随张春友部防御京、津，与敌交战，奋勇当先。1906 年在丙午运动苏、皖、浙、湘、鄂起义中，被捕后殉义。1934 年 10 月《政治月刊》专栏“中华民国国父及开国先烈”内，录其头像，颂其功。

杨金榜（1849—1929），湖南凤凰县人。苗族。峨眉武功在湘西苗区的主要传人。少年习武，臂力过人，送外号“金膀”。后因命案潜逃贵州梵净山削发为僧，遂得“金膀和尚”之称。在山学得峨眉拳技。返回故里后，以传授峨眉拳术为生。清光绪丁酉年冬，大雪纷飞，他行至苗寨大岩板村，击毙猛虎，名扬湘西，随其学武者遍及湘西及黔东南。其门生凤凰县龙长生，跟随他十余年，武功出众，被“湘西王”陈渠珍（国民党中将师长）聘为黑旗大队国术总教官。

兰仙果（1865—1926），湖南株洲人。武术名家。5 岁随父赴湖北读书习武，8 岁拜薛瀛州学艺 12 年，武功大进。能文善武，精技艺，仗侠义，人称“南侠”，擅轻功，又名“水上飞”。1885 年返回故里教书授徒，投身辛亥革命。1911 年率其学生冷秀英、彭丽如等攻打湖南抚台衙门，身先士卒，刀砍城上的青龙旗。传世有拳术“败桩十八拔”、棍术“反手六字棍”等。

黄凤岐（1852—？），湖南安化人。清代武举人。精少林拳。曾随刘玉山习练刀术，深研刀技，有“单刀王”之称。后又练剑术，能一抵十，名噪一时。民国期间，继续从事武术活动。1932 年被聘为湖南省第二届国术考试评判员，在闭幕式上表演小华山拳，受好评。其一生培训不少学生，为湖南武术的发展做出了贡献。

谭嗣同（1865—1898），字复生，号壮飞。湖南浏阳人。生于北京，一生立志维新，1898 年被召入京参与新政，任四品京卿。九月政变与林旭等六人（史称“六君子”）被慈禧太后杀害，年仅 34 岁。少年时结识通臂猿胡七，习刀锏拳术。后从大刀王五学单刀、骑术、气功，深为其“锄强扶弱”的侠义行为所感动，练武以作救世本领。其父曾任湖北巡抚。1878 年随父到兰州，又结识刘云田习射猎，能在马上跃翻，能“矢飞雁落，刀起犬亡”。常佩双剑，一名“麟角”，一名“凤雏”。常自称“好任侠、善击剑”。著有《剑经衍葛》、《兵制论》等书，有《谭嗣同全集》存世。

杜心五（1869—1953），又名星武，字慎媿，号儒侠，道号“斗米观”居士。湖南慈利县人。9 岁习武，曾拜数名拳师习少林拳械及鹰爪拳、梅花桩等。13 岁已有武名，后从徐霞客（又称徐矮子）习自然门武艺，尤以此艺更精，因以腿功著，世称“神腿杜心五”。曾走镖于川、滇间，毁黑店，灭盐枭，行侠仗义，誉满南北，有“南北大侠”之称，先在湖南澧州乡试考中秀才，原毕业于常德高等普通学堂，1900 年赴日，考入东京帝国大学农科。就读期间加入同盟会，常随孙中山去南洋、欧美等地进行革命活动，并为孙中山和同盟会作保卫，参加辛亥革命武昌起义。后任北京农业传习所气象学教授，民国政府农林部佥事。第二次国内革命战争失败后，杜闭门谢客，潜心学道。1939 年复出，在重庆任全国人民动员委员会主任，在各地发展党会组织，与日伪军特周旋。30 年代初始收徒传艺，名徒有万籁声、郭凤岐、李丽久等。新中国建立后，曾任湖南省军政委员会顾问、省人民政府参事、省政协委员。

龙廷久（1872—1920），湖南古丈人。苗族。苗拳“大夹小”之创始人。从小随父学苗族拳术。16 岁时受寨人资助上峨眉山学武。艺成下山，遇白莲教士胡仕明又学练武当拳法。善使 36 把飞刀和神鞭，名震湘西。他懂汉语，会客话，善学他人之长，创编具有苗拳防守、武当内气、峨眉刚柔相济特点的苗拳“大夹小”拳术套路，形成独特苗拳，并广为传授。门徒遍及湘西苗区。1919 年当苗王，组织湘西古丈、泸溪、吉首、保靖等县 68 寨三万多苗民举行反抗国民党反动派的运动。1920 年农历二月初二，由于叛徒出卖，武器又遭破坏，在国民党军队围剿中阵亡。

黄尧熙（1877—1965），湖南长沙人。武术家。中医师。自幼嗜武，苦学各家拳械，擅“邬家十字六肘”。早年参加清末武考，府试名列第一。1933 年从吴公藻习吴式太极拳。1937 年从张金龄习孙式太极拳。1956 年，任全国武术比赛大会裁判，时年 71 岁。

柳午亭（1877—1957），湖南长沙人。教授。从小喜爱武术。1903 年留学日本时，随王润生学练“八拳”，曾击败日本柔道家吉田道次。1913 年回国后，历任长沙师范、省立一中、长郡中学教师，后任湖南大学及湘雅医科大学的体育教授。从事体育和武术理论研究及实践。1916 年夏，毛泽东曾专程拜访柳午亭，畅谈了体育和武术等问题，为 1917 年 4 月撰写《体育之研究》奠定了基础。

彭凤池（1878—1942），又名廷衡，别号峰峙。湖南保靖人。土家族。清朝武人。自幼习武，身休魁梧，臂力过人。清末被选送到湖南武备学堂将弁班，结业后被推荐参加武备科举考试，获武备解元（武举人第一名）。曾赴日本士官学校学军事，在校时，常传播中国拳法。回国后追随蔡锷，被任命为云南讲武堂校长。1916 年回湖南，被省督军谭延闿任命为督军参谋长兼第三师师长，兼任湖南讲武堂校长。

蒋鸿章（1879—1958），湖南东安人。岳家拳主要传人。自幼爱武，后得师传岳家拳，精心苦练，武艺高强，棍、锏、耙有其独到之处。曾到广西鹿寨等地教拳授徒，后又在零陵、东安一带教馆五十余次，徒众颇多。1932 年，在东安县第一届国术选拔考核比赛中获冠军。同年赴长沙参加湖南省第二届国术考试赛，因年岁较高，参加表演赛获奖。

王润生（1880—1941），又名志群。湖南长沙县人。教授。幼从杨昌济习文练武。后从何文广习十六手、三步跳、十字桩、一字功、白猿功、全身功、五阳功、五阴功，合称“八拳”。1905 年，留学日本，入同盟会，为会员保镖，曾与黄兴同练“八拳”，入东京宏文书院学习，研究日本柔道。曾将柔道名家田野清太郎摔倒三次，被誉为“拳王”。1912 年归国后，在上海击败俄国大力士多维诺夫斯基，誉满申江。1913 年与向恺然等人在长沙创办国技（即武术）学会，招聘名家研究、传授武艺，学生达数百人，为当时武术开禁起了积极作用。1915 年向吴鉴泉习太极拳，并创编了《太极操》一书问世。1916 年又应向恺然之邀赴沪授艺。1931 年再渡日本，考入帝国大学体育系，课余在大森俱乐部习练武技，并向部分中国留学生传授“八拳”。1928、1933 年先后任两届国术国考评委。1934 至 1940 年任湖南大学体育教授兼教武术，曾先后兼任精武会湖南分会武术教练和湖南省国术俱乐部董事会董事，并教授太极拳。1941 年夏在日军轰炸辰溪中不幸殉难。

周朝武（1882—1932），字绪棠。湖南大庸人。武术名家。与贺龙、陈渠珍并称“湘西三杰”。从小胆识过人。12 岁时，见父被族长毒打，持刀将族长砍伤外逃，拜师闯江湖。善使双刀，后投甘肃平凉董福祥帐下当兵，清恭亲王荣禄闻知其武功非凡，令于演武厅表演，赞其“刀法精湛”。历经多次战役，曾与回军骁将郑西林战一百多回合，斩郑于马下，夺得铁鞭随身带，人称“周铁鞭”。后被谭延闿任命为第二师师长。1932 年 8 月暴病卒于长沙。湖南、上海报纸惜其“绿林朝武、身后萧条”，乃赞其“重义轻利”。

陈渠珍（1882—1952），湖南凤凰人。湘西精武学校创办人。幼年读私塾时就学得一身好武艺，才华出众，为“湘西三杰”之一。1903 年考入湖南武备学堂，毕业后分配益阳任见习教官，后调 49 标新军任教官，1908 年英军入侵西藏，受清政府派遣援藏，击退英军，功升管带。1929 年任湖南湘西行署主任兼 34 师师长，人称“湘西王”。1932—1934 年在湘西创办精武学校，前身为湘西国术训练所，兼所长、校长，培养了一批湘西武术骨干。1949 年和平起义后，任湖南省人民政府委员，全国政协委员。

杨　敬（1885—1965），字季子。湖南湘潭人。清末、民初北京武术名人。幼年延师习武，兼习文学。后考入北京译文馆，获法文班优异成绩。批准公费出国留学，因故未果。清宣统三年（1911），同学中有许禹生亦好武术，因与相议集资，于北京西单创办国术馆，切磋武技。聘刘凤春（绰号“翠花刘”）、纪子修教授八卦、散手。1935 年，出任上海第六届全国运动会国术裁判。曾在京汉铁路文书课任职十余年，日寇入侵北京，弃职退隐，在家奉母至孝。好交往，喜吟咏，常以诗记述武人轶事，评论武家得失。有遗著《诗稿》一卷。

向恺然（1889—1957），字向逵。笔名平江不肖生。武术作家。祖籍湖南平江，生于湘潭。自幼酷爱武术，初从私塾先生学巫家拳。1906 年赴日本东京宏文书院攻读政法，从王志群学八卦掌等武技。1911 年回国，1913 年在长沙与王润生创办“湖南国技学会”，旋受聘为第一军军法官。同年考入日本东京帝国大学。留日期间出版了《留东外史》。1917 年在上海创设“中华拳术研究会”，开始撰写武侠小说。1932 年回长沙，任湖南省国术训练所秘书，1934 年调民众国术俱乐部工作。1938 年赴安徽任二十一集团军办公厅主任及安徽大学教授。1948 年任湖南省政府参议，1949 年随程潜起义。建国后，任湖南省文史馆馆员、省政协委员、省文联会员、长沙市体育场武术组组长。1956 年任全国 12 单位武术观摩表演大会裁判。著述颇多，尤以写武侠小说著称。代表作有《侠义英雄传》、《国术理论》、《拳术》、《拳术传薪录》、《拳术见闻》、《拳师言行录》、《太极经中经》、《江湖奇侠传》及合著《国术大观》等。

匡互生（1891—1933），湖南邵东人。武术名人。从小习武，臂力过人，辛亥革命时，曾参加攻打巡抚衙门。读中学时曾在《时事感言》上撰文痛骂袁世凯。考入北京高等师范（北京大学前身）后，适逢五四运动，在火烧赵家楼中，最先冲进曹汝霖住宅，当院内枪警阻拦时，他一脚扫倒一个。他打开门后，群众蜂拥而入，抓了章宗祥，火烧赵家楼。高师毕业后，回湖南长沙楚怡、一师等校任教，参加毛泽东组织的“驱张运动”。重视国术传播，在学生中积极提倡武术。

陈玉泉（1893—1968），湖南衡阳人。拳师。青年时期从师学得南派少林拳。1919 年到昆明，入唐继尧的部队，任“钦飞军”副大队长，后被唐继尧提为侍从副官。1931 年脱离军队，与蒋勋培合作，在昆明开办振武社，任社长。1933 年被聘为云南国术团团长兼教师。建国后，先后在昆明工人文化宫、云南政治学院、昆明工学院教授武术。

李丽久（1896—？），山东宁津人。武术教官。1930 年在湖南长沙任国民革命军第四路军技术教导大队大队长，1934 年改为技术教导总队任总队长。1936 年兼任省国术馆副馆长，省会国术俱乐部游艺部主任。在省第二届国术考试闭幕会上表演了拳术并与馆长何键表演了对剑。1933 年任全国第二届国术国考评判员。1935 年被选为省国术研究社副社长。在湖南期间，培养了数以万计的武术人才。

刘九生（1901—1986），湖南醴陵人。名拳师。9 岁随叔父刘潜心习武，臂力过人，可单手举 300 斤。1929 年在醴陵举行的擂台赛上夺得头标。1932 年初考入湖南省国术训练所高级班，从朱国桢、白振东、纪授卿等名家习武。精拳术、拳击、摔跤、器械等。1933 年 10 月在南京第二届“国术国考”中，独得短兵器、摔跤、拳术三个第一名，被时人誉为“铁臂刘九生”。

何正凯（1905—?），湖南衡阳县人。少林拳传人。出生武术世家，6 岁随父学少林南拳。1932 年秋在衡阳县武术选拔赛中获第二名，随后参加省武术打擂比赛获二等奖。1933 年起在省技术教导总队、省国术馆教官训练班学习。1935 年回县筹建武术馆，任筹办总务主任，随后任常宁、零陵等县武术馆长，传授以少林南拳为主的武术。抗日战争时期带领学生进行抗日游击战。建国后仍教拳授艺，成为少林南拳在衡阳地区的主要传人。1988 年被省体委授予“荣誉拳师”称号。

曾　彪（1905—?），湖南新邵人。武术拳师。自幼随父习武，练黑虎教桶子功。1931 年进湖南国民革命军第四路军技术教导大队，毕业后分配在湖南南县国术馆任主任教官，后又从四川峨眉云游道人刘法通练梅花散打及飞镖。1941 年任国民党重庆监护大队中队长及国术教官。在重庆曾因事不平，痛打蒋介石的侍从保镖，当年的《新华日报》为此用头号标题登载《“好拳头”怒打特务，愤斥侍从保镖》。1947 年回乡定居，务农授艺，在武术挖整中编著有《峨眉拳械录》及整理武术史料。

黄忠义（生卒时地不详），巫家拳第五代传人。20 世纪 30 年代湖南武术名人。1931 年参加湖南省第一届国术考试获第三名。

彭善思（1909—?），女。湖南永顺人。土家族。高级武术讲师。从小拜胡清海为师学文习武。1933 年考入湖南省国术训练所女子师范班习武。1935 年参加旧中国第六届全运会，获剑术第三名、中国式摔跤第二名，同年在长沙参加全国中国式摔跤比赛获冠军。1936 年秋入南京国立体专深造。1937 年参加在南京举行的第七届全运会，获散手、摔跤、长兵器三项冠军。南京报刊称其为“惊世女杰”。1938 年任第五战区学生军团国术教官。

唐徽典（生卒时地不详），20 世纪 30 年代湖南武术名人。1931 年 9 月参加在长沙市教育会（现农业厅）中山堂举行的湖南省第一届国术考试，获第一名。1932 年与柳严森研究合作创编“万法归宗”拳种在长沙地区传播，该拳种有关内容于 40 年代由柳严森著书出版说明。

陆占山（生卒时地不详），20 世纪 30 年代湖南武术名人。1931 年参加湖南第一届国术考试，获第二名。1932 年 2 月湖南国术训练所成立时担任教官，1936 年该所改为国术馆，仍担任教官。

黄德兴（1918—?），湖南株洲人。汇宗拳主要传人。幼年拜师学武。曾在湖南、湖北一带民间教授武术。擅长南拳、拳击、摔跤。承师“汇宗拳”，经其多年演练，改进了拳术架式及拳术套路，融南拳、拳击、摔跤动作为一体，形成独特风格。授徒练此拳术者众多，在武术界颇有影响。1939 年任株洲精武会国术教官。

王灿芝（生卒年不详），女。民国时期湖南人。民主革命家秋瑾之女。自幼嗜武，曾精习太极、形意、八卦门拳械。在孙中山创办的上海竞雄女校任校长。曾自号“小侠”。

（二）**早期体育活动家**

黄　兴（1874—1916），字克强。湖南长沙人。近代民主革命家。早期体育活动家。他不但是中国民主革命的领导者，而且是一位体育活动的爱好者和提倡者，是湖南早期现代体育活动的开拓者。1902 年赴日本留学，入东京宏文学院速成师范科，对日本的军事训练特别喜爱，将体育作为培养和造就革命力量的重要手段之一。他经常参加射击比赛，在留学中提倡尚武精神。1908 年在日本东京发起成立“大森体育会”，训练军事人才，自己任教授。

1903 年回国主持长沙明德学堂速成师范班，是明德学堂第一任体育教员。对体育尤有独到见解，深感“东亚病夫”的奇耻大辱，要振兴中华，国民非有健壮的体魄不可，决心把体育与民族振兴结合起来。在明德学堂积极进行体育教学和开展课余体育活动，在组织学生开展体育活动时，身体力行，使当时的明德学堂自开办以来即养成了尚武、爱国的校风。1903 年组织“杨子野球队（今称棒球）”，开湖南球队之始。1904 年任湖南民主第一女学体操教员，是当时该校唯一的男教师。

朱剑凡（1883—1932），湖南宁乡人。著名教育家。1904 年自日留学后，他痛感女子沉沦于黑暗深渊，决心冲破重重阻力，毁家产兴女学。1905 年创办了周南女子中学，开湖南女学之先河。办校之初，提出“强国必先强种”的口号，号召学生积极开展体育运动，以雪“东亚病夫”之耻。1915 年该校开办音乐、体操专修科，学制一年，为湖南女子体育师资之始。为中国培养了一大批早期的优秀体育教师，她们不仅桃李遍及大江南北，而且培养造就了一大批优秀运动员。20 年代开始该校先后组织了篮、排、足球等代表队，在市、省、区、全国比赛中，均获得优异成绩，曾一度名冠三湘，使该校成为湖南女子体育的先锋。

向警予（1895—1928），女。湖南溆浦人。中国妇女解放运动的先驱。体育活动家。将体育作为妇女解放的重要手段，开三湘女子体育之新风。1914年转入长沙周南女校后，曾邀集20多位同学习拳术。她认为成就事业与体育竞赛有相似之处，都必须"养勇蓄锐，最后一奋"。在《致体育音乐专科毕业赠辞》中说："愿诸君为音乐体操科放灿烂之花"，深感中华民族想在20世纪自立于世界民族之林，就必须有强健的身体。她希望体育音乐专科的毕业同学承担起强国强民的任务，为体操音乐专科教师开一新的纪元。

1916年在周南女中毕业后，回溆浦创办县立女子学校，自任该校校长，非常重视体育，亲赴长沙聘请体操科教员，在教学内容上废止了兵操，引入了田径、球类、体操、轻器械操、户外游戏等项目。

1918年秋，溆浦县立女校举办了首届校运会，开展了各项比赛，表演了团体操、舞蹈和轻器械操，她还亲自为运动会撰写了会歌，是该县有史以来的创举。

方克刚（生卒年月不详），字小川。湖南平江县人。任长沙妙高峰中学校长30余年，复兼公私立中学校董20余处。一贯办学认真，对体育极为重视。要求学生德、智、体三育并重，强调体育锻炼重于德智之先。规定如体育不及格，健康水平太差者，一律不准升级。致使该校学业成绩和体育活动俱佳，每届全省中学会考，总是名列前茅，每次省会联校运动会，成绩突出。如有名的"杨峰"、"高四"、"九十"球队成立后，蝉联省会篮、排球赛冠军，一时名噪三湘，田径各项，亦不落后他校。

方克刚不但重视学校体育，而且特别关心社会体育事业的发展，他是湖南体育运动大会和省会联校运动会组织者、创办人之一。曾担任湖南体育代表团的总领队，先后参加过华中运动会和全国运动会，并兼负组织工作和评审工作。20 世纪 20 年代发起成立湖南体育会，任主任。1925 年出席全国体育协进会第一次董事会，选为董事。

方克刚素喜诗文，每届省、市、全国和华中运动会开、闭幕时，常著诗文记其盛况，这些诗词，曾刊登于报章、杂志，并收入自刊的《血潮集》、《扫帚集》、《小川诗集》之中。

（三）著名体育教育家

夏义可（1888—1934），欧洲挪威人。毕业于挪威首都奥斯陆大学，精通建筑学，获工程师职称。他长于体育，对田径、体操、球类均有相当造诣，尤其精于游泳和跳水，曾以挪威国手资格出席欧洲田径、游泳比赛并获奖。

1912 年由挪威教会派来中国传教。来到湖南，参与长沙青年会的创建，并任该会体育部主任干事。积极传播欧美先进的体育运动技术和知识，举办体育教师培训班，介绍西方田径、器械体操技术和体育组织管理知识。积极参与和指导各种大型运动会的组织指挥工作。他先后在长沙长郡、福湘、明德、修业等学校兼教体育课，同时到民间进行体育活动辅导和表演。曾数次在长沙水陆洲办游泳训练班，向青少年介绍欧美规范的技术动作。1913 年任益阳信义中学校董。1934 年 5 月 30 日，他在益阳龙洲师范为学生上游泳课作示范表演时，不幸溺水身亡。他在湖南工作 22 年，使西方近代体育中的新项目新技术在长沙等城市得以推广，为湖南的体育由兵式操向体育项目转轨奠定了基础，在湖南近代体育发展史上，有着重要作用和影响。

陈奎生（1891—1984），字愧三。湖南长沙市人。著名教育家、体育教授。7岁启蒙入私塾，1908年考入湖南中路师范学堂（湖南第一师范），毕业后留该校附小任教。1918年考入南京高等师范学校体育科。毕业后，历任湖南、湖北、安徽、江苏、浙江、北京等地的小学、中学、师范学校的教员、校长和大学教授。1941年任湖南省教育厅体育督学。毕生致力于教育、体育事业。1937年任湖南第一师范校长时，在秋季招收一班音体班学生，首开湖南公立中等师范学校设置音体班的先河。

陈奎生对教育学、儿童心理学，特别是对小学体育的研究造诣较深，无论是理论还是实践，都有独到见解，且自成体系，是现代学校体育的开拓者之一。他的主要著作有《小学体育理论与研究》、《小足球》、《小学器械运动》、《二十年来湖南之体育》、《湖南体育史略》、《早操与课间操》、《实用按摩与改正体操》、《中小学体育教材与教法》、《运动教育心理学》等。他主编过《体育研究》、《体育周刊》。他竭力提倡体育运动从学校走向社会，积极主张广泛开展各级体育运动竞赛。民国时期，他是湖南参加全国运动会体育代表团的组织者和领导人之一，并多次被聘为全运会总记录。是华中运动会的发起人和组织者之一，是湖南建国前全省运动会的主要筹备者和业务骨干。

李惠迪（1893—1952），曾用名李宗由。湖南长沙县人。新民学会会员，湖南早期体育会的主要发起人和负责人之一。

李惠迪出生在一个武秀才家庭。幼年随父习武，15岁就读于长沙中路师范学堂（湖南第一师范），1911年毕业后留校任教体育，后相继在长沙中、小学和武昌旅鄂中学、中华大学任体育教员。1917年组织湖南第一个体育研究会，并任该会交际干事；1919年发起组织教职员网球团；1920年任长沙体育研究会执行委员；1923年与体育界同仁发起并由他起草《湖南体育会章程》。湖南体育会成立后，他任该会执行部副主任兼任驻会干事。负责筹建湖南公共体育场，并为其拟写计划大纲。提倡体育从学校走向社会，竭力主张开展体育竞赛活动，是湖南从1914年第三届至1926年第九届体育运动会的组织者。1923年任湖南体育代表团领队参加首届华中运动会；1924年任第二届华中运动会编配部总干事并由他拟订《华中体育联合章程草案》。还先后率领湖南体育代表团参加华中及全国运动会，并取得了优异成绩。

20年代担任长沙教职联合会执行主席，曾组织省城教职员和进步学生投入共产党领导的反帝反封建的群众运动。1927年“马日”事变后逃往江西赣州，先后任小学体育教员和校长，1940年创办赣州县体育场并兼任场长。建国后仍任校长兼市体育场场长。1950年被评为赣州市文教系统劳动模范。

李惠迪主要著作有《游戏教材》、《体育教材》，协助黄醒创办了《体育周报》，为长沙《大公报》撰写体育方面的文章20多篇，其中1923年发表的《湖南体育史略》、1925年的《十年来之湖南体育》和《运动员运动的目的》等，系统地记述了自清末到1925年间，湖南体育事业发展的概况。

黄　醒（1898—?），又名黄胜白。湖南长沙人。新民学会会员，《体育周报》主办人。1912年毕业于长沙市师范学校，后任长沙市楚怡学校体育教员。1918年他辞去教员职务，联合湖南体育界人士陈奎生等30多人，共同筹组创办《体育周报》，该报以普及国民体育知识，研究体育学术，促进体育事业为宗旨，是湖南最早出版发行的全国性体育刊物，撰稿人遍及全国，国内发售点有17处之多。《体育周报》创刊于1918年12月9日，1920年10月25日停刊，历时1年零10个月，共出刊60期。办报时间虽不长，却在国内外产生了一定的影响。

1920 年与李惠迪组织长沙市体育会。次年任第六届远东运动会湖南预备会筹备员，赶上海参观远东运动。回湘后参加筹组华中运动会、华中体育联合会。1924 年任湖南省第七届运动会编辑部总干事，次年任长沙《大公报》副刊编辑，编辑出版《体育特刊》。

涂　文（1896—1975），原名涂传宪，别号奇峦。湖南浏阳县人。体育教授。青年时代就读于长沙市长郡中学，毕业后考入南京高等师范体育科，1918 年毕业后，任江苏省常州市五中体育主任。1919 年赴上海中国基督教青年会全国协会所办的体育专门学校深造。1920 年起先后出任南京国立东南大学助教，河南师范体育科主任，北京大学、清华大学体育教员。1933 年考取公费留学，在美国艾奥华州立大学攻读体操和韵律体操。学成回国后，仍回清华大学任教体育。“七七”事变后，南下任长沙临时大学副教授。此后又先后任西南联合大学副教授、国立师范学院教授兼体育科主任、湖南大学体育教研室主任。

袁　浚（1901—1989），湖南岳阳县人。中国民主促进会会员，体育教授。少年时代的袁浚随父学习驾船，13 岁才开始上学，1926 年毕业于国立东南大学体育系，获教育学士学位。后赴德留学，1932 年毕业于德国柏林国立体育大学，取得德国国家游泳联合会和救生会会员资格。学成回国后，1937 年被聘为体育教授，先后任四川省体专校长和武汉大学、湖南大学、中山大学体育系主任等职。他在教学上多有建树，为培养学生德、智、体全面发展，提高学生体质，开展学校体育运动竭尽心力，获得显著成绩。主要著作有《田径规则》、《游泳》和译著《游泳力学分析》。

曾福盛（1902—1988），湖南新化县人。体育副教授。1924 年

2 月由湖南复初中学保送到上海华东体育专科学校读书。1925 年 12 月毕业后，历任湖南复初中学、妙高峰中学、省立一中、四川体育专科学校、湖南省立高级工业学校、湖南大学、云南中山大学、师范学院、国立商学院等院校体育教员、讲师、副教授。1948 年至 1949 年兼任湖南省立体育场场长。1925 年在上海读书时，代表中国参加在菲律宾举行的第七届远东运动会。1927 年再次入选中国体育代表团参加在上海举行的第八届远东运动会。

何家声（1906—1990），江苏南京人。中国首批国家级田径裁判。长沙市第二至六届人大代表。1981 年又作为特邀代表出席长沙市第四届政治协商会议。少年时代热爱体育运动，1928 年毕业于东南大学（中央大学前身）教育系体育科，应邀来长沙明德中学任教体育，他不顾世俗偏见，坚持上好体育课，并积极开展课余体育活动，组织球赛，使该校的体育技术水平迅速提高，篮、排、足、网球运动成为本校的传统体育项目。由于校址设在长沙市泰安里，故有“泰安球王”之美称。建国前何家声所带的网球队曾蝉联六届长沙市网球赛冠军。排球、棒球、网球曾代表湖南参加过两届华中运动会，其中排球两次夺冠。1933 年在雅礼任教时培养的足球队是当时长沙地区的佼佼者，多次获全省冠军，还代表湖南参加华中和全国运动会。

何泾渭（1909—1946），字公望。湖南湘潭人。1914 年随在明德中学任教的父亲来长沙就读于明德小学和中学。1920 年，选派到东南大学体育系深造，毕业后回母校任体育主任，提出了全面改进学校体育工作的措施，把体育视为德育、智育的基础。十分重视学生的课余体育活动，制定了《明德中学学生课余体育锻炼规章》，使该校的田径、球类运动迅速开展起来，技术水平随之提高。1932 年正式确定排球为明德校球，使该校的球类运动在校际、省市运动会的比赛中不断获得好成绩。1925 年至 1934 年 10 次参加省市及华中运动会，共获 26 次冠军。排球自 1926 年起连获 9 次冠军，享有“泰安球王”称号，何泾渭亦因之颇负盛名，常在许多中学作专题讲演，并帮助兄弟学校训练球队，1935 年第六届全运会被聘为国家裁判。他在明德任体育主任多年，不断完善学校体育设施，注意美化校园，改善卫生设施和保健工作，使学生在品德修养和学业成绩方面逐年进步，升学率提高，成为一所全国闻名的中学，有“北有南开，南有明德”的誉称。

陈嘉钧（1912—1955），女。湖南湘阴人。民主促进会会员。从小就争强好胜，爱好体育活动。1922 年考入周南女中，1928 年在体育教师的指导下和同学一起组织了女子足球队，在湖南最早的女子足球赛上获得冠军。1929 年在周南毕业后投考上海两江女子体育专科学校。20 年代末，上海举行有美、英、德、法参加的“西青”运动会，以陈嘉钧为主力的两江体专女子篮球队，代表上海市参加比赛获得冠军。从两江体专毕业赴四川任教一年后，回到周南任体育教员，在开展球类、田径运动的基础上，积极开展其他体育活动，除定期举办校运动会外，还每年举行班级篮、排球赛。体育活动的开展增强了学生体质，为解放妇女思想，开发妇女智力创造了条件。在她的努力下，周南女中的体育活动开展得有声有色，曾多次代表长沙市、湖南省参加省级、大区和全国比赛并取得了优异成绩，在新中国建立前第十五届省运会上，曾获篮球、排球赛冠军，在第十六届省运会和第七届全运会上夺得女子排球冠军。

丁子骙（生卒时地不详），20 世纪 40 年代任湖南复兴银行总行仓库主任。当时湖南职工篮球运动在长沙、衡阳等城市兴起，先后成立了复兴银行等 4 个篮球队。其中以丁子骙为教练兼运动员的复兴银行男子篮球队，先后出征武汉、广州、香港等地，与众多强队较量，共取得13胜2平2负的成绩。在第十六、十七届省运会上，分别获得亚军和冠军，名噪一时。1948年代表湖南参加了旧中国第七届全运会。

黄凤岐（生卒时地不详），20世纪30年代著名体育教员。湖南省公共体育场场长。毕业于长沙师范，曾参加1917—1918年基督教青年会举办的两届体操训练班。20世纪二三十年代为湖南体育会成员并任交际干事、理事，主持体育会工作开展体育活动。1928年秋，黄凤岐与体育界同仁以长沙励志体育会名义邀请长沙各中、小学体育教员在楚怡学校集会，商定各校每天下午课后进行校代表队的训练，是为湖南业余体育训练之始。在任省公共体育场场长期间，曾任湖南体育代表团总领队，率队参加1930年第四届、1933年第五届、1948年第七届旧中国全国运动会。1929年筹办并主持长沙市首届秋季运动会。1948年第十七届省运会上任竞赛委员会副主任。

王经武（生卒时地不详），辛亥革命前后留学日本攻读体育专业，回省后带回了国外的先进体育知识和技术，在学校任教体育，是湖南学校体育工作的开拓者。1911年王经武自动发起设立湖南体育会，是为湖南体育会之始。体育会的设立对开展湖南的体育运动，繁荣湖南的体育事业，起到了领导与推动作用。

蒋宝三（生卒时地不详），辛亥革命前后留学日本攻读体育专业，回省后在长沙学校任教体育。1906年任长郡中学兵式体操课教员，他利用在国外学习到的先进体育知识和技术积极开展学校体育运动，是湖南学校体育工作的开拓者。1919年发起成立了女子体育会，专门研究开展女子体育运动的问题，对开展湖南女子体育运动起了积极推动作用。

陆吉霈（生卒时地不详），辛亥革命前后留学日本攻读体育专业，1914 年回国在长沙学校任教体育，传授柔软体操，以及唱歌、游戏及轻器械体操、哑铃、球杆、棍棒等。在教学中传授国外先进的体育知识和技术，推动了学校体育运动的开展，是湖南学校体育工作的开拓者。1924 年任华中体育会评议员，他曾以指导员身份，率湖南体育代表团参加 1933 年旧中国第五届全国运动会。

彭泽沛（生卒时地不详），20 世纪 20 年代和 30 年代著名的体育教员。曾参加过 1917—1918 年基督教青年会举办的体操、田径、体育教学法训练班。20 年代在长沙学校任体育教员、湖南体育协进会干事。

1925 年开办暑期女子体育研究会，主持教务并教柔软体操。1928 年他和黄凤岐出面以长沙励志体育会名义邀请各中、小学体育教员在楚怡小学集会，研究长沙市体育教材、教法和商定各校每天下午课后进行校代表队的训练，是为湖南业余体育训练之始。1929 年筹办和主持长沙市首届秋季运动会。1948 年任第十七届省运会竞赛委员会副主任。

曹羽仪（生卒时地不详），20 世纪 20 年代长沙学校的体育教员。曾参加过 1917—1918 年基督教青年会举办的体操、田径及体育教学法训练班。1926 年任复初中学体育专修科体操教员。1925 年在暑期女子体育研究会任教田径、球类。20 世纪 20 年代发起筹备成立湖南体育会，并任筹备处副主任，体育会成立后任该会评议员。

盛国俊（生卒时地不详），20 世纪 30 年代著名体育教员。毕业于长沙师范，曾参加过 1917—1918 年基督教青年会举办的体操、田径及体育教学法训练班。1923 年被推为发起筹备成立湖南体育会，该会成立后任评议员。1933 年，湖南体育代表团参加第 5 届全运会任指导员。1937 年在第一师范音体班任教体育。

张家勋（生卒时地不详），毕业于北师大体育系。20 世纪二三十年代著名体育教员。1926 年在第一师范任教体育。1929 年筹备长沙市首届秋季运动会，并负责裁判和组织工作。1930 年在湖南省第 10 届运动会上，任田赛裁判主任。1933 年和 1948 年湖南体育代表团参加第五届和第七届全运会，任指导员。

郑扬新（1905—?），湖南大庸人。8 岁入学，1928 年考入省立第二师范学校，1929 年毕业于苏州成烈体专。毕业后先后在淮安中学、隽新中学、兑泽中学、明德中学、大庸县中、省立茶洞师范、省立十中、洪江中学任教体育、体育主任、总务主任、校长等职。

郑扬新读书时，十分爱好体育运动，尤其喜爱足球和短跑，曾在建国前湖南省运动会上获得过好成绩。在成烈体专读书时，曾与泰国、新加坡、槟榔屿几位华侨组织了“余乐”体育研究会，并任文书部长。

1931 年以教练员身份率湖南选手参加第五届华中运动会。1933 年任常德体育代表队总领队，参加第十三届省运会。

范慕英（生卒年月不详），女。上海人。1908 年毕业于上海女子师范学堂体音专修班，毕业后留校任教一年，1910 年应聘来湖南周南女校任音体教员。她是我国自己培养的在湖南担任体育教学的第一位女教师。1912 年在周南女校八周年校庆运动会上担任组织领导工作，指挥井井有条，节目扣人心弦，盛况空前，长沙市为之轰动。她在体育教学中，有创新，有发展，在该校教学时间虽不长，但对湖南学校体育运动的倡导，有着重要的作用。

陆鸿仪（生卒时地不详），辛亥革命前后留学日本攻读体育专业，回省后带回了国外的先进知识和体育技术，来到学校任教体育，与体育界同仁率先在湖南发起设立体育会和女子体育会，是湖南学校体育工作的开拓者。

周召南（生卒时地不详），湖南学校体育工作的开拓者。辛亥革命前后留学日本攻读体育专业，回省后带回了国外的先进体育知识和技术。在学校任体育教师，积极开展学校体育运动，并与体育界同仁率先在湖南发起设立体育会和女子体育会。1912 年办了一所私立体育学校。

杨兰阶（生卒时地不详），辛亥革命前后留学日本攻读体育专业，回省后带回了国外的先进体育知识和技术，积极开展学校体育运动，并与体育界同仁率先在湖南发起设立体育会和女子体育会，是湖南学校体育工作的开拓者。

周作霖（生卒时地不详），辛亥革命前后留学日本攻读体育专业，回省后带回了国外的先进体育知识和技术，在学校积极开展体育运动，并与体育界人士率先在湖南发起设立体育会和女子体育会，是湖南学校体育工作的开拓者。

阎家笃（生卒时地不详），20 世纪二三十年代湖南有名的体育教师。先后在明德中学和周南女中任体育教员。毕生全力投入学校体育教育事业。在周南女中任教时，除认真上好体育课外，还积极组织篮球、排球、足球校代表队训练，使该校球类运动技术水平提高显著，多次在省内外比赛中取得了优异成绩，曾一度名冠三湘。同时培养了一批优秀女体育教师，1928 年在周南女中组织了湖南最早的女子足球队并担任教练，因陋就简进行训练。次年长沙市秋季运动会，女子足球列为比赛项目，周南女中获冠军。这是中华人民共和国建立前湖南仅有的一次女子足球比赛，对冲破封建制度，争取妇女解放起到了积极作用。

阎家笃在教学之余和体育界人士积极组织各级各类和各种形

式的体育竞赛，推动了湖南体育运动的开展。

方季平（1898—1985），湖南平江县人。体育副教授。毕业于上海华东体育学院（现上海体院），抗战时期在长沙妙高峰（现第十一中学）中学任训育主任，1948 年到湖南大学任体育教师，擅长武术和田径。一生从事体育教学，为湖南学校体育运动的发展做出了贡献。

（四）著名运动员

杨　仁（1912—?），女。湖南省湘潭县人。自幼好活动，上周南附小时，就和大姐姐们一块玩篮、排球。升入周南女中后，更加喜爱体育运动，参加了校篮球、排球、网球、女子足球队，体育成绩显著。1929 年在长沙市秋季运动会上，获田径赛个人总分第一名及网球单打冠军。1930 年在第十届省运会上，获田径赛个人总分第一名，她作为主力队员的周南女中篮球、排球、网球队均分获冠军。同年在第四届华中运动会上，获个人田径赛总分第二名；她所在的周南女中排球队获冠军，并代表湖南参加同年举行的旧中国第六届全运会，获亚军。

1930 年考入上海两江体育专科学校，在校运会上曾在田径、球类比赛中获得优异成绩，加入了校篮球队。1931 年该队东征日本、朝鲜，出国共比赛 13 场，战果辉煌，洗雪了“东亚病夫”的奇耻，是中国最早出国比赛的女子篮球队。回国后，她曾写过《东征忆语》的小册子，现存湖南图书馆。在上海两江体专毕业后，留校半年，仍回周南女中任教体育，以后曾去北京、四川中学任教。1946 年又回周南女中。1950 年随夫调北京光华女中（北京 39 中前身）教体育，后担任副教导主任。1955 年及 1956 年，获北京市教育局及教育工会颁发的奖状和奖金。

龙　翥（生卒时地不详），20 世纪 20 年代湖南著名游泳运动员。在兑泽中学读书时，参加 1924 年第七届省运会获 50 米自由泳和 100 米俯（蛙）泳第一名；参加第二届华中运动会获 50 米、100 米、1500 米自由泳三项第一名，代表湖南参加第三届全运会，一人获 4 项游泳名次。1925 年在第八届省运会上获 400 米、1500 米、5000 米自由泳第一名，同年参加第三届华中运动会获 50 米、400 米自由泳第一名。

宁仕斌（生卒时地不详），20 世纪 20 年代湖南著名游泳运动员。1925 年在省立二师读书时，参加第七届省运会获 100 米自由泳第一名，参加第三届华中运动会又获 100 米自由泳第一名。1926 年参加第九届运动会分获 50 米、100 米、1500 米自由泳第一名。

李　森（1914—1942），女。湖南省衡南县人。著名田径运动员。人称“四木小姐”。自幼爱好体育活动，12 岁考入省立女中，被体育教师选进了该校田径和排球队。在校运会上获 50 米赛跑冠军。在新中国成立前第十至十二届省运会上，蝉联三届 100 米跑冠军，还获得 50 米跑、200 米跑冠军各一次。1934 年考入上海爱国女子体育学校。在该校读书时曾参加有中、美、法、俄等国参加的第五届上海国际田径赛，夺得 50 米跑、100 米跑两项冠军，并获个人总分第一名。1935 年参加第六届全运会，获 50 米跑、100 米跑、200 米跑三项冠军，并打破了三项全国纪录，成为中国田径史上的空前盛举。为表彰她在这一年为中国体育事业所建树的殊勋，全国体育界遂将 1935 年称为“李森年”。1936 年李森代表中国参加在柏林举行的第十一届奥运会，是中国田径队中唯一的女运动员，成为中国体育史上第一个参加奥运会比赛的女子田径选手。1937 年春她应聘担任湖南国术馆体育教师，同年秋到成都任中学教师。1942 年因产后流血过多，逝世于成都华西医院。

原载：《三湘体育人物志》，世界华人出版社 2002 年 12 月版　次序有调整

附录二　体育大事录（1897—1949）

易芷媛　何小玲　罗兴国

1897 年

谭嗣同等在长沙创设时务学堂，首次在学堂中设体操科，将西方的兵式操引入湖南。

创办于长沙的时务学堂，课程中设有体操科，聘用体育教习，为湖南省有体育教师之始。

1899 年

足球运动传入湖南。

岳州（现岳阳）海关建立后，随着欧美人员入湘，近代足球、网球、棒球、橄榄球传入岳州。

1903 年

湖南高等学堂每周体操科 3 课时为必修课。

湖南小学堂始设有体操科。

湖南第一师范学校在长沙创办，该校提倡尚武精神，要求学生德智体全面发展。

棒球首先传入湖南长沙，时称野球。黄兴从日本留学归来，在长沙明德中学任教，组织了扬子江野球队，是湖南有球队之始。

1904 年

年初　长沙武备学堂创办（兼办）体操研究所（即体操学堂）。

是年　近代体育中的田径、球类项目在“洋人”兴办的学堂、医院和长沙基督教青年会中出现。

1905 年

6 月　湖南武备学堂举行首次运动会，其竞赛项目中有武装竞走，也是湖南举行运动竞赛之始。

是年　湖南省第一届运动会体育竞赛场地，临时修建于长沙市小吴门外校场坪，为长沙市最早的体育竞赛场地。湖南省第一届省运会在长沙校场坪举行。

是年　创办于长沙的周南中学（周南女学堂），重视体育，设有篮球、排球、足球队。

是年　近代田径运动传入湖南。

是年　湖南学堂中规定举行晨间活动，以习徒手体操与武术为主要内容。

1906 年

是年　废科举兴学校后，各个学校都开设了体操课和游戏课，足球运动在教会学校中开展起来。

1908 年

10 月　长沙周南女中举行首届校运会，为湖南女子运动会之始。

1909 年

高等与初等小学堂每周均设体操课3课时。

近代著名教育家何炳麟先生等人创办岳云中学，并提出“体育救国”口号，鼓励学生积极参加体育锻炼。该校曾以体育机构健全、体育师资雄厚、体育教学认真、课外体育活动普及、竞赛成绩突出而闻名全省。

1910 年

10月　湖南省第二届运动会在经武门外协操坪举行，项目为列队体操和国技（武术）表演，会长杨晋、谭延闿。

1911 年

是年　从日本留学回湖南长沙从事体育教学的王经武、吴孔锋发起创办湖南体育社于贾太傅祠，为湖南省体育会之始。

野球（棒球）会在长沙成立。

1912 年

6月至8月　湖南省教育会在长沙长郡中学举办湖南省首次体育研究会，以国技（武术）为主要内容，有73人参加学习。

12月　由湖南体育研究会创办体操学校。

是年　夏义可由挪威教会派来中国传教，任长沙基督教青年会体育干事，主要负责传播和开展体育活动，组织夏令营、游艺会等活动。

是年　乒乓球运动传入湖南。

1913年

6月17日至19日　永顺县举行首次县学生运动会。

8月　由从日本留学回国的周召南在长沙坡子街开办湖南第一所体育学校，直至1915年12月停办。

是年　长沙基督教青年会体育俱乐部在长沙经武门外便河边组织教会学校学生等开展近代游泳活动，传授入水技术，为湖南近代游泳、跳水运动之始。

是年　由长沙基督教青年会传入的欧美田径、球类、体操、游泳技术，从长沙各中学开始向全省推广。

1914年

5月10日至12日　湖南省第三届运动会在长沙经武门外协操坪举行，原名为湖南省学校第三届联合运动会。

吴作霖开办第二体育学校于长沙席公祠，杨兰阶开办尚武体育学校于长沙白马巷，王公诚办精武体育学校于长沙通泰街，梁君镜在常德开办了体育学校。

湖南高等师范设一年制体育科培养体育师资，为湖南之始。

近代篮球运动传入湖南，从此篮球成为社会各行各业开展的一项体育活动。

1915年

春季　周南女子中学师范部开办一年制女子音体专修科，为湖南办女子体育专修科之先河。

是年　排球、垒球运动传入湖南。

是年　晨间体育活动普遍在各校开展，同时出现了课间操活动。

是年　湖南第一座公共体育场在省教育会幻灯场修建，建有一条230米长的跑道，一个篮球场及沙坑等。

1916年

暑期　毛泽东在悉心研究体育问题期间，经杨昌济介绍，访问了体育的热心倡导和实践者柳午亭先生，获得大量体育知识。

11月　第一师范学校实行课间操制度。

11月　湖南省第四届运动会在省教育会坪举行。

是年　周南女校成立网球与队球（排球）队，为湖南女子球类活动之始。

是年　湖南高等师范学校设二年制体育科。

1917年

4月1日　毛泽东在《新青年》刊物上以二十八画生的名义发表了《体育之研究》的文章。

4月　武昌文华大学童子军来长沙表演童子军操，推动童子军操活动广泛开展。

4月　湖南初选参加在日本举行的第三届远东运动会的选手6名，其中一师4人，赴沪参加预选。

10月　湖南省教育会创办童子军操教员练习所，各学校40余名体育教员参加学习。

10月9日　湖南省教育会组织湖南体育研究会。

是年　女子垒球活动在长沙开展。

1918年

12月9日　长沙楚怡学校体育教员黄醒创办《体育周报》，至

1920 年 10 月共出刊 60 期，发行全国，是全国最早的体育刊物之一。

是年　长沙雅礼学堂在全国率先废除兵操。

是年　长沙市明德中学首届运动会，设篮球竞赛项目。

是年　向警予在湖南溆浦二中念书时，为该校校运会创作了《体育运动歌》。

1919 年

1 月 6 日　长沙足球队与英国海鸟特鲁先队进行足球比赛。

9 月 15 日　湘城学校成立职教员网球团，于学宫坪建网球场，并在《大公报》上刊登了该团规则。

是年　由留学日本回国的蒋宝三发起成立女子体育会。

1920 年

11 月 21 日　长沙体育学会成立，选举蒋宝三、方扩军、李惠迪为执委。

是年　长沙青年会体育俱乐部组织首次网球比赛。

1921 年

5 月 5 日至 6 日　湖南省第五届运动会在省教育会坪举行。

5 月　湖南省第五届运动会设女子篮球表演赛，为湖南大型篮球竞赛的先声。周南体育教员蔡畅任该校女篮领队参加表演赛。

5 月　湖南省第五届运动会首设游泳项目，在长沙经武门外便河进行比赛，开创湖南竞技游泳之先河。

1922 年

9 月　岳云中学创办二年制体育专修科。

11月28日至29日　湖南省第六届运动会在省教育会附设体育场举行。

是年　学校的“体操科”改名为“体育科”，正式宣布废除兵操，体育课以田径、球类为主要内容，在城市学校得到普及。

是年　初小每周上体育课150分钟，高小每周上课180分钟。湖南各高、中等学校都实行早操。

1923年

3月　湖南体育会李惠迪等编写的《体育教材》，经教育司审定为中、小学体育教科书，三次出版发行。

5月4日至5日　湖南组队参加在武昌举行的第一届华中运动会，获团体总分第一名。

5月27日　李惠迪撰写的《湖南体育史略》在长沙《大公报》连载，首次较系统地介绍湖南体育运动的历史。

12月　长沙体育会成立，李惠迪任主任。

1924年

5月4日至7日　湖南省第七届运动会在长沙经武门外协操坪举行，首次正式设球类比赛项目，并有女子和军界人员参加。

5月9日至10日　湖南承办的第二届华中运动会在长沙经武门外协操坪举行，鄂、赣、皖、湘共179名选手参赛，这是湖南体育竞赛史上首次举办多省参加的省际综合性运动会，湖南获田径、游泳团体总分第一名。

5月22日至25日　湖南组成94人的代表队，参加在武昌举行的第三届全国运动会，获田径团体总分第三名，游泳团体第一名。

7月　省教育会首次办暑期体育学校。

7月27日　湖南体育会召开筹备委员会，通过了《湖南省体育会章程》，湖南体育会于8月2日正式成立。

是年　基督教青年会在长沙小四方塘修建湖南第一个室内游泳池。

1925年

2月　湖南体育会成立体育教员会。

3月　创办湖南《体育特刊》和《体育季刊》。

4月1日至3日　湖南省第八届运动会在衡阳举行，除田径、游泳外，首次设女子棍（垒）球项目的竞赛。

4月21日至23日　湖南派出159名运动员参加在江西举行的第三届华中运动会，获田径、游泳冠军17个。

5月　湖南1名田径、3名游泳选手，参加在马尼拉举行的第七届远东运动会。

6月　长沙举办首次暑假女子体育研究会。

9月25日　湖南成立童子军联合会。

10月22日　湖南省会中等学校联合运动会在协操坪公共体育场举行，有23个学校700余人参赛。

11月30日　长沙小学运动会在教育会附设体育场举行。

1926年

5月21日至23日　湖南省第九届运动会在常德北门外大教场坪举行。

湖南省教育厅成立，下设三科，体育归口第三科。

5月26日　贺龙在沅陵举办龙舟竞赛。

是年　复初中学设二年制体育专修科。

7月　湖南体育会致函各县设公共体育场。

11月　湖南设立公共体育场一事，经省体育会多年奔波请求，省府批准将协操坪辟为正式体育场地，修设备设木篱，挂出“湖南公共体育场”招牌，成为湖南省第一个公共体育场，李惠迪兼第一任场长，聘黄凤岐、曾福盛等为职员。

1927年

8月　湖南派出两名运动员参加在上海举行的第八届远东运动会。

1928年

秋季　湖南体育会邀请长沙各中、小学体育教员在楚怡学校集会，商定各校每天下午课后进行校代表队的训练，是湖南体育业余训练之始。

是年　省立一中师范部设二年制体育专修科。

是年　周南女校发起组织湖南第一支女子足球队。

是年　湖南省体育会改组，修改了体育会章程，将体育会完全纳入省教育会管辖之下。

1929年

1月　精武体育会成立湖南分会。会址在长沙怡长街广东会馆。

4月30日　湖南体育会改组，更名为湖南省体育协进会。

是年　日新女校创办图、音、体速成班。

是年　长沙市举办首届秋季运动会，比赛有球类和田径，并首次设女子足球比赛。

是年　国民政府公布《国民体育法》，省教育厅公布《推行农场、矿场、工厂、商店职工体育法要点》。

是年　湖南省立公共体育场动工扩建，隶属省教育厅，黄凤岐任场长。

1930 年

3 月 8 日至 10 日　湖南省第十届运动会在长沙协操坪省公共体育场举行。

3 月 18 日至 23 日　湖南选派 100 名运动员参加在安徽举行的第四届华中运动会，获团体总分第一名。

4 月 1 日至 11 日　第四届全国运动会在杭州举行，湖南选派 152 名运动员参加 8 个项目男、女组的全部比赛。

是年　摔跤竞技项目传入湖南。

是年　湖南各中等师范学校体育课的内容有：体育概论、运动生理、健康测验、体育教学法、体育建筑与设备、运动裁判。

是年　湖南省立公共体育场协操坪体育场扩建完成。

是年　20 世纪 20 年代末陈家恒将自产自销的华美皮鞋店改为生产球类的作坊，是年与人合伙在长沙老照壁开设“百炼强球厂”（1956 年公私合营时与 10 个小型企业合并改为“长沙文化体育用品厂”）。

1931 年

5 月 24 日至 28 日　湖南省第十一届运动会在长沙协操坪省立公共体育场举行。

5 月　有 4 名湘籍运动员的上海两江女子篮球队东征日本、朝鲜，这是中国最早出国比赛的女子篮球队。

是年　陈家恒仿造天津利生体育用品厂生产的“强华牌”篮球在强华球厂问世。

是年　沪江大学毕业生、上海网球运动员凌志扬来长沙后，在先锋厅开设一家体育用品商店。

是年　第一届武术省考在长沙市中山堂举行，决出冠军唐徽典、亚军陆占山、季军黄忠义。

1932 年

2 月　湖南国术馆成立。

5 月　《国术半月刊》创刊，8 月改为《湖南武术月刊》。

10 月　第二届全省国术考试在省教育会坪举行。

11 月 2 日至 7 日　湖南省第十二届运动会在长沙协操坪省立公共体育场举行。

是年　女子游泳竞赛活动开始在长沙举行。

1933 年

2 月 24 日　依照教育部颁布的《国民体育实施方案》，湖南省政府召开省务会，通过了湖南省第一个体育委员会简章，并于 26 日正式公布施行。

6 月 6 日　湖南省教育厅体育委员会在长沙成立。

9 月 20 日至 25 日　湖南省第十三届运动会在长沙协操坪省立公共体育场举行。

10 月 10 日至 20 日　第五届全国运动会在南京举行。湖南派出 152 名运动员参加 10 个项目的比赛。

是年　由长沙的几个乒乓球好手分别组成长风队和秋水队开

展活动，是长沙市最早的乒乓球队。

1934 年

3 月　长沙市首次“线车公开赛”在长沙协操坪体育场举行。

4 月 2 日至 4 日　湖南省公共体育场与长沙市民众教育馆联合举办长沙第一届风筝比赛。

5 月 16 日　湖南派出 195 名运动员参加在武昌举行的第五届华中运动会，获总成绩第一名。

9 月 15 日　湖南省会民众国术俱乐部成立。

11 月 10 日至 13 日　湖南省第十四届运动会在常德小西门外飞机场举行。

1935 年

暑期　长沙市基督教青年会组织首次横渡湘江游泳比赛。

7 月 14 日　南强体育会在长沙成立。

7 月 14 日　“南强体育会足球队”成立，是建国前湖南有名的职工足球队之一。

10 月 10 日至 20 日　第六届全国运动会在上海举行，湖南有 140 名运动员参加 9 个项目的角逐。

10 月　衡阳籍女子田径运动员李森参加第六届全国运动会，获 50 米、100 米、200 米跑三项冠军，均打破全国纪录。为表彰她为中国体育事业作出的贡献，全国体育界将 1935 年称为“李森年”。

1936 年

元月　省会国术俱乐部举行摔角比赛，开湖南此项比赛先河。

2月3日至4日　省会国术俱乐部举行长沙市首届射箭比赛。

3月14日　长沙市首次在省会民众国术俱乐部大坪举行搏击（拳击）比赛。

4月15日　长沙首次登山比赛在岳麓山举行。

5月17日　省会国术俱乐部、四路军骑兵大队及省体育场联合发起举行首次军民骑术比赛。

7月　湖南衡阳籍女子田径运动员李森代表中国参加在德国柏林举行的第十一届奥运会，她是中国参加奥运会的第一位女子田径运动员，也是湖南参加奥运会的首位运动员。

10月10日至16日　湖南承办第六届华中运动会，湖南有252人参加了比赛，获各项运动的锦标数居参赛4省之首。

12月　湖南国术训练所编印《湖南国术》刊物。

湖南大学、雅礼等学校一、二年级开设的体育课有田径、球类（篮球、排球、足球、网球）、游泳、游戏。

1937年

是年　教育部择定在湖南省安化县蓝田镇（今涟源）创办湖南国立师范学院（简称国师），设立了体育科。

湖南各级学校都实行了晨操、课间操，并走向正规。

第一师范学校创办三年制音体班。

湖南省教育厅增设第四科，体育归口第四科。

1939年

6月8日　国立师范学院奉教育部指令，核准添设三年制体育童子军专修科。

1941 年

5 月 11 日至 18 日　湖南省第十五届运动会在耒阳县金盆塘新辟的体育场举行。

10 月　省教育厅第四科增设体育卫生股。

10 月 30 日　中国滑翔协会的四名滑翔机驾驶员，驾驶由飞机牵引的滑翔机来湖南芷江机场表演，是湖南最早开展的滑翔活动。

是年　国立师范学院体育科创办《体育与健康教育》双月刊。

1942 年

6 月 29 日　中国滑翔协会湖南分会在耒阳成立。

7 月 24 日　湖南省政府制定《湖南省国民体育委员会组织规程》。

是年　在耒阳中山公园举行了“九九”体育节运动会。

1943 年

10 月 10 日至 16 日　湖南省第十六届运动会在耒阳县金盆塘体育场举行。

1945 年

是年　国立师范学院增设四年制体育系。

是年　长沙明德中学成立“射击会”，开展射击活动。

是年　长沙市银行职工组成的银联队，中学教师组成的教联队，开展篮球活动，是湖南最早的职工群众篮球队。

1946 年

年初　湖南省国民体育委员会成立。

10月19日　湖南省国民体育委员会召开第一次委员会会议。

1947年

秋季　湖南省立公共体育场之二——又一村体育场建成。

是年　强华球厂（现长沙市体育用品厂前身）试制成功了水球、垒球、网球、棒球、橄榄球、实心球。

1948年

4月6日至10日　湖南省第十七届运动会在长沙市中山东路督军署旧址（今长沙青少年宫）举行。

5月5日至16日　第七届全国运动会在上海举行，湖南有59名运动员参加男、女田径、篮球、排球三项比赛，女子排球获冠军。

1949年

11月18日　又一村中山公园内的省立体育场更名为长沙市人民体育场。

图书在版编目（CIP）数据

湖南体育史资料 / 罗兴国主编. 一长沙：湖南人民出版社，2010.8

ISBN 978-7-5438-6773-4

Ⅰ.湖… Ⅱ.罗… Ⅲ.体育运动史－湖南省 Ⅳ.G812.764

中国版本图书馆CIP数据核字（2010）第166968号

湖湘文库（乙编）

湖湘文库编辑出版委员会

湖南体育史资料

主　　编	罗兴国
责任编辑	彭富强
整体设计	郭天民
出版发行	湖南人民出版社
网　　址	http://www.hnppp.com
地　　址	长沙市营盘东路3号
邮　　编	410005
营销部电话	0731-82226732
经　　销	湖南省新华书店
印　　刷	湖南天闻新华印务有限公司
版　　次	2010年8月第1版第1次印刷
开　　本	960×640 1/16
印　　张	36
字　　数	419000
书　　号	ISBN 978-7-5438-6773-4
定　　价	108.00元

ISBN 978-7-5438-6773-4

9 787543 867734 >